왕양명과 칼 바르트

유교와 그리스도교의 대화

연구총서 46

왕양명과 칼 바르트
유교와 그리스도교의 대화

지은이 김흡영
펴낸이 오정혜
펴낸곳 예문서원

편집 유미희
인쇄 및 제본 주) 상지사 P&B

초판 1쇄 2020년 4월 27일

출판등록 1993년 1월 7일(제307-2010-51호)
주소 서울시 성북구 안암로 9길 13, 4층
전화 925-5914 | 팩스 929-2285
전자우편 yemoonsw@empas.com

ISBN 978-89-7646-405-7 03230
ⓒ 金洽榮 2020 Printed in Seoul, Korea

YEMOONSEOWON #4, 13, Anam-ro 9-gil, Seongbuk-Gu, Seoul, KOREA 02857
Tel) 02-925-5914 Fax) 02-929-2285

값 33,000원

연구총서 46

왕양명과 칼 바르트

유교와 그리스도교의 대화

김흡영 지음

예문서원

진달래와 후손들에게

본서는 신학자로서 국제무대에 내놓은 첫 작품, 곧 나의 데뷔작이라 할 수 있는, 영문저서를 한글로 번역한 것이다. 그 원전은 미국 캘리포니아주 버클리 시에 있는 연합신학대학원(Graduate Theological Union)에서 박사논문으로 제출했던 「성화와 수신: 칼 바르트와 신유학(왕양명)에 관한 연구」를 기초로 재정리하여 『왕양명과 칼 바르트: 유교-그리스도교의 대화』라는 제목의 저서로 출판했던 것이다.[1] 그런데 1996년에 거행된 출판기념회에서 한 원로 교수께서 서평하시면서, 이 책은 앞으로 적어도 10년이 지난 후에야 한국에서 출판이 가능할 것이라 예상했다. 하지만 그 두 배의 세월이 훨씬 지난 이제야 출판하게 되었다. 그분은 당시 한국 교회 상황에서 유교와 그리스도교의 대화가 시기상조라고 보았던 것 같다.

그리스도교만이 최고의 종교라고 믿었던 서구 그리스도인들이 동양종교 전통들의 가치와 깊이를 인식하기 시작한 20세기 후반부터 세계 신학계는 동양종교들을 보다 심층적으로 이해하고 원만한 관계를 추진하기 위해 여러 가지 신학적 시도를 해 왔다. 이러한 시도는 '종교 간의 대화'(inter-religious dialogue)를 필두로 여러 이름을 가지며 진화되어 왔다. 예컨대

---

1) 박사논문은 Heup Young Kim, "Sanctification and Self-cultivation: a Study of Karl Barth and Neo-Confucianism(Wang Yang-ming)"(Ph.d. dissert, Berkeley, CA: Graduate Theological Union, 1992). 원 저서는 Heup Young Kim, *Wang Yang-ming and Karl Barth: A Confucian-Christian Dialogue*(Lanham, MD: University Press of America, 1996).

토착화신학, 문화신학, 종교신학 등이 출발이었고, 21세기에 들어와서는 비교신학(comparative theology)이 기세를 잡는가 하더니, 최근에는 심지어 종교 간의 담을 헐고 신학하자는 '담 없는 신학'(theology without walls) 또는 '초종교적 신학'(trans-religious theology)이라는 명칭이 미국종교학회(American Academy of Religion) 같은 학회에서 선보이기 시작했다.

본서가 아마존(Amazon.com)을 비롯하여 세계 각국 웹스토어를 통해 스테디셀러로 이름을 올리고 있고, 심지어 구글 북스(Google Books)는 이 책을 디지털화하여 '정보 및 간학문적 주제' 참고도서 시리즈(G-Reference Series)에 넣고 내용 검색까지 가능하게 만들어 놓았다.[2] 최근 미국 보스턴 시에 있는 신진 학자들을 중심으로 유교를 영문으로 'Confucianism'이 아닌 'Ruism'이라고 개칭하고 다른 세계종교 전통들과 비등하게 체계화하려는 운동이 일어나고 있다. 이 운동은 꽤 적지 않은 호응을 받으며 페이스북(Facebook) 등 SNS를 통하여 열심히 번져나가고 있다. 그동안 그리스도교의 배타주의와 권위주의에 신물이 난 열린 서구인들에게도 신(God)을 언급하지 않고도 할 말을 하는 유교사상이 상당히 매력적인 듯하다. 그러나 유교와 그리스도교 간의 대화는 그동안 세계 신학계에서 그다지 크게 발전된 것이 없어 보인다.

이 책이 한글로 빛을 보는 데 예상보다도 두 배가 넘는 긴 세월이 필요했던 것은 한국교회의 우리 전통종교문화에 대한 배타적인 여건 때문만은 아니었다. 급박하게 돌아가는 세계적 상황과 그에 따른 글로벌 신학의 변화 속에서 나름대로 한국 및 동아시아 신학을 자리매김하기 위해 노력하느라고 이미 출판된 저서의 번역에는 손을 댈 시간이 사실 없었다.

---

2) Google Books, G-reference, Information and Interdisciplinary Subject Series: https://books.google.co.kr/books?id=VH_YAAAAMAAJ&q=Wang+Yang-ming+and+Karl+Barth&dq=Wang+Yang-ming+and+Karl+Barth&hl=ko&sa=X.

그러던 중 국내에서도 이 책을 번역해서 빨리 출판해야 되겠다고 생각하게 된 동기가 발생했다.

한국개신교회는 개신교의 세계적인 최대 행사인 세계교회협의회(World Council of Churches, 이후 WCC) 10차 총회를 유치하고 2013년 10월 30일부터 열흘간 부산에서 개최한 큰 업적을 이룩하였다. 그러나 그 총회에서 나는 큰 자극을 받게 되었다. 동아시아에서 그리스도교의 선교는 한국을 제외하고는 성공했다고 말할 수 없다. 또한 전통적으로 유교문화권에 속했던 동북아시아의 국가들은 오랜 선교의 역사를 가지고 있고 식민지화를 통하여 서구 기독교문명에 결정적 영향을 받은 동남아시아의 국가들에 비해 짧은 기간에 비교가 안 될 정도로 놀라운 성장을 했다. 이렇게 볼 때 동아시아에서 그리스도교는, 적어도 경제, 문화, 교육의 차원에서는, 유교 전통을 넘어서는 어떤 설득력을 보여 주었다고 보기 어렵다. 더욱이 한스 큉(Hans Küng)이 잘 지적한 것처럼, 동아시아의 종교적 토대가 되는 유교와 도교는 서아시아(중근동)의 유일신 종교나 중앙아시아(인도)의 신비적 종교와 전혀 다른 모형의 지혜적 종교이다. 그러므로 WCC 10차 총회는 그리스도교가 이런 독특한 유교문화권의 전통과 사회에 대하여 공부하고 앞으로의 대책을 마련하기 위해 세계 개신교에게 주어진 절호의 기회라고 생각했다.

그러나 정작 WCC 10차 총회에서는 그 주최국의 주요 전통인 유교가 하나의 소주제로조차 다루어지지 않았다. 이렇게 막상 현장인 지역문화는 무시된 채 서구 그리스도교단들을 중심으로 동방정교와 각종 동남아시아 그리스도교의 모습들이 화려하게 전시되고 있었다. 한국 및 동아시아 신학은 물론이고 유교문화권에 대한 진지한 선교 및 신학적 논의를 찾아보기는 어려웠다. 한마디로 지난 총회에서 WCC는 동아시아가 공유하는 유교와 한국의 종교문화 전통에 대해서는 무관심한 것으로 보였다.

그러나 이렇게 된 것이 해외에서 온 주최 측과 참석자들만의 잘못이라고 할 수 없을 것이다. 그들이 유교에 대해 모르는 것은 어떻게 보면 당연한 일이다. 오히려 이에 대한 근본적인 책임은 이 총회를 주관한 한국교회에 있을 것이다. 한국교회가 자신들의 종교문화에 대해 얼마나 무심했는지가 여실히 들어났다고 할 것이다.

이러다가는 한국 그리스도교가 역사, 종교, 문화적으로 매우 다양한 유형을 갖춘 세계 그리스도교 안에서 문화적 뿌리도 없고 자기 정체성이 불분명한 미아가 될 것 같아서 미루어 두었던 본서의 출판을 서둘러야겠다고 생각하게 되었다. 그래도 WCC 본부는 이와 같은 나의 비판에 귀를 기울였고, 나를 그들의 제네바 본부와 보세이 에큐메니칼신학원(The Ecumenical Institute at Bossey)으로 초청하여 내 의견을 청취했다. 그리고 그들은 그리스도교 사절단을 한국에 파견하여 제1차 그리스도교-유교의 대화를 한국에서 실행하기로 결정하고, 내게 그 주선을 부탁하였다. 그 후 여러 우여곡절을 겪으면서 수년간의 노력 끝에 결국 지난 2017년 10월 27~31일간 가톨릭 교황청 종교 간의 대화 담당관을 포함한 20여 명의 세계 그리스도교 지도자들이 방한하였고, 한국 유학자 및 안동지방 유림들과 역사적 만남과 대화를 실행할 수 있었다.

이 행사를 조직하고 진행하는 데 많은 어려움이 있었지만, 다행히 그 결과는 상당히 고무적이어서 쌍방이 이러한 만남과 대화의 가치와 중요성을 인정하고 계속적인 대화가 필요하다는 데 공감하였다. 이 모임에 관한 참관기가 『기독교사상』과 『박약회소식博約會消息』 등 개신교와 유림의 양측의 주요 간행물에 실렸다.3) 그런데 한국의 최대 유림단체인 박약

---

3) 김흡영, 「우리에게 제사를 허락해다오: 제1차 WCC 기독교-유교 대화 참관기」, 『기독교사상』 709(2018.01), 70-79. 또한 「유림문화와 기독교, 처음으로 만났다: 세계 교회 지도자·유림대표들 회동—제사 문제등 논의」, 『박약회소식』 46(2017.12.26.), 6-7 참조.

회가 이 모임을 기사화하면서 〈유림문화와 기독교, 처음으로 만났다〉라는 매우 시사적인 제목을 달아 놓았다. 기독교가 한국에 들어온 지 100년이 지났지만 그들의 입장에서는 마음의 문을 열고 기독교와 제대로 만난 것은 이번이 '처음'이라는 것이다. 여기에 한국개신교에 대해 그동안 한국유림이 지녀왔던 솔직한 심정이 그대로 표출된 것이다.

더욱이 지금 우리는 인공지능 등 첨단과학기술에 의해 인간성이 총체적으로 붕괴되어 가는 세상에 살고 있다. 『호모데우스』(HomoDeus)와 『초지능』(Superintelligence) 등 금시대의 인류가 호모사피엔스의 마지막 세대라고 과감하게 선포하는 책들이 베스트셀러로 난무하고 있다. 근대 이후 인류의 문명을 이끌어 왔던 서구 그리스도교는 그동안 신에 의한 구원을 너무 강조하다보니 인간성에 대한 기본적인 신뢰를 상실하게 하는 경향이 있었다. 이러한 시점에 무엇보다도 인간성을 믿고 스스로 인간본성을 닦음으로 말미암아 선한 인간성을 유지하고 향상시키려 했던 유교의 오랜 전통은 인류에게 남은 소중한 휴머니즘의 자원이라고 할 것이다. 그러므로 그리스도교와 유교의 대화를 통하여 참되고 선한 인간성을 회복하는 길과 방법, 곧 도道를 탐구하는 것은 트랜스휴머니즘(transhumanism), 사이보그(cyborg) 등 포스트-휴먼(post-human)의 열망 속에 젖어들어 가는 이 시대에 시의적으로도 매우 중요한 일이라 하겠다.

더욱이 세계정세는 급격히 미국과 중국이라는 양대 강국의 패권쟁탈전, 그야말로 동서양 간 문명의 충돌로 치닫고 있다. 이것은 새뮤얼 헌팅턴(Samuel Huntington)이 이미 오래 전에 그의 유명 저서 『문명의 충돌』(Clash of Civilizations)에서 예측한 일이기도 하다.[4] 특히 미국의 세력을 대표하는 트럼프(Donald Trump) 대통령이 내세우는 이념은 그리스도교이고, 중국의

---

4) Samul P. Huntington, *The Clash of Civilizations and the Remaking of World Order* (New York, NY: Sumon & Schuster, 1996).

시진핑(習近平) 주석이 내세우는 정치철학은 유학, 그중에서도 양명학이다. 그러나 그들의 그리스도교와 유교의 이해는 정치적으로 이념화된 것으로 이들을 바로 알기 위해서라도 바르트 신학과 양명 유학의 바른 이해가 절실하다. 그러므로 이 책은 오늘날 세계정세, 특히 두 초강대국들의 패권경쟁 사이에 끼인 분단국가인 우리들에게 그들 문명의 바탕이 되는 두 전통을 비교하며 바로 이해하고 사상적으로 준비하는 데에도 도움을 줄 수 있을 것이다.

이 연구는 비록 오래 전에 이루어진 것이지만, 내 신학의 시작이고, 그동안 주장해 온 '도道의 신학'(theo-dao)의 단초를 제공했다.[5] 이 연구를 필두로 하여 퇴계退溪 이황李滉과 장 칼뱅(John Calvin) 간의 비교 연구를 실행했고, 그 후 글로벌 그리스도교의 맥락에서 한국 및 동아시아 신학의 한 모형으로서 '도의 신학'(theodao)을 제시해 왔다. 도의 신학을 비롯한 그동안의 학술활동에 대해서는 뒤에 첨부한 「김흡영 교수의 주요 출판 목록」을 참조하기 바란다. 이제야 이 책을 한글로 출판하게 되니, 국내 독자들은 나의 신학업적을 거꾸로 읽게 되는 셈이 되었다. 그러나 그동안 글로벌 신학이라는 밀림 속에 한국 및 동아시아 신학으로 자리매김하기 위해 글들이 수사학적으로 기울어졌던 측면이 있기 때문에, '도의 신학'의 학술적 근원과 동기를 알기 위해서는 이 책이 필수적이라 하겠다.

그동안 다른 종교 간의 대화에 비해 유교-그리스도교의 대화는 크게 달라진 것은 없어 보인다. 그렇지만 독자들은 이 책이 미국적 상황에서 세계 신학계를 대상으로 30여 년 전에 쓰인 것이라는 점을 감안하고 읽어주기 바란다. 가능한 한 원본 내용을 그대로 살려두되 지나친 학술적 논

---

5) 도의 신학에 관하여서는 김흡영, 『도의 신학』(서울: 다산글방, 2000); 『도의 신학 II』(서울: 동연, 2012). 또한 영문판 Heup Young Kim(Kim, Hǔb-yŏng), *A Theology of Dao*(Maryknoll, NY: Orbis Books, 2017) 참조.

의는 삼가려 하였다. 참고자료는 번역본보다는 주로 자료 원본들을 그대로 사용하여 각주 처리하였다. 아직 한글 신학 용어들이 통일을 이루지 못한 상황에서, 보다 일반적인 '기독교'보다는 '그리스도교', '하나님'보다는 '하느님'을 사용했다. 본서의 번역 초안을 잡는 데 있어서는 강남대학교 신학대학원에서 세미나를 같이했던 여러 제자들이 참여했다. 그래서 이 번역본은 개인적인 것보다는 한 집단적인 작품이라 할 것이다. 이 기회에 그들의 이름을 일일이 호명하지 못하지만 열심히 도와준 그들에게 깊은 감사를 드린다. 그리고 출판을 가능하게 도와준 예문서원의 오정혜 사장님과 편집진들에게 감사를 드린다. 비록 늦었지만, 아무쪼록 이 한글 판이 우리의 오랜 핵심적 전통인 유교와 이제는 우리에게 큰 영향을 주고 있는 그리스도교를 연결하는 가교가 되어, 두 전통들이 서로를 바로 알고, 대화하고, 소통하여 우리 신학과 유학 그리고 종교문화의 발전에 일조할 수 있게 되기를 바란다.

〈차례〉

퍼내는 말   7

서론   19
　　1. 유교-그리스도교적 맥락   19
　　2. 한국(종교문화)신학을 향한 구체-보편적 방법론   28
　　3. 왕양명과 칼 바르트   32
　　4. 어떻게 완전한 인간이 되는가?   37
　　5. 책의 구성   41

제1부 유교 패러다임: 왕양명 유학의 수신론   45

　　제1장 서설   47
　　　　1. 실천적 믿음으로서의 유교   48
　　　　2. 수신: 유교의 핵심 프로젝트   50
　　　　3. 패러다임 전환: 심즉리心卽理   53
　　　　　　1) 리   53
　　　　　　2) 격물   55
　　　　　　3) 심즉리   58
　　　　　　4) 신유교적 패러다임 전환   64

　　제2장 근본-메타포: 성誠   69
　　　　1. 입지(뜻을 세움)   69
　　　　2. 지행합일(앎과 행동의 일치)   73
　　　　3. 성誠: 구체-보편적 방법론   79

　　제3장 인간성 패러다임   87
　　　　1. 근본-패러다임: 양지   87
　　　　　　1) 자기초월성   93
　　　　　　2) 유교적 근본-패러다임   97
　　　　2. 인간성 패러다임: 인   99

　　3. 악(惡)의 문제: 사욕　104

　　　　1) 사욕　107

　　　　2) 도심과 인심　110

　제4장 인간화: 치양지로서의 수신　113

　　1. 성의　113

　　2. 치양지　116

　　　　1) 주체성과 존재론적 실재의 동일화　123

　　요약　126

제2부 그리스도교 패러다임: 칼 바르트 신학의 성화론　129

　제5장 서설　131

　　1. 광의의 에큐메니즘 맥락에서의 칼 바르트의 신학　131

　　2. 패러다임 전환: 복음과 율법　139

　　　　1) 루터의 율법과 복음의 교의　140

　　　　2) 바르트의 복음과 율법의 반전　142

　　3. 신학과 윤리의 합일성　148

　　4. 성화와 칭의　154

　제6장 인간성 패러다임　159

　　1. 근본-패러다임: 그리스도의 인성(*Humanitas Christi*)　160

　　2. 왕적 인간(왕자)　165

　　3. 참된 인간의 본성: 하느님의 형상　174

　　4. 그리스도의 인성의 빛에서 본 죄　183

　　　　1) 인간의 태만　185

　　　　2) 비참한 인간상황　190

　제7장 인간화: 성령의 인도하심 아래의 성화　197

　　1. 아들의 인도하심　198

　　2. 성령의 인도하심　205

3. 성자와 성도들 213

4. 제자도로의 소환 216

5. 회심에로의 각성 219

6. 선행에 대한 칭송 222

7. 십자가의 존엄성 223

제8장 근본-메타포: 사랑(Agape) 227

1. 그리스도인의 사랑에 대한 문제 228

2. 그리스도인의 사랑의 근거 232

3. 그리스도인의 사랑의 길(道) 235

요약 251

제3부 유교-그리스도교의 대화 253

제9장 대화 방법론 255

1. 전제들 255

2. 방법론 263

3. 유교-그리스도교의 대화를 위한 구조 265

제10장 만남의 양상들 267

1. 근거: 마음(心) vs. 하느님 말씀(Word) 267

2. 패러다임 전환: 심즉리 vs. 복음과 율법 269

3. 출발점: 입지 vs. 신앙(faith) 273

4. 이론과 실천: 지행합일 vs. 신학과 윤리의 합일성 274

제11장 인간성 패러다임 281

1. 근본-패러다임: 양지 vs. 그리스도의 인성 281

2. 인간성 패러다임: 인仁 vs. 신형상(imago Dei) 288

3. 악의 문제: 사욕 vs. 태만 292

제12장 어떻게 완전한 인간이 될 수 있는가? 299
　1. 인간화의 도道: 치양지 vs. 성령의 인도를 따름 299
　2. 근본-메타포: 성誠과 아가페 308

결론: 새로운 우주적 인간성의 도를 추구하기 위한
　　　유교와 그리스도교 간의 대화 315
　1. 근본적 상이성 안에서의 두터운 유사성(異中同) 315
　2. 공동적 인간성의 도道에 대한 추구 320
　3. 인간성의 도道로서의 예수 그리스도: 유교적 그리스도론을 향하여 324
　4. 후기: 새로운 우주적 인간성의 도道 334

부록: 왕양명 342

참고문헌 347
김흡영 교수의 주요 출판 목록 355
찾아보기 360

서론

1. 유교-그리스도교적 맥락

　이 연구는 오랜 유교 전통[1]을 지닌 가문에서 태어나 성장하고 성년
이 되어서야 그리스도교로 귀의한 한국인으로서 경험해 온 실존적 갈
등을 해결하기 위해 시작되었다. 그리스도인이 된 후 새로 가진 신앙의
진수를 알고자 하는 초심의 열정을 가지고 그야말로 무지막지하게 모
든 것을 정리하고 신학수업의 길에 들어섰다. 그 후 미국에서 십여 년간
보수적인 남침례교신학교(Southern Baptist Theological Seminary), 개혁적인 프린
스턴신학교(Princeton Theological Seminary), 초교파적인 버클리연합신학교
(Graduate Theological Union) 등 보수－개혁－진보적인 신학교들을 두루 거치
며 전심전력으로 신학공부에 매달렸다. 그렇지만 그러한 노력의 과정을
통하여 오히려 절감한 것은 내 가문의 오랜 전통이었던 유교가 내 자신

---

　1) 엄밀히 말해서 신유교(Neo-Confucianism). 그러나 본서에서 '유교'는 고전 유교와 신
　　유교를 모두 포함하는 다소 느슨한 의미로 사용된다. 유교에 대한 개론적 도서는
　　Tu Wei-ming, *Confucianism in a Historical Perspective*(Singapore: The Institute of
　　East Asian Philosophies, 1989) 또는 한국브리테니카, "유교", 『브리테니카대사전』
　　제17판(1992), 208-212; Julia Ching, *Confucianism and Christianity: A Comparative
　　Study*, 7-12; 변선환 역, 『儒教와 基督教』(왜관: 분도출판사, 1994), 32-37 참조.

의 영성에 생각보다도 훨씬 더 깊이 뿌리박혀 있다는 사실이었다.

그리스도교의 나라라고 할 수 있는 미국에서 서구적 그리스도교 신학은 공부하면 할수록 더욱더 외국어처럼 느껴졌다. 반면에 유교는 마치 나의 종교적 모국어인 듯, 그리스도인이 된 내 자신의 깊은 내부에서 은근하면서도 강렬하게 활동하고 있다는 것을 깨닫게 되었다. 신학은 한마디로 하느님의 명령에 대한 인간의 총체적 응답이라 할 수 있다. 그렇다면 나의 신학을 제대로 하려면, 이러한 실존적 상황이 전혀 다른 맥락에서 형성된 남의 신학을 억지로 빌려서 내면화하는 것보다는, 내 자신의 내면에 새겨진 유교전통과의 진솔한 한판 씨름을 하는 것이 불가피한 요소였던 것이다. 이러한 필요성은 나에게만 한정된 것이 아니라 전통적으로 서구적 그리스도교가 아닌 유교 문화권에 속한 동아시아의 그리스도인들도 대부분 공감할 것이다. 그러므로 나는 동아시아인들이 동아시아 신학을 하는 데 있어서 그들이 공유하는 전통인 유교에 대해 연구하는 것은 신학의 한 필수적 과제라고 주장한다.

유교가 여전히 동아시아인들의 가슴속에 깊이 박혀 있는 한 이것은 어쩔 수 없는 노릇일 것이다. 이 점에 대해 전 하버드대학 교수 두웨이밍(杜維明)은 다음과 같이 역설했다. "동아시아인들은 신도교인(Shintoist), 도교인, 불교인, 이슬람교인, 혹은 그리스도인 등 어떠한 특정 종교에 대하여 신앙고백을 한다 할지라도, 자신이 유교인이라는 사실을 부인하기는 어렵다."[2] 이 시대의 동아시아를 문명사적으로 "탈유교시대"(post-Confucian era)라고 칭할 수 있겠지만, 대부분의 동아시아 국가들은 사회적

---

2) Tu, *Confucianism*, 3. Confucian을 이 책에서는 '유교인' 또는 '儒者'로 번역하고자 한다.

으로 여전히 유교사회의 특징을 가지고 있다고 평가되고 있다.[3]

소위 아시아의 "네 마리의 호랑이"(four tigers) 혹은 "네 마리의 작은 용"(four little dragons)이라는 별명이 붙은 한국, 대만, 홍콩, 싱가포르 그리고 일본의 괄목할 만한 경제적인 성공은 서방세계로 하여금 신유교에 대해 특별한 관심을 이끌어 내게 했다.[4] 얼마 전 작고한 동아시아학의 선구자 드 베리(Wm. Theodore de Bary)는 이것을 다음과 같이 설명했다.

인적자원 이외에 천연자원이라고는 거의 없으면서도 아프리카, 남아프리카 그리고 다른 아시아 국가들의 느린 성장과는 대조적으로 급속한 근대화를 이룬, 이들 국가들의 극적인 성공은 오랫동안 간과해 온 동아시아 사람들의 공통적인 배경 요인들, 즉 신유교를 통하여 오랫동안 공유해 온 지적, 도덕적인 준비의 과정이 새로운 주목을 받기에 이르렀다. 이전에는 신유교의 영향이 근대화와 서구화를 제약하는 걸림돌처럼 평가되었던 반면, 오늘날에는 중국, 일본, 한국, 대만, 홍콩, 싱가포르 사람들이 신유교에 의해 배양된 배움에 대한 열정, 교육에 대한 열의, 사회적 훈련, 개인적 수양으로부터 유익을 얻었다는 견해가 각광받을 수 있게 되었다.[5]

---

3) 드 베리는 동아시아 문명사를 다음과 같은 다섯 시대로 구분했다.—고전시대, 불교시대, 신유교시대, 근대, 그리고 탈유교시대. Wm. Theodore de Bary, *East Asian Civilization: A Dialogue in Five Stages*(Cambridge. MA: Harvard University Press, 1989), 107-122. 또한 Tu Wei-ming, et al. eds., *The Confucian World Observed: A Contemporary Discussion of Confucian Humanism in East Asia*(Honolulu, HI: The East-West Center, 1992) 참조.

4) Ezra F. Vogel, *The Four Little Dragons: The Spread of Industrialization in East Asia*(Cambridge, MA: Harvard University Press, 1991). 또한 Peter K. H. Lee, "Personal Observation on Religion and Culture in the four Little Dragons of Asia", *Ching Feng* 30:3(1987), 154-169 참조.

5) Wm. Theodore de Bary, *Neo-Confucian Orthodoxy and the Learning of the Mind-and-Heart*(New York, NY: Colombia University Press, 1981), ix-x.

또한 그는 신유교는 "동아시아인들의 공통적인 문화적 배경"이며, "팽창주의적인 서구문화"와 동아시아문화 간의 근대적인 만남에 있어서 "내면적으로 성찰하는 동아시아 문명"의 특성을 올바르게 이해하기 위한 "열쇠요, 가장 적절한 원리"라고 주장했다.

신유교는 동아시아 문명들을 이해하는 데 가장 적절한 원리를 제공해 주었다. 그들이 비록 내적 성장에만 사로잡혀 있는 것처럼 보이지만, 그 내향성은 자신의 내부 에너지를 보존하고 자기수양에 집중하기 위한 것이다. 그러므로 그것은 긍정적인 의미에서의 자기중심적이다. 나는 신유교가 또한 18~19세기 후반의 팽창주의적 서구인들에게, 이처럼 내면적 성찰을 중요시하는 동아시아 문명이 미성숙하고, 자기만족적이고, 독선적이며, 고립주의적으로 비쳐졌는지를 이해하게 하는 열쇠라고 생각한다. 반면에 동아시아인들에게 서구인들은 영적, 도덕적 중심도 없이 자유방임적인 힘만을 과시하는 통제불능한 호전성이 육화된 모습으로 비쳐졌을 것이다.[6]

서양학자들은 신유교를 이렇게 동아시아적 종교문화의 독특한 모습을 설명해 주는 열쇠요 원리라고 보았다. 이것은 그 안에 젖어 있는 동아시아인들이 아닌 보다 객관적이고 중립적인 입장을 견지할 수 있는 서양학자들의 것이니 믿을 만한 관찰일 것이다.

20세기 가톨릭이 배출한 주요 신학자의 한 사람인 한스 큉(Hans Küng)도 이에 도움이 되는 매우 중요한 제안을 했다. 세계교회협의회(World Council of Churches)를 비롯하여 서양 종교학자들은 일반적으로 세계종교

---

6) De Bary, *East Asian Civilizations*, 44.

전통을 중근동(서아시아)계 유형과 인도(중앙시아)계 유형으로 구분하는 두 유형의 양극적(bipolar) 견해를 수용하고 있었다. 그러나 큉은 동아시아계 종교 유형도 이들에 덧붙여 별도로 포함되어야 한다고 주장했다. 이에 따라 세계종교 전통들은 양극이 아닌 삼극(tripolar)으로 나눠야 한다며, 세계종교를 세 가지 유형으로 구분했다. 첫째 유형은 서아시아의 "셈족 기원이면서 역사 중심적인 특성"을 가진 유대교, 그리스도교, 이슬람의 유일신종교들이다. 둘째 유형은 "인도지역에서 발생하였으며 신비적인 특성"을 가진 힌두교, 불교 등의 인도종교들이다. 이들과 대조하여 "동 등한 가치"를 지니고 있는 "셋째 독립된 유형"이 동아시아에서 발생하고 지혜적인 특성을 가진 유교와 도교라고 큉은 주장했다. 그는 그중에 서도 유교와 그리스도교는 "가치와 지위의 모든 면에서 동등한 동반자" 이라며, 유교와 그리스도교 간의 대화를 적극적으로 주창했다.[7]

이와 같이 좀 더 객관적인 견해를 가질 수 있는 해외 학계에서도 신유교가 동아시아 종교문화권(religio-cultural complex)의 가장 두드러진 특 징이라고 인식하고 있다. 따라서 이러한 유교 문화권에 있는 동아시아 의 그리스도인들은 유교와 그리스도교가 조우하는 유교-그리스도교적 맥락(Confucian-Christian Context)에서 살아간다고 할 수 있다. 다시 말해서, 배경과 맥락에 따라 그 정도는 다르겠지만 동아시아 그리스도인들은 일상 속에서 두 종교 전통들의 충돌과 융합을 경험하며 살아가고 있다. 이러한 맥락에서 신학하기(doing theology)에는 유교와 그리스도교 간의 진

---

7) Hans Küng and Julia Ching, *Christianity and Chinese Religions*, trans. Peter Beyer(New York, NY: Doubleday, Press, 1989), xii-xiii; xvii. (한역) 이낙선 역, 『중국종교와 기독교』(왜관: 분도출판사, 1994).

정한 종교내적 대화(intra-religious dialogue)가 절실하게 요구된다. 그러므로 유교에 대해 어떠한 경험을 가지고 있든지 간에, 유교-그리스도교 간의 대화(Confucian-Christian Dialogue)는 동아시아에서 신학하기에 중요한 구성적 차원이라고 할 수 있다.

유교-그리스도교 간의 대화는 특별히 한국에서 필수적으로 요청되고 있다. 이 대목에서 나는 다음과 같은 주장을 강조하고자 한다. 한국 사회는 세계에서 가장 강력한 유교-그리스도교적 맥락을 연출하고 있다. 그러므로 한국교회는 유교-그리스도교 간의 대화에 있어서 세계적인 중대성을 지닌 가장 이상적인 현장이다. 그 이유로서 최소한 세 가지 이유를 들 수 있다.

첫째, 그리스도교가 동아시아 국가들 중에서 유일하게 한국에서는 더 이상 소수종교가 아니라 사회적으로 가장 주도적 역할을 하고 있다. 현재 한국에서 그리스도 교회에 소속된 신자들의 수는 총인구의 4분의 1 정도에 이른다.[8]

둘째, 한국사회는 동아시아 역사에서 유교의 영향을 가장 많이 받은 나라이며, 현재도 그러하다. 두웨이밍은 "한반도에서 오랜 역사를 이어온 조선은 중국과 그 주변에 있는 여러 왕국들 중에서 의심할 바 없이 가장 철저하게 유교화된 국가였다"고 단언했다.[9] 영국의 종교학자 그레이슨(J. H. Grayson) 역시 "유교가 정치, 문화 그리고 사회적 영향력을 주도하였고, 지금도 그것이 계속되고 있는 사회로는 한국이 유일하다"

---

8) 해외에서 본 한국 그리스도교에 대한 개론적 이해는, Donald N. Clark, *Christianity in Modern Korea*(Lanham, MD: University Press of America, 1986) 참조. 비록 논쟁의 여지가 있지만, 클라크는 "그리스도교는 이제 한국의 종교"라고 결론을 내렸다.

9) Tu, *Confucianism*, 35.

고 주장했다.10) 그레이슨은 계속해서 다음과 같이 말했다.

동아시아의 여러 국가들 중에 한국의 조선왕조(1392~1910)만큼 유교의 영향력을 많이 받은 사회가 없다는 사실은 흥미롭다. 중국은 코즈모폴리턴적인 사회를 형성한 대륙국가로서 항상 다양한 문화가 공존하여 하나의 획일적인 사회로 발전되는 것을 방해해 왔다. 결과적으로 볼 때, 비록 유교가 중국에서 시작되었지만, 신유교가 지난 500여 년 동안 조선왕조에서 성행된 만큼 중국사회에는 큰 영향력을 끼치지 못했다. 일본의 경우 유교는 주로 지배계급 엘리트들과 학자계층의 관심거리였을 뿐이다.

그렇기 때문에 그는 "유교가 아직도 한국사회에서 구조적 영역과 인식적 영역, 모두에서 영향력을 끼치고 있으므로, 한국은 여전히 유교적 사회라고 불릴 수 있다"고 주장했다.11)

셋째, 한국 그리스도교는 발생론적으로 유교적 그리스도교라고 간주할 수 있다. 그리스도교의 한국 전래사를 보면 가톨릭과 개신교 모두 유교 선비들의 사회적 관심으로부터 시작되었고, 유교의 개념적 토대 위에서 발전해 왔다.12) 그래서 한국 그리스도교는 특별히 유교적 뿌리를 가지고 있다. 더욱이 한국에서 가톨릭 및 개신교 모두 선교의 시작은 외국 선교사들이 아닌, 내국인들에 의해서 주도되었다. 초기 한국

---

10) James H. Grayson, "The Study of Korea Religions & Their Role in Inter-Religions Dialogue", *Inculturation* 3:4(1988): 8.

11) J. H. Grayson, *Korea: the Religious History*(Oxford: Clarendon Press, 1989), 215-216.

12) 오강남, "Sagehood and Metanoia: The Confucian-Christian Encounter in Korea", *Journal of the Academy of Religion* 61:2(1993): 303-320 참조.

그리스도인들은 기본적으로 그리스도교를 부패한 유교사회를 개혁할 수 있는 하나의 새로운 대안으로 기대했던 유교 개혁주의자들에 의해 주도되었다.

불교가 도교의 범주와 개념들을 통해 중국에 소개된 것과 마찬가지로 그리스도교는 자연스럽게 유교의 개념들과 용어들을 통하여 한국에 소개되었다. 이런 점에 있어서 유교-그리스도교의 종교내적 대화가 그리스도교가 한국에 전래되는 과정에서부터 사실상 계속 이루어져 왔다고 할 수 있다. 한국 가톨릭교회는 이 점에 있어서 매우 특이한 역사를 가지고 있다. 최초의 공식적인 선교사가 한국 땅을 밟기도 전에, 당대의 뛰어난 유학자였던 이벽李蘗(1754~1786)은 독학으로 그리스도교를 공부하여, 『성교요지聖教要旨』라는 글을 저술했다.[13] 다산茶山 정약용丁若鏞(1762~1836)의 실형인 유학자 정약종丁若鐘(1760~1801)도 『주교요지主教要旨』라는 글을 저술했다.[14] 이것은 한국어로 쓰인 최초의 신학적 저술일 것이다. 최초에 한국 개신교에서 사용했던 성경들은 거의 모두 유학자들에 의해 번역되었다. 그러므로 보수적인 교회들이 지금도 여전히 선호하는 초기 한국 개신교의 성경들은 유교적 범주와 개념들로 가득하다. 한국 개신교는 유교의 개념적 틀을 통해 소개되었고, 성장해 왔다. 그러나 불행하게도 근본주의적 선교사의 영향으로 한국 개신교 내에 도사리고

---

13) 이성배, 『유교와 그리스도교』(왜관: 분도출판사, 1990) 참조. 원문은 Jean Sangbae Ri, *Confucius et Jesus Christ: La Premiere Theologie Chretienne en Coree D'apres L'oeuvre de Yi Piek letter. Confuceen 1754-1786*(Paris: Editions Beauchesne, 1979). 그러나 최근 『성교요지』가 이벽의 이름을 도용한 위작이라는 주장이 제기되고 있어 논란의 여지는 있으나 이벽이 독학으로 그리스도교를 공부한 것은 사실이다.

14) Hector Diaz, *A Korea Theology*(Immense, Switzerland: Neue Zeitschrift für Missionswissenschaft, 1986) 참조.

있는 반토착문화적 편견이 유교-그리스도교 간 대화의 자연스런 전개를 방해해 왔다. 예외적으로, 최병헌崔炳憲(1885~1927)과 윤성범尹聖範(1916~ 1979) 같은 인물들은 유교와 그리스도교 간의 대화를 공개적으로 지속하였다.[15]

제2차 바티칸 공의회는 가톨릭교회로 하여금 토착문화에 대해 훨씬 열린 태도(inculturation)를 갖게 했다.[16] 그렇지만 근본주의적인 신칼뱅주의(Neo-Calvinism)에 깊은 영향을 받은 한국 개신교회들은 '문화에 대립하는 그리스도'(Christ against Culture)와 같은 배타적 태도를 견지하며 유교와의 대화의 필요성을 억눌러 왔다.[17] 그러나 이러한 교회들의 신학적 입장은 한국 개신교인들이 처해 있는 현실을 바로 인식하지 못하고 있는 듯하다. 전 서울대 종교학과 윤이흠尹以欽 교수는 소위 신앙에 뚜렷한 '자기확신'을 가지고 교회에 출석하고 있는 한국 개신교인들의 90% 이상이 실제적으로는 유교의 도덕적 기준을 여전히 따르며, 전통적인 유교사회의 관습들을 실천하는 온건한 유교적 공동체의 실질적 멤버라는 조사결과를 발표한 적이 있다.[18] 이것은 매우 흥미로운 조사결과이다.

---

15) Chung Chai-sik, "Confucian-Protestant Encounter in Korea: Two Cases of Westernization and De-Westernization", *Ching Feng* 34:1(1991): 51-58 참조.

16) 다음 저서에 있는 김수환 추기경의 position paper 참조. Gerald H. Anderson and Thomas F. Stransky ed., *Mission Trends No. 2: Evangelization*(New York, NY: Paulist and Grand Rapids: Wm. B. Eerdmans, 1975), 190-192.

17) 리차드 니버(Richard Niebuhr)는 그리스도와 문화와 관계에 관하여 5가지 형태의 모형을 제시했다. ① 문화에 대립하는 그리스도(Christ against Culture), ② 문화의 그리스도(the Christ of Culture), ③ 문화 위의 군림하는 그리스도(Christ above the Culture), ④ 문화와 역설적 관계에 있는 그리스도(Christ and Culture in Paradox), 그리고 ⑤ 문화의 변혁자로서의 그리스도(Christ, the Transformer of the Culture). H. R. Niebuhr, Christ and Culture(New York, NY: Happer & Row, 1951); 김재준 역, 『그리스도와 문화』(서울: 대한기독교서회, 1983) 참조.

18) Yoon Yee-heum, "The Contemporary Religious Situation in Korea", a paper presented

왜냐하면 이것은 비록 한국 개신교인들이 자신을 그리스도교인으로 간주할지라도, 실천적인 의미에서는 대부분 여전히 일상에서 유교적 관습을 실행하는 유교인이라는 점을 암시하고 있기 때문이다. 또한 이 조사는 한국사회에 유교-그리스도교적 맥락이 실존하고 있다는 점을 명백하게 보여 주는 증거를 제시한다. 유교가 종교이냐 하는 문제는 아직 남아 있지만, 이것은 한국 그리스도인들이 사실상 이중적 종교정체성(dual religious identity)을 가지고 있다는 가능성에 대해 매우 그럴듯한 실례를 보여 준다고 하겠다.

2. 한국(종교문화)신학을 향한 구체-보편적 방법론

이 주제에 대한 나의 신학적 관심은 토착종교문화에 대해서 배타적인 태도를 견지해 온 한국 장로교회의 이율배반적인 모습들을 목격하면서부터 시작되었다.[19] 지난 1세기 동안 한국 장로교회는 한국에서뿐만 아니라, 세계 개혁교회들 사이에서도 가장 많은 신도들을 가진 교단으로 급성장했다. 한국 장로교회의 이러한 괄목할 만한 성장은 세계 그리스도교 선교사에서 볼 때 기적과 같은 이례적인 장로교회의 성공 사

---

in the Conference on Religion and Contemporary Society in Korea, Center of East Asian Studies, University of California, Berkeley, November 11-12, 1988. 또한 그는 "자기확신"의 방법에 의한 서양식 통계는 동아시아 종교현상의 실체를 파악하는 데 적절하지 못하다는 점을 지적했다. 왜냐하면 동아시아 종교, 특히 유교는 서양 종교들처럼 제도적으로 정형화된 종교(hard religion)가 아니고 제도에는 유연하지만 삶의 실천에서는 엄격한 특성(soft religion)을 띠고 있기 때문이다.

19) 본서에서는 장로교주의와 개혁전통을 특별히 구분하지 않는다.

레에 속한다. 비그리스도교 문화권에 속한 한국에서 일어난 이러한 현상은 서양의 많은 개혁신학자들을 놀라게 했고 그 이유가 무엇일까 의아하게 했다. 여기서 나는 한국 장로교, 나아가서 한국 개신교가 이러한 폭발적 성공이 가능할 수 있었던 하나의 중요한 이유가 한국종교문화의 근간이 되는 신유교와 개혁그리스도교(또는 개신교) 간에 존재하는 놀랍게도 두터운 유사성 때문이라는 가설을 주장한다. 이러한 성공이 칼뱅주의 또는 개혁신학의 우월한 교리에 기인한다고 주장하는 이들도 있겠지만, 보다 중요한 이유는 조선조 후기의 한국유교와 구프린스톤 신학(Old Princeton theology)의 영향을 받은 미국의 개신교 선교사들이 한국에 소개한 신칼뱅주의(Neo-Calvinism) 간에는 놀라운 유사성이 숨겨져 있었다는 사실에 기인한다.

실제로 신칼뱅주의적 정통주의는 정주학程朱學 또는 성리학性理學으로 불리는 한국화된 신유교 정통주의에 뛰어난 동반자였다. 두 전통은 놀랄 만한 '종교적 친밀성'(religious affinity)을 가지고 있었다.[20] 예컨대, 이들은 정통성(orthodoxy)에 대한 과도한 충성심, 정경 텍스트들에 대한 완고한 문자주의, 개인적 경건에의 집착, 가족과 인간관계에서 엄격한 예의에 대해 강조하는 특징들을 공유하고 있다. 한국 장로교회의 성공 사

---

20) 김일수는 한국장로교회가 한국의 여러 교단 중에서 가장 폭발적 성장을 가져온 이유를 장로교회와 유교 사이의 "종교적 친밀성"에서 찾는데, 그것은 "계"와 같은 인정으로 연결된 공동체적 정서와 오륜과 같은 사회적 예의를 강조하는 데 있다고 보았다. 그는 또한 네비우스 정책이 한국장로교회가 새로운 신앙을 그들의 전통적인 유기적 자치형태에 접목시키는 데 효과적이었다고 평가한다. Kim Illsoo, "Organizational patterns of Korea-American Methodist Churches: denominational and personal community", in Russell Richey and Kenneth Rowe, eds., *Rethinking Methodist History*(Nashville, TN: Kingswood Books, 1985), 228-37(229) 참조.

레는 청교도적인 신칼뱅주의와 한국화된 신유교의 결합에서 성취되었다고 볼 수 있다. 오랫동안 정주학의 '도덕적 엄격주의'(moral rigorism)에 익숙한 한국인들에게 칼뱅주의의 '세속적 금욕주의'(worldly asceticism)를 이해하기 위한 또 다른 노력은 불필요했다.[21]

외견상 한국장로교회는 비그리스도교적인 토착문화적 요소들을 철저하게 제거하기 위해 노력해 왔다. 그러나 보다 깊은 차원에서 볼 때, 이러한 무비판적인 태도는 도리어 반대의 결과를 초래해 온 것 같다. 한국장로교회에서 전개되어 사회적으로 물의를 일으키는 사건들의 유형들은 사실상 조선 말기의 타락한 신유교가 그리스도교적 형태로 재현된 모습이라고 할 수 있을 것이다.[22] 한국장로교회들에서 근본주의적이고, 보수적이며, 매우 개인주의적이고, 외적인 명성 추구에는 지나치게 열심이며, 문화적으로는 배타적이고, 사회적으로는 완고하며, 정치적으로는 무감각하고, 지나치게 관료적이며, 구조적으로 부패하기 쉬운 경향을 가진 모습을 종종 찾아볼 수 있다. 이러한 독소적 특성들은 또 다른 고착된 근본주의 형태로서 그리스도교 신앙의 새 옷으로 덮여

---

21) De Bary, *Neo-Confucian Orthodoxy*, 81-82. 또한 Max Weber, *The Protestant Ethic and the Spirit of Capitalism*, trans. Talcott Parsons(New York, NY: Charles Scribner's, Sons, 1930) 참조. 이 점은 이미 초기 미국 선교사들에 의해 보고된 것이었다. "한국인의 많은 종교적 특징들은 그들을 그리스도의 제자로 만드는 데 도움을 주고 있다.…… 인간이 도덕적인 존재이고 도덕법에 순종해야 한다는 사실을 오랫동안 강조해 온 유교는 한국인들로 하여금 자신들의 삶 속에서 그리스도교 윤리를 성실하게 따르도록 준비시켜 주었다." George Herber Jones, *Korea: The Land, People and Customs*(Cincinnati: Jennings and Graham, 1907), 64 참조.

22) '개교회주의'(Individual churchism)는 하나의 두드러진 예이다.(Kim Ilsoo, "Organizational patterns" 참조) 한국교회의 파벌주의를 낳는 데 기여한 개교회주의는 진정한 유교적인 것도, 참된 그리스도교적인 것도 아니다. 사실상 그것은 한국교회 안에 광범위하게 활동하고 있는 유사종교적 혼합주의의 산물이다. 그러므로 그에 대한 체계적이고 철저한 분석을 필요로 하고 있다.

있기 때문에 상황은 매우 현혹적이고, 위험하기까지 하다.

그러므로 한국신학하기를 위해서는 그 문화언어적 바탕으로서 유교에 대한 세밀한 신학적 검토가 필요하다. 이처럼 현혹적인 상황에서는 더욱 비판적인 신학적 탐구가 요청된다. 이러한 맥락에서 유교는 더 이상 단순히 한 학술적 문제이거나 비교문화적인 토론의 대상이 아니라, 도리어 구체적인 공동체 내에서 신앙의 실천과 연계된 중대한 신학적 과제에 해당된다. 이것은 대화를 넘어서는 신학적 과제라는 것이다. 즉, 이것은 단지 유교와 그리스도교에 대해 어떤 선험적인 주제들을 유추하고 비교하는 학술적 차원의 것이라기보다는 한국교회라는 특정한 공동체를 위한 신앙 내용에 대한 후험적 주제화를 실행하는 신학적 당위성을 의미한다. 그러나 나는 이것을 한국신학이라는 범위 안으로 제한하지 않고, 보다 넓게 확장하여 유교-그리스도교의 만남에 대한 연구와 동아시아 종교문화신학을 구성하기 위한 구체-보편적 방법론을 적용하기 위한 하나의 확실한 출발점으로 사용하고자 한다.

다른 동아시아 국가들의 교회들과 비교해서 한국장로교회가 보여 준 놀라운 성장은 결코 '무로부터의 창조'(*creatio ex nihilo*)가 아니다.[23) 그 성장에는 반드시 신학적인 이유가 있다. 특히 "다원종교적 맥락"(plurireligious context)에서[24) 그 이유는 불가피하게 종교문화신학의 형태로 드러난다.

---

23) 줄리아 칭은 또한 한국과 일본에 있어서의 그리스도교의 수용이 서로 다른 이유를 면밀히 관찰하였다. "한국에 있어서의 강한 유교의 영향력은 그리스도교 성장에 좋은 결과를 가져온 반면, 일본에 있어서의 강한 불교의 영향력은 오히려 그리스도교 성장을 저해하는 요인이 되었다." Julia Ching, *Chinese Religions*(Maryknoll, New York: Orbis Books, 1993), 199.

24) Aloysius Pieris, *Love Meets Wisdom: A Christian Experience of Buddhism*(Maryknoll, NY: Oribis Books, 1988), 3.

이것은 한국교회 내에서 아직 파묻혀 있지만 이미 강력하게 활동 중이다. 그것을 파내서 주제화하면 서구적 지평을 넘어 삼천 년대의 지구촌을 위한 글로벌 신학의 한 적절한 패러다임을 도출할 수 있다고 나는 생각한다.[25] 그 '주제화'(thematization)가 바로 동아시아 그리스도교 신학을 구성하기 위한 '구체보편적 방법'(concrete-universal approach)인 것이다.

3. 왕양명과 칼 바르트

이 책은 그러한 신학적 작업을 위한 시작이라고 할 수 있다. 유교와 그리스도교 간 대화의 파트너로서 두 인물, 왕양명王陽明(王守仁, 1472~1529)과 칼 바르트(Karl Barth, 1886~1968)를 선택했다.[26] 이 둘을 선택한 이유는

---

25) 광의의 교회일치운동(wider ecumenism)이라는 논제에 대해 교착상태에 빠져 있는 현대 개혁신학을 위해 이 점은 매우 중요하다.(제5장 참조) 가장 강력한 개혁교회를 비그리스도교권 안에서 세울 수 있었던 한국 개혁신학은 세계적인 중요성을 보유하고 있다. 나는 실행 가능한 개혁 종교문화신학이 아직 주제화되지 않았을 뿐 이미 한국교회 안에서 잠재하고 있다고 본다. 그리고 한국신학의 개발을 위해서 뿐만이 아니라 세계 개혁신학의 장래는 한국교회 속에 내재하는 이러한 잠재력을 발굴해서 어떻게 신학적으로 주제화하여 활용하는가에 달려 있다고 나는 생각한다.

26) 이 선택에 대해 두 가지 비판을 받아왔다. ① 왕양명의 영향력은 한국 유교사에서 별로 중요하지 않다는 것과 ② 칼 바르트 신학을 타 종교들과의 대화에 사용하기에는 너무 배타적이라는 것이다. 이에 대해 다음과 같이 대답했다. 첫째, 비가시적이었지만, 양명학파는 한국 유교사에 분명히 존재했다. 그리고 그의 사상은 한국 역사에서 급진적 개혁운동들에 동기부여를 제공한 중요한 역할을 담당했다.(김길환, 『韓國陽明學研究』[서울: 일지사, 1981]; 윤남한, 『조선시대의 양명학파 연구』[서울: 집문당, 1982]; 정재식, "Confucian-Christian Encounter in Korea: Two Cases of Westernization and De-westernization", *Ching-Feng* 34:1[1988], 2-10 참조) 둘째, 많은 논란을 불러왔지만 칼 바르트는 분명히 한국 개혁신학 형성에 큰 영향을 준 매우 중요한 인물이다. 진지한 유교-그리스도교 간의 대화를 역사적으로 자리매김하기 위해서는, 바르트와 신유교에 대한 연구는 한국 개혁신학의 발전을 위해 매우 중요하다. 그러므로 토착화신학

두 가지를 들 수 있다. 첫째, 양명과 바르트는 한국교회 안에서 일어나고 있는 유교와 그리스도교 간의 조우에 있어서 역사적 관계성과 구성적 중요성이 있다. 둘째, 그들은 각 전통들을 대표하는 주요 인물들로서 유교와 그리스도교의 대화를 위한 적절한 파트너가 될 수 있다.

16세기 중국의 주요 유학자요 동시에 장군이며 행정가였던 왕양명은 지행합일론知行合一論을 주창하며 실천한 독창적인 사상가요, 유교사상사에서 위대한 개혁자였다.[27] 또한 20세기 스위스의 신학 교수였던 칼 바르트는 종교개혁 이래 서구 그리스도교 역사상 가장 중요한 신학자들 중의 하나이다.[28] 이 책은 특별히 그들의 공통 관심인 인간화(humanization) 또는 '어떻게 참된 인간이 되는가?'에 대한 그들의 교의, 즉 신유교의 수신론(self-cultivation)과 그리스도교의 성화론(sanctification)에 초점을 맞출 것이다.(이 선택의 이유에 관해서는 다음 장 참조) 그러므로 본서의 우선적인 주요 과제는 이 교의들에 관한 양명과 바르트의 텍스트들에 대한 해석에 있다.

수신修身에 대한 양명의 가르침에 대한 기본 텍스트는 『전습록傳習錄』이다.[29] 그곳에는 "왕양명의 모든 근본적인 사상들이 수록되어 있다."[30]

논쟁을 야기한 윤성범이 칼 바르트의 신학에 기초해서 한국유교신학을 구상한 것은 결코 우연이 아니다.(윤성범, 『韓國的 神學―誠의 解釋學』[서울: 선명문화사, 1972]). 더욱이 유교와의 대화를 통하여 광의적 에큐메니즘의 차원에서 바르트 신학이 비그리스도교 맥락에서 적절한 해석학을 가능하게 한다.(제5장 참조)

27) 왕양명의 본명은 '守仁'이며, '陽明'은 그의 호다. 본서에서는 그의 호칭을 많이 알려진 대로 '양명'이라고 한다. 양명의 생애와 사상에 대한 요약은, Tu Wei-ming, "Wang Yang-ming", in Mircea Eliade, ed., *Encyclopedia of Religions* vol.15(1987), 335-337. 또한 부록 참조.

28) 칼 바르트의 생애와 신학에 대한 요약은, E. Jüngel, "Barth's Life and Work", in *Karl Barth: A Theological Legacy*, trans. Garrett E. Paul(Philadelphia, PA: Westminster, 1986) 참조.

29) 『전습록』 인용의 경우, 한국어 역본인 王陽明, 정인재·한정길 역주, 『傳習錄』 2 vols. (서울: 청계, 2001)을 주로 사용하고, 또한 영어 역본인 Chan Wing-tsit, *Instructions*

그러나 동아시아 사상을 서양 언어와 개념적 범주로 표현하는 것은 쉽지 않다.[31] 머우쭝싼(牟宗三)이 말한 것처럼, 중국 고전에는 "철학"이라는 서구적 개념에 상응하는 언어적 범주가 없다.[32] 서구철학은 "객관성"과 "지식"을 강조하는 반면, 중국철학은 "주관성"과 "내적 도덕성"을 강조한다.[33] 동아시아 사상가들은 대체로 도道가 개념적인 체계 안에 깔끔하게 포장될 수 있다고는 믿지 않는다. 오히려 그들은 도의 개념화에 따라 불가피하게 사용해야 하는 비맥락화의 과정에서 도가 본래 지닌 심오하고 형언불가능한 의미들이 상실되는 것을 염려한다. 양명은 특히 "이러한 지식형태를 소통하는 데 있어서 지적 논쟁의 적절성"에 대해 의문을 가졌다.[34] 그는 "언어에 대한 의심"이 있었고, 자신의 가르침을 기록된 형태로 남기는 것조차 거부하였다.[35] 그래서 이 책에서 사용하는 유교 분야의 주 텍스트인 『전습록』은 사실 양명이 직접

---

for Practical Living and other Neo-Confucian Writings by Wang Yang-ming(New York, NY: Columbia University Press, c. 1963)을 참조할 것이다.

30) Chan, Instructions, xli.

31) 주: 이 책은 본래 영어권 독자들을 위해 저작되었음을 양지바람.

32) Mou Tsung-san, "Western Philosophy and Chinese Philosophy", in Chung-Kuo che-hsüeh te t'e-chin: The Uniqueness of Chinese Philosophy(Taipei: Student Book Co, 1974) 참조. 또한 成中英은 철학적 오리엔테이션에서 다른 특징이 있다고 주장한다. 중국철학의 특징은 "자연적 자연주의"와 "인간 내재주의"인 반면, 서구철학은 "이성적 이성주의"와 "신적 초월주의"이라고 규정한다. Cheng Chung-ying, New Dimensions of Confucianism and Neo-Confucian Philosophy(Albany, NY: State University of New York Press, 1991), 1-27.

33) Mou, "Western Philosophy", 15, 20.

34) Tu Wei-ming, Humanity and Self-Cultivation: Essay in Confucian Thought(Berkeley, CA: Asian Humanities Press, 1979), 139, 138.

35) David S. Nivison, "The Problem of 'Knowledge' and 'Action' in Chinese Thought Since Wang Yang-king", in Arthur F. Wright ed., Studies in Chinese Thought(Chicago, IL: University of Chicago Press, 1953), 115.

저술한 체계적인 논문이 아니라, 그의 대화들과 편지 내용들을 제자들이 수집해서 묶어 놓은 것이다.

그렇지만 오늘의 시대적 담론들과 유교가 보다 잘 소통될 수 있게 하기 위해서는 통합적 이해체계의 구성이 필요하다. 필요상 나는 그것을 신학에 대비하여 "유학"(confuciology)이라고 칭하고자 한다.36) 신학이란 유신론적 패러다임에서 그리스도교 신앙에 관해 일관된 성찰을 도출하는 담론(이해를 추구하는 신앙; fides quaerens intellectum)이다. 이와 유비적으로 유학은 지혜적 패러다임에서 유교적 신념을 일관되게 표출하는 담론이라고 정의해 보자는 것이다.37) 현대 양명학자들인 두웨이밍과 줄리아 칭(Julia Ching)은 신유교 사상을 서양적, 철학적, 신학적 언어들로서 재해석하는 데 지대한 공헌을 해왔다.38) 양명의 유학을 체계화하는 데 있어서 그들의 해석이 유용하게 사용될 것이다.

칼 바르트의 성화론에 대한 주 텍스트는 그의 『교회교의학, Ⅳ/2: 화해론』을 사용할 것이다.39) 이 그리스도교 부분의 주 텍스트에 대해서는 기본적으로 내 자신의 해석을 적용할 것이다. 또한 바르트 연구에 대한 이차 자료들, 특히 융엘(Eberhard Jüngel)의 연구를 참조할 것이다.40)

---

36) 주: 일반적으로 사용하는 "유학"하고는 좀 다른 개념이다. 보다 정밀하게는, 그리스도교에서의 조직신학에 대응해서 "조직유학"이라 할 수 있다.
37) 이 용어에 대한 자세한 논의는 제9장에서 전개될 것이다.
38) 현대 유교연구를 위해서는 John Berthrong, "Trends in the Interpretation of Confucian Religiosity", in *All Under Heaven: Transforming Paradigms in Confucian- Christian Dialogue*(Albany, NY: State University of New York Press, 1994), 189-207 참조.
39) 바르트 성화론의 원전은 일반적으로 G. W. Bromiley, ed. *Church Dogmatics* vol.Ⅳ. 2(Edinburgh: T. & T. Clark, 1958)을 사용할 것이다. Church Dogmatics 이하 약어 CD. 예컨대 『교회교의학』 1권 1부 1쪽은 'CD Ⅰ/1:1'로 표시한다. 단 제2부에서는 CD Ⅳ/2를 생략하고 쪽수만 괄호 안에 표시한다.
40) 융엘은 바르트 신학의 한 중심 주제인 '복음과 율법'의 교의적 반전을 훌륭하게 분석

이 책은 세 가지 목표에 주안점을 둔다. 즉 유교와 그리스도교 교의의 해석, 종교 간의 대화, 그리고 동아시아 그리스도교 종교문화신학의 구성이다. 첫째 작업은 유학의 수신론과 신학의 성화론을 구성하려는 것이다. 텍스트를 해석하는 데 있어서, 자기 맥락 안에서 자기의 이야기를 자기 말로 이야기할 수 있도록 각자 스스로의 유기적 일관성을 유지하도록 노력할 것이다.[41] 둘째 작업은 이러한 더욱 소통될 수 있는 담론들, 곧 양명 유학의 수신론과 바르트 신학의 성화론에 기초하여 유교-그리스도교의 대화를 발전시키려는 것이다. 이 대화를 통해서, 이 두 다른 종교문화 패러다임 사이에서 서로 상응하는 개념들을 비교하고, 기능적으로 동등한 용어들과 접촉점을 탐색할 것이다. 또한 두 전통 속에서 공통점을 찾아보고, 동시에 차이점에 주목할 것이다.[42] 그들의 수렴점들은 결국 그들의 본질적 특성을 밝혀 줄 것이다. 끝으로의 작업은 이러한 유교-그리스도교 간의 대화를 통하여 깨달은 통찰들을 기초해서 그리스도교 종교문화 구성신학을 위한 몇 가지 대안들을 제시하려는 것이다.

했다. 그의 Barth, 105-126 참조. 또한 바르트의 인간론에 대해 나는 아래 저서의 분석을 사용할 것이다. Stuart McLean, *Humanity in the Thought of Karl Barth*(Edinburgh: T. & T. Clark, 1981), 1-71 참조.

41) 그러나 본서의 기본적 목표는 양명의 수신론이나 바르트의 성화론에 대한 체계적인 논문보다는 그리스도교와 유교의 비교와 대화에 초점이 있다는 점을 염두에 두기 바란다. 이 주안점은 연구의 주제와 텍스트의 선택에 있어서도 적용된다.

42) Ching, *Comparative Study*, 105 참조.

4. 어떻게 완전한 인간이 되는가?

유교와 그리스도교는 의심의 여지없이 매우 다른 전통들이다. 그러나 이 두 전통들에는 유사성들이 있다. 이 유사성들은 소위 한국 그리스도교 선교의 '기적'이라는 것에 대한 아주 흥미로운 한 이론적 이유를 제공해 줄 수 있다.[43] 유교와 그리스도교는 인간성이란 주제에 대하여 공통된 관심을 가지고 있다.[44] 더욱이 이 두 전통들은 '인간존재란 무엇인가?(What is a human being)라는 이론적이고 철학적인 질문보다는 오히려 '어떻게 완전한 인간이 될 수 있는가?'(How to be fully human)라는 실천적이고 교육적인 문제에 관심을 두고 있다. 두 전통 모두에게 있어서 핵심적인 이 주제는 배경은 다르지만, 서로 비교가 가능한 교의들 곧 수신론과 성화론을 생성해 왔다. 그러므로 나는 '어떻게 완전한 인간이 되는가?'라는 질문을 대화를 시작하기 위한 공통논제로 사용할 것이다. 두웨이밍이 말했듯이 "인간이 되기 위한 배움(learning)"은 사실상 유학의 전체적 중심 과제이다.[45] 더욱이 인간화는 세계적으로도 매우 중요한 문제이다. 지구촌은 광의의 에큐메니즘적 상황에서 "새로운 휴머니즘을 위한 공동의 추구"에 대한 "대화적인 참여"(dialogical participation)를 요청하고 있다.(사실 궁극적으로 구원은 종말론적 인간화가 아닌가?)[46] 다시 말하면, 탈

---

43) 주: 이 주장은 후에 칼뱅과 퇴계 비교연구에서 더욱 두드러지게 나타난다. Heup Young Kim, "*Imago Dei* and *T'ien-ming*: John Calvin and Yi T'oegye on Humanity", Ching Feng 41:3-4(1998), 275-308.

44) Ching, *Comparative Study*, 특히 3장, 68-105 참조.

45) Tu Wei-ming, *Confucian Though: Selfhood as Creative Transformation*(Albany, NY: Sate University of New York Press, 1985), 51-65 참조.

46) M. M. Thomas, *Risking Christ for Christ's Sake: Toward an Ecumenical Theology*

서론 37

근대적 세계는 '근본적 인간화(radical humanization)의 새로운 도道'에 대한 진지한 추구를 요구하고 있다.

그러므로 본서는 유교와 그리스도교 간의 대화를 통해 다음과 같은 주장을 입증하고자 한다. 즉 양명과 칼 바르트의 두 예증적 교의들에 의해 조명하여 살펴보면, 수신과 성화는 "어떻게 완전한 인간이 되는가?" 또는 "근본적 인간화의 도道"라는 공동의 논제에 대해 두텁게 유사한 견해들이다. 그러한 대화는 오늘의 세계에 필요한 새로운 휴머니즘 구성을 위한 몇 가지 결정적인 통찰력을 제공하고, 또한 동아시아 그리스도교 신학 구성을 위해 실행 가능한 출발점을 제공할 수 있을 것이다. 그리스도인들에게는 예수 그리스도가 인간성의 원형이기 때문에, 인간화에 대한 도의 추구는 불가피하게 예수 그리스도의 도道를 향한 탐색과 연결되어 진다. 이 두 전통적인 비전들의 차이점—유교의 인간-우주적 (anthropo-cosmic) 방식과 그리스도교의 신-역사적(theo-historical) 방식—을 초월하여, 예수 그리스도의 도는 우리에게 인간성에 대한 새로운 신-인간-우주적 (the-anthropo-cosmic) 방식의 휴머니즘을 상상하게 한다. '예수 그리스도의 도'(Christo-dao)는 전통적인 용어인 '그리스도론'(Christo-logy)보다 더 적절한 표현이며 그리스도를 이해하는 보다 더 적절한 포스트모던 패러다임을 우리에게 가져온다. 예를 들면, '새로운 우주적 인간성의 도'로서 예수 그리스도는 해방과 대화 그리고 생태 문제와 같은 오늘날 뜨거운 논제들과 크게 연관되어 있다.

유학(confuciology)과 신학(theology)은 철저하게 다른 종교문화 패러다임

__ANTSEG0__*of Pluralism*(Geneva: WCC Publications, 1987), 45, 113.

__ANTSEG1__

이다. 간단히 말해서 그들은 '인간-우주적 패러다임'(anthropo-cosmic paradigm)과 '신-역사적 패러다임'(theo-historical paradigm)이다. 각 패러다임들은 서로 다른 스타일로서 고유한 범주의 세계를 가지고 있다. 그러므로 두 전통들 모두에 동일하게 어울리는 범주를 찾는 것은 매우 어려운 일이다. 그럼에도 불구하고 그들의 담론들을 해설하는 데 있어서 네 가지의 기본적인 범주를 도입하고자 한다. 즉 ① 서설, ② 인간성 패러다임, ③ 인간화 방법, 그리고 ④ 근본-메타포 등이 그들이다. 그러나 각 패러다임이 유기적으로 연관되어 있다는 것에 주목해야 한다. 한 패러다임 속에 있는 범주들은 서로 분리될 수 없고, 모두가 밀접하게 연관되어 있다.

첫째 범주, 서설(prolegomena)은 해설을 위한 예비적 고찰을 의미한다. 그것은 두 사상가들이 그들의 유학과 신학이 시작하는 맥락과 출발점을 설명하는 도입 부분이 될 것이다. 양명과 바르트는 정통적인 전통으로부터 패러다임 전환을 통해, 자신들의 사상을 수립하기 시작했다. 이 패러다임 전환에서 두 사상가는 실제적인 실천이 없는 존재론적 인간성에 대한 인식적 이해는 불충분할 뿐만 아니라, 그릇된 것임을 동일하게 강조한다. 그러므로 서설은 그들의 패러다임 전환의 본질과 이론(theory)과 실천(praxis)의 논제에 대한 그들의 주장을 포함한다.

둘째 범주, 인간성 패러다임(humanity paradigm)은 인간화의 근본-패러다임, 인간성의 패러다임, 그리고 악의 문제라는 세 주제에 대한 해설을 다룬다. 근본-패러다임은 본래적인 인간성 혹은 근본적 인간화의 모범적 패턴을 구성하는 인간성의 본원적 또는 존재론적 내용을 의미한다. 여기서 패러다임이란 단순히 전통을 뜻하는 것이 아니라, 보다 넓게 정의된다. 그것은 "수용할 수 있는 유형들의 범위에 대한 한계를 설정"하는 인간성의 기본 유형이라 할 수 있다.[47] 근본-패러다임은 초월적인 것과 다른 존재들(수직적인 것과 수평적인 것)과의 관계성을 명백하게 언급하는 인간성에 대한 궁극적 근거를 표시한다. 그러나 인간성 패러다임은 수평적인 측면(타인들)에 더욱 초점을 맞춘다. 양명과 바르트에게 있어서, 근본-패러다임은 양지良知(善에 대한 본연적 지식)와 그리스도의 인성(*humanitas Christi*)인 반면, 인간성 패러다임은 인仁과 신의 형상(*imago Dei*)이다. 더욱이 두 사람은 모두 악惡의 문제를 인간성 패러다임 다음에 거론한다.

셋째 범주, 인간화 방법(humanization method)은 근본적 인간화를 성취하는 방법에 대해 언급한다. 다시 말해서 근본적 인간화의 도는 '어떻게 완전한 인간이 되는가?'라는 문제에 대한 구체적인 답변을 제시하고자 한다. 마지막 범주, 근본-메타포에서는 인간화의 도를 입증하는 핵심 개념인 성誠과 사랑(*agape*)에 대해 다루고자 한다.[48] 이러한 주제들은 다음과 같이 도표화될 수 있다.

---

47) Ian G. Barbour, *Myths, Models and Paradigms: A Comparative Study in Science and Religion*(New York, NY: Harper & Row, 1974), 124.

48) 그러므로 여기서 근본-메타포는 Sallie McFague의 "패러다임 안에 지시적 사실"이라는 정의를 정확하게 따르지는 않는다.(*Metaphorical Theology: Models of God in Religious Language*[Philadelphia, PA: Fortress, 1982], 109) 오히려 그것은 단순하게 근본적 인간의 존재론적 실재(radical humanization)를 얻기 위한 실존적인 방법을 전달하는 본질적 메타포를 의미한다.

화두: 어떻게 완전한 인간이 되는가?

		유교 왕양명 수신修身	그리스도교 칼 바르트 성화
서설 (prolegomena)	패러다임 전환 (paradigm shift)	심즉리心卽理	복음과 율법
	이론과 실천	지행합일知行合一	신학과 윤리의 일치
인간성 패러다임 (humanity paradigm)	근본-패러다임 (root-paradigm)	양지良知	그리스도의 인성 (humanitas Christi)
	패러다임 (paradigm)	인仁	신의 형상(imago Dei)
	악惡	이기적 욕구	태만
인간화 방법(humanization method)		치양지致良知	성령의 인도
근본-메타포(root-metaphor)		성誠	사랑(agape)

5. 책의 구성

그러므로 본서는 3부의 본론과 결론으로 구성된다. 각 부는 4장으로 이루어졌고, 각 장은 하나의 범주를 취급한다. 때로는 상기에 언급한 순서를 따르지 않는 예외도 있을 것이다. 예컨대, 바르트의 아가페 교의가 성화의 근본-메타포로 명료하지만, 양명의 성誠 개념은 보다 미묘하다. 양명의 성 개념은 지행합일론과 연결해서 다루어야 한다. 그러므로 성에 관한 장은 마지막이 아닌 두 번째에 있게 되지만, 아가페에 관한 장은 마지막에 위치하게 될 것이다.

첫 두 해설부에서는 각자의 고유한 맥락 안에서 각 담론들을 해석하는 데 집중할 것이다. 또한 각자의 고유한 내적경전성(intratextuality)에 충실하면서, 범주적 강요와 탈맥락화의 오류를 피하려고 노력할 것이다.

제3부에서는 앞선 두 해설에 기초하여, 유교와 그리스도교 간의 대화를 시도할 것이다. 동시에 서로 상관관계가 있고 상응하는 주제들을 비교할 것이다. 마지막으로 결론에서는 주장을 검토하고 한 본보기로서 그리스도론의 유교적 모형을 제시할 것이다. 다음은 본서의 각 장에서 망라할 주제들에 대한 간결한 설명이다.

제1부는 유교 패러다임으로서 왕양명 유학의 수신론을 취급한다. 제1장에서는 유교를 실천적 믿음으로 간주하면서, 주자朱子(1130~1200)의 격물론格物論으로부터 패러다임 전환한 양명의 심즉리론心卽理論을 고찰할 것이다. 이러한 패러다임의 전환은 제2장의 주제인 앎과 행함이 합일되어야 한다는 지행합일론知行合一論으로 연결된다. 이 교의는 공동적 인간화의 구체-보편적 방법을 수반하며, 성이라는 유교적 근본-메타포로 요약된다. 제3장에서는 수신의 근본-패러다임으로서 양명의 양지론良知論과 그의 죄론(私慾)에 대해 기술할 것이다. 제4장에서 수신에 관한 모든 유교적 통찰들을 요약하였다고 양명이 주장했던, 그의 핵심적 교의, 양지를 확장해야 한다는, 치양지론致良知論을 검토할 것이다.

제2부에서는 그리스도교 패러다임으로서 칼 바르트 신학의 성화론을 다룬다. 제5장에서는 칼 바르트의 신학과 세계종교와의 관계를 살펴보면서, '율법과 복음'의 전통교리로부터 패러다임을 전환한 칼 바르트의 '복음과 율법'에 대한 구조적인 개요와 '신학과 윤리의 일치'에 대한 주장을 탐색할 것이다. 제6장에서는 그리스도의 인성, 왕적 인간성, 참된 인간의 본성, 죄 그리고 인간조건에 대한 바르트의 교의들을 설명할 것이다. 제7장에서는 영-그리스도론, 성령론, 제자도로의 소명, 회개로의 각성, 사역들에 대한 찬양, 그리고 십자가의 위엄을 포함하는 바르트

의 성화 신학을 살펴볼 것이다. 제8장에서는 성화의 근본-메타포인 그리스도교의 사랑(*agape*)에 대한 바르트의 이해를 검토할 것이다.

그리고 제3부는 유교-그리스도교의 대화를 시도한다. 제9장에서 양명 유학의 수신론과 바르트 신학의 성화론 사이의 대화를 전개하기 위한 방법론을 개발할 것이다. 그리고 다음과 같은 주제들에 관해 유교-그리스도교의 대화를 시도할 것이다. 제10장 만남의 양상들에서 패러다임 전환(심즉리 vs. 복음과 율법), 출발점(입지 vs. 신앙), 그리고 이론과 실천(지행합일 vs. 신학과 윤리의 일치); 제11장 인간성 패러다임에서 근본-패러다임(양지 vs. 그리스도의 인성), 인간성의 패러다임(인 vs. 신형상), 그리고 악의 문제; 그리고 제12장 인간화 방법론에서 인간화의 방법(수신 vs. 성화)과 근본-메타포(성 vs. 아가페) 등이 그들이다.

결론 부분에서는 수신과 성화는 '어떻게 완전한 인간이 되는가?'라는 공통의 논제에 대해 두텁게 유사한 견해라는 이 책의 주된 논거에 대해서 재검토할 것이다. 유교-그리스도교의 대화를 인간성의 도를 공동으로 추구하는 대화적 참여라고 간주하면서, 인仁, 성誠, 그리고 도道와 같은 세 유형의 휴머니즘을 제안할 것이다. 그리고 그리스도교 구성 신학의 새로운 시도로서, 대화에 기초한 도道, 성인聖人, 성誠, 인仁, 그리고 양지良知의 다섯 유형의 그리스도론을 제시할 것이다. 마지막으로 후기에서는 '신-인간-우주적 비전'(theo-anthropo-cosmic vision)에서 그리스도론의 새로운 패러다임을 제안할 것이다. 즉, 예수 그리스도를 '새로운 우주적 인간성(new comic humanity)의 도道'로 이해하자는 것이다.

제1부

유교 패러다임: 왕양명 유학의 수신론

제1장 서설

서양 근대문명이 동아시아에 영향을 주기 시작한 이래, 유교[1]는 멸시되고, 망각되고, 무시되는 경향이 있어 왔다. 그러나 일본과 더불어 이른바 "네 마리의 호랑이들"이 이룩한 근대화의 극적인 성공은 동아시아에서 유교의 역할에 대한 새로운 재평가를 초래하였다. 동아시아인들에게 유교는 여전히 전통으로서 그들의 삶에 강한 영향력을 미치고 있다.[2] 그러나 종교로서 유교는 종교학자들에게 미묘한 문제를 일으킨다. 왜냐하면 유교는 "세계 고등종교의 관습적인 정의에 들어맞지 않기 때문이다."[3] 다른 종교들과는 달리 유교는 본질적으로 팽창주의적이거나 선교적인 종교가 아니다. 유교에는 교회(조직 매개체)도 성직자(지도자집단)도 없다. 그리고 이 전통을 대표하는 제도적 목소리를 규명하기도 어렵다. 그래서 종교를 교구적 성격과 개종적 기능의 측면에서 바라보는 데 익숙한 종교학자들은 유교의 종교적 차원을 낮게 평가해 왔다. 또한 유교는 "제한적이고, 역사적이며, 세속적이고, 문화적으로 특정한" 사회윤리로 간주되어지기도 했다.[4]

---

1) 좀 더 정확히 말해서 신유교(Neo-Confucianism). 서론의 주1) 참조.
2) Gilbert Rozman, ed., *The East Asian Religion: Confucian Heritage and Its Modern Adaption*(Princeton, NJ: Princeton University Press, 1991) 참조.
3) Wm. Theodore De Bary, *East Asian Civilization: A Dialogue in Five Stages*(Cambridge, MA: Harvard University Press, 1988), 109.
4) Max Weber, *The Religion of China: Confucianism and Taoism*, trans. Hans H. Gerth(Grencoe, IL: Free Press, 1951)이 이러한 서구 환원주의적 견해의 대표적인 예이다. Tu Wei-ming, *Confucian Thought: Selfhood as Creative Transformation*(Albany, NY: State University of New York Press, 1985), 55 참조.

그러나 동아시아의 상황은 이러한 서구의 환원주의적 견해를 더 이상 받아들일 수 없게 한다.[5] 유교는 인류사상사에서 하나의 가장 강렬하고 긴 논쟁을 거치면서 지금까지 살아남았을 뿐만 아니라,[6] 오늘날에도 동아시아인들에게 여전히 실천적 전통으로 남아 있다. 한스 큉은 유교가 "세계종교의 두 개의 큰 흐름인 셈족 종교와 인도의 종교들과 비견될 만한 세 번째의 거대한 흐름"이라고 주장하였다. 종교학자들은 유교의 종교적 차원들을 긍정할 뿐만 아니라, 유교를 하나의 신앙으로서 주목하기 시작하였다.[7]

1. 실천적 믿음으로서의 유교

두웨이밍은 "유교전통이 영적 정체성을 상실하지 않고 심원한 변화를 지탱할 수 있었던 것"은 유교가 지닌 종교적 초월성의 능력에 그 합리적 이유가 있다고 주장했다.[8] 캔트웰 스미스(W. C. Smith)는 '종교'(religion)와 '종교적'(being religious)을 구분했다.[9] '종교'는 일단의 교의(dogma) 체계

---

5) De Bary, *East Asian Civilization*. 또한 Rozman, *East Asian Religion* 참조.
6) 유교사상의 형성에 대해서는 Fung Yu-lan, *A History of Chinese Philosophy* vol. 1, 2nd ed., trans. Derk Bodde(Princeton, NJ: Princeton University Press, 1952); Benjamin I. Schwartz, *The World of Thought in Ancient China*(Cambridge, MA: Harvard University Press, 1985); A. C. Graham, *Disputers of the Tao: Philosophical Argument in Ancient China*(La Salle, Il: Open Court Publishing Co., 1989) 참조.
7) 예컨대 다음 책은 전적으로 이 논제를 다룬다. Rodney L. Taylor, *The Religious Dimension of Confucianism*(Albany, NY: State University of New York Press, 1990) 참조.
8) Tu, *Confucian Thought*, 55.

에 의해 구분되는 하나의 제도를 의미하는 반면, '종교적'은 "한 신앙공동체의 생존하는 구성원들이 갖는 영성적 자기정체성을 의미한다."10) 두웨이밍은 유교가 두 번째 정의에 들어맞는다고 주장하면서, '종교적'에 대한 유교적 의미를 "하나의 공동적 행위로서 궁극적 자기변화 그리고 초월성에 대한 성실한 대화적 응답"으로 정의했다. 여기서 궁극적인 자기변화란 완전한 인간이 되기 위한 배움을 끊임없이 지속하여 계속 넓어지고 깊어지는 과정, 즉 공동체 안에서 확립되고 확대되는 과정을 의미한다. 비록 유교는 그리스도교의 "전적타자"의 개념만큼은 분명하지 않을지라도, 온전한 인간이 되기 위한 유교적 결단은 필연적으로 "하늘(天)과의 지속적 대화의 관계성"을 확립하는 초월적 차원을 포함한다.11)

더욱이 두웨이밍은 유교를 인간의 자기초월에 대한 내재적 가능성에 대한 신앙, "자기노력을 통한 인간본성의 완전성", 또는 단순히 "자기초월에 대한 신앙"으로 정의했다.12) 그는 유교적 신앙을 다음과 같이 요약했다.

> 인간성의 내재적 의미심장함에 대한 유교적 신앙은 살아 있는 인간의 참된 자기초월성을 향한 진정한 가능성에 대한 신앙이다. 생존하는 인간의 몸과 마음, 정신과 영혼은 심오한 윤리 종교적 의미로 가득하다.

---

9) W. C. Smith, *The Meaning and End of Religion*(Minneapolis, MN: Fortress Press, 1991), 19-74 참조.

10) Tu, *Confucian Thought*, 132.

11) Tu Wei-ming, *Centrality and Commonality: An Essay on Confucian Religiousness*, rev. and enlarged(Albany, NY: State University of New York, 1989), 94.

12) 같은 책, 98.

유교적 의미에서 종교적이 된다는 것은 하나의 공동체적 행위로서 궁극적 자기변화에 참여하는 것이다. (그러므로 이런 의미에서) 구원은 우리 인간본성 안에 내재하는 인간-우주적 실재를 완전히 실현하는 것을 의미한다.[13]

2. 수신: 유교의 핵심 프로젝트

유교적 신앙의 핵심은 수신 프로젝트, 보다 정확하게는 "더욱 진정 (authentic)하고 더욱 온전한(full) 인간이 되기 위한 배움"에 있다. 유교는 구체적인 삶의 정황, 곧 '지금 여기에서 생존하는 인간'(the living person here and now)에서 출발하며, 자기(self)에게 초점을 맞춘다. 이 초점 때문에 유교는 또한 '자기를 위한 배움'(learning for the sake of self)으로 특징지어진다. 그러나 여기서 자기(self)는 근대 서구적 의미에서의 자율적이고 자기충족적인 에고(ego)로서의 자아를 의미하는 것이 아니라, "공동체적 특성"을 강조하는 "관계들의 중심"을 의미한다.[14] 그리하여 인간관계들을 조화시키는 것이 핵심적인 유교 미덕이다. 유자儒者들은 이 조화가 자기 자신(selfhood)의 변화 없이는("창조적 변화로서의 자기") 성취될 수 없다는 것을 알고 있다.[15] 수신修身은 인간관계를 조화시키는 하나의 "전제 조건"이며, 유교에서 수신의 우선권은 "비가역적"이다.[16] 그러므로 양명은

---

13) Tu, *Confucian Thought*, 64.
14) 같은 책, 52, 53.
15) 같은 책의 부제, 7-16 참조.
16) 같은 책, 56.

"학문한다는 것은 다름 아닌 수신"이라고 말하였다.[17]

이와 같이 수신은 유교 프로젝트의 핵심이다. 더욱이 그것은 유교적 학습의 "수단보다는 목적"으로 간주되어야 한다. 만일 배움이 배움 그 자체를 위한 것이 아니라면, 그것은 진정한 배움이 아니고, 명예, 지위, 부와 같은 다른 목적을 추구하는 방편일 뿐이다. 그러나 목적으로서의 수신은 단지 "한 개인의 사사로운 소유물이 아니라, 보편적 인간성의 기초가 되는 공유할 수 있는 경험"을 의미한다. 그것은 "자신을 넓힘으로써 끝없이 확장되는 인간관계성의 서클을 구현하는 과정"인 것이다.[18]

이러한 점은 신유교의 가장 권위 있는 경전들인 사서四書 중 하나인 『대학大學』에 잘 나타나 있다.[19] 『대학』은 "유교의 교육적, 도덕적, 정치적 요목들을 단적으로 제시한다."[20] 그것은 유교의 성인교육成人敎育을 위한 필수적인 교과서이다. 주자는 이 책을 가리켜, "학문을 시작하는 학생이 덕으로 들어서는 문"이라고 강조한 바 있다.[21] 『대학』에는 다음과 같은 말이 나온다.

---

17) 『전습록』 96, "人須是知學, 講求亦只是涵養."

18) Tu, *Confucian Thought*, 56, 57.

19) 본래 『대학』은 유교의 육경(『시경』, 『서경』, 『주역』, 『춘추』, 『예기』, 『악』) 중 하나인 『예기』의 한 장이었다. 그러나 주자는 『대학』을 분리하여 이를 사서(『대학』, 『중용』, 『논어』, 『맹자』) 중 하나로 편집하였다. 그 후로 신유교에서 사서는 육경보다 더 중요해졌으며, 과거시험의 기초가 되었다. 『대학』의 영역본은 Chan Wing-tsit, trans. and compiled, *Source Book in Chinese Philosophy*(Princeton, NJ: Princeton University Press, 1963), 85-94. 또는 James Legge, trans, *The Chinese Classics* vol.1(New York, NY: Paragon Book, 1966), 219-245 참조.

20) Chan, *Source Book*, 84.

21) 같은 책, 85-86.

위대한 사람이 되려는 학문의 이상은 자신의 올바르고 밝은 덕을 밝히는 데 있으며, 사람들을 올바로 이끌어 새롭게 함에 있으며, 이러한 노력이 지극히 훌륭한 경지에 놓이도록 처신함에 있다.…… 옛날의 사람들이 자신의 올바르고 밝은 덕을 밝히도록 하려던 이는 먼저 그의 나라를 잘 다스렸고, 그의 나라를 잘 다스리던 이는 먼저 그의 집안을 질서 있게 가지런히 하였고, 그의 집안을 질서 있게 가지런히 하려던 이는 먼저 자신을 닦았고, 그 자신을 닦으려던 이는 먼저 그의 마음을 바르게 하였고, 그의 마음을 바르게 하려던 이는 그의 뜻을 정성스럽게 하였고, 그의 뜻을 정성스럽게 하려던 이는 먼저 그의 뜻을 지극히 발전시켰는데, 앎을 지극히 발전시키려는 일은 사물에 관한 이치를 연구함으로 이루어진다. 사물에 대하여 그 이치를 연구한 뒤에야 앎이 지극히 발전하게 되고, 앎이 지극히 발전한 뒤에야 뜻이 정성스럽게 되고, 뜻이 정성스럽게 된 뒤에야 마음이 바르게 되고, 마음이 바르게 된 뒤에야 자신이 닦여지고, 자신이 닦여진 뒤에야 집안이 질서 있게 가지런해지고, 집안이 질서 있게 가지런해진 뒤에야 나라가 잘 다스려지고, 나라가 잘 다스려진 뒤에야 천하가 평화롭게 될 것이다.[22]

이 구절에서는 세 가지가 강조되고 있다. 첫째, 『대학』의 세 덕목들이 근본-메타포(root-metaphor)로 제시되고 있다. 곧 ① "명덕을 밝히고"(明明德), ② "백성을 사랑하고"(親民), ③ "지고의 선(至善)에 이르는 것"이다. 한국의 위대한 성리학자 퇴계退溪 이황李滉(1501~1570)은 명명덕을 "본체"(體), 친민을 "기능"(用), 그리고 지선을 "체용體用의 목적"이라고 하여 그

---

22) 김학주 역주, 『大學』(서울: 서울대출판부, 2006), 1-2, "大學之道, 在明明德, 在親民,在之於至善.……故之欲明明德於天下者, 先治其國. 欲治其國者, 先齊其家. 欲齊其家者, 身修其身. 欲修其身者, 先正其心. 欲正其心者, 先誠其意. 欲誠其意者 先致其知. 致知在格物. 物格而后知至. 知至而后意誠. 意誠而后心正. 心正而后身修. 身修而后家齊. 家齊而后國治. 國治而后天下平."

들의 관계를 설명하였다.[23] 둘째, 배움이 외적으로 적용되는 네 단계에 관한 '수신제가치국평천하修身齊家治國平天下'라는 유명한 구절이 들어 있다. 이것은 근본-메타포들이 지닌 의미를 실현하는 유교적 방식이란 가장 구체적인 자리인 자신으로부터 출발하여 가족, 국가, 세계와 같은 인간관계성의 단계들을 구체적으로 확대하여 가며 실천하는 것으로 설명한다. 곧 "구체-보편적 방법론"(concrete-universal approach)을 말한다. 즉, 특정한 것에서 보편적인 것으로, 내부에서 외부로, 그리고 자신으로부터 우주로 확대되어 나아가는 창조적 전환의 나선운동임을 의미한다. (제2장 참조) 셋째, 수신이 "유교적 과업의 근본"이라고 명확히 규정한다. 왜냐하면 수신은 보편적 조화를 향한 구체적인 출발점이기 때문이다.

3. 패러다임 전환: 심즉리心卽理

1) 리

신유교는 리理의 학파, 곧 리학理學으로 알려져 있다. 이것은 리 개념이 신유교의 주된 개념임을 밝혀 준다. 리는 우주 전체의 질서를 유지하는 형성구조, 양식 또는 기준을 뜻한다. 리와 도道는 전자가 좀 더 구체적이고 후자가 좀 더 광범위하다는 점을 제외하고는 대체로 동일한 개념이다.[24] 리는 또한 의義와 연관되어 있다. 리는 실체(體; 존재론적 실재)

---

23) Micheal C. Kalton, *To Become a Sage: the Ten Diagrams on Sage Learning by Yi T'oegye*(New York, NY: Columbia University Press, 1986), 112-113 참조.

를 가리키며, 의는 기능(用; 理의 실존적 규범)을 가리킨다. 리는 형성적이고 규범적인 진리와 선의 초월적 원칙을 의미한다.[25]

리는 본래 유교적 개념이라기보다는 중국의 불교철학에 대응하기 위한 신유교적 구성물이었다. 리는 신유교의 창시자들이라 할 수 있는 북송의 다섯 사상가들, 주돈이周惇頤(1017~1073), 소옹邵雍(1011~1077), 장재張載(1020~1077), 정호程顥(1032~1085), 정이程頤(1033~1107) 등에 의해 중요한 위상을 얻었다. 정호·정이 형제가 처음으로 "존재는 리를 전제한다"(존재의 근원으로서의 理)고 주장하면서부터 리는 신유교의 기본적인 용어로 수록되었다. 신유교의 창시자들은 (그리스도교가 삼위일체론에서 하나와 여럿 사이의 모순 또는 신론에서 초월성과 내재성 사이의 모순에 봉착했듯이) 궁극적으로 유일한 리와 편재하는 다수의 리 사이에 모순이라는 난관에 직면하게 되었다. 정이는 그의 유명한 리일분수론理一分殊論, 즉 리는 본래 하나이지만 그 발현은 여럿이라는 설명으로 이 모순을 해결하려 노력하였다.[26]

악이라는 실존적 문제를 해결하기 위하여 정주학파는 본성(性)과 마음(心)을 구분하였다. 비록 인간의 본성은 본래 항상 선하며(純善) 리와 동일할지라도, 마음이 불확실하고 취약하게 되면 악이 생겨날 수 있다.

---

24) Chan Wing-tsit, trans. and ed., *Neo-Confucian Terms Explained*(The Peiphsi tzu-i) by Ch'en Ch'un, 1159-1223(New York, NY: Colombia University Press, 1986), 112-113 참조.
25) 理가 영어로는 'Principle'(원리)로 번역되지만, 그것은 이 영어 단어가 담고 있는 추상적 보편성을 함의하지는 않는다. Kalton, *To Become a Sage*, 216 참조.
26) Chan Wing-tsit, "The Evolution of the Neo-Confucian Concept Li as Principle", in *Neo-Confucianism, Etc.: Essays by Chan Wing-tsit*(Hanover, NH: Oriental Society, 1969), 47, 64-66, 73-74, 65, 74 참조.

그들은 또한 리와 기氣의 관계성에서 그 이유를 제시하였다. 예컨대, 리는 선하다, 그러나 기의 동정動靜으로 인해 취약성이 생긴다. 문자적으로 호흡, 증기, 공기, 생명력 또는 에너지를 의미하는 기는 "만물들이 형성되어져 나오는 본질"이다. 그것은 모든 존재가 조화를 이룰 수 있도록 구체화(분화·개별화)되고 활성화되게 하는 매개물이다.[27] 그러나 정이와 정호 형제는 리와 기의 관계에 대해 서로 의견을 달리 했다. 정호는 리와 기가 같다고 보는 일원론적 견해를 제시한 반면, 정이는 이원론적 견해를 제시했다. 주자는 두 견해를 조화시킴으로써 리와 기의 관계에 대한 체계적인 종합화를 시도하였다.[28] 이 종합에서 주자는 리가 기보다 우선한다고 한 걸음 더 나아가 추론했는데, 왕양명은 이 주장을 거부하였다.[29]

2) 격물

『대학』은 수신의 외적인 네 단계(修身齊家治國平天下)와 더불어 내적인 네 단계를 제시한다. 즉 사물의 탐구(格物), 지식의 확장(致知), 의지의 성실함(誠意) 그리고 마음을 바르게 함(正心) 등이다. 『대학』은 다음과 같이 기록하고 있다.

---

27) Kalton, *To Become a Sage*, 214.
28) 퇴계가 주도했고 주자학을 신봉했던 한국의 신유학(성리학)은 이러한 생각을 유지하였으며, 퇴계와 기대승(1527~1572) 간의 四端七情論爭과 같은 주목할 만한 결과를 낳기도 하였다. Kalton, *To Become a Sage*, 135-141 참조.
29) Chan, *Neo-Confucianism*, 77 참조.

옛날에 자신의 올바르고 밝은 덕을 밝히려던 이는 먼저 그의 나라를 잘 다스렸고, 그의 나라를 잘 다스리던 이는 먼저 그의 집안을 질서 있게 가지런히 하였고, 그의 집안을 질서 있게 가지런히 하려던 이는 먼저 자신을 닦았고, 그 자신을 닦으려던 이는 먼저 그의 마음을 바르게 하였고, 그의 마음을 바르게 하려던 이는 그의 뜻을 정성스럽게 하였고, 그의 뜻을 정성스럽게 하려던 이는 먼저 그의 뜻을 지극히 발전시켰는데, 앎을 지극히 발전시키려는 일은 사물에 관한 이치를 연구함으로써 이루어진다. 사물에 대하여 그 이치를 연구한 뒤에야 앎이 지극히 발전하게 되고, 앎이 지극히 발전한 뒤에야 뜻이 정성스럽게 되고, 뜻이 정성스럽게 된 뒤에야 마음이 바르게 되고, 마음이 바르게 된 뒤에야 자신이 닦여지고, 자신이 닦여진 뒤에야 집안이 질서 있게 가지런해지고, 집안이 질서 있게 가지런해진 뒤에야 나라가 잘 다스려지고, 나라가 잘 다스려진 뒤에야 천하게 평화롭게 될 것이다.[30]

주자는 1190년에 『대학』을 사서四書의 하나로 편집하면서, 수신의 네 가지 내적 측면을 위한 핵심적 단계로서 격물을 강조하였다. 그 후 이 개념은 신유교 내에서 주된 논쟁거리가 되었다.[31] 그리고 주자는 격물이 "사물에 내재한 리를 체계적이고 점진적인 탐구과정을 통해 포착하는 것"이라고 가르쳤다.[32] 양명은 어린 시절부터 주자의 사상에 매료되

---

30) 김학주 역주, 『大學』, 1-2, "故之欲明明德於天下者, 先治其國. 欲治其國者, 先濟其家. 欲濟其家者, 身修其身. 欲修其身者, 先正其心. 欲正其心者, 先誠其意. 欲誠其意者 先致其知. 致知在格物. 物格而后知至. 知至而后意誠. 意誠而后心正. 心正而后身修. 身修而后家濟. 家濟而后國治. 國治而后天下平."

31) A. C. Graham, *Two Chinese Philosophers-Ch'ng Ming-tao and Ch'en Yi-Ch'uan*(London: Lund Humphries, 1958), xix-xx 참조.

32) Tu Wei-ming, *Neo-Confucian Thought in Action: Wang Yang-ming's Youth*(1472-1509) (Berkeley, CA: University of California Press, 1976), 164. 한국어 번역본으로는 권미숙 역, 『한 젊은 유학자의 초상』(서울: 통나무, 1995) 참조.

었고, 끊임없이 이것을 붙잡고 씨름해 왔다. 그의 『연보年譜』[33]에는 흥미로운 일화가 담겨 있다. 양명은 리가 어디에나 있으며, 심지어 나무나 풀잎 안에도 구현되어 있다는 사상을 이해하려고 열심히 노력하였다.[34] 그와 그의 한 친구는 대나무 숲을 조사함으로써 격물의 의미를 이해하려는 계획에 착수하였다. 친구가 먼저 시도하였으나, 삼일 간 열심히 연구한 끝에 결국 포기하고 말았다. 양명도 칠일 동안이나 계속하였지만, 그 역시 완전히 지쳐 버렸고, 육체적으로 병까지 들게 되었다.[35] 양명은 "깨달음과 외적인 배움 간의 긴장" 또는 소위 "내외內外간의 갈등"이라는 딜레마에 빠졌다. 주자에 대한 확신을 갖고 있던 양명은 대나무 안에 내재한 리를 외적인 것으로 이해함으로써 자기실현에 이르고자 하였으나 실패하였다. 그 후에도 그는 다른 시도를 해 보았지만, 또다시 실패하였다. 그는 "외적인 탐구를 통하여 어떻게 내적인 자기실현에 이를 수 있는가?"라는 근본 문제를 해결할 수가 없었다. "심心과 리理 사이의 간격을 연결하는" 핵심적인 문제는 여전히 해결되지 않았다. 이러한 좌절의 경험은 그로 하여금 잠시 유교를 등지고 도교와 선불교에 관심을 갖게 하였다.[36]

양명은 숲과 산들로 둘러싸인 변방인 용장龍場에서 정치적인 이유로 유배생활을 하던 1508년에 깨우침을 얻을 때까지 이 문제를 해결할 수

---

33) 왕양명의 수제자인 전덕홍(1496~1574)이 쓴 연대기적 전기: cf. *Wen-ch'eng kung ch'üan-shu*, 32-36.

34) Tu, *Neo-Confucian Thought in Action*, 49-51.

35) 이것은 마르틴 루터가 어거스틴 수도원에서 수련 중 경험했던 영적시련(Anfectungen)의 일화와 유사하다. 그 역시 열성적 참회의 실천에도 불구하고 구원에 대한 믿음을 얻지 못하였다.

36) Tu, *Neo-Confucian Thought in Action*, 50, 51, 51.

없었다. 용장에서 그는 돌 관을 만들어 놓고 그 앞에 정좌하고서 명상을 하였다. 어느 날 밤 그는 갑자기 깨달음을 얻었다. 그것은 "왕양명 자신의 발전에서뿐만 아니라, 중국사상사에 있어서도 기념비적인 사건이었다."37) 두웨이밍은 이것을 다음과 같이 극적으로 묘사했다.

어느 날 밤 '날이 샐 무렵' 격물의 참된 의미는 외부적으로보다는 내면적으로 발견될 수 있다는 생각이 불현듯 떠올랐다. 격물은 그가 20년 전에 만났던 개념이다. 일반적으로 논의되는 바에 의하면, 그것은 아주 갑자기 극적으로 일어났다. 한밤중에 그가 잠을 못 이룬 채 뒤척이고 있을 때, 갑자기 그는 마치 누가 그에게 격물의 문제에 대해 이야기하는 목소리를 들은 것 같은 느낌을 받았다. 그는 무의식적으로 침상에서 벌떡 일어났다. 하인들은 깜짝 놀랐다. 처음으로 양명은 "내 자신의 본성이 틀림없이 내가 성인聖人이 되는 데 충분하다는 것"을 깨닫게 되었다. "그런데 나는 그릇되게도 외적인 사물에서 리理를 찾았었다." 그때 그는 그의 새로운 이해에 대한 증거로 마음 깊이 배워왔던 오경五經의 교훈들을 떠올렸다. 그는 그 교훈들이 그것과 완전히 조화를 이루어 왔다는 것을 확인하였다.38)

3) 심즉리

이러한 깨달음을 통하여 양명은 리가 외적 사물에 있는 것이 아니라, 이미 자신의 마음(心) 안에 충분하게 내재하고 있다는 것을 각성하게 되었다. 그 후에 그는 격물에 대한 주자의 해석과 씨름했던 일에 대해

---

37) 같은 책, 121.
38) 같은 책, 120.

이렇게 회고하였다.

> 뭇 사람들은 단지 격물은 주자에 의거해야 한다고 말하지만, 어찌 일
> 찍이 그의 말을 실행한 적이 있었던가? 나는 착실하게 실행해 보았다.
> 젊었을 때 나는 전씨錢氏 친구와 함께 '성현이 되려면 반드시 천하사물
> (의 이치)을 궁구해야 하는데, 어떻게 하면 그와 같이 커다란 역량을 얻
> 을 수 있을까를 논의하다가 (그에게) 정자 앞의 대나무를 가리키며 궁
> 구해 보도록 하였다. 전군은 밤낮으로 대나무의 도리를 궁구하려고 마
> 음과 사려를 다하다가 3일이 되어서는 그만 지쳐서 병이 나고 말았다.
> 처음에 그가 정력이 부족하기 때문이라고 말하고는 나 자신이 직접 궁
> 구해 나갔다. 밤낮으로 궁구해도 그 이치를 얻지 못하다가 7일이 되어
> 서는 나도 역시 지쳐서 병이 나고 말았다. 결국 우리는 '성현은 될 수
> 없으며, (우리에게는) 사물을 궁구할 만한 커다란 역량이 없다'고 함께
> 한탄하였다. 그 뒤에 용장에 삼 년을 머물면서 자못 그 의미를 얻고
> 나서야 천하의 물物에는 본래 궁구할(格) 만한 것이 없으며, 격물공부는
> 다만 몸과 마음에서 한다는 것을 알게 되었다. 그리고 성인은 누구나
> 도달할 수 있으며, 자신도 감당할 수 있다고 확고하게 생각하였다. 이
> 러한 생각을 그대들이 알 수 있도록 말해 주겠다.[39]

양명은 마음(心)이 성인의 상태에 도달하려는 과정에서 자기초월의
내재적 가능성을 가지고 있다고 주장하였다. 심은 맹자 이후 동아시아

---

39) 『전습록』 318, "衆人只說格物要依晦翁, 何曾把他的說去用? 我著實曾用來. 初年與錢友同,
論做聖賢, 要格天下之物, 如今安得這等大的力量', 因指亭前竹子, 令去格看. 錢子早夜去窮格
竹子的道理, 竭其心思, 至於三日, 便致勞神成疾. 當初說他這是精力不足, 其因自去窮格. 早
夜不得其理, 到七日, 亦以勞思致疾. 遂相與嘆聖賢做不得的, 無他大力量去格物了'. 及在夷中
三年, 頗見得此意思乃知天下之物本無可格者, 其格物之功, 只在身心上做. 決然以聖人爲人人
可到, 便自有擔當了. 這裏意思, 却要說與諸公知道."

사상의 중심 개념이었으나, 감정과 이성뿐만 아니라 육체와 정신까지도 구별하는 희랍철학적 틀에서는 그 의미를 체득하기가 쉽지 않다. 그러나 대부분의 서구사상에서는 단지 마음(mind)이 이성적 기능만을 의미하는 반면, 동아시아 사상에서 심은 "의욕적(conative)일 뿐만 아니라 인지적(cognitive)이고 감정적인(emotive) 의미"를 가진다.[40] 더욱이 맹자에게 심은 단순히 생리학적이거나 심리학적인 사상이 아니라, "도덕적 수신을 위한 존재론적 기초이다." 양명은 이러한 맹자의 주장에 대한 참된 의미를 다시 깨달았던 것이다. 그는 육상산陸象山(1139~1192)이 주자와 논쟁한 것과 같이 "심이 곧 리이다"(心卽理)라고 선포하였다. 그는 자신의 제자 중 한 사람인 서애徐愛와 이에 대해 토론하였다.

> 서애가 물었다. "(『대학』의) '머무를 곳을 안 뒤에 (뜻에) 일정함이 있다는 것을 주자는 '각각의 사물에 모두 일정한 이치가 있다'고 보았는데, 이것은 선생의 학설과 서로 어긋나는 듯합니다." 선생께서 대답하셨다. "각각의 사물에서 지극한 선을 구하는 것은 도리어 의로움(義)을 밖에 있다고 여기는 것이다. 지극한 선은 마음의 본체이니, 단지 밝은 덕을 밝혀서 지극히 순수하고 지극히 한결같은 곳에 이르기만 하면 된다. 그러나 또한 일찍이 사물을 떠난 적이 없다. (주자가) 본주本註에서 '저 천리의 지극함을 다하여 조금이라도 인욕의 사사로움이 없다'고 말한 것이 (지극한 선의 의미를) 제대로 얻은 것이다." 서애가 물었다. "지극한 선을 단지 마음에서만 구한다면 온 세상일의 이치를 다 구하지 못할까 염려됩니다." 선생께서 대답하셨다. "마음이 곧 리理이다. 천하에 다시 마음 밖의 일이 있고, 마음 밖의 이치가 있겠는가?"[41]

---

40) Tu, *Confucian Thought*, 70.
41) 『전습록』 2; 3, "愛問: 知止而後有定, 朱子以爲事事物物皆有定理, 似與先生之說相戾. 先生

이 토론에서 양명은 '지고의 선'(至善), 즉 『대학』의 최종적인 근본-메타포를 마음 그 자체와 동일시하였다(心之本體). 그는 또한 『대학』의 첫 번째 근본-메타포인 '명명덕明明德'을 심 안에 내재하는 지선의 완전한 실현을 가리킨다고 단언하였다. 따라서 근원적이고 존재론적인 의미에서 심은 "외부로부터 그 무엇도 덧붙여질 것을 요구하지 않는 천리天理의 발체"(『전습록』 7)이다.[42] 비록 리가 초월적이라 해서 그것이 반드시 외적인 것만을 의미하지는 않는다. 그러므로 양명에게 리는 주자가 해석한 것처럼 관념적이고 정적인 개념이 아니라, "존재하는 자신"과 밀접하게 연관되는 역동적 개념이다.[43] 주자는 리를 객관화하고, 그것을 심과 날카롭게 구분하는 경향이 있다. 그러나 이것은 오류이다. 리는 심과 비이원론적인 관계 속에서 이해되어야 한다. 양명은 바로 이렇게 리를 심과 분리하는 주자의 극단적인 객관화를 수정하기 위해 심즉리론을 발전시켰던 것이다.

양명은 격물에 대한 적절한 해석을 통해 심즉리론을 옹호하기 위한 문헌학적 논쟁을 계속하였다. 첫 번째 문자 '격格'은 역사적으로는 세 가지의 주된 해석을 가지고 있다. 즉 "반대하다"(反), "도달하다"(至), "바로잡다"(正) 등이다.[44] 북송의 저명한 정치가이자 역사가인 사마광司馬光

日: 於事事物物上求至善, 卻是義外也. 至善是心之本體, 只是明明德到至精至一. 處便是. 然亦未嘗離卻事物. 本註所謂盡夫天理之極, 而無一毫欲之私者得之. 愛問: 至善只求諸心, 恐於天下事理有不能盡. 先生曰: 心卽理也 天下又有心外之事, 心外之理乎?"

42) 陳榮捷는 天理를 'Principle of Nature'로 번역했다. Chan Wing-tsit, trans., *Wang Yang-ming's Ch'uan-hsi Lu*(New York, NY: Columbia University Press, 1963).

43) Julia Ching, *To Aquire Wisdom: The Way of Wang Yang-ming*(New York, NY: Colombia University Press, 1976), 58.

44) Tu, *Neo-Confucian Thought in Action*, 164 참조.

(1019~1086)은 격물을 첫째 의미로, 곧 외적인 사물들에 의해 생겨나는 개인의 이기적 욕망들을 "막아 내는 것"으로 이해하였다. 주자는 정이를 따라 "체계적이고 점진적인 탐구과정에 의해 사물들 안에 내재하는 리를 파악하는 것"이라는 둘째 의미로 이해하였다. 그러나 양명은 생각을 "바로잡는 것"이라는 셋째 의미를 옹호하였다. 따라서 격물은 외적인 현상을 탐구하는 것이 아니라, 자기 자신의 일들을 바로잡는 것이다. 양명은 "격을 행함이란 바르게 하는 것이다. 그릇된 것을 바르게 하는 것은 악을 제거하는 것이며, 올바름으로 돌아오는 것은 선을 행하는 것이다. 격이 의미하는 것은 바로 이것이다"라고 말했다.[45] 그리고 양명은 이 해석이 맹자의 본래 의도에 부합하는 것이라고 주장하였다.

> '격물格物'(의 格)은 『맹자』에서 "대인이 임금의 마음을 바로잡는다(格)"고 할 때의 '격格'과 같은 것으로, 마음의 바르지 못함을 제거하여 그 본체의 바름을 온전히 하는 것이다. 다만 의념이 있는 곳에서 바르지 못함을 제거하여 그 바름을 온전히 하고자 하는 것은 언제 어디서나 천리를 보존하지 않음이 없는 것이고, 그것이 바로 이치를 다하는(窮理) 것이다. 천리가 바로 '밝은 덕'(明德)이며, 이치를 다하는 것은 바로 '밝은 덕을 밝히는 것'(明明德)이다.[46]

그는 주자가 심과 리를 구분한 것은 실제로 기원전 4세기에 고자告子가 범했던 오류를 반복하는 것이라고 주장하였다. 고자의 이설異說의 근

---

45) 왕양명이 『대학혹문』에서 말함. Chan, *Instructions*, 279.
46) 『전습록』 7, "格物如『孟子』大人格君心之格. 是去其心之不正, 以全其本體之正. 但意念所在, 卽要去其不正以全其正. 卽無時無處不是存天理, 卽是窮理. 天理卽是明德, 窮理卽是明明德."

본적인 오류는 의義가 외적인 덕德으로 인식된다는 것이었다. 이것은 의와 심 사이의 구분을 전제한다. 양명은 이러한 잘못된 전제가 맹자孟子(BC 372~289)가 바로잡고자 했던 바로 그 점이라고 주장하였다.

주자의 이른바 격물 운운하는 것은, 사물에 나아가 그 이치를 궁구하는 데 있다. 사물에 나아가 이치를 궁구한다는 것은 각각의 개별적 사물에서 이른바 정해진 이치를 구하는 것이다. 이것은 내 마음을 사용하여 각각의 개별적 사물에서 이치를 구하는 것으로, 마음과 이치를 둘로 나누는 것이다. 무릇 각각의 개별적 사물에서 이치를 구하는 것은 부모에게서 효의 이치를 구한다는 말과 같다. 부모에게 효의 이치를 구한다면, 효의 이치는 과연 내 마음에 있는가? 아니면 부모의 몸에 있는가? 가령 (효의 이치가) 부모의 몸에 있다면 부모가 돌아가신 뒤에 내 마음에는 곧 어떤 효의 이치도 없는 것인가? 어린아이가 우물에 빠지는 것을 보면 반드시 측은히 여기는 이치가 생기는데, 이 측은히 여기는 이치는 과연 어린아이의 몸에 있는가? 아니면 내 마음의 양지良知에 있는가? 혹은 '우물 속에 따라 들어가면 안 되는 것인가? 혹은 '손으로 구원할 수 있는 것인가?'라는 것이 모두 이른바 이치이다. 이것이 과연 어린아이의 몸에 있는가? 아니면 내 마음의 양지에서 비롯되는 것인가? 여기서 유추하면 온갖 사물의 이치가 모두 그렇지 않음이 없다. 따라서 마음과 이치를 둘로 나누는 것이 잘못되었음을 알 수 있다.[47]

---

47) 『전습록』 135, "朱子所謂格物云者, 在卽物而窮其理也. 卽物窮理, 是就事事物物上求其所謂定理者也. 是以吾心而事事物物之中, 析心與理而爲二矣. 夫求理於事事物物者, 如求孝之理於其親之謂也. 求孝之理於其親, 則孝之理其果在於吾之心邪? 抑果在於親之身邪? 仮而果在於親之身, 親則沒之後, 吾心遂無孝之理歟? 見孺子之入井, 必有惻隱之理, 是惻隱之理果在於孺子之身歟? 抑在於吾心之良知歟? 其或不可以從之於井歟? 其或可以手而援之歟? 是皆所謂理也, 是果在於孺子之身歟? 抑果出於吾心之良知歟? 以是例之, 萬事萬物之理, 莫不皆然. 是可以知析心與理爲二之非矣."

청중잉(成中英)은 철학적으로 주자와 양명 사이의 본질적인 차이는 "심心과 성性 간의 존재-인식적(onto-epistemic) 차이"라고 주장하였다.[48] 주자의 격물론에서 심은 좀 더 인식론화되어 있다.(성은 존재론적으로 주어졌지만) 반면에 양명의 심즉리론에서 심은 좀 더 존재론화되어 있다.(성도 존재론적으로 주어져 있다.) 양명이 성을 심에 포함시키는 경향이 있었던 반면, 주자는 심을 성에 포함시키는 경향이 있었다. 그러나 양명은 주체와 객체의 분리에 관한 유교적 견해라고 볼 수 있는 심과 성의 이원론이 낳은 인식론적 오류에 더 많은 관심을 가졌다고 할 수 있다. 양명은 "마음이 곧 성이고, 성이 곧 리이다. ('心與理'에서 중간에) '여與'자를 넣은 것 때문에 심과 리가 둘로 구분되는 것을 면하지 못할 것 같아 염려된다. 이것을 학문하는 사람들이 잘 살펴보아야 한다"고 말하였다.[49]

4) 신유교적 패러다임 전환

맹자의 사상에서 심은 이미 정서적, 인식론적, 존재론적 측면을 모두 포괄한다. 양명의 심즉리론은 이러한 포괄성을 더욱 확장시키며, 신유교의 새로운 차원을 열어 준다. 그것은 신유교의 존재-인식론적 추의 철학적 흔들림일 뿐만 아니라, 심원한 신학적 함의를 갖기도 한다. 그것은 신유교가 구원론으로 들어갈 수 있게 해 주는 패러다임의 전환을 가능하게 한다. "심이 곧 리"라는 그의 선언은 신유교의 언어로 표현된

---

48) Cheng Chung-ying, *New Dimensions of Confucianism and Neo-Confucianism*(Albany, NY: State University of New York Press, 1991), 19-21.
49) 『전습록』 33, "心卽性, 性卽理. 下一與字, 恐未免爲二. 此在學者善觀之."

하나의 구원론적 도약일지도 모른다. 그것은 유교적인 구원의 길을 위한 존재론적 기반을 제공하며, "우리 인간 본성 안에 내재한 인간-우주적 실재의 완전한 실현"이라고 보는 두웨이밍의 입장보다 더 직접적이고 역동적인 표현을 제공한다.[50]

격정(狂)적인 특징을 가진 자신의 영성적 여정에서, 양명은 즉각적이고, 열정적이며, 실존적이고, 강렬한 영성적 열망을 보여 줬다. 자기실현에 대한 그의 열광적 추구는 구원에 대한 마르틴 루터(Martin Luther, 1483~1546)의 강렬한 갈망과 공명한다. 루터가 부패한 로마가톨릭교회에 대해 느꼈던 대로, 양명 역시 "마른 숲과 폐허"처럼 되어 버린 정주학에 대해 위기감을 느꼈다. 아마도 그가 느낀 위기감은 그가 타고난 성향인 "광기狂氣"와 더불어 중국불교의 구원론적 염원에 의해서 더욱 강화되었을 것이다. 마침내 그의 증점曾點과 같은 어린아이 같지만 창조적인 정신이 폭발하였으며, "심은 곧 리이다"(心卽理)라고 선언하게 되었다. 이 주장은 신유교적 언어로 "자기실현은 다른 무엇으로부터가 아니라, 오직 마음으로부터 나온다"를 표현한 것이라 할 것이다. 그것은 루터가 그리스도교적 언어로 "칭의(Justification)는 다른 무엇으로부터가 아니라, 오직 우리의 믿음으로부터 온다"고 로마가톨릭교회를 비판하면서 반박 선언한 것과 공명한다. 두 사람 모두에게 있어서 문제의 핵심은 사회의 형식적인 예법禮法들이나 교회의 가시적인 성사(sacraments)와 같은 외적인 어떤 것과 연관된 것이 아니라, 궁극적으로 자기 자신의 주체성과 연관되어 있다. 루터의 '구원은 오직 믿음으로만'(sola fide)이라는 교리가 그리스도

---

50) Tu, *Confucian Thought*, 64.

교 신학의 흐름을 근본적으로 바꿔 놓았듯이, 양명의 심측리론(자기실현은 오로지 심 안에서)은 동아시아 사상의 행로를 재형성하였다. 두 사람은 모두 소속된 그들의 전통에 주요한 패러다임 전환을 가져다주었다.

한스 큉(Hans Küng)은 토마스 쿤(Thomas Kuhn)의 이론을 기반으로 그리스도교 신학은 끊임없는 패러다임 전환을 통해 발전해 왔다고 주장하였다. 큉은 "새로운 발견들은 기존의 타당한 설명 혹은 패러다임이 새로운 모델에 의해 대체되는 매우 복잡하고 보통 오랫동안 지속되어 온 과정을 통하여 일어난다"고 말했다. 그들은 완전히 합리적이지도 않고, 또한 완전히 비합리적이지도 않은, 그리고 어떤 경우에는 진화적이기보다는 혁명적인 "패러다임의 전환"을 통해서 일어난다.[51] 유교 역시 이와 유비적으로 패러다임 전환을 통해 전개되어 왔다고 볼 수 있다. 패러다임 전환이 천룽제(陳榮捷)가 사용한 '진화'보다 더 적절한 용어일 것이다.[52]

양명의 유학에서 신유교 패러다임 전환의 현저한 예를 볼 수 있다. 주자의 패러다임은 동아시아 유교사상 전체를 지배해 왔으며, 유교의 정통적 가르침으로 간주되어 왔다. 그러나 양명은 결정적인 패러다임 전환을 성취하고, 주자의 정통적 해석과 작별하였다. 여러 해 동안 양명

---

51) Hans Küng, *Theology of the Third Millennium*, trans. Peter Heinegg(New York, NY: Doubleday, 1988), 131 참조. 패러다임이라는 용어는 다음에 근거한다. Thomas S. Kuhn, *The Structure of Scientific Revolution*, 2ed.(Chicago: University of Chicago Press, 1970). 쿤은 패러다임을 "실천자들의 공동체들에게 일정 기간 동안 모델이 되는 문제와 해답을 제공해 주는 인정받은 성과들(공유된 신념, 가치, 기술 등의 전체집합들)"이라고 정의하였다.(같은 책, viii)

52) Chan Wing-tsit, *Neo-Confucianism*, 1-44, 45-87, "The Evolution of the Neo-Confucian Concept Jen"과 "The Evolution of the Neo-Confucian Concept Li as Principle"의 결론 참조.

은 주자의 지배적인 패러다임과 당시 유교 공동체가 공유하고 있던 규범적인 해석학적 전통에 심취해 있었다. 그러나 양명은 주자의 패러다임에서 오류를 발견하였으며, 특히 격물의 문제와 연관하여 정신적 위기를 경험하였다. 갑작스런 깨달음을 통해 그는 마침내 그릇된 점들의 근본 원인이 심과 리, 안과 밖, 자기와 타인, 그리고 주체와 객체의 거짓된 이분법에 바탕을 둔 잘못된 자리에서 자기실현을 추구하는 데 있음을 발견하였다. 심즉리라는 양명의 패러다임 전환은 인간의 본원적인 선함에 대한 유교적 믿음에 반하는 오류를 교정하기 위한 "긴급 치료 수단"이었다.[53]

  루터와 장 칼뱅(John Calvin, 1509~1564) 같은 그리스도교 개혁자들은 그 당시 지배적이던 스콜라 신학에 대항하는 패러다임 전환(종교개혁)을 위해 성 아우구스티누스(St. Augustinus, 354~430)의 권위를 사용하였다. 마찬가지로 양명도 지배적인 주자의 전통에 대항하기 위해 맹자의 권위에 의존하였다. 그리스도교 종교개혁자들과 마찬가지로 양명은 단순히 맹자의 말을 반복하지 않았다. 그는 그것을 도교 및 불교와의 교류의 성과를 포함하는 당대의 새로운 해석학적 여과를 통해 새롭게 서술하였다.(맹자는 이 새로운 개념적 자료들을 알지 못했을 터이지만)[54] 비록 패러다임 전환이 많은 차이점들을 양산하는 것일지라도, 그것은 문자 그대로 전통

---

53) 『전습록』 94, "마음은 바로 리이다. 사심이 없는 것이 바로 리에 마땅한 것이다. 리에 아직 마땅하지 않은 것이 바로 사심이다. 만약 마음과 리를 나누어 말한다면 좋지 않은 듯하다."

54) 아이반호는 왕양명이 "맹자도 몰랐던" 수신의 근본적으로 다른 길, 즉 맹자의 "발전모형" 대신, "발견모형"을 고안했다고 주장했다. Philip Ivanhoe, *Ethics in the Confucian Tradition: The Thought of Mencius and Wang Yang-ming*(Atlanta, GA: Scholars Press, 1990), 23 참조.

으로부터의 이탈이나 불연속을 의미하지 않는다. 혁명적인 변화를 통해 할지라도 그것은 오히려 주어진 맥락에 역동적으로 응답할 수 있는 살아 있는 진정한 전통의 연속성을 보장해 준다.

제2장 근본-메타포: 성誠

1. 입지(뜻을 세움)

유교의 우선적 과제인 수신修身의 목적은 본질적으로 지고의 선에 거하는 궁극적 인간성을 확립하는 것이다. 유교에서 궁극적 인간성은 성인聖人을 가리킨다는 점에서, 수신이란 곧 성인다움을 얻는 것을 뜻한다. 양명에게 있어서 이 과제는 "외적인 수단에서가 아니라, 내적인 결단에서" 시작된다. 주된 관심은 "'왜?'라는 미묘한 문제" 같은 형이상학적 물음이 아니라 "'어떻게 성인이 되는가?' 하는 구체적이고 긴급한 문제"에 있다. 그러나 주자의 격물론은 결과적으로 외적인 방법이라 할 수 있다. 주자는 실제로 수신을 "심心과 리理를 이분법으로 나누는 형이상학적 전제의 복잡한 체계 아래 종속"시켰다.[1] 양명은 다음과 같이 말했다.

> 주자의 격물설은 다만 핵심이 결여되어 있을 뿐이다. 예를 들어 "생각이 은미한 곳에서 살핀다"는 한 구절을 "문자 가운데서 구한다", "일의 행위가 드러난 데서 징험한다", "강론하는 즈음에 살핀다"는 것과 뒤섞이어 하나의 예로 보아서는 안 된다. 이것은 경중(의 구별)이 없는 것이다.[2]

---

[1] Tu Wei-ming, *Neo-Confucian Thought in Action: Wang Yang-ming's Youth (1472-1509)* (Berkeley, CA: University of California Press, 1976), 146.

이 구절에서 양명은 주자의 격물론에서 나타나는 형이상학적 요소들은 근본적인 것도, 최우선적인 것도, 주된 것도 아니라고 말하였다. 양명은 유교적 과제의 진정한 출발점은 그러한 사변적인 추론에 있는 것이 아니라, 성인이 되고자 하는 내적인 의사결정과 진정한 헌신, 즉 입지立志에 있다고 주장하였다. 그리스도교의 제자도가 믿음에서 출발하듯이 유교의 제자도의 출발점은 입지이다.

용장龍場에서 유배 생활 하던 중, 양명은 그의 제자들에게 수신의 네 가지 원리를 가르쳤다.3) ① 배우는 자는 배움에 대한 뜻을 세우고(立志), ② 성인이 되는 법을 배우기 위해 부지런히 공부해야 하며(進學), ③ 배움에 따라 자신의 잘못을 끊임없이 고쳐야 하고(改過)4), ④ 책망과 비판을 통해 다른 유자들이 선을 행할 수 있도록 동기를 부여하고 자극해야 한다(遷善). 여기서 입지는 최우선시되는 첫 번째 원리로서, 그의 개인적인 제자가 되기 위한 첫 번째 요구사항이기도 하다. 입지는 개인의 완전하고 전체적인 결단을 포함할 뿐 아니라 "계속적인 확신"을 요구한다.5) 두웨이밍은 입지를 키르케고르(Soren Kierkegaard, 1813~1855)의 "질적 전환"이라는 개념과 비교하면서 다음과 같이 말하였다.

입지의 구조는 키르케고르적 의미에서의 실존적 결단의 구조와 유비적이다. 그것은 궁극적 결단을 요구하는 하나의 근본적인 선택이며,

2) 『전습록』 234, "文公格物之說, 只是少頭腦. 如所謂察之於念慮之微, 此一句不該與求之文字之中, 驗之於事爲之著, 索之講論之際, 混作一例看. 是無輕重也."
3) Tu, *Neo-Confucian Thought*, 142-146 참조.
4) 참회에 관한 그리스도교적 개념(*metanoia*) 참조. 같은 책, 142 참조.
5) 같은 책, 143.

한 사람의 존재의 모든 측면에 영향을 주는 질적 변화이고, 그리고 지속적인 재확인을 요구하는 끊임없는 과정이다.[6]

그러나 질적 전환으로서의 입지는 그리스도교의 신앙 개념과는 다른 점이 있다. 입지가 자기변화를 통해 성인답게 되려는 의지를 가리키는 반면, 신앙은 "전적 타자"(wholly other)에 의한 구원을 믿는 것이다. 두 웨이밍이 밝힌 바와 같이, "유교에서의 질적 전환은 상대자인 그리스도교에서와는 달리, '이것이냐 저것이냐 하는'(either-or) (양자택일적) 신앙의 도약이 아니라, '모두를 포함하는'(both-and) 자기 자신에로의 회귀이다." 입지는 "초월적 절대자에 대한 신비한 경험"이나 신의 계시와 관련되는 것이 아니라, "내재적 자기(immanent Self)에 대한 깨달음의 경험"이다.[7]

『논어論語』에서 "내 나이 열다섯에 배움에 뜻을 두었다"[8]는 공자孔子(BC 551~479)의 유명한 자전적 구절은 젊었을 때 자기변화에 평생을 바치기로 결심하는 입지의 고전적 예를 보여 준다. 순자荀子(BC 298~238) 역시 "배움의 길은 전 생애에 걸친 것이며, 따라서 그 목표에 도달하기 위해서는 잠시도 멈출 수 없다. 이것을 행하는 것이 곧 인간이 되는 것이며, 이를 멈추는 것은 짐승이 되는 것"이라고 말했다.[9] 맹자는 인간을 두 부류로 나누었는데, 그것은 곧 대체大體와 소체小體이다. "대체는

---

6) Tu Wei-ming, *Humanity and Self-Cultivation: Essays in Confucian Thought*(Berkeley, CA: Asian Humanities Press, 1979), 89 참조.
7) 같은 책, 89, 90.
8) 이기동 역해, 『論語』(서울: 성균관대학교출판부, 2005), 2-4, "子曰: 吾, 十有五而志于學, 三十而立, 四十而不惑, 五十而知天命, 六十而耳順, 七十而從心所欲, 不踰矩."
9) 『순자』. Tu, *Humanity and Self-Cultivation*, 89에서 재인용.

인간을 참으로 인간이게 하는 내재적인 도덕적 감각을 가리킨다. 소체
는 인간을 동물세계의 일부로 만드는 기본적인 본능적 욕구들을 가리
킨다."[10] 이러한 구분은 자기변화를 통한 질적 차이와 질적 변화의 필
요성을 설명하기 위한 것이다. 입지는 이러한 소체("불완전한 인간의 자연적
인 성장")로부터 대체("완전히 통합된 온전한 인간의 의미 있는 존재")로 질적 변
화하는 것을 의미한다. 그러므로 자기변화에 뜻을 세우는 입지는 사람
의 윤리와 종교를 포함한 도덕적 확인과 정신과 육체를 포함한 전인간
적 수신을 포함하는 인간화를 위한 질적 변화를 의미한다.

　　유교에서 이것은 삶의 현장에서의 구체성 없이는 생각될 수 없는
것이다. 그래서 입지에서는 그것의 "시공간적 측면"이 강조된다.[11] 따
라서 사회정치적 조건들은 상황의 중요한 부분, 즉 인간화 과정의 현장
으로 간주된다. 양명의 삶은 이러한 측면을 충실하게 실천한 하나의 실
례였다. 그의 표현을 빌리면, 그것은 "백 번의 죽음과 천 번의 위험"을
겪는 것이었다. 북경의 젊은 관리였을 때 양명은 신유교적 이상과 명明
나라의 사회정치적 현실의 차이를 극복하려고 분투해 왔다. 그는 사람
이 자신의 역동적인 내적 추구를 통해 얻는 완전한 의미가 그것을 실천
하여 세계를 재정립하여 구현되게 하였을 때에만 성취될 수 있다고 믿
었다. 양명은 국가의 부정에 저항하여 왕에게 상소를 올렸는데, 이는 사
실상 권세를 잡고 있던 환관 유근劉瑾을 공격하는 것이었다.(1506) 이 상
소로 인해 그는 투옥되고, 공공장소에서 태형을 당하고, 머나먼 용장으
로 귀양까지 가게 되고(1506), 그리고 그곳에서 깨달음을 얻었다. 유교의

---

10) Tu, *Humanity and Self-Cultivation*, 87.
11) 같은 책, 90.

참된 도를 전하려고 뜻을 세웠던 그의 입지(1502)는, 본회퍼(D. Bonhoeffer, 1906~1945)의 말로 표현한다면, 결코 "값싼" 것이 아니었고 "값비싼" 유교의 제자도를 요구했던 것이다.[12]

2. 지행합일(앎과 행동의 일치)

입지는 유교적 도道의 근본이며, 유자儒者가 되기 위한 필수적인 요구 조건이다. 맹자의 관점에서 본다면 입지는 '마음의 방향성'을 의미한다.[13] 유교에서 마음의 방향성은 그 육체의 구성과 분리될 수 없다. 따라서 양명은 그의 가르침을 "몸과 마음의 학문", 곧 심신지학心身之學으로 불렀다.[14] 이것은 그의 유명한 앎과 행함이 일치해야 한다는 지행합일론知行合一論으로 이어진다.[15]

두웨이밍은 이 일치를 입지와 연관지어 설명했다. 첫째, 입지는 앎을 포함한다. 그러나 그것은 인지적 지식이라기보다는 오히려 "변화하는 자기성찰"이다. 즉 그것은 "내면적인 성찰의 한 형태로서 동시에 사람의 현존재를 미래의 이상에 투사된 존재의 상태로 변화시키는 앎이

---

12) Dietrich Bonhoeffer, *The Cost of Discipleship*, trans. R. H. Fuller(New York, NY: Macmillan Publishing Co., 1959)을 보라.

13) 맹자는 "뜻(志)은 기를 통솔하는 것이고, 기는 몸에 꽉 차 있는 것이니, 뜻이 우두머리요, 기는 따라가는 것이다. 그러므로 뜻을 잘 간직하여 기를 해치지 말라"고 했다. 이기동 역해, 『맹자』(서울: 성균관대학교출판부, 2004), 136. 영문판으로는 D. C. Lau, trans., *Mencius*(Harmondsworth: Penguin Books, 1970) 참조.

14) Tu, *Humanity and Self-Cultivation*, 139-140.(cf. Nien-P'u, ch. 34)

15) 문자적으로 知는 "지식의 능력"을, 行은 "행동의 기능"을, 그리고 合은 "단일성 또는 동일성"을 의미한다. 같은 책, 91 참조.

다."16) 둘째, 입지는 "사람의 실존적 상황을 재정돈하고, 삶의 총체적 차원에 영향을 끼치는" 행위를 포함한다.17) 앎으로서의 입지가 사람의 삶에 근본적인 변화를 일으킨다면, 행위로서의 입지는 사람의 인식에 새로운 깊이를 제공한다. 그러므로 입지의 구조 안에서 지식과 행동은 동일한 과정의 두 가지 측면으로서 하나의 단일체를 형성한다. 양명은 다음과 같이 말했다.

> 앎은 행위의 주지主旨이고, 행위는 앎의 공부이다.
> 앎은 행위의 시작이고, 행위는 앎의 완성이다.18)

> 성인의 학문은 다만 하나의 공부이니,
> 앎과 행위를 두 가지 일로 나눌 수는 없다.19)

양명의 유학은 "심과 리의 괴리"를 야기한 주자의 격물格物에 대한 해석을 수정하기 시작했다.20) 그러나 "심으로의 회귀"를 호소하는 이러한 수정은 지식과 행동의 실체가 본래적으로 단일한 것이라는 유교적 진리에 보다 더 부합되는 위대한 발견으로 귀결되었다.21) 더욱이 그것은 지와 행이 일치되는 본체를 드러낸다. 그의 지행합일론은 단순히 교리적 "질병"에 대한 "치유책"을 넘어서 본체의 존재론을 발굴해 냈다.

---

16) Tu, *Neo-Confucian Thought in Action*, 172.
17) 같은 책.
18) 『전습록』, 5, "知是行的主意, 行是知的功夫, 知是行之始, 行是知之成."
19) 『전습록』, 26, "知者行之始, 行者知之成. 聖學只一箇功夫, 知行不可分作兩事."
20) Tu, *Humanity and Self-Cultivation*, 146.
21) 『전습록』 133 참조.

양명은 다음과 같이 말한다.

> 그런데 오늘날 사람들은 도리어 앎과 행위를 두 가지로 나누고는 반드시 먼저 안 뒤에 행할 수 있다고 생각한다. 그래서 자신은 지금처럼 먼저 강습과 토론을 통해 앎의 공부를 하고 앎이 참되기를 기다리고 나서야 비로소 행하는 공부를 하려고 한다. 그러므로 결국 평생토록 행하지도 못하고 또 알지도 못한다. 이것은 작은 병폐가 아니며, 그 유래도 이미 오래되었다. 내가 지금 '앎과 행위가 일치한다'고 말하는 것은 바로 병을 치료하기 위한 약이다. 이것은 또 내가 근거 없이 지어 낸 것이 아니라, 앎과 행위의 본체가 원래 이와 같은 것이다.[22]

진정한 앎은 "실제적 변화를 가져오는 효과"를 포함하는 반면, 진정한 행동은 자기 지식을 "진정으로 심화하는 효과"를 포함한다.[23] 그런데 지행이 실제로 어떻게 나뉠 수 있겠는가? 양명의 대답은 이기적 욕심들이 지와 행의 일치된 조건을 분리하는 악의 원천이라고 답한다.

> 서애가 말하였다. "예컨대 부모에게는 마땅히 효도해야 하고, 형에게는 마땅히 공손해야 한다는 것을 다 알고 있는 사람이 도리어 효도하지 못하고 공손하지 못합니다. 이것은 앎知과 행위行가 분명히 두 가지 일임을 보여 줍니다." 선생께서 말씀하셨다. "그것은 이미 사욕에 의해 (앎과 행위가) 가로막힌 것이지, 앎과 행위의 본체는 아니다. 아직까지 알면서도 행하지 않는 사람은 없었다. 알면서도 행하지 않는 것은 다

---

22) 『전습록』 5, "今人卻將知行分作兩件去做, 以爲必先知了然後能行. 我如今且去講習討論做 知的工夫, 待知得眞了, 方法做行的工夫. 故遂終身不行, 亦遂終身不知. 此不是小病痛, 其來 已非一日矣. 某今說箇知行合一, 正是對病的藥. 又不是某鑿空杜撰, 知行本體, 原是如此."

23) Tu, *Neo-Confucian Thought in Action*, 173.

만 아직 알지 못하는 것이다.…… 아름다운 여색을 보는 것은 앎에 속하고, 아름다운 여색을 좋아하는 것은 행위에 속한다. 아름다운 여색을 보았을 때, 이미 저절로 좋아하게 되는 것이지, (아름다운 여색을) 처다본 뒤에 또 하나의 마음을 세워서 좋아하는 것은 아니다."[24]

이기적인 욕심으로 인해 앎과 행함 사이에는 이분법적인 틈이 생겨난다. 그럼에도 불구하고 여전히 사람은 사랑의 과정 안에서 지행의 일치를 경험할 수 있다. 마찬가지로 진정한 배움의 과정 안에서는 앎과 행동의 분리에 대한 지적 논의와 설득으로 낭비할 시간이 없다.

무릇 배우고 묻고 사색하고 변별하고 행위하는 것은 모두 학문하는 것이다. 배웠는데도 행위하지 않는 사람은 없다. 예를 들어 효도를 배웠다고 한다면, 반드시 힘든 일을 대신하고 봉양하게 몸소 효도를 행한 뒤에야 배웠다고 말한다. 어찌 한갓 공허하게 입과 귀로만 강론하여 말한다고 해서 곧 효도를 배웠다고 말할 수 있겠는가?…… 세상의 어떤 학문도 행위하지 않고서 배웠다고 말할 수는 없으니, 배움의 시초는 확실히 이미 행위(行)이다. (篤行의) '독篤'은 독실하고 돈후하다는 뜻으로, 이미 행위 하는 상태에서 그 행위를 돈독하게 하여 공부를 쉬지 않는 것이다. 생각건대 배우는 데는 의심이 없을 수 없기 때문에 물음이 생기게 된다. 물음은 곧 배움이자, 행위이다. 또 의심이 없을 수 없으므로 사색을 하게 된다. 사색은 곧 배움이자, 행위이다. 또 의심이 없을 수 없으므로 변별하게 된다. 변별은 곧 배움이자, 행위이다. 변별이 이미 분명해지고, 사색이 이미 신중해지고, 물음이 이미 세밀해지

---

24) 『전습록』 5, "愛曰, 如今人儘有知得父當孝, 兄當弟者, 却不能孝, 不能弟. 便是知與行分明是兩件. 先生曰, 此已被私欲隔斷, 不是知行的本體了. 未有知而不行者. 知而不行, 只是未知.……見好色屬知, 好好色屬行. 只見那好色時已自好了."

고, 배움이 이미 능숙해지고, 또 그리하여 그 공부를 그치지 않는 것, 이것을 독행篤行이라고 말한다. 배우고 묻고 사색하고 변별한 뒤에 비로소 그것을 행위로 옮긴다는 말이 아니다.[25]

주자의 격물론은 인지적 이원론 아래에서 인식론적 색채를 띠고 있으며, 자기실현을 위한 철저한 지적 추구에 초점을 맞추고 있다. 주자는 이러한 인간의 지식 그 자체는 불완전하며 "깨달음은 (격물과 같은) 긴 공부의 마지막 결과"라고 전제한다. 이와 같이 주자는 깨달음은 "점진적인 성취"(漸悟)라는 관점을 가지고 있었다.[26] 그러나 양명의 지행합일론은 그와는 다른 견해를 보여 주며, 심지어 반지성적 색채마저 띠고 있다. 양명에게 유교의 가르침은 "인식론적 원칙이라기보다는 도덕적 이상"이다.[27] 주자와는 달리 양명은 깨달음이란 근접해 있기 때문에 갑자기 그리고 저절로 이루어진다고 믿었다. 니비션(D. S. Nivision)은 양명이 이러한 교의를 가지고 "'지'와 '행'의 이원론뿐 아니라 이와 유사한 '체體'와 '용用', '리理'와 '기氣', 마음(心)과 몸(身), 그리고 관찰자와 관찰대상 등의 신유교의 이원론"을 해결하고자 했던 것이라고 논증하였다.[28] 지행

---

25) 『전습록』 136, "大學問思辨行, 皆所以爲學. 未有學而不行者也. 如言學孝, 則必服榮奉養, 躬行孝道, 然後謂之學. 豈徒懸空口耳講說, 而遂可以謂之學孝乎?……盡天下之學, 無有不行而可以言學者, 則學之始固已卽是行矣. 篤者敦實篤厚之意. 已行矣, 而敦篤其行, 不息其功之謂爾. 蓋學之不能以無疑, 則有問. 問卽學也, 卽行也. 又不能無疑, 則有思. 思卽學也, 卽行也. 又不能無疑, 則有辨. 辨卽學也, 卽行也. 辨旣明矣, 思旣愼矣, 問旣審矣, 學旣能矣, 又從而不息其功焉, 斯之謂篤行. 非謂學問思辨之後而始措之於行也."

26) David S. Nivision, "The Problem of 'Knowledge' and 'Action' in Chinese Thought", Arthur F. Wright, ed., *Studies in Chinese Thought*(Chicago: University of Chicago Press, 1953), 118.

27) Julia Ching, *To Acquire Wisdom: The Way of Wang Yang-ming*(New York, NY: Columbia University Press, 1976), 66.

28) D. S. Nivision, "The Problem of 'Knowledge' and 'Action' in Chinese Thought", 121.

일치론은 심즉리론보다도 더 분명하게 양명이 주자의 격물론으로부터 패러다임 전환한 것을 보여 준다. 두웨이밍은 이러한 패러다임 전환에 대해 다음과 같이 간명하게 요약하였다.

첫째, 격물은 주체와 객체를 두 개의 독립적인 실체로 인식한다. 그들은 주체가 객체에 도달하고자 의식적으로 노력할 때 서로 만난다. 지행합일은 이러한 인위적인 이분법을 거부하며 인간 주체가 추상적 개념이 아닌 참된 경험이 되는 자기실현의 역동적 과정을 지향한다. 둘째, 격물은 수신의 지각 가능한 형태에 관해 지나치게 강조한다. 그것은 도덕적 결정을 극기의 '목표'로 객관화하는 경향이 있다. 그러나 지행합일은 생각과 실천을 연결하는 데 초점을 맞춤으로써 안과 밖의 간극을 '연결한다'. 셋째, 격물은 도덕성을 일련의 분리된 행동들로 계량화하는 경향이 있다. 그 결과 외적인 현상은 내적인 변화보다 우선시된다. 지행합일은 반대로 모든 상황에서 도덕적 의식이 깨어 있게 함으로써 심지어 마음의 '기미幾微'의 움직임조차도 간과하지 않는다. 넷째, 격물은 경험적 지식의 테두리 아래 도덕적 원칙들을 종속시키는 경향이 있다. 반면에 지행합일은 의도성을 중심으로 윤리종교적 수양의 내적 측면을 강조한다. 마지막으로 격물은 자기실현을 필연적인 점진적 과정으로 여기기 때문에 긴급성이 결여되어 있는 경향이 있다. 의지의 방향성에 초점을 맞춤으로써, 지행합일은 긴급성을 담보한 도덕적 수신을 말한다. 자기실현에 대한 점진적인 과정에 대한 물음과 갑작스런 과정에 대한 물음은 부차적인 것이다. 그것은 이것의 주된 관심이 종국적으로 '어떤' 과정에 의해 내적 성인이 구현되느냐가 아니고, 그 내적 성인다움을 지금 여기서 '어떻게' 나타내느냐의 문제이기 때문이다.[29]

---

29) Tu, *Humanity and Self-Cultivation*, 145-146. 그러나 그는 양명의 본래 의도가 "격물

3. 성誠: 구체-보편적 방법론

왕양명에게 이러한 불가분성은 두 개의 정적인 개념들의 일치 속에 있는 닫힌 체계를 의미하는 것이 아니라, 실제 삶의 정황들과 상호 연관된 역동적인 과정을 의미한다. 진정한 자기지식은 그것이 윤리 사회적 맥락 속에서 구체적으로 구현되지 않는다면 결코 얻어질 수 없다. 유교는 진정한 자기실현이 인간관계성의 네트워크 안에서 수행되어야 함을 강조한다. "세속(俗)을 성聖스럽게"라는 핑가레트(H. Fingarette)의 함축적인 제목처럼, 유교적 수신의 현장은 일상적인 삶의 세계이고, 그 세속의 현장에서 성인으로서 공유된 실천을 성취하는 것이다.30)

앞서 보았듯이 『대학』의 여덟 과정은 내외적으로 구체-보편적 방법론을 확실하게 지시한다. 자기실현의 외적 과제는 구체적인 현장에서 수행되어야 하며, '수신・제가・치국・평천하'라는 일련의 네 가지 주요 관계들을 통해 보편적으로 확장되어야 한다. 이런 입장에서 보면 묵자墨子(BC 470~391?)가 상정했던 "겸애兼愛"의 개념은 비현실적인 추상일 뿐이었다. 오히려 사랑의 실천가능성은 가까운 인간관계로부터 그것을 실행할 것을 요구한다. 만일 부자(부모-자식) 관계가 최초의 원초적인 결합으로 간주된다면, 참다운 인간이 되어 가는 과정은 추상적인 이웃에 대한 돌봄이 아니라 효孝의 구체적인 실행으로부터 시작되어야 한다.

의 방법을 반대하고 그 중요성을 비난하는 것"보다는, 오히려 『대학』에서 격물이 차지하는 본래의 지위를 회복시키기 위한 것이라고 주장했다.

30) 그는 이 제목 하에 『논어』에 대한 흥미로운 현대적 해석을 제시하였다. Herbert Fingarette, *Confucius: the Secular as Sacred*(New York, NY: Harper and Row, 1972).

동시에 구체-보편적 방법론은 "우주와 보편적인 소통을 시작하는 가장 정당한 길"로 여겨진다. 두웨이밍은 "사람이 자기존재의 근본에 더욱 깊이 들어갈수록, 공통적인 인간성의 원천과 우주적 창조성의 근원에 더욱 가까이 다가가게 된다"[31]고 설명했다. 이것 역시 사람의 인간학적인 구조(이기적 성향)를 넘어서는 유교의 도를 지시한다. 맹자는 "사람이 자기 마음을 온전히 실현하기 위해서는 자신의 본성을 이해해야 하며, 자신의 본성을 아는 사람은 하늘을 알게 될 것이다"라고 말했다.[32] 두웨이밍은 더 나아가서 "구체적인 개인의 내적 경험은 보편화의 참된 기반으로 작용한다"고 설명했다. 이것은 위대한 인격의 위상, 즉 우리의 궁극적 인간성과 모든 것을 포용하는 우주와의 합일을 성취할 수 있는 구체-보편적 방법론을 의미한다. 그리하여 양명은 "대인大人은 천지만물을 한 몸으로 여긴다"고 했던 것이다.[33]

구체-보편적 방법론의 모든 과정은 앎과 행함이 일치하는 입지를 요구한다. 이것이 "(인간) 존재론에 도달할 수 유일한 진입로"이다.[34] 이것은 신유교의 근본적 개념들 중 하나인 성誠과 연관되어 있다. 어원적으로 성은 "완성, 실현, 완전"을 의미하며, 언제나 "정직, 참됨, 진실" 같은 긍정적 의미를 함축한다.[35] 『중용中庸』[36]은 다음과 같이 언급했다.

---

31) Tu, *Humanity and Self-cultivation*, 87, 88.
32) 『맹자』, 7. 또한 D. C. Lau, trans., *Mencius*, 182.
33) 왕양명, 『大學問』, "大人者, 以天地萬物一體者也." 또한 "Inquiry on the Great Learning", in Chan Wing-tsit, trans., *Instructions for Practical Living and Other Writings by Wang Yang-ming*(New York, NY: Colombia University Press, 1963), 272.
34) Tu, *Humanity and Self-cultivation*, 94.
35) 같은 책, 95. 두웨이밍은 중국어에서 '誠'이라는 단어가 영어 단어 'sincerity'가 가지고 있는 부정적 의미를 전혀 갖고 있지 않음을 강조했다. 『중용』의 誠개념에 대한 탁월한 설명으로는 Tu Wei-ming, *Centrality and Commonality: An Essay on Confucian*

하늘이 사람들에게 내려 준 것은 '본성'(性)이라 하고, 본성에 따르는 것을 '도道'라고 하고, 도를 닦는 것을 '가르침'(敎)이라 한다. '도'라는 것은 잠시도 떨어져 있을 수가 없는 것이니, 떨어져 있을 수 있다면 '도'가 아닌 것이다. 그러므로 군자君子는 남이 보지 않는 곳에서도 경계하고 삼가며, 남이 듣지 않는 곳에서도 두려워하는 것이다. 숨겨진 것보다 더 잘 드러나는 것이 없으며, 미세한 것보다 더 잘 나타나는 것은 없다. 그러므로 군자는 그가 홀로 있을 때를 삼가는 것이다.[37]

이 구절에 따르면 인간 본성은 하늘이 부여한 것이다. 이것은 사람과 하늘의 하나됨, 곧 두웨이밍의 말을 빌리면 "인간-우주적"(anthropocosmic) 합일을 의미한다. 이 천인합일天人合一사상은 유교적 믿음의 대전제이다. 그것은 진정한 자기실현 가능성의 기반이다. 따라서 사람은 다른 어떤 것에서가 아니라, 자기본성의 구조 안에서 하늘을 향한 스스로의 접근을 시도해야 한다. 그러나 군자는 자신의 인간중심적 기질을 초월해야 한다. 그럼에도 불구하고 자기 자신을 초월하는 유일한 방법은 "이 특정한 맥락에서는 자신의 참된 본성으로 돌아가는 것을 의미하는 '인간화'의 과정을 통하는" 것이다.[38] 가장 참된 인간은 하늘과 합일되고 동

Religiousness, rev. ed.(Albany, NY: State University of New York Press, 1989), 67-91 참조.

36) 이 책은 본래 『禮記』의 다른 한 장이었는데, 『대학』과 마찬가지로 후에 四書의 하나가 되었다. 『중용』과 『대학』은 여러 면에서 쌍벽을 이룬다. 후자가 심, 방법론, 합리성, 사회-정치적인 함의들에 초점을 둔 반면, 전자는 인간본성, 실존상황, 종교성, 심리학적이고 형이상학적인 함의들에 더 많은 흥미를 가지고 있다. Chan Wing-tsit, A Source Book in Chinese Philosophy(Princeton, NJ: Princeton University Press, 1963), 95.

37) 김학주 역주, 『中庸』(서울: 서울대학교출판부, 2006) 1. 또한 Chan, Source Book, 98, "天命之謂性, 率性之謂道, 修道之謂敎. 道也者, 不可須臾離也. 可離, 非道也. 是故君子戒愼乎其所不睹, 恐懼乎其所不聞. 莫見乎隱, 莫顯乎微. 故君子愼其獨也."

38) Tu, Humanity and Self-Cultivation, 95.

일화된 궁극적 인간성으로서, 곧 성인이다.

> 정성(誠)이란 것은 하늘의 도道요, 정성스럽게 하는 것은 사람의 도이
> 다. 정성스러운 사람은 힘쓰지 않아도 알맞게 되며, 생각하지 않아도
> 터득하게 되어 의젓이 도에 알맞게 되는 것이니, 바로 성인인 것이다.
> 정성스럽게 한다는 것은 선善을 가리어 굳게 지키는 것이다.[39]

천롱제(陳榮捷)에 의하면 『중용』에서 성誠은 "단지 마음의 평정만을"
의미하는 것이 아니라, "언제나 사물을 변화시키고 완성하며 인간과 하
늘을 이어 주는 능동적인 힘"을 의미한다.[40] 『중용』에는 또한 다음과
같은 내용이 있다.

> 오직 천하의 지극히 정성(至誠)스러운 사람만이 그의 본성(性)을 다 발
> 휘할 수 있는 것이다. 그의 본성을 다 발휘할 수 있으면 곧 사람의 본
> 성을 다 발휘할 수 있고, 사람의 본성을 다 발휘할 수 있으면 곧 만물
> 의 본성을 다 발휘할 수 있고, 만물의 본성을 다 발휘할 수 있으면 곧
> 하늘과 땅의 변화와 생육을 도울 수 있게 될 것이고, 하늘과 땅의 변화
> 와 생육을 도울 수 있게 되면 곧 하늘의 땅과 삼재를 이루어 더불어
> 함께할 수 있게 된다.[41]

---

39) 김학주 역주, 『中庸』 20, 4. 또한 Chan, Source Book, 107, "誠者, 天之道也. 誠之者,
　　人之道也. 誠者不勉而中, 不思而得, 從容中道, 聖人也. 誠之者, 擇善而固執之者也."
40) Tu Wei-ming, *Humanity and Self-Cultivation*, 96.
41) 김학주 역주, 『中庸』 22. 또한 Chan, Source Book, 107-108, "唯天下至誠, 爲能盡其性.
　　能盡其性, 則能盡人之性. 能盡人之性, 則能盡物之性. 能盡物之性, 則可以贊天地之化育. 可
　　以贊天地之化育, 則可以與天地參矣."

성誠은 인간이 자기 자신의 인간성을 최대한 개발할 수 있게 한다. "절대적으로 성실하다(참되고, 진실하고, 정직하다)는 것은 자신의 참된 본성을 실현하고 채워 가고 완성하는 능력을 포함하기 때문이다."[42] 절대적으로 성실한 사람은 자기실현이라는 과제를 우주 전체로 확장시킬 수 있다. 왜냐하면 자신과 타인, 사물과 우주의 참된 본성은 존재론적으로 일치하기 때문이다. 성인은 자기변화를 통해 자기중심적 구조를 초월할 뿐 아니라, 자기실현을 통해 우주와 유기적(삼재적) 합일을 형성한다. 이러한 인간-우주적 비전에서 자기실현과 자기변화는 분리될 수 없다. 그러므로 성誠에 있어서 "존재"(being)는 "과정"(becoming)과 분리될 수 없다. 두웨이밍은 말했다.

> 성誠을 이루는 것은 자기변화를 통해 자기를 실현하는 것이며, 자기변화에 자신을 바치는 것은 동시에 성의 필수적인 표현이다. 자기변화는 생성의 과정이고 성은 대개 존재의 상태로 여겨지므로, 이러한 의미에서 과정과 존재의 일상적인 구분은 더 이상 적합하지 않다. 인간을 자기변화와 자기실현의 행위자로 정의하는 것은 그 자신의 변화 과정에 특성을 부여하는 것이다.[43]

그러므로 성誠은 변화를 위한 모든 과정의 창조적 원천이다. 『중용』은 그 과정을 자세히 설명한다.

그다음은 사소한 일에까지도 성의를 다하는 것이다. 사소한 일에도 성

---

42) Tu, *Humanity and Self-Cultivation*, 96.
43) 같은 책, 96-97.

의를 다하면 정성스럽게 되는데, 정성스럽게 되면 곧 그것이 나타나게 되고, 나타나면 곧 그것이 드러나게 되고, 드러나면 곧 그것이 밝아지게 되고, 밝아지면 곧 그것이 움직이게 되고, 움직이면 곧 그것이 변화하게 되고, 변화하면 곧 그것이 생육되는 것이다. 오직 천하의 지극히 정성스러운 사람만이 만물을 생육시킬 수 있는 것이다.[44]

성誠은 "사물들의 존재를 가능케 하는 창조적 과정이며, 사물들이 궁극적으로 의존하게 되는 존재의 기반"이다.[45] "정성스러움이라는 것은 스스로 이룩하게 하는 것이요, 도는 스스로 가게 하는 것이다. 정성이라는 것은 만물의 처음이요 끝이니, 정성스러움이 아니라면 만물은 없는 것이다."[46] 절대적으로 정성스런 사람은 하늘과 완전히 합일하여 "인간적 제한들을 초월하고 가장 참된 인간성을 구현하며 대우주적 변화 그 자체에 참여한다."[47] 『중용』은 다음과 같이 말한다.

오직 천하의 지극히 정성스러운 사람이어야 천하의 위대한 원리를 따라 제대로 세상을 다스릴 수 있고, 천하의 위대한 근본을 세울 수 있으며, 하늘과 땅의 생성과 변화를 알 수 있는 것이다. 그러한 이야 어디에 의지하는 것이 있겠는가? 정성스런 인 그 자체이고 깊고 깊어 심연과 같으며 넓고 넓어 하늘 그 자체이다. 진실로 정말 총명하고 성지를 지니어 하늘의 덕에 이른 사람이 아니고서야 그 누가 그런 것을 알

44) 김학주 역주, 『中庸』 23, "其次致曲, 曲能有誠, 誠則形. 形則著. 著則明. 明則動. 動則變. 變則化. 唯天下至誠, 爲能化." 또한 Tu Wei-ming, *Humanity and Self-cultivation*, 97.
45) Tu, *Humanity and Self-cultivation*, 96-97.
46) 김학주 역주, 『中庸』 25, "誠者自成也, 而道自道也. 誠者物之終始, 不誠無物. 是故君子, 誠之爲貴." 또한 Chan, *Source Book*, 108.
47) Tu, *Humanity and Self-cultivation*, 97.

수 있겠는가?[48]

　　인간의 본성은 하늘에서 부여받은 것이므로 창조적이고 초월적인 능력이 바로 인간존재의 구조 안에 선천적으로 내재한다. 그러므로 완전한 인간이 되기 위한 『중용』의 마지막 조언은 성誠실하게 되는 것이다. "왜냐하면 궁극적인 의미에서의 인간성은 성誠의 가장 완전한 현시이기 때문이다. 그러므로 성인은 단지 그의 인간다움만으로 우주적 창조성에 참여한다. 성인은 절대적으로 성실하기 때문에 우주적 창조성의 정신 속에서 인간화되는 것이다."[49] 성인의 지고한 품성으로서의 성誠은 인간화의 근본-메타포이며, 유교의 구체-보편적 방법론의 궁극적 근거이다. 두웨이밍은 다음과 같이 요약했다.

　　참된 인간이 되고자 하는 자는 온전한 인간이 되고자 하는 뜻을 세워야 한다. 이것은 인간 육체와 정신 모두의 완성을 의미한다. 내적 결단으로서 입지는 그 자체가 앎(知)이며, 또한 행함(行)이다. 내적 결단의 참된 본성은 지행합일 안에서만 찾아질 수 있는데, 그것은 자기실현의 근본이 바로 인간의 구조 자체 안에 내재하기 때문이다. 그러나 자기실현은 개별화의 과정이 아니다. 그것은 우선적으로 보편적 교제(communion)의 과정이다. 인간은 인간존재의 심연에 더 깊이 들어가면 들어갈수록, 더욱더 자신의 인간적인 제한들을 초월한다. 이러한 역설에는 인간의 참된 본성과 우주의 진정한 창조성이 모두 성誠 안에 "근

---

48) 김학주 역주, 『中庸』 32, "唯天下至誠, 爲能經綸天下之大經, 立天下之大本, 知天地之化育. 夫焉有所倚. 肫肫其仁, 淵淵其淵, 浩浩其天. 苟不固聰明聖知達天聰者, 其孰能知之?" 또한 Chan, Source Book, 112.

49) Tu, *Humanity and Self-cultivation*, 98.

거하고" 있다는 유교적 믿음이 깔려 있다. 수신을 통해 절대적으로 성실해지고자 할 때 인간은 가장 참된 인간이 되며, 동시에 우주를 변화 육성하는 과정에 참여하게 된다. 이렇게 하는 것이 인간의 본성을 완성하는 것이다.[50]

---

50) 같은 책, 98-99.

제3장 인간성 패러다임

1. 근본-패러다임: 양지

　주자는 '본성이 곧 리'라는 성즉리론性卽理論을 내세우며, 수신의 방법으로 경敬[1]의 자세와 철저하게 리를 탐구하는 것에 초점을 맞추었다. 이것으로 마음(心)의 위상이 본성(性)보다 한층 열등한 것으로 축소되었다. 그러나 왕양명은 '심이 곧 리'라는 심즉리론心卽理論을 통해, 심과 성은 동일한 것이고 "공존하는" 것이라고 주장하였다.[2] 마음 그 자체(心之體)는 천리天理를 분별하고 선善을 아는 선천적이고 본래적 능력을 가지고 있다. 양명은 맹자의 용어를 빌려서 심의 근원적 능력을 '양지良知'(선에 대한 내재적 지식)[3]로 규정하였다. 그 후 양지는 양명의 신유교, 곧 양명적 사유체계 전체에서 "중대한 원리"가 되었다.[4] 양명은 다음과 같이

---

1) 정주학의 주요 개념인 敬은 영어로 또한 "seriousness"와 "mindfulness" 등으로 번역된다. Chan Wing-tsit, trans. and ed., *Neo-Confucian Terms Explained(The Pei-hsi tzu-i) by Ch'en Ch'un, (1159-1223)*(New York, NY: Colombia University Press, 1986), 100 이하. 또한 Michael C. Kalton, trans. and ed., *To Become a Sage: the Ten Diagrams on Sage Learning by Yi T'oegye*(New York: Columbia University Press, 1988), 212 이하 참조.

2) Julia Ching, *To Acquire Wisdom: The Way of Wang Yang-ming*(New York: Columbia University Press, 1976), 107.

3) '良知'는 다양한 의미로 사용된다. 영어권에서는 "선한 양심", "선천적 지식"(Chan Wing-tsit); "의식적 지혜"(Thomé H. Fang); "선에 관한 직관적 지식"(David S. Nivison); "양심적인 자각"(T'ang Chun-i); "주체성", "원천적 의식"(Tu Wei-ming); "선한 지식"(Julia Ching); "순수한 앎"(Philip Ivanhoe) 등.

4) Ching, *To Acquire Wisdom*, 107.

말하였다.

> 만약 사물에 나아가 이치를 궁구하는 것이 앞에서 말한 것처럼 '밖에
> 힘쓰고 안을 버리는 것'을 의미한다면, 옳지 않은 점이 있을 뿐이다.
> 어리석은 선비들이 진실로 일(事)과 물(物)에 따라 이 마음의 천리를 정
> 밀하게 살펴서 그 본연의 양지를 실현한다면, 어리석을지라도 반드시
> 현명해질 것이고, 유약할지라도 반드시 강건해질 것이며, 대본大本이
> 세워지고 달도達道가 행해져서, 나라를 다스리는 아홉 가지 벼리와 같
> 은 것을 남김없이 하나로 관통할 수 있을 것이다.[5]

심心과 마찬가지로 양지는 감정적 측면과 인지적 측면을 모두 가지
고 있다. 어린아이가 우물에 빠지려는 것을 볼 때 느끼는 "놀람과 연
민"[6]의 자연발생적 감정(惻隱之心)과 같이 양지는 "전성찰적이고 동시
적"[7]인 원초적 감정이다. 동시에 양지는 "단지 천리의 저절로 그러한
밝은 깨달음이 발현하는 곳이며, 단지 진실하게 (다른 사람을) 측은히

---

5) 『전습록』137, "若謂卽物窮理, 如前所云'務外而遺內者', 則有所不可耳. 昏闇之士, 果能隨事
   隨物精察此心之天理, 以致其本然之良知, 則雖愚必明, 雖柔必强. 大本立而達道行, 九經之
   屬, 可以貫之而無遺矣."
6) 맹자는, "사람이라면 누구나 남에게 차마 어쩌지 못하는 마음을 가지고 있다고 말하
   는 까닭은 갑자기 어린아이가 우물로 들어가는 것을 보게 되면, 누구나 깜짝 놀라
   측은한 마음을 가지게 될 것이 때문이다. 이것은 어린아이의 부모와 교분을 맺기 위
   해서도 아니고, (외면했을 경우) 잔인하다는 오명을 듣기 싫어서도 아니다"라고 말했
   다. 안외순 역, 『맹자』(서울: 책세상, 2002), 66; Mencius, 2A:6; trans., James Legge,
   The Chinese Classics, v.2(New York: Paragon Books, 1966), 78 참조. 특히 맹자는
   인간의 근원적 본성의 네 가지 도덕적 원리를 제시하였다. 그것은 惻隱, 羞惡, 辭讓,
   是非의 마음으로서 四端이라고 불린다. 또한 이황의 "Diagram of the Saying the Mind
   Combines and Governs the Nature and Feelings", Kalton, To Become a Sage, 123-24
   참조. 측은지심에 대한 왕양명의 설명은 그의 『大學問』(Chan, Instructions, 272; 정인
   재·한정길 역주, 『傳習錄』vol.[서울: 청계, 2001], 932-35) 참조.
7) Ching, To Acquire Wisdom, 108.

여겨 아파하는 마음이 바로 그 본체"이다.8) 그것은 인간의 본래적 의식 안에 있는 천리의 "계시"이다.9) 그것은 모든 지식의 근간이요, 학문의 위대한 기반이며, "성인의 가르침에 가장 근본적인 원리"이다.(『전습록』 168) 그것은 선악을 판별하는 내재적인 도덕적 "기준"(또는 "내적 판단")이며,10) 유교의 과제인 수신의 "참된 비결"이다.

> 그대가 갖고 있는 한 점의 양지가 그대 자신의 준칙이다. 그대의 의념이 붙어 있는 곳에서 그것은 옳은 것을 옳은 것으로 알고, 그른 것을 그른 것으로 아니, 다시 조금이라도 그것을 속일 수 없다. 그대가 다만 자신의 양지를 속이려 하지 않고 착실하게 그것에 의거하여 (무엇이든) 행한다면, 선은 곧 보존되고 악은 곧 제거될 것이다. 그러한 곳이 얼마나 온당하며 시원스럽고 즐거운가! 이것이 바로 격물의 참된 비결이며, 실질적인 공부이다.11)

양명은 또한 양지를 마치 "시금석", 선원들의 "나침반", 혹은 "한 방울만 떨어뜨리면 철을 금으로 변하게 하는" 도교 연금술의 "영약"과 같이 진리를 보증해 주는 마치 불교의 "심인心印"에 견주었다.(『전습록』 208)

---

8) 『전습록』 189, "天理自然明覺發見處, 只是一箇眞誠惻怛."

9) 히로유키 이키는 양지는 "지식도 무지도 아닌" 계시라고 규정하였다. Hiroyuki Iki, "Wang Yang-ming's Doctrine of Innate Knowledge of the Good", *Philosophy East and West 11*(1961), 27-44. 특히 41-42 참조.

10) Ching, *To Acquire Wisdom*, 108. 칭은 양지를 칸트적 개념인 발견수단으로서의 "정언 명령"(categorical imperative)과 구분하였다. 정언 명령은 상식의 분석적 검토에 의해 발견되는 반면, 양지는 내적 깨달음의 직관적 경험을 통해 체득된다.

11) 『전습록』 206, "爾那一點良知, 是爾自家底準則. 爾意念着處, 他是便知是, 非便知非. 更瞞他一些不得. 爾只不要欺他. 實實落落依着他做去. 善便存, 惡便去. 他這裏何等穩當快樂! 此便是格物的眞訣, 致知的實功."

따라서 두웨이밍은 양지를 "근원적 지각"이라 했다. 근원적 지각은 "그 안에서 앎과 행함이 일치를 이루는 인간 지각의 심장부" 또는 "마음의 인간성"이며, 그것이 세상과 만날 때 인간 이해의 가치들을 창출한다.[12]

양지는 규정된 윤리적 지식을 의도적으로 배움으로써 얻어지는 것이 아니라, 경험적인 자각을 통해 자연적으로 얻어진다.(『전습록』171) 그러나 그것이 세상과 만날 때는 구체적인 맥락에서 그 의미를 정제하고 명확하게 하는 의도적인 노력들이 필요하다.(『전습록』284) 그러한 노력들은 사실상 양지를 향한 지각을 획득하고 이를 더욱 정확하게 증진시키기 위해 필수적인 것이다. 유교에서 이들은 진지한 해석학적 작업을 수반한다.

양명은 다음과 같이 순舜임금과 무왕武王의 두 흥미로운 예를 들어 설명하였다. 성왕聖王 순은 그의 부모의 동의 없이 요堯임금의 두 딸과 결혼했는데, 이것은 효孝라는 유교의 관례적 규범에 어긋나는 일이었다. 성왕 무는 아버지(文王)의 장례를 치르지 않고 동쪽 은나라 토벌을 감행했는데, 이 또한 유교적 규범에 위배되는 것이었다. 그러나 맹자는 일반적인 사회적 관습을 넘어서는 더욱 큰 동기에 의한 것이라 여겨 이를 인정했다. 순임금에게는 부모에게서 불가능한 승낙을 얻으려는 것보다는 후손을 보는 것이 보다 중대한 일이었다. 무왕에게 있어서도 은나라 주왕의 폭정에 시달리는 백성을 구하는 일이 아버지의 장례보다 시급한 것이었다. 양명은 이들이 양지의 인도에 따라 이런 비범한 행동을 할 수 있었다고 주장하였다.[13]

---

12) Tu Wei-ming, *Confucian Thought: Selfhood as Creative Transformation*(Albany, NY: State University of New York Press, 1985), 32.

양명은 양지를 고전의 해석학적 원칙으로 간주했다. 양명의 성숙된 사상은 양지 중심적이었다. 고전은 다만 "행동하는 양지의 역사"일 뿐이다.[14] 그것은 역사적 맥락에서 양지가 행한 일의 범례적인 기록으로서만 가치가 있다.(『전습록』 13) 양명은 육상산陸象山의 주장에 찬성하였다. "만약 내가 배움의 근본이 무엇인지를 이해한다면, 육경六經은 모두 나의 각주들이다."[15] 더욱이 성인들은 행동하는 양지의 살아 있는 패러다임들로서 가치가 있다. 그들은 양지의 궤적을 보여 주는 "지나가는 그림자들"일 뿐이다. 양명은 "수천의 성인들은 모두 지나가는 그림자이며, 양지만이 나의 스승"[16]이라고 말했다.

양명은 성인들의 행위들과 고전들에 대한 문자적인 해석을 경고하였다. 고전들과 성인들은 역사일 뿐, "그 이상이 아니다."(『전습록』 14) 비록 그들이 행동하는 양지의 사례들을 보여 줄 수 있다고 해도, 그들은 수신의 목적이 될 수 없다. 오직 양지만이 그 목표이다. 해석학적 원칙으로서의 양지는 공자의 권위까지도 능가한다.(『전습록』 173)

양명은 양지를 해석학적 전이해(Vorgriff)로 규정하며, '해석학적 순환'을 창출한다.[17] 양명은 불트만(Rudolf Bultmann, 1884~1976)과 유사한 탈신화

---

13) 『전습록』 139 참조.

14) Philip Ivanhoe, *Ethics in the Confucian Tradition: The Thought of Mencius and Wang Yang-ming*(Atlanta, GA: Scholars Press, 1990), 104.

15) *Hsiang-shan ch'uan-chi*, 같은 책, 104에서 재인용.

16) 같은 책.

17) 마르틴 하이데거는 Vorhabe(기정사실화된 배경), Vorsicht(예지), Vorgriff(전이해)를 이해의 삼중적 구조로 명시한다. 해석의 이러한 전-구조(Vorstrucktur)는 해석학적 순환의 문제를 초래하는데, 여기서 모든 해석활동은 필연적으로 순환적이다. Martin Heidegger, *Being and Time*, trans. John Macquarie and Edward Robinson(New York, NY: Harper & Row, c. 1962), 191-195 참조.

화를 시도하는 듯하다. 그는 고전과 성인의 가치를 탈신화화하면서 지금 여기서(here and now)의 양지에 대한 실존적인 적응을 강조하였다.[18] 양명은 다음과 같은 시를 썼다.

> 각기 모든 사람들의 마음 안에는 공자孔子가 있도다.
> 그러나 보고 들은 것에 영향을 받아
> 그들은 혼동되고 현혹되었도다.
> 이제 내가 너의 진정한 본래 모습을 가리키노니,
> 그것은 다름 아닌 양지이도다―더 이상 의심의 여지가 없도다.[19]

양지는 모든 사람에게 천부적으로 부여된 내적 성인, "성인다움"(sagehood)이다.[20] 성인이든, 귀인이든, 바보이든 모든 사람은 양지를 지니고 있다. 성인, 귀인, 평범한 사람들 간에 차이가 있다면, 그것은 질적인 것이 아니고 양적인 것이다. "성인의 양지는 (구름 하나 없는) 파란 하늘의 해와 같고, 현명한 사람의 양지는 엷은 구름이 떠 있는 하늘의 해와 같으며, 어리석은 사람의 양지는 먹구름이 뒤덮인 하늘의 해와 같다."[21] 심지어 성인이라 해도 양지를 완벽하게 확장시킬 수는 없기 때

---

18) 불트만의 탈신화화(demythologization) 개념을 보다 광의의 뜻으로 사용한다. 여기서 탈신화화는 단지 과학적인 해석만을 의미하는 것이 아니라, "신화적인 (전통적으로 신비화된) 개념들 너머에 있는 더 깊은 의미를 발견하기 위해 또 다른 해석을 시도하는 것이다." Rudolf Bultmann, *Jesus Christ and Mythology*(New York, NY: Charles Scribner's Son, 1958), 18 참조.

19) Wang Yang-ming, "Four Hymns to Liang Chih Shown to My Students", in *Wang Wen-ch'eng-kung ch'uan-shu* 20: 629a.(Ivanhoe, *Ethics*, 109 재인용)

20) 왕양명은 "Shu Wei Shih-meng chuan"에서 "마음에 있는 양지는 聖으로 불릴 수 있다"고 하였다. J. Ching, *To Acquire Wisdom*, 113 재인용.

21) 『전습록』 289, "聖人之知, 如靑天之日, 賢人如雲天日浮, 愚人如陰霾天日."

문에, 결국 만인은 궁극적으로 동일하다. 어두운 하늘에도 태양은 있듯이, 모든 사람은 참된 인간이 될 수 있는 내적인 힘을 지니고 있다. 따라서 양명에게 있어서 양지라는 개념은 강한 평등주의를 제시한다. 양명은 그의 제자와 다음과 같이 토론한다.

선생께서 말씀하셨다. "사람들은 가슴속에 각각 하나의 성인을 지니고 있다. 다만 스스로 믿지 못하기 때문에 모두 스스로 (성인을) 묻어버리고 말았을 뿐이다." 그러고는 우중于中을 돌아보면서 말씀하셨다. "네 가슴속도 원래 성인이다." 우중이 일어나서 감당치 못하겠다고 하였다. 선생께서 말씀하셨다. "그것은 그대 자신이 지니고 있는 것인데, 왜 사양하려고 하는가?" 우중이 또 말했다. "감당하지 못하겠습니다." 선생께서 말씀하셨다. "뭇 사람들도 모두 그것을 지니고 있거늘, 하물며 그대에게 있어서랴! 그런데도 무슨 이유로 겸손해하는가? 겸손해서는 안 된다."[22]

1) 자기초월성

『중용』은 다음과 같이 말하고 있다.

기쁨·노여움·슬픔·즐거움의 감정(喜怒哀樂)이 드러나지 않은 것을 '중中'이라 하고, 드러나서 모두 절도節度에 맞는 것을 '화和'라고 한다. '중'이라는 것은 천하의 위대한 근본이고, '화'라는 것은 천하에 통달되는

---

22) 『전습록』 207, "先生曰: 人胸中各有個聖人, 只自信不及, 都自埋倒了. 因顧于中曰, 爾胸中原是聖人. 中起不敢當. 先生曰: 此是爾自家有的. 如何要推? 于中又曰: 不敢. 先生曰: 衆人皆有之, 況在于中? 却何故謙起來? 謙亦不得."

'도'인 것이다.[23]

이에 따라 정이程頤는 본성(性)을 감정이 일어나기 전의 미발未發의 평정 상태(中)로, 마음(心)을 감정이 일어난 후의 이발己發 상태로 정의했다.[24] 주자 역시 이러한 구분을 따랐다.[25] 그러나 양명은 성性과 심心을 그런 식으로 구분하는 것을 거부하고, 마음의 본체(心之本體)를 양지와 동일시하였다. "(감정이) 아직 발현하지 않은 중中이 곧 양지"이다.[26] 심지본체는 근원적, 존재론적 상태로서, 그 안에서 앞과 뒤, 평정(中)과 조화(和), 안과 밖, 활동(動)과 평정(靜) 등의 실존적, 존재적 구분은 쓸데없는 것이 된다. 심지본체는 하이데거(Martin Heidegger, 1889~1976)의 현존재(Dasein) 개념과도 유사한 존재자체(being-in-itself)이다.[27]

(마음이) 아직 발현하지 않은 중(未發之中)은 곧 양지로서 앞과 뒤, 안과

---

23) 김학주 역주, 『中庸』 1, "喜怒哀樂之未發, 謂之中. 發而皆中節, 謂之和. 中也者, 天下之大本也. 和也者, 天下之達道也." 또한 James Legge, trans., *Chinese Classics* Vol.1(London: Truber, 1861), 248 참조.
24) Chan, *Source Book*, 566 참조.
25) 같은 책, 600-602 참조.
26) 『전습록』 157, "未發之中, 卽良知也."
27) 현존재(Dasein)는 문자 그대로 '거기 있음'을 뜻한다. 하이데거는 이 용어를 이렇게 정의하였다. "존재에 대한 질문을 적절하게 수행하려면, 우리는 질문자로서의 실체(존재)가 그 고유한 존재 안에서 투명해지게 해야 한다.…… 우리 각자가 자기 자신이고, 그 존재의 가능성의 하나로서 질문하는 것을 포함하는 이 실체(존재)를 우리는 현존재라는 용어로 지칭할 것이다."(*Being and Time*, 27) 양명과 유사하게 하이데거도 심리적 내용과 독립적 사물, 주체와 객체, 내재적인 것과 초월적인 것, 표상하는 것과 표상된 것, 의식과 무의식, 명시적인 것과 암묵적인 것, 성찰적인 것과 비성찰적인 것 등과 같은 서양철학의 전통적 구분(데카르트, 후설)을 거부했다.(같은 책, 6-8 참조) 줄리아 칭은 心之本體를 현존재에 비교했다.(*To Acquire Wisdom*, 112) 또한 두웨이밍은 이 개념을 사용하여 신유교적 존재론을 시도하였다.("Neo-Confucian Ontology: A Preliminary Questioning", in *Confucian Thought*, 149-170)

밖이 없이 혼연히 한 몸을 이루고 있다. 일이 있음(有事)과 일이 없음(無事)으로써 움직임과 고요함을 말할 수 있으나, 양지는 일이 있음과 일이 없음의 구분이 없다.…… (마음이) 아직 발현하지 않은(未發) 것은 이미 발현한 것(已發) 가운데 있으나, 이미 발현한 것 가운데 아직 발현하지 않은 것은 따로 있지 않다. 이미 발현한 것은 아직 발현하지 않은 것 가운데 있으나 아직 발현하지 않은 것 가운데 이미 발현한 것은 따로 있지 않다. 이것이 움직임과 고요함이 없지는 않지만, 움직임과 고요함으로 나눌 수는 없다는 것이다.[28]

심지본체로서 양지는 그러한 구분을 관통하고 초월하는 역동적 존재자체이다. 그러나 천부적 지식인 양지는 "일이 있음과 일이 없음의 구분이 없다."(『전습록』 157) 이는 "밝은 마음"(照心, 『전습록』 160)이나 "깨끗한 거울"(明鏡, 『전습록』 167)과 같이 밝고 투명하다. 그래서 양명은 양지를 천리와 동일시하였다. 그는 말하기를 "양지는 천리天理가 환하고 밝아서 영명하게 깨닫는 곳이다. 그러므로 양지가 바로 천리이다"[29]라고 하였다. 더욱이 양명은 양지 그 자체(良知本體)를 신유교의 궁극적 근본인 태허太虛와 동일시하였다.[30] 양지본체는 태허와 마찬가지로 절대적으로 자기초월적이다.

양지의 허虛는 곧 하늘의 태허太虛이며, 양지의 무無는 곧 태허의 무형

---

28) 『전습록』 157, "未發之中, 卽良知也, 無前後內外, 而渾然一體者也. 有事無事, 可以言動靜, 而良知無分於有事無事也.……則至誠有息之疑, 不待解矣. 未發在已發之中. 而已發之中未嘗別有未發者在. 已發在未發之中. 而未發之中未嘗別有已發者存. 是未嘗無動靜, 而不可以動靜分者也."
29) 『전습록』 169, "良知是天理之昭明靈覺處. 故良知卽是天理."
30) Chang Tsai, *Correcting Youthful Ignorance*; Chan, *Source Book*, 501 참조.

이다. 태양과 달, 바람과 우뢰, 산과 강, 인간과 사물 등 무릇 모양과 형색을 가지고 있는 현상들은 모두 태허의 무형 속에서 발용하여 유행하며, 하늘의 장애가 된 적이 없다. 성인은 단지 그 양지의 발용에 순응할 뿐이다. 천지만물이 모두 내 양지가 발용하여 유행하는 가운데 있으니, 어찌 또 하나의 물체가 양지의 밖에 있어서 장애가 되겠는가?[31]

더욱이 자기초월성으로서의 양지는 창조적인 영靈(the creative Spirit)이다. 그것은 "모든 만물, 하늘과 땅, 귀신과 신 모두를 창조하는 영이다. '이 영에 필적할 만한 것은 아무것도 없다.'"[32] 창조적 영으로서의 양지는 모든 사물에 충만하여 인간-우주적 분화를 조성하며, 그들의 인간-우주적 합일을 보증해 준다. 양지는 기氣의 활동을 통해 다양함 중의 통일과 우주적 상호관통을 실체화한다.

사람의 양지가 바로 풀, 나무, 기와, 돌의 양지이다. 만약 풀, 나무, 기와, 돌에 사람의 양지가 없다면, 풀, 나무, 기와, 돌이 될 수 없다. 어찌 풀, 나무, 기와, 돌만이 그러하겠는가? 천지도 사람의 양지가 없다면 역시 천지가 될 수 없다. 생각건대 천지만물은 사람과 원래 일체이며, 그것이 발하는 가장 정밀한 통로가 바로 사람의 마음의 한 점 영명靈明이다. 바람과 비, 이슬과 우뢰, 일월성신과 금수초목, 산천토석은 사람과 원래 일체이다. 그러므로 오곡과 금수의 종류가 모두 사람을 기를 수 있고, 약과 침의 종류가 모두 질병을 치료할 수 있다. 단지 이 하나

---

31) 『전습록』 269, "良知之虛, 便是天之太虛. 良知之無, 便是太虛之無形. 日月風雷山川民物, 凡有貌象形色, 皆在太虛無形中發用流行, 未嘗作得天的障礙. 聖人只是順其良知之發用. 天地萬物, 俱在我良知的發用流行中. 何嘗又有一物超於良知之外, 能作得障礙?"

32) Ching, *To Acquire Wisdom*, 145 참조.

의 기운을 공유하기 때문에 서로 통할 수 있다.[33)

2) 유교적 근본-패러다임

마음 자체(心之體)로서의 양지는 생명력을 불어넣어 주는 참된 자기
(眞己)이다.

마음의 본체는 본래 다만 하나의 천리이며, 본래 예禮가 아님이 없다.
이것이 바로 너의 참된 자기(眞己)이다. 이 참된 자기가 육체를 주재한
다. 만약, 참된 자기가 없다면, 육체가 없게 된다. 참으로 이것이 있으
면 살고 없으면 죽는다.[34)

두웨이밍은 양지를 참된 자기 또는 참된 인간성을 뜻하는 "주체성"
(subjectivity)으로 이해했다.[35) 그러나 주체성은 자기중심적 주관주의
(subjectivism)나 유아론唯我論(solipsism)과는 구별된다.[36) 주체성으로서의 양
지는 결코 완전히 상실되지 않는 인간성의 "내부 깊숙이 있으며 분화되
지 않는 실재"를 가리킨다.[37) 그것은 "근본적 인간성"(radical humanity)을

---

33) 『전습록』 274, "人的良知, 就是草木瓦石的良知. 若草木瓦石無人的良知, 不可以爲草木瓦石
矣. 豈惟草木瓦石爲然? 天地無人的良知, 亦不可爲天地矣. 蓋天地萬物與人原是一體, 其發竅
之最精處. 是人心一點靈明. 風雨露雷・日月星辰・禽獸草木・山川土石, 與人原只一體. 故五
穀禽獸之類, 皆可以養人, 藥石之類, 皆可以療疾. 只爲同此一氣, 故能相通耳."

34) 『전습록』 122, "這心之本體, 原只是箇天理, 原無非禮. 這箇便是汝之眞己. 這箇眞己是軀殼
的主宰. 若無眞己, 便無軀殼. 眞是有之卽生, 無之卽死."

35) Tu Wei-ming, "Subjectivity and Ontological Reality—An Interpretation of Wang Yang-
ming's Mode of Thinking", in *Humanity and Self-Cultivation: Essays in Confucian
Thought*(Berkeley, CA: Asian Humanities Press, 1979), 138-61 참조. 이 부분은 두웨
이밍의 해석을 기초로 한 것이다.

36) 같은 책, 156, 159. 또한 Tu, *Confucian Thought*, 33 참조.

의미한다. 여기서 "근본적"(radical)이란 "근본(radix)의 혹은 근본으로부터" 또는 "토대에 이르는" 것을 의미한다.[38] 양명은 양지를 통해 인간성 그리고 인간화에 대한 유교적 근본-패러다임을 표현할 수 있었다. 이것은 그리스도교에 있어서는 그리스도의 인성에 대비된다.

주체성으로서 양지는 내면성과 보편성을 모두 갖는다. 내면성으로서의 양지는 천리의 "밝게 드러남"(照明)과 "영적 각성"(靈覺)이라는 두 가지 의미를 갖는다. 밝게 드러남은 "자기 안에 담지된 '내적 직관'에 의해 궁극적 실재를 파악해 내는 예리한 성찰"을 뜻하며, 영적 인식은 "자기 충만한 '인간-우주적감각'에 의해 우주 전체를 구체화하는 포괄적 감수성을 뜻한다.[39] 그러나 지적 직관과 인간-우주적 정서로서의 양지는 인간중심적 주관주의를 넘어서 확장되어야 한다. 보편성으로서의 양지는 역동적이고 자기초월적이며 결코 국지화할 수 없지만, 우주적으로는 상호관통적이다. 따라서 근본적 인간성을 지닌 대인은 양지를 내적으로 소유하고 있을 뿐 아니라 양지를 우주적으로 실현시키는 사람이다. 이러한 측면에서 양명은 만물일체론萬物一體論을 주장한다.

> 대인大人은 천지만물을 하나의 몸으로 여긴다. 그는 세계를 한 가족으로, 나라를 한 사람으로 여긴다. 그러나 사물을 차별하고 나와 남을 구분하는 사람은 소인배이다. 대인이 천지만물을 하나의 몸으로 보는 것은 그가 의도적으로 그렇게 하려고 해서가 아니라 그의 본성이 그렇게 되어 있기 때문이다.[40]

---

37) Tu, *Humanity and Self-Cultivation*, 156.
38) *Webster's New Universal Unabridged Dictionary*, 2nd. ed.(Dorset, 1983), 1486.
39) Tu, *Humanity and Self-Cultivation*, 156.

근본적 인간성을 갖고 있는 대인은 우주 전체에 대한 '영적 감수성과 애정적인 관심'을 지니고 있다.[41] 이 우주적인 영적 교류는 근본적 인간성이 존재론적으로 천지만물과 유기체적 통일성을 이루기 때문에 가능하다. "우주적 공존"[42]에 대한 이러한 전망은 장재張載의 『서명西銘』에 잘 표현되어 있다.

하늘을 나의 아버지라 일컫고, 땅을 나의 어머니라 일컫는다.
이 조그마한 나의 몸이 혼연히 천지 사이에 처해 있네.
그러므로 천지에 가득한 기운을 나의 몸으로 삼고,
천지의 이치를 나의 본성으로 삼았으니,
만인이 나의 동포요, 만물이 나와 더불어 공존한다.[43]

2. 인간성 패러다임: 인[44]

유교의 핵심 덕목인 인仁은 한자로 사람을 뜻하는 '인人'자와 둘을 의미하는 '이二'자로 이루어진 글자이다. 어원상으로 이 단어는 두 사람,

---

40) 『大學問』, "大人者, 以天地萬物一體者也, 其視天下猶一家, 中國猶一人焉, 若夫文形骸而分爾我者, 小人矣. 大人之能以天地萬物爲一體也, 非意之也, 其心之仁本若是, 其與天地萬物而爲一也." 정인재·한정길, 『전습록』 II, 933. 또한 Chan, *Instructions*, 272 참조.

41) Tu, *Humanity and Self-Cultivation*, 157.

42) Tu, *Confucian Thought*, 33.

43) 『西銘』, "乾稱父, 坤稱母. 予玆藐焉, 乃混然中處. 故天地之塞, 吾其體, 天地之師, 吾其性. 民吾同胞, 物吾與也." 또한 Chan, *Source Book*, 497-98 참조.

44) 유교의 이 핵심적인 개념에 대한 일반적 논의는 Chan Wing-tsit, "The Evolution of the Confucian Concept Jen", in *Neo-Confucianism Etc.: Essays by Wing-tsit Chan* (Hanover, N. H.: Oriental Society, 1969), 1-44를 보라.

즉 인간의 공존성을 뜻한다. 따라서 피터 부드버그(Peter Boodberg)는 그것을 "공동적 인간성"(co-humanity), "공동적 인간"(co-human), 또는 "공동적 인간화"(co-humanize) 등으로 번역했다.[45] 앞서 인용한 구절에서 보았듯이 양명은 이 '인'의 공존적 차원을 장재의 『서명』에서와 같이 우주적인 범위로 확장시켰을 뿐 아니라, 만물일체론과 같은 존재론으로 발전시켰다.

(천지만물과 일체를 이루는 것은) 어찌 대인뿐이겠는가. 비록 소인의 마음이라고 하더라도 또한 그렇지 않음이 없지만, 자기 스스로 작게 만들었을 뿐이다. 그러한 까닭에 어린아이가 우물에 빠지려는 것을 보면 반드시 두려워하고 근심하며 측은해하는 마음이 일어나는데, 이것은 그의 '어짊'(仁, 공동성 인간성)이 어린아이와 한 몸이 된 것이다. 그러나 어린아이는 오히려 인간과 동류이다.(그래서 그러하다는 반론이 있을 수 있다.) 새가 슬피 울고 짐승이 사지에 끌려가면서 벌벌 떠는 것은 보면 반드시 참아내지 못하는 마음이 일어나는데, 이것은 그의 '어짊'이 새나 짐승과 한 몸이 된 것이다. 새나 짐승도 (인간과 같이) 오히려 지각이 있는 것이다.(그래서 그러하다는 할 수 있다.) 초목이 잘려져 나간 것을 보면 반드시 가여워서 구제하고 싶은 마음이 일어나는데, 이것은 그의 어짊이 초목과 더불어 한 몸이 된 것이다. 초목은 오히려 (인간과 같이) 생의가 있는 것이다.(그래서 그러하다고 할 수 있다.) 기왓장이 무너진 것을 보면 반드시 돌이켜 회고하는 마음이 일어나는데, 이것은 그의 어짊이 기왓장과 더불어 한 몸이 된 것이다. 이렇게 한 몸으로 여기는 어짊은 비록 소인의 마음이라 하더라도 또한 반드시 그것을 지니고 있다. 이

---

45) Peter A. Boodberg, "The Semasiology of Some Primary Confucian Concepts", *Philosophy East and West* 2:4(1953), 329-330 참조. 그러므로 본서는 '인'의 '공동적 인간성'의 의미에 중점을 둔다. 仁은 한국어로는 보통 '어짊'으로 번역되므로, '인'을 그대로 쓰거나 '어짊'으로 번역하되 특히 '공동적 인간성'을 강조한다.

것은 바로 하늘이 명령한 본성에 뿌리를 두고 있으며, 자연히 영명하고 밝아서 어둡지 않은 것이다. 그런 까닭에 그것을 '밝은 덕'(明德)이라고 부른다.[46]

근본적 인간성(良知)의 패러다임으로서 어짊(仁)은 근본적 인간주체성의 명시적인 구조일 뿐 아니라, 화해적 교제를 가능케 하는 영적 매개체를 뜻하기도 한다. 그러므로 '인'은 우주적 공존("어진 사람은 만물을 일체로 삼는다.")과 생명을 주는 영성("'인'은 자연의 조화가 끊임없이 낳고 낳는 이치이다.")을 뜻한다.[47] 이런 이유 때문에 '인'은 또한 『대학』의 첫 번째 근본-메타포인 '밝은 덕을 밝히는 것'(明明德)이라고 규정한다. 그러나 체용의 관계로 보면 명덕은 본체本體(존재론적 구조)이다. 그 기능적 대응인 작용作用(윤리 종교적 실현)으로서 『대학』의 두 번째 근본-메타포인 '백성을 친하는 것'(親民)[48]을 보편적으로 확장할 것을 요구한다.

'밝은 덕을 밝힌다'(明明德)는 것은 천지만물일체의 본체를 세우는 것이며, '백성을 친한다'(親民)는 것은 천지만물일체의 작용을 달성하는 것이다. 그러므로 밝은 덕을 밝히는 것은 반드시 백성을 친하는 데 있으며, 백성을 친하는 것은 곧 밝은 덕을 밝히는 것이다. 그런 까닭에 나의 아버지를 친함으로써 다른 아버지에 이르고, 나아가 친히 사람들의

---

46) 『大學問』, "豈惟大人, 雖小人之心亦莫不然, 彼顧自小之耳, 是故見孺子之入井, 而必有怵惕惻隱之心焉, 是其仁之與孺子而爲一體也; 孺子猶同流者也, 見鳥獸之哀鳴觳觫, 而必有不忍之心焉, 是其仁之與鳥獸而爲一體也. ……是乃根於天命之性, 而自然靈昭不昧者也, 是故謂之'明德'." 정인재·한정길, 『전습록』 II, 934-935. 또한 Chan, *Instructions*, 272 참조.
47) 『전습록』 285, "仁者以萬物爲體." 『전습록』 93, "仁是造化生生不息之理." 仁은 또한 종자(seed)를 의미하기도 한다.
48) 주자는 이 용어를 '백성을 바꾸는 것'(新民)으로 바꿔 사용했다. 그러나 양명은 본래대로 '백성과 친하는 것'(親民)으로 정정하였다. Chan, *Instructions*, 276 참조.

아버지에 이른 뒤에야 어짊이 실제로 나의 아버지·다른 사람의 아버
지·천하 사람들의 아버지와 더불어 한 몸이 된다. 실제로 그와 더불
어 한 몸이 되어야 효도의 밝은 덕이 비로소 밝혀진다.…… 임금과 신
하, 남편과 아내, 친구 사이에서부터 산천·귀신·조수·초목에 이르기
까지 실제로 그것을 친하지 않음이 없어야 나의 한 몸으로 여기는 어
짊이 달성하고, 그런 뒤에야 나의 밝은 덕이 비로소 밝혀지지 않음이
없으며, 참으로 천지만물을 한 몸으로 삼을 수 있게 된다. 무릇 이것을
'천하에 밝은 덕을 밝힌다'고 하며, 이것을 일컬어 '집안이 다스려지고,
나라가 다스려지고, 천하가 평안하게 된다'고 하며, 이것을 '본성이 다
한다'고 한다.[49)]

양명에 있어서 '백성과 친한다'(親民)의 개념은 근본적 인간성의 참된
구조를 역동적으로 회복시킴에 따라 나타나는 역동적 사회·정치적 함
의를 가지고 있다. 그러나 이 친함은 측은지심과 같이 전성찰적이며,
동시적인 것이다. 그것은 사회적 관계성의 자연스러운 감정 순서(예컨대
가족, 사회 전체 및 세계, 그리고 우주)에 따라 확장되어야 한다.(구체·보편적 접근)
그러나 그는 묵가墨家가 주장한 보편적 사랑(謙愛)과 같은 이상주의적 개
념을 반대한다. 왜냐하면 그것은 허약한 출발점을 가지고 있으며, 자연
스런 애정과 책임을 "평준화하는" 오용의 취약성이 있기 때문이다.[50)]
양명은 『대학』에 나오는 "후함과 박함"(厚薄)의 개념을 근본적 인간성의

49) 『大學問』, "明明德者, 立其天地萬物一體也, 親民者, 達其天地萬物一體之用也, 故明明德必在
    於親民, 而親民乃所以明其明德也, 是故親吾之父, 以及人之父, 以及天下之父, 而後吾之仁實與
    吾之部, 人之父與天下人之父而爲一體矣; 實與之爲一體, 而後孝之明德始明矣!……君臣也, 夫
    婦也, 朋友也, 以至於山川鬼神鳥獸草木也, 莫不實有以親之, 以達吾一體之仁, 然後吾之明德始
    無不明, 而眞能以天地萬物爲一體矣, 夫是之謂明明德於天下, 是之謂家齊國治而天下平, 是之
    謂盡性." 정인재·한정길, 『전습록』 II, 936. 또한, Chan, Instructions, 273-74 참조.
50) 『전습록』 93, "墨氏, 兼愛無差等." Ching, To Acqoure Wisdom, 129 참조.

패러다임(仁) 안에서의 조리條理에 관한 것이라고 해석한다. 이 순리에 따라 그는 유교의 다른 네 가지 핵심적인 덕목, 즉 의로움(義), 예의(禮), 지혜(智), 믿음(信)을 정의하였다.

> 『대학』에서 말한 '후함과 박함'은 양지의 자연적인 조리로서 뛰어넘을 수 없으니, 이것을 의로움(義)이라고 한다. 이 조리를 따르는 것을 예禮 라고 하고, 이 조리를 아는 것을 지(智)라고 하며, 처음부터 끝까지 이 조리를 지키는 것을 믿음(信)이라고 한다.51)

양명의 유교적 인간학에서,52) 인간은 양지의 담지자로서 우주의 마음(心)이요, "우주적 정신의 중심"이다.53) 어원학적으로 인간을 표현하는 한자 '人'은 어짊(인간성)을 뜻하는 한자 '仁'과 같은 것이다.54) 인간은 스스로 자기실현을 향한 고유한 영적 능력을 가진 자기초월적 존재이며, 자기변화를 성취할 수 있는 역동적 능력을 가지고 있다. 인간은 이 우주 안에서 홀로 창조적인 해석능력을 가지고 있다. 인간은 사물을 명명하고, 이해하고, 해석하며, 그리고 실존적인 결정을 내리기도 한다. 인간은 기氣의 역동적인 능력을 통하여 전 우주에 스며든다. 인간은 존엄한 양지의 종55)으로서 행동한다. 동시에 그는 영명함으로 우주의 주인 역할을 한다. 요컨대 인간은 우주의 해석학적 원칙이다. 양명은 다

---

51) 『전습록』 276, "大學所謂厚薄, 是良知上自然的條理. 不可踰越, 此便謂之義. 順這箇條理, 便謂之禮. 知此條理, 便謂之智. 終始是這條理, 便謂之信."
52) 인간에 관한 신유교 개념에 대해서는 두웨이밍의 논문 "The Neo-Confucian Concept of Man", in *Humanity and Self-cultivation*, 71-82 참조.
53) Ching, *To Acquire Wisdom*, 145.
54) Boodberg, "The Semasiology", 327-329 참조.
55) 이키는 양지와 인간의 주종관계를 지적하였다. Iki, "Wang Yang-ming's", 43 참조.

음과 같이 말했다.

> 나의 영명이 바로 천지 귀신의 주재이다. 나의 영명이 없다면 누가 하늘의 높음을 우러러보겠는가? 나의 영명이 없다면 누가 땅의 깊음을 굽어보겠는가? 나의 영명이 없다면 누가 귀신의 길함과 흉함, 재앙과 상서로움을 변별하겠는가? 천지, 귀신, 만물이 나의 영명을 떠난다면, 천지, 귀신, 만물은 존재하지 않을 것이다. 나의 영명이 천지, 귀신, 만물을 떠난다면 또한 나의 영명도 존재하지 않을 것이다. 이와 같다면, 곧 하나의 기운이 흘러서 통하는 것이니, 어떻게 그들 사이를 격리시킬 수 있겠는가?[56]

3. 악惡의 문제[57]: 사욕

근본적 상태에서 마음(心)은 천리로 가득 차 있으며, 모든 이기적인 욕망들이 없다. 이것은 최고선의 상태이며 선과 악의 경험적인 구별을 넘어서는 초월적 상태이다. 그러나 악은 사람이 이러한 상태에서 벗어나서 감정이 일어나 마음의 평정과 조화를 깨뜨릴 때 생겨난다. 양명은 말하기를, "지극히 선한 것이 마음의 본체이다. 본체 상에서 조금이라도 마땅함을 지나치면, 곧 악이 된다."[58] 최초의 상태로부터 벗어나는

---

56) 『전습록』 336, "我的靈明, 便是天地鬼神的主宰. 天沒有我的靈明, 誰去仰他高? 地沒有我的靈明, 誰去俯他深? 鬼神沒有我的靈明, 誰去辯他吉凶災祥? 天地鬼神萬物離却我的靈明, 便沒有天地鬼神萬物了. 我的靈明離却了天地鬼神萬物, 亦沒有我的靈明. 如此, 便是一氣流通的, 如何與他間隔得?" Ching, *To Acquire Wisdom*, 145 참조.

57) 악의 문제에 대한 신유교적 해답에 관한 일반적 논의는 Chan Wing-tsit, "The Neo-Confucian solution of the problem of Evil", in *Neo-Confucianism*, 88-116 참조.

것(惡)은 사람의 마음과 천리의 일치를 방해하며, 사람의 마음이 그 본체를 잃어버리게 한다. 그리하여 악이 존재하게 된다.

> 어떤 사람이 물었다. 사람들은 모두 이 마음을 가지고 있습니다. 마음이 곧 리理인데, 어째서 선을 행하는 사람도 있고, 불선을 행하는 사람도 있습니까?' 선생께서 대답하셨다. "악한 사람의 마음은 그 본체를 잃어버린 것이다."[59]

그러나 악은 존재론적으로 선에 반대되는 독립된 실체가 아니다. 다시 말해서 "하나의 선이 있는데, 다시 하나의 악이 다가와서 서로 대립하는 것이 아니다. 그러므로 선과 악은 다만 하나일 따름이다."(『전습록』 228) 양명은 선과 악의 근본적인 이원론을 믿지 않았다. 그는 인간의 마음이 선과 악이라는 두 개의 반대되는 초자연적 힘이 영적 전쟁을 수행하는 싸움터라고 믿지도 않았다. 마음 그 자체에는 악이 존재하지 않는다. 본래의 마음은 선과 악을 초월하며, 그것은 선도 아니고, 악도 아니다. 그러나 개인의 사적인 관심과 우선주의가 오히려 임의적으로 선과 악의 구분을 초래한다.

> 그렇게 선악을 보는 것은 모두 신체(軀殼)로부터 생각을 일으킨 것이므로 곧 잘못될 수 있다.…… 천지의 생명의지(生意)는 꽃이나 풀이나 한가지다. 어찌 선악의 구분이 있겠는가? 그대가 꽃을 감상하려고 하기 때문에 꽃을 좋은(善) 것으로 여기고, 풀을 나쁜(惡) 것으로 여긴다. 만

---

58) 『전습록』 228, "本體上才過當些子, 便是惡了."
59) 『전습록』 34, "或曰, 人皆有是心. 心則理, 何以有爲善, 有爲不善? 先生曰, 惡人之心, 失其本體."

약 풀을 쓰려고 하면, 다시 풀을 좋은 것으로 여기게 된다. 그러한 선
악은 모두 네 마음이 좋아하고 싫어하는 것에서 생겨난 것이다. 그러
므로 잘못되었음을 알 수 있다.[60]

선과 악의 구분은 인간의 관점에 달려 있다. 한 예로 양명은 인간의
본성에 대한 맹자와 순자의 유명한 논쟁을 예로 들었다.

맹자가 말한 본성은 직접 근원으로부터 말한 것이며, 또한 그 대강이
그와 같다고 말한 것이다. 순자의 성악설은 말류의 폐단으로부터 말한
것이니 완전히 그가 옳지 않다고 말할 수는 없으며, 다만 보아낸 것이
아직 정밀하지 못할 따름이다. 일반 사람들의 경우는 마음의 본체를
잃어버렸다.[61]

다르게 말하면, 한편으로 맹자의 관점은 존재론적이며 마음의 본체
(體)에 초점을 맞추었다.[62] 맹자는 존재론적인 관점에서 인간의 본성이
선하다고 결론을 내렸다. 다른 한편으로 순자의 관점은 실존적이며, 작
용(用)의 측면에서 발생하는 결점에 초점을 두고 있다. 순자는 실존적
관점에서 인간의 본성이 악하다고 주장했다. 비록 그들이 서로 다른 관
점 때문에 반대의 결론을 제시했다고 할지라도, 사실 그들이 말하는 것
은 수신의 양 측면인 것이다.

---

60) 『전습록』 101, "此等看善惡, 皆從軀殼起念, 便會錯……天地生意, 花草一般, 何曾有善惡之分?
子欲觀花, 則以花爲善, 以草爲惡, 如欲用草時, 復以草爲善矣. 此等善惡, 皆由汝心好惡所生."
61) 『전습록』 308, "孟子說性, 直從源頭上說來. 亦是說箇大槪如此. 荀子性惡之說, 是從流弊上
說來, 也未可盡說他不是, 只是見得未精耳. 衆人則失了心之本體."
62) Ching, *To Acquire Wisdom*, 148 참조.

1) 사욕

악은 사람의 의지 혹은 의도가 이기적으로 집착할 때 발생한다. 모든 집착은 악의 원천이 된다. 사욕私慾은 어떤 것에 집착함으로 말미암아 사람의 마음에 균형을 잃게 한다. 이것은 양지를 혼란시키고 근본적 인간성을 흐리게 한다. 그러므로 악은 "역기능적 마음"의 결과이다.[63] 수신의 공부가 다듬어질수록, 이러한 현상을 언어로 묘사하고 설명하기는 더욱더 어려워진다. 왜냐하면 양지의 작용은 너무 미묘하고 섬세하기 때문이다. 수신이 좀 더 높은 경지에 도달할 때 사사로운 어떠한 생각이라도 집착하면, 전력해 왔던 공부를 망치게 될 것이다.[64] 궁극적으로 분석해 보면, 선한 의도조차도 집착의 한 형태가 될 수 있다. 따라서 선한 생각과 노력 또한 "눈에 들어온 금가루나 옥가루"와 같이 위험할 수 있게 되는 것이다.

> 마음의 본체에 한 생각이라도 머물러 막힌 채로 붙어 있어서는 안 된다. 마치 눈에 조그마한 먼지나 모래가 붙어 있으면 안 되는 것과 같다. 조그마한 것이 많아야 얼마나 많을 수 있겠는가? 그러나 눈 전체가 캄캄해져 버린다.…… 이 한 생각은 비단 사사로운 생각만이 아니다. 좋은 생각도 마찬가지로 조금이라도 붙어 있으면 안 된다. 마치 눈 속에 금이나 옥가루를 조금이라도 넣으면 역시 눈을 뜰 수 없는 것과 같다.[65]

---

63) Ivanhoe, *Ethics*, 61.
64) 『전습록』 309, "用功到精處, 愈者不得言語, 說理愈難. 若著意在精微上, 全體工夫反 蔽泥了."(공부가 정미한 곳에 이를수록 더욱 언어로 표현할 수 없게 되고, 이치를 말하기도 더욱 어려워진다. 만약 정미한 데만 관심을 갖는다면, 전체 공부가 도리어 가려지고 얽매일 것이다.)

비록 양명이 도가와 불가의 노력이 낳은 심오한 공헌을 인정하기는 했지만, 그의 비판은 이 점에 바탕을 두고 있다. 도가와 불가는 고해 (*samsara*)로부터의 해방과 개인의 불멸성이라는 개인적 구원을 추구한다. 그러나 이런 것들은 모두 사실상 사욕으로 인해 발생되는 것이다. 그것들은 양지의 진정한 상태에 위반된다.

> 선가에서는 허虛를 말하는데, 성인이 어찌 허에 한 터럭의 실實을 더하겠는가? 불가에서는 무無를 말하는데, 성인이 어찌 무에 한 터럭의 유有를 첨가할 수 있겠는가? 그러나 선가의 허는 양생養生의 측면에서 말한 것이고, 불가의 무는 생사고해로부터 벗어나려는 측면에서 말한 것이다. 이것은 도리어 본체에 이러한 (양생이나 생사고해로부터 벗어나려는) 자기의사를 첨가한 것이니, 본체의 '허'하고 '무'한 본색이 아니며, 본체에 장애를 입은 것이다. 성인은 단지 그 양지의 본색으로 되돌아갈 뿐이며, 다시 자기의사를 조금도 보태지 않는다.[66]

불교의 근본적인 오류는 그들이 불필요한 집착을 가지고 양지를 혼탁하게 함으로써 심지본체의 순수성을 오염시킨다는 것이다. 앞 장에서 언급한바, 양지본체는 태허이고 지극히 순수함(Great Purity)이다. 그러므로 모든 집착은, 그것이 아무리 좋은 것이라 해도, 눈 속에 들어간 금과 옥의 가루처럼 해롭다.[67]

---

65) 『전습록』 335, "心體上着不得一念留滯. 就如眼著不得些子塵沙. 些子能得幾多, 滿眼便昏天黑地了.……這一念不但是私念, 便好的念頭, 亦着不得些子. 如眼中放些金玉屑, 眼亦開不得了."
66) 『전습록』 269, "仙家說到虛, 聖人豈能虛上加得一毫實? 佛氏說到無, 聖人豈能無上加得一毫有? 但遷家說虛, 從養生上來. 佛氏說無, 從出離生死苦海上來. 却於本體上加却這些子意思在, 便不是他虛無的本色了, 便於本體有障礙. 聖人只是還他良知的本色, 更不着些子意在."
67) 『전습록』 162, "(유가와 불교의) 공부의 겉모양은 대체로 서로 비슷하다. 다만 불교

그러나 양명의 종교비판은 그 자신의 전통인 신유교에 초점을 맞추고 있다. 그는 무엇보다도 자기 비판적이었다. 불교와 도교는 그의 시대의 문제들의 주된 원인이 아니었다. 그는 악의 근원인 기송記誦(암기와 낭독), 사장詞章(문장학), 공리功利(성공과 이익추구), 그리고 훈고訓詁 등 4대 학습방법에 의해 유교가 왜곡되고 변질되었다는 제자의 말에 동의했다.[68] 이 4대 학습 방법론은 당대에 악을 야기하는 근본적인 원인이 되었다. 그들은 내용이 아니라 형식을 추구함으로써 유교의 도를 변질시켰다. 그들은 유교의 궁극적인 가르침이 학구적 기술이나 지식의 축적이 아니라, 윤리·종교적 실현이라는 것을 망각했다. 명예와 이익을 추구하는 것은 이기주의에 불과하며, 그것은 이러한 오류들의 근본적 원인이다.[69]

에는 스스로 사사롭고 이기적인 마음이 있기 때문에 차이가 생기게 된다. 지금 선악을 생각하지 않고 마음의 양지가 깨끗하고 고요하게 자제하도록 하려는 것은 곧 스스로 사사롭고 이기적이며, 보내고 맞이하며, 의도하고 기필하려는 마음이 있는 것이다. '선도 생각하지 않고, 악을 생각하지 않을 때 치지공부를 한다면, 이미 선을 생각하는 데에 관련되어 버리는 근심거리가 생기게 된다."

(68) 그의 제자인 王嘉秀는 다음과 같이 말했다. "불교는 삶과 죽음을 벗어나는 것으로 사람들을 유인하여 도로 끌어들이고, 도교는 오래 살고 늙지 않는 것으로 사람들을 유인하여 도로 끌어들입니다. 그들의 본의 역시 사람들에게 나쁜 짓을 하려는 것이 아니며, 그 지극한 것에 대한 탐구 또한 성인의 상달 측면을 깨달은 것이지만, 도에 들어가는 바른길은 아닙니다.…… 도교와 불교가 지극한 곳에 도달한 것은 유자와 대략 같지만, 위의 한 부분만 있고, 아래의 한 부분은 빠뜨렸으니, 끝내 성인의 온전함과 같지 않습니다. 그러나 위의 한 부분이 같다는 사실은 부인할 수 없습니다. 후세의 유자들은 또한 성인의 아래 한 부분만을 얻어 나뉘고 쪼개어져서 참됨을 잃어버리고 記誦, 詞章, 功利, 訓詁로 흐르게 되었으니, (그들도) 결국은 이단이 되는 것을 면하지 못하고 있습니다. 이 네 종류의 사람들은 평생 수고롭게 고생하지만 몸과 마음에는 조금도 보탬이 되지 않습니다. 저 도교와 불교의 무리들 가운데 마음이 깨끗하고 욕심이 적어서 초연히 세속의 속박을 벗어난 자들을 보면, 도리어 (세속의 유자들이) 미치지 못하는 면이 있는 듯합니다. 오늘날 학문하는 사람들이 미리부터 도교와 불교를 배척할 필요는 없으며, 우선은 뜻을 독실하게 하여 성인의 학문을 해야 합니다. 성인의 학문이 밝혀지기만 하면, 도교와 불교는 저절로 사라질 것입니다."(『전습록』 49)

(69) 『전습록』 143, "성인의 학문은 날로 멀어지고 날로 어두웠으며, 功利의 습성은 점점

사욕은 마음(心)과 천리의 통일을 분리시킴으로써, 마음의 평정을 교란하고, 양지를 혼탁게 하며, 지행을 분리시킴으로써 본래의 통일성을 상실케 한다. 결국 사욕은 이러한 모든 이원화, 곧 악의 근원이다.

2) 도심과 인심

실존적으로 인간의 욕심은 천리와 상충된다. 양명은 도심道心과 인심人心의 전통적인 구별을 지지했다. 도심은 평정 또는 조화로운 상태의 본래적 마음이다. 인심은 인간의 욕심에 의해 어지럽혀진 후의 제한된 상태의 마음이다. 전자는 존재론적인 마음으로, 후자는 실존적인 마음이라 할 수 있다. 그러나 이들은 상호 독립적이지 않고 공존한다. 존재론적으로 보자면 오직 도심만 있을 뿐이다. 그럼에도 불구하고 실존적으로 인심은 마음이 어디에 집착되어 사욕들과 섞일 때 나타난다.

> 그렇다. 마음은 하나이다. 인위적인 것이 아직 섞이지 않은 마음을 도심道心이라 하고, 인위적인 것이 섞인 마음을 인심人心이라 한다. 인심이 그 바름을 얻은 것이 바로 도심이고, 도심이 그 바름을 잃은 것이 바로 인심이지, 애초에 두 마음이 있는 것은 아니다.…… 천리와 인욕은 병립하지 않는데, 어떻게 천리가 주인이 되고, 인욕이 그것을 좇아

더 번져 나갔다. 그 사이에 불가와 도가에 눈이 멀어 미혹된 적이 있었지만, 불가와 도가의 학설도 마침내 그 공리의 마음을 이길 수는 없었다. 또 여러 유학자들에게서 절충한 적이 있었지만, 여러 유학자들의 이론도 마침내 그 공리의 견해를 깨뜨릴 수는 없었다. 생각건대 오늘날은 공리의 해독이 사람의 골수까지 깊이 젖어들어 습성을 이룬 지 수천 년이 되었다. 지식을 가지고 서로 자랑하고, 세력을 가지고 서로 밀어붙이고, 이익을 가지고 서로 다투고, 기능을 가지고 서로 자만하고, 명성을 가지고 서로 취한다.”

서 명령을 따를 수 있겠는가?[70]

근본적으로서 사욕은 전혀 인간성의 한 부분이 아니다. 그것은 비인간적인 것으로서 근본적 인간성(良知)에 덧붙여진 것이다. 그러나 사욕은 투명한 근본적 인간성과 인(仁)(우주적 공존성)을 흐리게 할 수 있다. 그것은 사람의 마음을 그 근본적 실체로부터 멀어지게 하고, 사람의 참된 의도를 방해하고 왜곡하며, 하늘이 부여한 본성을 마비시킨다. 물욕이 근본적 인간성을 어둡고 모호하게 하므로, 사람은 그 타고난 우주적 포괄성과 궁극적 공명정대함을 상실하게 된다.

> 본성이 선하지 않을 수 없으므로 앎이 좋지 않음이 없다. 양지는 곧 (정감이나 사려가) 아직 발현하지 않은 평형상태이고, 확 트여 크게 공정한 것이며, 적연하여 움직이지 않는 본체로서 사람들마다 똑같이 갖추고 있는 것이다. 다만 물욕에 어둡게 가려지지 않을 수 없으므로 반드시 학문을 통해 그 어둡게 가려진 것을 제거해야 한다.[71]

양명은 기(氣) 자체를 악으로 보지는 않는다. 그러나 기는 인간본성의 본래적 성향을 방해할 수 있다. 기가 교란될 때, 선과 악의 구별이 나타난다. "선도 없고 악도 없는 것은 이치의 고요함이고, 선도 있고 악도 있는 것은 기운(氣)의 움직임이다. 기운에 의해 움직여지지 않으면 곧 선도 없고 악도 없다. 이것을 지극한 선(善)이라고 한다."[72] 마찬가지로

---

70) 『전습록』 10, "然. 心一也. 未雜於人謂之道心, 雜以人僞謂之人心. 人心之得其正者卽道心, 道心之失其正者卽人心, 初非有二心也.……天理人欲不並立, 安有天理爲主, 人慾又從而廳命者?"
71) 『전습록』 155, "性無不善, 故知無不良. 良知卽是未發之中, 卽是廓然大公, 寂然不動之本體. 人人之所同具者也. 但不能不昏蔽於物欲. 故須學以去其昏蔽."

감정은 마음에게 자연스러운 것이지 그 자체가 악은 아니다. 그러나 거기에 이기적인 집착이 덧붙여지면, 역시 선과 악의 구분이 생긴다.

그럼에도 불구하고 근원적 인식으로서의 양지는 자연스럽게 이러한 잘못된 움직임들을 드러내고 선과 악을 분별한다. 양지는 모호함을 제거하고 본체를 회복할 수 있는 내적 능력을 갖고 있다.[73] 그러나 여기에는 격물格物과 같이 주의 깊은 자기노력을 통해 닦여진 실천이 뒤따라야 한다.(결국 격물은 양지의 확장이다. 이에 대해서는 다음 장에서 다룰 것이다.) 양명은 유명하지만 논란의 소지가 많은 다음과 같은 네 구절의 가르침(四言敎)으로 이것을 요약한다.

> 선도 없고 악도 없는 것은 마음의 본체이고,
> 선도 있고 악도 있는 것은 의념의 발동이며,
> 선을 알고 악을 아는 것은 양지이고,
> 선을 행하고 악을 제거하는 것은 격물이다.[74]

---

72) 『전습록』 101, "無善無惡者理之靜, 有善有惡者氣之動. 不動於氣, 卽無善無惡, 是謂至善."
73) 양명은 말했다. "기뻐하고, 성내고, 슬퍼하고, 두려워하고, 사랑하고 미워하고 욕구하는 것을 일곱 가지 정감(七情)이라 한다. 이 일곱 가지는 모두 본래 사람의 마음에 있는 것이다.…… 칠정이 그 자연의 운행을 따르는 것은 모두 양지의 작용이며, 선과 악으로 구별할 수는 없다. 그러나 집착하는 것이 있으면 안 된다. 칠정에 집착이 있으면 모두 인욕이라고 하며, 모두 양지를 가리게 된다. 그러나 집착하자마자 양지는 또한 저절로 깨달을 수 있다. 깨달으면 가린 것이 제거되어 그 본체를 회복하게 된다."(『전습록』 290)
74) 『전습록』 315, "無善無惡是心之體, 有善有惡是意志動, 知善知惡是良知, 爲善去惡是格物."

제4장 인간화: 치양지로서의 수신

1. 성의

　　왕양명은 자기(self)에 대한 구조 자체가 내적 성인聖人을 실현하기에 충분하다고 단언하였다. 그렇다고 그가 실천적인 노력이 불필요하다고 본 것은 아니다. 내적 성인다움을 발현시키기 위해서는 지속적인 수신修身의 노력이 요구된다. 비록 양명이 주자의 격물설格物說의 오류를 정정하기 위해 지행합일론知行合一論을 공식화했지만, 그는 격물格物의 실천을 포기하지 않았다. 양명은 성의誠意가 격물의 요체라고 생각했다.

> 『중용』에서 말하는 "성실하지 않으면 사물이 없다"는 것과 『대학』의 "밝은 덕을 밝힌다"는 공부는 다만 뜻을 성실하게 하는 것이며, 뜻을 성실하게 하는 공부는 다만 하나의 격물格物이다.[1]

　　두웨이밍은 양명의 인간론이 몸(身)과 마음(心), 마음과 의지(意), 의지와 지식(知), 그리고 의지와 사물(物)의 "네 가지 상호관계"로 구성되어 있음을 지적하였다.[2] 이 네 가지 요소 중에서 중심은 의지이다. 몸은

---

1) 『전습록』 6, "中庸言'不誠無物', 大學 '明明德'之功, 只是箇誠意. 誠意之功, 只是箇格物."
2) Tu Wei-ming, *Humanity and Self-Cultivation: Essays in Confucian Thought*(Berkeley, CA: Asian Humanities Press, 1979), 151 참조. 『전습록』 6, "身之主宰便是心, 心之所發便是意, 意之本體便是知, 意之所在便是物. 如意在於事親, 則事親便是一物."(몸을 주재하는 것이 바로 마음이고, 마음이 발한 것이 바로 의념이며, 의념의 본체가 바로 지이고, 의념이 있는 곳이 바로 물이다. 만약 의념이 부모님을 섬기는 데 있다면, 부모를

"사물"이 거주하는 잠정적인 공간이다. 비록 그들이 분리될 수 없는 것이지만, 마음이 몸의 주인이다. 의지는 마음의 작용이며, 그것은 결코 "진공 상태에서" 작용하지 않는다. 지식은 의지의 본체이고, "사물"은 그것이 의도한 대상이다. 의지는 "마음의 지향성"으로서 지식(본체)과 "사물"(지향된 대상)을 연결한다.[3]

> 귀와 눈과 입과 코와 사지는 몸(身)이지만, 마음(心)이 아니라면 어떻게 보고 듣고 말하고 움직일 수 있겠는가? 마음이 보고 듣고 말하고 움직이고자 하더라도 귀와 눈과 입과 코와 사지가 없다면 역시 불가능하다. 그러므로 마음이 없다면 몸도 없고, 몸이 없다면 마음도 없다. 다만 그 가득 찬 곳을 가리켜 말한다면 몸이라 하고, 그 주재하는 곳을 가리켜 말한다면 마음이라 하며, 마음이 발하여 움직인 곳을 가리켜 말한다면 뜻(意)이라 하고, 뜻이 영명한 곳을 가리켜 말한다면 앎(知)이라 하며, 뜻이 가서 닿아 있는 곳을 가리켜 말한다면 사물(物)이라 하니, 다만 한가지일 뿐이다. 뜻은 허공에 매달려 있었던 적이 없으며, 반드시 사물에 부착되어 있다. 그러므로 뜻을 성실하게 하고자 한다면, 뜻이 부착되어 있는 어떤 일에 따라서 그것을 바로잡고, 그 인욕을 제거하여 천리로 돌아간다면 그 일에 관련되어 있는 양지가 가려지지 않고 실현될 수 있다. 이것이 바로 뜻을 성실하게 하는 공부이다.[4]

섬기는 것이 바로 하나의 물이라.)

3) Tu, *Humanity and Self-Cultivation*, 152.
4) 『전습록』 201, "耳目口鼻四肢, 身也, 非心安能視聽言動? 心欲視聽言動, 無耳目口鼻四肢亦不能. 故無心則無身, 無身則無心. 但指其充塞處言之謂之身, 指其主宰處言之謂之心, 指心之發動處謂之意, 指意之靈明處謂之知, 指意之涉着處謂之物, 只是一件. 意未有縣空的, 必着事物. 故欲誠意則隨意所在某事而格之, 去其人欲而歸於天理, 則良知之在此事者, 無蔽而得致矣. 此便是誠意的功夫."

앞서 열거한 네 가지 상호관련성은 『대학』에서 언급한 수신에 대한 네 가지 내적 차원과 연관되어 있다. 즉 정심正心, 성의誠意, 치지致知, 그리고 격물格物이다. 그러나 양명에게 있어서는 성의가 중심 주제이다. 왜냐하면 "성의란 의지가 마음의 진정한 지향성을 통하여 진실해지게 하는 과정"을 말하기 때문이다. 이 과정은 "지향된 대상 조정"(格物)과 "본체의 관통"(致知)을 포함한다. 또한 동시에 그것은 마음의 규제(正心)와 몸의 수양(修身)을 포함한다. 성의에 초점을 맞추면서, 양명은 "격물을 사람의 존재론적 존재를 실존적 변화로 발현시켜 나가는 역동적인 과정"으로 인식하였다.[5]

양명은 이 과제를 천리를 보존하는 것(存天理)과 사람의 욕심을 제거하는 것(去人欲)이라는 서로 분리할 수 없는 두 과정으로 규정하였다.[6] 천리는 "사람이 마땅히 되어야 할 바대로 될 수 있는 궁극적인 기반"이고, "인간 본성의 존재론적 실재와 마음속에 있는 내적 성인이 자연스럽게 그러하다는 것"을 의미한다. 그러나 인간의 욕망은 인간이 마땅히 되어야 할 바가 되게 하는 이 과정을 방해하고 왜곡하는 경향이 있다. 방해는 "수동적 제한"을 의미하며, 왜곡은 "능동적 변조"를 의미한다.[7] 천리를 보존한다는 것은 존재론적 실재를 실현하는 것이고, 사람의 욕심을 제거한다는 것은 인간의 진정한 자기를 완전히 실현하지 못하게 하는 한계와 인간의 근원적 의지의 변조를 방지하는 것을 의미한다.

이 두 과정은 "동일한 과정의 분리할 수 없는 측면들"이다. 천리의

---

5) Tu, *Humanity and Self-Cultivation*, 152.
6) 『전습록』 28, "只要去人欲存天理, 方是功夫."(단지 인욕을 제거하고 천리를 보존해야만 비로소 공부이다.) 또한 3; 99; 111; 201 참조.
7) Tu, *Humanity and Self-Cultivation*, 152; 153.

보존은 "자신의 존재론적 존재의 진정성을 고수"하는 것이다. 이것은 곧 "성실함을 확립하는 것"(立誠)을 의미하며 필연적으로 인간의 욕망을 제거하려는 노력을 요구한다.[8] 존재론적인 관점에서 천리는 마음의 근원적인 본체이다. 그러나 실존적인 관점에서 마음은 어떤 사물과 만날 때, 의도된 대상에 집착하는 취약점을 갖게 된다. 만일 그러한 집착이 발생하면, 마음은 "물화物化되고" 역동적 창조성을 잃는다. 비록 마음과 천리의 불가분리성이 존재론적 실재이기는 하지만, 인간 욕망의 영향으로 인한 마음의 취약성은 인간의 실존적인 조건이다. 그러므로 격물은 이제 의지의 조정(誠意)이 되며, 그것은 천리를 보존하고 인간의 사욕을 제거하는 끊임없는 과정과 관련된다.

2. 치양지

수신에 대한 양명의 가르침은 치양지론致良知論에서 절정을 이룬다. 그는 내재적 지식(良知)의 확장을 주장하는 이 교의를 "배움의 중대한 바탕이며 성인들의 가르침의 첫 번째 원리"로 간주하였다. 그는 이 교의는 "배움의 절정이요, 성인조차도 그 이상을 할 수는 없다"고 말했다.(『전습록』 319) 그리고 모든 사람이 그것을 할 수 있다고 생각했다. 성인과 범인 사이의 차이점은 단지 그것을 발휘하는 능력에 있을 뿐이다.

---

8) 같은 책, 153.

(『중용』의) "오직 천하의 지극한 성인이라야 총명하고 예지로울 수 있다"는 것을 예전에는 매우 현묘하다고 생각했으나, 지금 살펴보니 원래 사람마다 저절로 가지고 있는 것이다. 귀는 원래 밝게 듣고, 눈은 원래 밝게 보며, 마음의 사유능력은 원래 예지롭다. 성인은 다만 한결같이 그것을 잘 해낼 뿐이니, 잘 해내는 것이 바로 양지이다. 뭇 사람들이 잘 해내지 못하는 것은 다만 양지를 실현하지 못했기 때문이다. 이 얼마나 명백하고 간이한가!9)

성인됨을 추구하는 길은 그처럼 "명료하고", "단순하고", "쉬운" 것이다. 그럼에도 불구하고 그것은 또한 치밀한 실천을 요구한다. 줄리아 칭(Julia Ching)은 '치致'라는 단어에 특별한 주의가 필요하다고 주장한다. 지식의 확장(致知)이라는 주자의 공식으로부터 양지의 확장(致良知)으로 옮겨가는 양명의 의미론적 전이에 있어서 '치'는 '자기노력'이라는 의미를 강조하기 위한 것이며, 동시에 '지知'를 '양지'로 대치함으로써 윤리적인 면을 강화하려고 한 것이다. 따라서 양지의 확장인 치양지致良知는 "자기 노력, 훈련, 집중"의 신실한 노력을 수반한다.10)

그러나 비록 양명이 양지의 의미에 대해 많은 관심을 기울였지만, 그는 그것이 어떻게 확장될 수 있는가에 대해서는 거의 말하지 않았다. 줄리아 칭은 "양명이 양지를 확장하는 일에 대해 심사숙고하는 한 가지 시각은 마음을 깨끗하게 하는 것"이라 주장했다.11) 마음을 깨끗하게 하

---

9) 『전습록』283, "惟天下至聖, 爲能聰明叡知. 舊看何等玄妙, 今看來原是人人自有的. 耳原是聰. 目原是明. 心思原是睿知. 聖人只是一能之爾, 能處正是良知. 衆人不能, 只是簡不致知. 何等明白簡易!"

10) Julia Ching, *To Acquire Wisdom: The Way of Wang Yang-ming*(New York: Colombia University Press, 1976), 115 참조.

11) 같은 곳.

는 것은 천리를 보존하고 인간의 욕망(人欲)을 제거할 것을 요구한다.

반드시 이 마음을 천리天理에 순수하게 하고, 한 터럭의 사사로운 인욕도 남겨 두지 않도록 해야 한다. 이것이 성인이 되는 공부이다. 반드시 이 마음을 천리에 순수하게 하고, 한 터럭의 사사로운 인욕도 남겨 두지 않으려고 하는 것은 (사욕이) 싹트기 이전에 막고, 싹트려고 할 때 제거하지 않으면 불가능하다. 싹트기 이전에 막고 싹트려고 할 즈음에 제거하는 것이 바로 『중용中庸』의 경계하고 삼가며 두려워하는 것이고, 『대학大學』의 앎을 실현하여 물物을 바르게 하는(治知格物) 공부이다.[12]

인욕을 제거하고 천리로 돌아감으로써, 양지는 "가려지지 않고 실현될 수 있다."(『전습록』 201) 이기적인 욕망을 제거하기 위해 인간은 "한 가지 마음"을 지녀야 하며, 그렇게 함으로써 명성과 이익 그리고 다른 관심들에 대한 모든 욕망을 제거해야 하고, 삶과 죽음에 대한 근심으로부터 완전히 "막힘없이 유행해야 한다."(『전습록』 278) 또한 양명은 자만(자기중심주의)에 대하여 경고하였다. 왜냐하면 그것은 "모든 악의 근원"이기 때문이다. 그는 다음과 같이 "겸손이 모든 덕의 근본"이라고 주장하였다.

사람이 사는 데 가장 큰 병통은 오만이라는 한 글자이다. 아들이 오만하면 반드시 불효하게 되고, 신하가 오만하면 반드시 불충하게 되며, 아비가 오만하면 반드시 자애롭지 못하게 되고, 친구가 오만하면 반드

---

12) 『전습록』 161, "必欲此心純乎天理, 而無一毫人欲之私, 此作聖之功也. 必欲此心純乎天理, 而無一毫人欲之私, 非防於未萌之先, 而克於方萌之際不能也. 防於未萌之先, 而克於方萌之際, 此正中庸戒愼恐懼, 大學致知格物之功. 舍此之外, 無別功矣."

시 믿음직스럽지 못하게 된다.…… 그대들은 늘 이것을 체득해야 한다. 사람의 마음은 본래 자연적인 리理로서, 청결하고 밝아 조금도 물든 것이 없으니, 다만 하나의 '사적 자아가 없을' 따름이다. 가슴속에 절대로 (사적 자아가) 있어서는 안 된다. 그것이 있으면 곧 오만하게된다. 옛날 성인들의 수많은 장점도 단지 사적 자아가 없었을 뿐이다. 사적 자아가 없으면 저절로 겸양해질 수 있다. 겸양은 여러 선의 기초이고, 오만은 여러 악의 우두머리이다.[13)

양명에 따르면, 조화는 "어떠한 애욕이나 위선으로부터도 자유로운 마음의 자연적인 상태"이다. 주자가 평정의 역할을 지나치게 강조한 것을 비판하면서 양명은 행위에 초점을 맞추었다. 그에게 마음은 "도덕적 행위의 역동적 원리"이다.[14) 맹자는 이르기를 "항상 무언가를 하라"(必有事)고 하였다.[15) 그것은 "'너의 사욕을 버리라'는 부정적인 명령을 말하는 하나의 긍정적인 방식이다."[16) 특히 그것은 "의로운 행위의 축적"(集義)을 의미한다.[17) 그리하여 양명은 의로운 행위를 축적하라는 맹자의 생각을 『대학』에 말하는 수신의 모든 과업을 포괄하는 '치양지'와 동등하게 여겼다.

---

13) 『전습록』 339, "人生大病, 只是一'傲'字. 爲子而傲必不孝, 爲臣而傲必不忠, 爲父而傲必不慈, 爲友而傲必不信.……諸君常要體此. 人心本是天然之理, 精精明明, 無纖介染着, 只是一無我而已. 胸中切不可有. 有卽傲也. 古先聖人許多好處, 也只是無我而已, 無我自能謙. 謙者衆善之基, 傲者衆惡之魁."

14) Ching, *To Acquire Wisdom*, 117.

15) *Mencius* 2A:a; James Legge, trans., *The Chinese Classics*(New York, NY: Paragon Book, 1966), Vol.2, 190; 『전습록』 163 참조.

16) Ching, *To Acquire Wisdom*, 118.

17) *Mencius* 2A:2; Legge, *Classics* Vol.2, 190; 『전습록』 187 참조.

무릇 '반드시 일삼음이 있어야 한다'는 것은 단지 '의로움을 쌓는'(集義) 공부일 뿐이다. '의로움을 쌓는' 공부는 단지 '양지를 실현하는'(致良知) 공부일 뿐이다. '의로움을 쌓는다'고 말하면 핵심을 단번에 드러내지 못하지만, '양지를 실현한다'고 말하면 곧바로 공부할 수 있는 실제적인 토대가 있게 된다. 그러므로 나는 오로지 치양지를 말한다. 그때그때의 구체적인 일에서 양지를 실현하는 것이 바로 격물格物이다. 착실하게 그 양지를 실현하는 것이 바로 성의誠意이다. 착실하게 그 양지를 실현하되, 사적인 의도(意), 기필(必), 고집(固), 자아(我)가 조금도 없는 것이 바로 정심正心이다.…… 만약 시시각각 마음에서 의로움을 쌓았다면, 양지의 본체가 환하게 밝아져서 자연히 옳은 것을 옳다고 하고, 그른 것은 그르다고 하여 털끝만큼이라도 숨김이 없을 터이다.[18]

양명에게 있어서 수신은 "외적 모방"보다는 오히려 "내적 변화"에 초점을 맞춘다.[19] 배우는 자는 "성인의 기상을 먼저 알아야 한다"(『전습록』 146)라고 했지만, 사람은 양지에 대한 자신의 개인적 경험을 통해서만 이것을 느낄 수 있다.[20] 그러므로 성인의 행동은 가끔 순임금의 결혼이라든가 주나라 무왕의 원정에서 나타났던 것같이 유교적 덕목의 인습적 표준을 넘어섰다. 그러나 그들이 자기기만으로부터 해방되어 단순히 양지의 인도를 추종하였기에 그들의 행위가 정당할 수 있었다.

---

18) 『전습록』 187, "夫必有事焉, 只是集義. 集義只是致良知. 說集義則一時未見頭腦. 說致良知 卽當下便有實地步可用工. 故區專說致良知. 隨時就事上致良知, 便是格物. 著實去致良知, 便是誠意. 著實致其良知, 而無一毫意必固我便是正心.……若時時刻刻就自心上集義, 則良知 之體, 洞然明白. 自然是是非非, 纖毫莫遁."

19) Ching, *To Acquire Wisdom*, 120.

20) 양명은 말했다. "자기의 양지는 원래 성인과 똑같다. 만약 자기의 양지를 분명하게 체인한다면, 곧 성인의 기상은 성인에게 있지 않고 자기에게 있게 된다."(『전습록』 146, "自己良知原與聖人一般, 若體認得自己良知明白, 卽聖人氣象不在聖人而在我矣.")

결국 수신은 오직 한 노력, 즉 치양지로 요약된다.

> 군자는 온갖 변화에 응수하는데, 마땅히 행해야 한다면 행하고, 마땅
> 히 그쳐야 한다면 그치고, 마땅히 살아야 한다면 살고, 마땅히 죽어야
> 한다면 죽는다. 헤아리고 조정하는 것이 자신의 양지를 실현하여 스스
> 로 만족하기를 구하지 않음이 없다.[21]

양명의 치양지론이 그의 시대에 가장 강력한 두 사상적 오류, 즉 주
자학과 불교의 오류를 수정하기 위한 것이라는 주장이 설득력이 있
다.[22] 한편으로, 우리가 논의해 온 것처럼, 주자는 수신의 외형적이고
경험적이며 점진적인 차원을 강조하였다. 양명에게 양지는 내재적이고
선천적이며 자발적인 것이다. 이것은 갑작스런 깨달음(頓悟)이라는 선불
교의 개념과 공명한다. 치양지는 단순히 자기-노력이 아니라, 원천적인
존재론적 능력의 자기-실현이다. 다른 한편으로 불교는 가족과 국가와
같은 근본적 연대로부터 분리되는 행위에 의해 득도하려는 것처럼 보
인다. 양명은, 이것은 "대아라는 자기만족"을 추구하는 주관주의라고
비판하였다. "세계의 위대한 근본"인 양지는 구체-보편적 방법으로 확
장되어야 한다.[23] 양명은 우리 삶의 참된 중요성이 단순히 무無에 몰입
하는 데에 있지 않다고 생각했다. 양지는 "무로써 그 존재를 깨달으며,
동시에 존재함으로써 항상 무로 회귀한다." 양명은 "생명은 인간의 존

---

21) 『전습록』 170, "君子之酬酢萬變, 當行則行, 當止則止. 當生則生, 當死則死. 斟酌調停, 無非
   是致其良知, 以求自慊而已."
22) Hiroyuki Iki, "Wang Yang-ming's Doctrine of Innate Knowledge of the Good",
   Philosophy East and West 11(1961), 35-38을 보라.
23) 같은 글, 38; 37.

재를 초월하며 동시에 사회적 생활에 내재한다. 그리고 남아 있는 유일한 방법은 사회적 생활에 내재하면서 동시에 그것을 초월하는 생명의 움직임을 따르는 것이다"라고 이해하였다.[24] 양지는 내재적인 초월성이며,[25] 동시에 사회적 연대성, 정치적 통치, 우주적 교제의 참된 기반이다.

세상의 군자가 오직 양지를 실현하는 데 힘쓰기만 한다면, 저절로 시비是非를 공유하고 호오好惡를 함께하며, 남을 자기와 같이 보고 나라를 한 집안처럼 보아서 천지만물을 한 몸으로 여길 수 있다. 그러면 천하가 다스려지지 않기를 구할지라도 얻을 수 없을 것이다. 옛사람들은 타인의 선행을 보기를 마치 자기로부터 나온 듯이 여겼으며, 타인의 악행을 마치 자기가 악에 빠진 것처럼 여겼을 뿐만 아니라, 백성의 굶주림과 곤고함을 자기의 굶주림과 곤고함처럼 보았으며, 한 사람이라도 자기 자리를 얻지 못하면, 마치 자신이 그를 도랑에 밀어 넣은 것처럼 여겼던 까닭은 의도적으로 그렇게 행하여 천하 사람들이 자기를 믿어 주기를 바랐기 때문만은 아니었다. 자신의 양지를 실현하여 스스로 만족하기를 구하는 데 힘썼을 따름이다. 요임금, 순임금, 탕왕, 문왕, 무왕 등의 성왕聖王이 말을 했을 때, 백성들 가운데 믿지 않은 자가 없었던 것은 그 양지를 실현하여 말했기 때문이며, 행동을 했을 때, 백성들 가운데 기뻐하지 않은 자가 없었던 것은 그 양지를 실현하여 행동했기 때문이다. 그래서 백성들은 화락하고 크게 만족하여 죽어도 원망하지 않았고, 이롭게 하더라도 공로로 여기지 않았다. (이 점을) 야만

---

24) Masatsugu Kusumoto, "The Spirit of Wang Yang-ming's Doctrine", *Tetsugagku Zasshi*, 711(1950), 63; Iki, "Wang Yang-ming's Doctrine", 41, n. 72에서 재인용.

25) 이 개념에 대해서는 Shu-hsien Liu, "The Confucian Approach to the Problem of Transcendence and Immanence", *Philosophy East and West* 22:1(1972), 45-52 참조.

족에게까지 뻗쳐도 무릇 혈기가 있는 자들은 (임금을) 존경하고 친애하지 않을 수 없었으니, 이것은 그 양지가 같기 때문이다. 오호라! 성인께서 천하를 다스리신 것이 어쩌면 그렇게도 간단하고 쉬울까![26]

1) 주체성과 존재론적 실재의 동일화

이미 언급했듯이, 두웨이밍은 치양지를 인간중심적 주관주의를 넘어서 보편적으로 확대되어야 하는 주체성으로 이해했다. 두웨이밍은 인간의 독특성을 "인간이 양지를 담지하고 있을 뿐 아니라, 자신의 능력으로 자신의 양지를 확장해서 우주 전체로 구현해 나간다는 것"으로 규정하였다. 동시에 존재론적으로, 우주적인 공존성으로서의 인간은 우주 전체와 하나의 유기체적인 일치를 이룬다. 이 인간-우주적 교제는 양지의 존재론적 실재이며, 인간의 근본적 주체성이다. 치양지는 내적 성인을 실현하고 인간의 근본적 인간성을 발현하는 근본적 인간화이다. 이 근본적인 인간화는 자기실현을 향한 구체-보편적 방법을 요구한다. 그러한 방법은, 『대학』의 여덟 가지 발전단계와 마찬가지로, 구체적 인간관계를 통한 자기실현의 외적 단계들은 물론이고 인간화의 내적 단계들을 수반한다. 위험은 어느 것에 부가되거나 고착되는 것에서 발생한다. 그러므로 진정한 인간화는 사욕들로부터 자신을 자유스럽게 함

---

26) 『전습록』 179, "世之君子惟務致其良知, 則自能公是非, 同好惡, 視人猶己, 視國猶家, 而以天地萬物爲一體. 求天下無治, 不可得矣. 古之人所以能見善不啻若己出, 見惡不啻若己入, 視民之飢溺猶己之飢溺, 而一夫不獲, 若己推而納諸溝中者, 非故爲是而以蘄天下之信己也. 務致其良知, 求自慊而已矣. 堯舜三王之聖, 言而民莫不信者, 致其良知而言之也, 行而民莫不說者, 致其良知而行之也. 是以其民熙熙皞皞, 殺之不怨, 利之不庸, 施及蠻貊, 而凡有血氣者, 莫不尊親, 爲其良知之同也. 嗚呼! 聖人之治天下, 何其簡且易哉!"

으로써만 가능하다. 그리하면 사람의 인간성은 그 완전한 잠재성으로까지 '확대될' 수 있다.27) 양지는 주관주의의 부정적인 능력들을 초월할 수 있는 인간 능력의 궁극적인 기반이다.

결론적으로 치양지론은 근본적 주체성과 존재론적 실재가 동일화를 의미한다. 두웨이밍은 이것을 양명적 사유체계의 결정적 특성으로 제시하였다. 주관주의를 극복하는 과정으로서 치양지는 동일화의 순환(보다 정확하게 나선) 운동을 수반한다. 존재론적으로 양지는 근본적 주체성으로서 천리와 동일하다. 그러나 실존적으로 이기적 욕심은 이 연합을 방해하고, 존재론적 실재와 실존적 상황 사이에 잘못된 양극성을 조성한다. 그럼에도 불구하고 양지는 삭감 불가능한 실재로서, 그 양극성을 초월하는 역동적이고 창조적인 능력을 부여한다. 근본적 주체성의 완전한 확장에 의해서 우리는 본원적 일치성을 회복할 수 있고 우리의 마음은 천리를 발현할 수 있다. 그러므로 주체성과 존재론적 실재의 동일화로서의 치양지는 근본적 주체화를 수반한다. 두웨이밍은 다음과 같이 요약한다.

> 그러므로 양명적 사유방식의 결정적 특징인 주체성(良知)과 존재론적 실재(天理)의 동일화는 인간-우주적 경험이라는 독특한 형태에 깊게 뿌리를 두고 있는 것으로 보인다.
> 이러한 경험에서 볼 때 주체성은 주관주의와는 근본적으로 다르다. 여기에는 일련의 가정들이 깔려 있다. ① 내적 성인과 참된 자기로서 주체성은 진정한 인간성을 상징한다. ② 비록 실존적으로 그것의 구체적

---

27) Tu, *Humanity and Self-Cultivation*, 157; 157; 158.

실현이 장애받고 왜곡된다고 할지라도, 진정한 인간성은 존재론적 견지에서 삭감될 수 없는 실재이다. ③ 그러한 자기 충족성에도 불구하고 이 삭감 불가능한 실재는 항상 역동성과 창조성을 유발할 수 있다. ④ 비록 이 역동적이며 창조적 능력은 무無로부터의 창조(ex creatio nihilo)가 아니라고 하더라도, 그것은 자기실현의 과정을 수반한다. ⑤ 실천적으로 어려움에도 불구하고, 이 자기실현의 과정은 궁극적으로 천리의 완전한 발현에 이르게 한다. ⑥ 결론적으로 천리는 존재론적 실재로서 마음의 본체이다. 그리고 마음의 본체는 순수한 주체성으로서 천리를 발현하는 데까지 확장되어야 한다.[28]

---

28) 같은 책, 159.

'완전한 인간이 되는 법'에 대한 유교의 패러다임인 수신은 유교적 과제의 핵심이다. 수신은 근본적 인간화, 즉 완전한 인간성(聖人性)에 대해 윤리·종교적 인증이 요청된다. 그것은 인간 존재론의 성실한 자기실현(being)과 구체-보편적 방법을 통한 창조적인 우주적 변화(becoming)를 모두 포함한다. 이 모든 것들은 유교적 도道의 근본-메타포인 성誠에 바탕을 두고 있으며, 성誠은 성인성聖人性의 타고난 품성으로서 인간-우주적 창조성과 변화의 궁극적인 원천이다.

리理에 치중하는 주자와는 달리 신유교의 초점을 마음(心)으로 옮긴 왕양명은 인간의 마음을 리와 동일시한다(心卽理). 그는 수신의 존재론적 상태이며 윤리적 과정으로서 앎과 행위의 일치(知行合一)를 옹호한다. 그는 구체적인 실존의 과제로부터 시작하여 보편적인 확장으로 종결되는 구체-보편적 접근을 인간-우주적 비전 안에서 성인성을 획득하는 유교적 방법으로 주창한다.

양명의 신유교(양명학)가 이룬 보다 위대한 성취는 그가 양지良知(선에 대한 원초적 지식, 근본적 자각, 순수한 주체성 또는 근본적 인간성)를 유교의 내재적 초월성의 근본-패러다임으로 제시했다는 점이다. 이 제안은 자기초월의 진정한 인간 가능성을 믿는 맹자에 의해 뒷받침된다. 그것은 인간성의 패러다임인 인仁을 우주유기체적 공존성의 인간-우주적 차원으로까지 확장하였다. 이러한 발견에 따라 근본적 인간화로서 수신은 치양지, 즉 본원적 자각의 실현, 근본적 인간성의 완전한 발현, 주체성과 존재론적 실재의 동일화, 또는 근본적 주체화로 요약될 수 있다.

수신의 자리는 인간의 구체적인 정황, 인간 관계성의 연결망이므로, 치양지는 근본적 인간화로서 진지한 사회·정치적 해석학을 수반한다. 양명은 유교의 출발점이 지적인 탐구라기보다는 유교적 도道에 대한 윤리 종교적 결단(立志)이라고 주장했다. 이러한 맥락에서 유교는 본원적 인간의 자기초월과 창조적인 인간-우주적 변화를 향한 자기실현의 존재론적 가능성에 대한 믿음으로 이해될 수 있다.

그럼에도 불구하고, 실존적으로 이러한 가능성은 인간중심적이고 이기적인 욕망에 의해 방해받고 왜곡된다. 이것은 악에 대한 신유교의 정의이기도 하다. 그러므로 근본적 인간화로서의 수신은 서로 분리할 수 없는 두 차원을 요구한다. 하나는 근본적 인간성(本體; 存天理)의 인간-우주적 이상에 따르는 진실한 자기실현이고, 다른 하나는 이에 상응하는 구체-보편적 자기변화의 윤리·종교적 실천(工夫; 去人欲)이다.

제2부

그리스도교 패러다임: 칼 바르트 신학의 성화론

제5장 서설

1. 광의의 에큐메니즘 맥락에서의 칼 바르트의 신학

일찍이 헨드릭 크레머(Hendrik Kraemer, 1889~1966)의 저서 『비그리스도교 세계에서의 그리스도교 메시지』가 출판된 이래, 바르트의 신학은 그리스도교와 다른 종교들과의 대화를 방해하는 주된 문젯거리로 간주되어 왔다.[1] 바르트에 대한 비판론자들은 바르트 신학이 비그리스도교 종교들에 대해 너무 부정적이어서 풍성한 종교 간 대화를 촉진시키지 못했고, 따라서 현대신학이 "광의의 에큐메니즘"에 대해 일반적으로 무관심하게 된 책임이 있다고 주장했다.[2]

알렌 레이스(Alan Race)는 타(이웃)종교들에 대한 그리스도교의 태도들을 배타주의(exclusivism), 포괄주의(inclusivism), 다원주의(pluralism) 등 세 범주로 분류했다.[3] 그는 그중에서 바르트의 신학을 가장 극단적인 형태의 배타주의로 간주하였다.[4] 폴 니터(Paul Knitter)는 타종교들에 대한 20

---

1) Hendrik Kraemer, *The Christian Message in a Non-Christian World*(New York, NY: Harper & Row, 1938).

2) '광의의 에큐메니즘'(wider ecumenism)이란 "모든 세계 종교들 간에 일치의 논제"를 의미한다.(Peter C. Phan, ed., *Christianity and The World Ecumenism*(New York, NY: Paragon House, 1990), ix.) 또한 Eugene Hillmann, *The Wider Ecumenism*(New York, NY: Herder and Herder, 1968); 같은 저자, *Many Paths: A Catholic Approach to Religious Pluralism*(Maryknoll, NY: Orbis Books, 1989) 참조.

3) Alan Race, *Christianity and Religious Pluralism*(London: SCM Press, 1983)을 보라. 예를 들어 Gavin D'Costa, *Theology and Religious Pluralism: The challenge of other Religions*(Oxford: Basil Blackwell, 1986).

세기 신학의 태도를 네 가지 유형으로 구분하였다. 즉 ① "보수적 복음주의 모델"(참된 종교는 오직 하나), ② "개신교 주류 모델"(구원은 오직 그리스도 안에서만), ③ "로마가톨릭 모델"(길은 많으나 규범은 하나), 그리고 ④ "신중심적 모델"(중심에 이르는 여러 길) 등이다.[5] 니터 역시 바르트를 첫 번째 유형의 으뜸가는 대표자로 간주한다.[6] 존 캅(John Cobb)은 세계교회협의회(World Council of Churches)가 종교 간 대화에서 실패한 원인을 20세기 중반의 신학을 지배했던 바르트 신학이 남긴 유산의 탓으로 돌렸다.[7] 캅은 종교 간의 대화라는 매우 중요한 과제를 평가절하하게 만든 주된 책임이 바르트 신학에 있다고 말했다.

그러나 이러한 논의들은 근거가 빈약하다.[8] 우선 무엇보다도 비판자들은 바르트의 전체 생애를 통하여 맥락의 변화에 따라 그의 신학적 입장들이 계속 변화되어 온 점을 제대로 고려하지 않았다. 그들은 종종 에밀 브루너(Emil Brunner, 1889~1966)와의 유명한 자연신학 논쟁에서 바르트가 선언한 "아니요!"(Nein!)[9] 그리고 『교회교의학』 초기 작품에서 잘

---

4) Race, *Christianity and Religious Pluralism*, 11.
5) ① "the conservative Evangelical model"(one true religion), ② "the mainline Protestant model"(salvation only in christ), ③ "the Roman Catholic model"(many ways, one norm) ④ "the theocentric model"(many ways to the center). Paul Knitter, *No Other Name?: A Critical Survey of Christian Attitudes toward the World Religions*(Maryknoll, N.Y: Orbis Books, 1984). 또는 변선환 역, 『오직 예수 이름으로만?』(서울: 한국신학연구소, 1986) 참조.
6) 니터의 바르트에 대한 비판에 관해서는 같은 책, 70 이하 참조.
7) John Cobb, *Beyond Dialogues*(Philadelphia: Fortress Press, 1983), 15-21 참조.
8) David Lochhead, *The Dialogical Imperative: A Christian Reflection on Interfaith Encounter*(Maryknoll, NY: Orbis Books, 1988), 특히 9 이하와 31-39; Donald W. Dayton, "Karl Barth and the Wider Ecumenism", in Phan, *The Wider Ecumenism*, 163-89, 특히 182 참조.
9) Karl Barth, *Natural Theology*, trans. P. Fraenkel(London: The Centenary Press, 1946)

알려진 부분인 "종교의 폐기로서의 신의 계시"를 그 근거로 언급한다. (Ⅰ/2:280-361) 그러나 그들은 바르트의 이 저작물들에 대한 시대적 맥락을 간과하였다. 당시 바르트는 히틀러의 국가사회주의(NAZI)의 마성적 권력에 의해 위협을 받고 위기에 빠져 있던 유럽 그리스도교를 살리고자 신학의 정치적 해석을 시도했던 것이다. 이 당시는 바로 바르트가 고백교회운동을 이끌면서, '바르멘 선언'[10]을 저술하던 때였다. 자연신학에 대한 그의 "아니요!"라는 선언은 히틀러의 자연신학이 일반계시의 이름으로 교회에 트로이 목마처럼 잠식하는 것을 막고 빗장을 걸어 잠그려는 저항적 신학을 시도했던 것이다. 따라서 이러한 시기에 다른 세계종교들에 대한 논의는 그에게 주된 관심이 될 수 없었다. 이런 시대적 맥락을 고려하지 않은 채, 이렇게 특별한 상황에서 집필한 저작물만 가지고 비-그리스도교 종교들에 대한 바르트의 태도를 결론짓는 것은 당시 바르트 신학이 의도한 문제의 핵심을 놓친 것이다.

둘째, 바르트 신학의 주된 관심사는 항상 하느님 말씀의 역동적 영향력 아래 그리스도교 신앙 공동체의 철저한 "자기검증"과 그에 따라 필요한 계속되는 개혁(Ecclesia semper reformanda)에 있었다.[11] 최우선적으로 그의 신학은 그 당시 특히 유럽의 신앙공동체를 위한 그러한 과제에 주목하고 있었다. 한편으로는 그것이 바르트 신학의 한계이기도 하지

참조.

10) Eberhard Busch, *Karl Barth: His Life from letters and autobiographical texts*, trans. John Bowden(Philadelphia, PA: Fortress Press,1976), 235-255 참조.

11) 바르트는 『교회교의학』 첫머리에서 교의학을 "신학의 한 분야로서 교의학은 신에 대한 독특한 담론의 내용과 관련한 그리스도교 교회의 학문적 자기검증"이라고 정의 했다.(CD Ⅰ/1:3)

제5장 서설　133

만, 다른 한편으로는 그것은 그 당시 유럽의 종교·문화 제국주의에 의해 형성된 소위 '종교'를 비판한 그의 신학적 깊이를 말해 주는 것이다. 그가 "불신앙으로서의 종교"를 언급했을 때, 그 '종교'는 세계종교나 종교 일반이라기보다는 우선적으로 유럽 중산층의 시민종교를 지칭하는 것이었다.[12] 세계종교들에 대한 논제는 당시 바르트 신학의 주된 주제가 아니었다.

셋째로, 크레머의 선교학은 바르트 스스로가 후기에 결별했던 초기 저작들에 근거하고 있다. 그의 초기 저작들과는 달리 후기 바르트는 다른 종교들을 "교회 벽 바깥에(extra muros ecclesia) 있는…… 진리의 말씀들", "세상의 빛들", 또는 "천국의 비유들"이라고 오히려 긍정적으로 수용하였다.(IV/3/1:110, 136-137, 114) 더욱이 바르트의 "자유로운 문화신학"(free theology of culture)은 다른 문화의 신학자들이 그들만의 독특한 방식으로 자신들의 하느님에 대한 찬미를 표현하는 자유를 제한하지 않았다.[13] 동남아시아 신학자들이 어떻게 신학을 해야 하는지를 질문했을 때 바르트는 오히려 "따분하지 않은 신학을 하십시오!"(No Boring Theology!)라는 제목으로 다음과 같이 답신하였다.

나는 긴 생애 동안에 많은 말을 해 왔습니다. 그러나 지금 그 말들은 이야기되었습니다. 이제는 여러분들의 차례입니다. 지금은 가슴과 머

---

12) CD I/2의 소단원 제목, 297-325.
13) 이것은 신학자가 문화와의 관계에서 가질 수 있는 이중적 자유를 의미한다. 즉 문화를 비판하는 신학적 자유와 신의 자유에 상응하여서 신을 찬양하기 위하여 문화를 사용하는 자유. Robert J. Palma, *Karl Barth's Theology of Culture: The Freedom of Culture for the Praise of God*(Allison Park, PA: Pickwick Publications, 1983) 참조.

리로, 입과 손으로 여러분들이 처한 새로운, 다른, 특별한 상황에서 그 리스도교 신학자들로서 말하는 것이 여러분의 과제입니다.……
그렇습니다. 그것을 하십시오. 곧 여러분은 그리스도인으로서 신의 뜻을 위하여 해야만 하는 말들을 여러분 자신의 언어와 사상 그리고 개념들과 방식들로 책임 있게 구체적으로 말하십시오! 보다 더 책임 있고 구체적일수록, 보다 더 좋은 그리스도인이 될 것입니다! 여러분은 좋은 그리스도인과 신학자들이 되기 위하여 "유럽인"이나 "서양인"이 되려고 할 필요가 없습니다. 물론 "바르트주의자"가 될 필요는 전혀 없습니다. 여러분은 동남아시아의 그리스도인이 되는 자유를 만끽하십시오. 여러분을 둘러싼 종교들 그리고 여러분의 나라에서 지배적인 이념들과 "현실들"에 대해서 교만하지도 겁먹지도 마시고, 그렇게 하십시오! 여러분의 지역에서 긴급한 문제들에 대해서 그리고 여러분 자신의 특별한 이웃들에 대해서 마음의 문을 활짝 여십시오. 그러나 무엇보다도 우리에게 주어지고 허용된 자유 안에서 그렇게 하십시오.[14]

록헤드(Lochhead)는 "바르트의 신학은 많은 비평가들이 비판하는 것처럼 다른 전통의 공동체들과의 대화에 폐쇄된 신학은 아니다"라고 주장한다.[15] 보다 깊은 차원에서 바르트의 신학은 종교와 문화에 대해 "아니오!"(No)라고 말할 자유를 허용한다. 그것은 정확하게 그들에게 인류와 이 세상에 대한 하느님의 크신 "긍정"에 상응하여, 더욱 큰 "그렇다"(Yes)를 말할 자유가 이미 부여되었기 때문이다.[16] 사실 바르트 신학

---

14) "No Boring Theology! A Letter from Karl Barth", *The South East Asian Journal of Theology*(Autumn, 1969), 4-5.
15) Lochhead, *Dialogical Imperative*, 39.
16) "그렇다!"를 위한 "아니오!"라는 바르트 신학의 역설적 모티브에 대해서는, 바르트의 서거에 바친 융엘의 조사 참조. Eberhard Jüngel, *Karl Barth: a Theological Legacy*, trans. Garrett E. Paul(Philadelphia, PA: Westminster, 1986), 16-21, 특히 18.

은 "세상과의 어떤 대화에 대해서도 긍정적으로 열려 있는" 포괄적인 신학이다.17) 하지만 그가 경계한 것은 "대화"가 가끔 지적 사변과 신학적 추상의 자유분방한 유희가 되어 버리는 것이다. 그러한 대화를 위한 전제로 바르트는 대화 당사자들 간의 신의, 성실, 집중, 그리고 변화를 향한 결단을 진지하게 요구하였다.

바르트의 타협하지 않는 "집중"의 신학은 필연적으로 "일방적" 측면이 있지만, 그렇다고 배타적인 것은 아니다.18) 피상적으로 보면, 이러한 일방성은 어떤 대화에 있어서도 문제가 되는 것처럼 보인다. 그렇지만, 보다 깊은 차원에서 그것은 어떤 대화에도 개방되는 실질적 자유를 가능하게 한다. 예를 들어, 로마가톨릭 신학과의 관계에서 바르트는 불가피하게 반-에큐메니칼적으로 보였다. 바르트는 로마가톨릭 교리인 존재유비(analogia entis)를 "적그리스도의 창안"이라고 공격했고, 이것은 불신앙으로서의 종교에 대한 그의 논평보다 더 혹독한 비판이었다.(Ⅰ/1:xiii) 그러나 신학의 역사는 긍정적인 결과를 보여 주었다. 어떤 학자들은 바르트 신학이 "새로운 에큐메니칼 신학의 가능성"19)을 증대시키는 데 가장 중요한 기여를 했다고 인정한다.

사실 많은 로마가톨릭 신학자들은 바르트의 신학에 대해 긍정적으로 대응하여 왔다.20) 바르트 신학에 많은 영향을 받은 발타자르(Hans Urs

---

17) Lochhead, *Dialogical Imperative*, 39.
18) Jüngel, *Karl Barth*, 19; 11.
19) Hans Küng, *Theology for Third Millennium*, trans. Peter Heiengg(New York, NY: Doubleday, 1988), 267.
20) 로마가톨릭 신학자들의 바르트 신학 수용에 관해서는, 박사논문 John Mackens, "The Autonomy Theme in Karl Barth's Church Dogmatics and in Current Barth Criticism"(Universität Tübingen, 1984), 1-20 참조.

von Balthasar)는 바르트의 존재유비(*analogia entis*)와 신앙유비(*analogia fidei*) 사이의 대립은 그릇된 문제였다고 주장하였다.[21] 한스 큉(Hans Küng)은 더 나아가서, 올바로 이해한다면, 칭의론 전체에 대해 바르트와 로마가톨릭교회 사이에는 근본적인 일치가 있다고 주장하였다.[22] 큉이 주장한 "이러한 관점에서 보면, 개신교와 가톨릭 사이의 분열에 대한 근거는 더 이상 없다."[23]

일방적인 면이 있다 할지라도, 바르트의 신학은 "결코 일차원적이지 않다."[24] 이러한 일방적이라는 시각에서만 본다면, 비판자들의 주장대로 바르트 신학은 진부하고 시대착오적이라고 비난받을 수도 있다. 그러나 다차원의 다른 시각에서 파악한다면, 그의 신학은 대화를 위한 새로운 가능성을 여는 데 도움이 된다는 것을 발견하게 된다. 그래서 큉은 바르트를 "신학에 있어서 포스트모던 패러다임의 주요 창시자"라고 불렀다. 그럼에도 불구하고 그의 신학은 강점과 약점을 동시에 갖고 있는 하나의 패러다임일 뿐이다. 바르트는 포스트모던 신학 패러다임의 한 창시자이지 "완성자"는 아니다.[25] 바르트 자신도 "『교회교의학』이 결론이 아니라, 새로운 공동의 토의를 여는 서막으로 나는 이해한다"고 말했다.[26]

---

21) Hans Urs von Balthasar, *The Theology of Karl Barth*, trans. John Drury(New York: Holt, Rinehart and Winston, 1971) 참조. 또한 Macken, "The Automony Theme", 13-16. 그리고 Küng, *Third Milennium*, 266 참조.
22) Hans Küng, *Justification: The Doctrine of Karl Barth and a Catholic Reflection*, trans. Thomas Collins et al.(New York, NY: Thomas Nelson & Sons, 1964) 참조. 또한 Küng, *Third Milennium*, 267 참조.
23) Küng, *Third Milennium*, 267.
24) Jüngel, *Karl Barth*, 11.
25) Küng, *Third Millennium*, 271; 273; 275.

바르트의 신학이 남긴 유산을 재검토하면서, 큉은 "그의 신학의 광대한 주제와 엄청난 풍요함을 현대의 장으로 끌어들이고, 세계종교들과 지역들의 맥락 안에서 그것을 새롭게 논의하는 구성적 방법"으로서 "바르트를 비판적이고 공감적으로 다시 읽기"(critical-sympathetic rereading)를 제안하였다.27) 이것을 우리는 광의의 에큐메니즘의 맥락 안에서 바르트에 대한 "창조적 다시 읽기"(creative rereading)라고 간단히 칭할 수 있을 것이다. 특별히 종교 간 대화의 맥락에서 바르트의 "창조적 다시 읽기"는 "신학적 차원을 괄호로 묶어 놓는" 신학적 판단유보(theological bracketing)가 필요할지도 모른다.28) 로버트 팔마(Robert Palma)는 바르트가 그의 문화신학에서 이따금씩 신학적 차원을 배제하는 것을 주목하였다.29) 한스 프레이(Hans Frei)는 그것을 바르트의 "세속적 감수성"(secular sensibility)이라고 칭했다.30) 특히 바르트 신학과 "비-유신론적"31)인 동아시아 종교들과의 대화를 발전시키기 위해서는 그러한 세속적 감수성의 신학적 판단유보를 더 확장하는 것이 요구될 수 있다. 이와 관련하여 록헤드의 "신실한 불가지론"(faithful agnosticism)이라는 제안은 적절하며 유용하다.32) '신실한 불가지론'이란 종교 간 대화를 위하여 다른 종교들의 선험적

---

26) *The Christian Century*(1963), no.1, 7 이하. Küng, *Third Millennium*, 283에서 재인용.
27) Küng, *Third Millennium*, 283.
28) R. Palma, *Karl Barth's Theology of Culture*, 10-14 참조.
29) 같은 책, 13.
30) R. Palma, *Karl Barth's Theology of Culture*, 11, 13; Hans Frei, "Karl Barth-Theologian", in *Karl Barth and the Future of Theology*, ed. David L. Dickermann(New Haven, CT: Yale Divinity School Association, 1969), 8 이하 참조.
31) 이 표현은 단순히 명시적으로 유신론적이 아닌 종교를 말한다. 그렇다고 그러한 종교들이 신학적이나 유신론적 차원이 없다는 것을 의미하지는 않는다.
32) Lochhead, *Dialogical Imperative*, 40-45 참조.

주장들에 대한 평가를 유보하는 것을 뜻한다. 그러므로 그것은 선험적 판단유보(*a priori* bracketing)의 필요성을 제안한다. 즉 다른 종교들과 적절한 대화를 위해서 신앙전통들에 대한 선험적 차원들에 대해 일시적으로 괄호 묶기를 하는 것이다.[33)]

2. 패러다임 전환: 복음과 율법

하느님의 말씀(성경)은 신의 계시로 믿어지며, 그리스도교 신앙의 원천이며 근거이고, 그리스도교 신학의 출발점이다. 루터(Martin Luther)는 하느님의 말씀을 일반적으로 수용되어 온 '율법과 복음'의 순서로 구분했다. 그러나 이 순서는 신학적 이원론과 인간론적 편협성을 유발시켰다. 바르트는 그것을 '복음과 율법'의 순서로 반전시켰다. 이 반전은 바르트가 기여한 중요한 패러다임 전환들 중 하나이며, 그것은 바르트 신학의 중요한 한 특성인 신학과 윤리의 합일성을 담지할 수 있게 하였다.[34)]

---

33) 같은 책, 44. 또한 Karl Rahner, "The Searching 'Memory' of All Faith is Directed Towards the Absolute Savior"; "The Question about the Concrete History of Religion", in *Foundations of Christian Faith: An Introduction to the Idea of Christianity*, trans. William V. Dych(New York, NY: Crossroad, 1987), 318-21 참조.

34) 이 반전에 대해서는 E. Jüngel, "Gospel and Law: The Relationship of Dogmatics and Ethics", in *Karl Barth*, 105-126 참조. 본서에서는 신학과 교의학을 호환하여 사용하고 있다.

1) 루터의 율법과 복음의 교의

종교개혁가 마르틴 루터는 율법과 복음의 구분이 "우리가 알아야 할 그리스도교 최고의 예술"이라고 주장했다.[35] 그리고 "그리스도교 교리를 율법과 복음의 두 부분으로 나누는 방법을 따르는 것보다 순수한 교리를 보존하고 전수하는 더 좋은 방법은 없다"고 주장했다.[36] 이러한 구분이 없다면, 하느님의 말씀은 복음이 율법으로, 또는 율법이 복음으로 혼동될 수 있다. 루터는 당대의 로마가톨릭교회와 급진적 개혁자들의 교리에서 그러한 혼동에 대한 두 가지 예를 보았다.

우선 로마가톨릭 신학은 복음을 율법으로 혼동하였다. 면죄부 판매가 복음의 진리에 맞선 로마가톨릭의 왜곡을 보여 주는 명백한 본보기였다. 구원은 순전히 신의 선물이며, 칭의는 행위로서 성취될 수 없으며, 오직 믿음으로만 가능하다. 그럼에도 불구하고 로마가톨릭 신학은 환원될 수 없는 복음을 율법의 조항 아래 예속시켰다. 반면에 토마스 뮌처(Thomas Münzer, ca.1490~1525)와 같은 급진 개혁자들은 성서 안에서 율법에 속한 본문들을 복음에 관한 것으로 혼동하였다. 예를 들어 다윗에게 전쟁을 치르도록 명령하신 신의 말씀은 복음을 선포해야 할 의무가 있는 강단의 목회자에게 그대로 적용될 수는 없는 것이다. 루터의 주장에 따르면, 십계명을 포함한 성서의 율법은 항상 특정한 명령이 적용되는 특별한 맥락과 특정한 명령을 수임 받는 특정인이 있기 때문에 율법과 복

---

35) *D. Martin Luthers Werke, Kritische Gesamtausgabe*(Wiemer: Hermann Böhlau, 1883-2009) [WA: The Weimer Edition of Luther's Work] 36, 9; Jüngel, *Karl Barth*, 105에서 재인용.

36) WA 39/1, 361; Jüngel, *Karl Barth*, 110에서 재인용.

음의 구분은 참된 그리스도교 신학을 위한 "해석학적 기준"(hermeneutical criterion)인 것이다.[37]

루터는 율법과 복음을 능동성과 수동성이라는 견해에서 구분하고 있다. 율법 안에서 하느님이 우리에게 행동할 것을 명령하시기 때문에 우리는 능동적인 행위자들이다. 복음에 있어서는 하느님만이 행동하심으로 우리는 단순히 하느님의 행위에 대해 수동적인 수령자일 뿐이다. 루터의 문제는 "지금 여기서 나를 향한 하느님의 말씀은 무엇인가?"라는 실존적인 물음에 있다. 그의 경험에 따르면, 율법은 양심을 통하여 신의 주권을 선포한다. 양심의 힘을 통해 율법은 우리를 죄인으로 정죄하며, 우리를 절망케 한다. 더욱이 율법은 복음을 방해해서 예수 그리스도의 이야기가 율법의 한 조항으로 축소될 수 있게 한다.

그럼에도 불구하고 루터가 주장하는 핵심적인 논점은 참된 실체가 이 율법이 아니라 복음, 즉 구원의 복된 소식이라는 것이다.[38] 오직 복음만이 율법과 복음을 올바르게 구분할 수 있는 힘을 가지고 있다. 이러한 구분의 정당한 근거로서의 복음은 율법의 한계를 명백하게 보여 준다. 루터는 두 가지 차원에서 율법의 역할을 제창한다. 곧 율법의 첫째 역할(정치적)은 세상을 통치하고 제한한다. 둘째 역할(신학적)은 우리가 율법의 파괴자이자 죄인임을 깨닫게 해 준다.[39] 그러나 율법과 복음의

---

37) Otto Weber, *Foundations of Dogmatics* vol.2, trans. by Darrel L. Guder(Grand Rapids: Wm B. Eerdmans Publishing Co., 1983), 366.

38) Luther, WA, 19-21. 또한 Jüngel, *Karl Barth*, 109 참조.

39) "Lectures on Galatians"(1535), in the *American Edition (LW) of Luther's Work*(St Louis, MO: Concordia Publishing House, and Philadelphia: Fortress Press, 1955-1976), vol.26, 336-37. 율법의 정치적, 신학적 사용에 대해서는 Weber, *Foundations*, 381-398 참조.

교의는 신론에 있어서 불행한 함의를 담고 있다. 율법에서의 진노의 신과 복음에서의 은총의 신을 구분해야만 한다는 것이다. 물론 율법과 복음은 그런 신 안에서 통일성을 이룰 수 있다. 그러나 루터에 따르면, 그것은 변증법적 통일성이다.

2) 바르트의 복음과 율법의 반전

바르트의 주된 관심사는 율법과 복음 사이의 올바른 구분이 아니라, 양자의 올바른 관계에 있다.[40] 바르트의 후기 신학에서,[41] 하느님의 명령으로서의 윤리적 명령은 하느님의 존재와 행위에 대한 교리적 질문을 전제하는 것이다. 신의 존재와 행위에 대한 지식은 오직 복음으로부터 얻어질 수 있다. 그러므로 신의 명령으로서의 율법은 실제로 복음에서 기원한다. 바르트가 율법과 복음의 전통적인 순서를 복음과 율법으로 바꾸어 놓은 것은 이러한 논리에 의해서이다. 그의 논문 「복음과

---

40) 바르트는 그의 『교회교의학』에서 신의 말씀을 세 가지 양태, 즉 계시, 성서 그리고 선포로 규정하였다.(CD I/1:4, 88-124 참조) 루터는 신의 말씀의 두 형태로서 서로 대립되고 모순되는 율법과 복음의 변증법적 관계를 설정하였다. 바르트는 신의 동일한 행위(구원경륜)의 다른 표현(모멘트)으로서 서로 상응하는 하느님 말씀의 세 양태의 유비적 관계로 표현하였다. 이러한 모멘트들은 서로 구별된다 하더라도 삼위일체 하느님에 대한 유일한 유비로서, 즉 유일한 삼위일체의 흔적(vestigium Trinitatis)으로서 통일성 안에 있다.

41) 바르트는 그의 생애 전체를 통하여 끊임없이 신학적 입장을 발전시켜 왔다. 그의 후기 신학이란 대략적으로 1927년 이래로 발전시킨 교의학을 말한다. 융엘은 바르트의 생애를 다음 세 시기로 구분한다. 즉 ① 초기신학(1919년, 『로마서주석』 초판까지), ② 변증법적 신학(1927년, The Christian Dogmatics in Outline 까지), 그리고 ③ 교의신학(『교회교의학』과 다른 저작들). Jüngel, "Barth's Life and Work", in *Karl Barth*, 22-52 참조. 보다 자세한 바르트의 생애에 대해서는, Eberhard Busch, *Karl Barth: His Life from Letters and Autobiographical Texts, trans. John Bowden*(Philadelphia, PA: Fortress Press, 1976) 참조.

율법」에서 바르트는 말했다.

> 누군가가 실제로 그리고 진정으로 율법을 먼저 말하고 그러고 나서 이
> 것을 전제로 복음을 말한다면, 그의 의도가 아무리 선하다 할지라도
> 그는 하느님의 율법을 말하는 것이지, 하느님의 복음을 말하는 것이
> 아니다. 이러한 일반적인 방식은 가장 적절한 경우라 하더라도 모든
> 것들을 아주 모호하게 덮어 버리는 것이다.[42]

인간에게 값없이 그리고 공로 없이 선물로 주어진 은총은 모든 상황
에서 하느님 말씀의 내용이다.[43] 복음과 율법이라는 하느님 말씀의 이
중성은 오직 양자의 통일성(은총)의 맥락에서만 적절하게 표현될 수 있
다. 바르트는 하느님 말씀의 이 두 양식 사이의 대비가 하느님 자신의
존재 내에서 이원론에 이르는 것을 두려워하였다. 예컨대, 은총의 신과
진노의 신, 그리고 계시된 신과 숨겨진 신 사이의 갈등에 빠지는 것을
두려워하였다. 루터의 율법과 복음의 교의는 융엘이 "이원론적 위험성"
이라고 불렀던 그러한 이원론적인 경향을 위험스럽게 유발하였다.[44]
율법의 하느님이 곧 복음의 하느님임을 주장하면서 바르트는 이러한
이원론을 거부하고, 전통적 순서를 복음과 율법의 순서로 전환시켜 놓
았다.

전통적 순서를 복음과 율법으로 전환시킨 것은 바르트의 죄론에서

---

42) Karl Barth, "Gospel and Law", in *Community, State and Church*(Garden City, NY: Doubleday, 1960), 71-100(71).
43) 같은 책, 72 참조.
44) Jüngel, *Karl Barth*, 113.

명백하게 나타난다. 『교회교의학 4권: 화해론』에서 바르트는 죄의 세 형태—교만, 태만, 거짓됨—를 그리스도론의 세 형태—종으로서의 주님(Ⅳ/1), 주님으로서의 종(Ⅳ/2), 그리고 참된 증인(Ⅳ/3)—에 종속시킨다. 교의학의 역사에서 이러한 구성은 혁명적인 전환을 표출하는 것이다. 전통적 교의학은 일반적으로 그리스도론 앞에 죄론을 두고 있다. 그러나 인간은 복음 안에서의 계시적 지식이 없이는 자신의 악의 실체를 알 수 없다. "인간은 자신이 죄인이라는 지식을 인식을 할 수 없다. 왜냐하면 그는 (이미) 죄인이기 때문이다."(Ⅳ/1:360-61) 복음으로부터 그리고 예수 그리스도로부터 분리된 율법은 필연적으로 복음을 통하여 예수 그리스도 안에 나타난 하느님의 계시와는 동떨어진 신 개념에 이르게 된다. "이러한 하느님과 그의 율법은 결코 무해한 허구가 아니다. 왜냐하면 율법 안에서 참되신 하느님은 무시당하고 하느님의 참된 율법은 그 내용이 공허하게 되기 때문이다."(Ⅳ/1:365) 죄에 대한 진정한 인식은 자연법에 의해서가 아니라, 오직 예수 그리스도의 복음을 통한 신에 대한 지식에 의해서만이 파악될 수 있다. "인간은 신의 은총을 대면할 때, 자신의 죄가 드러나고, 그 자신이 죄인이라는 사실을 알게 된다."(Ⅳ/2:381)

복음과 율법이 올바르게 순서 매김이 될 때만 우리는 "죄가 율법으로 우리를 속이고 따라서 율법에 대해서도 속임을 당하고 있다"는 사실을 알게 된다. 이러한 속임수로 인해 "선한 법이 '죽음과 죄의 법'(롬8:2)이 되고, 신의 진노의 집행자가 된다."(롬4:15) 그럼에도 불구하고 복된 소식은 "우리의 탐욕으로 인해 무시되고 공허해지게 된다 할지라도, 율법은 신의 율법이며 신의 율법으로 남는다"는 사실이다. 만일 하느님의 복음이 들어가고, 율법이 복음의 진정한 일부가 된다면, 죄의 현실성에

도 불구하고 복음이 "진짜 죄인들을 위한 실로 기쁜 소식"으로서의 그 기능을 수행한다. 죄는 복음과 율법의 일체성을 모호하게 할 수는 있지만, 그것을 파괴할 수는 없다. 이와 같은 죄의 가리개를 드러내면서, 복음과 율법과의 참된 관계성 안에서의 일체성은 율법으로 하여금 복음의 형태로서 그 진정한 역할을 수행할 수 있게 해 준다. 바르트의 요점은 "율법은 바로 그 내용이 은총인 복음의 필수적인 형식"이라는 것이었다.[45] 바르트는 이러한 관계를 묘사하기 위해 언약궤의 공간적 이미지를 사용했다. 즉 "십계명이 새겨진 구약의 언약궤처럼, 자유로우신 하느님에 의한 그리고 하느님을 위한 인간해방의 복된 소식으로서의 복음 자체는 은혜로운 명령을 포함하는 은총의 약속인 하느님의 진정한 율법의 성격과 형식을 또한 지니고 있다."(IV/3:369)[46]

하느님과 인간은 신의 뜻에 따라 언약의 관계를 가진다. 언약의 주님으로서의 하느님은 실제로 죄인인 인간들에게 구원을 약속하실 뿐만 아니라, 성육신하신 하느님의 아들인 예수 그리스도에 대한 '그'의 심판을 통하여 구원을 허락하신다.[47] 이것이 율법의 성격과 형식을 지니고 있는 복음이다. 바르트 신학의 출발점은 인간에 대한 하느님의 자기입증이다. 그러므로 하느님의 기본적 술어로서의 복음과 율법은 인간론

---

45) Barth, "Gospel and Law", 89; 94; 95; 80. 융엘은 바르트의 논지를 다음과 같이 요약하였다. "① 단지 복음만이 무엇이 하느님의 율법으로 수용되어야 하는지를 결정한다. ② 역시 율법이 그러한 것처럼, 인간에게 즉각적인 순종을 요구하지 않는 복음은 없다. ③ 복음은 하느님의 은총 안에서 인간에게 선포된 하느님의 말씀이다. ④ 율법은 하느님의 은총을 위하여 인간에게 요구하시는 하느님의 말씀이다. ⑤ 은총은 복음이라는 '내용'으로 표현되고, 율법이라는 '형태'의 은혜로운 명령으로 표현된다."(Karl Barth, 117)
46) Barth, "Gospel and Law", 80.
47) 본서에서 '그'라는 대명사는 어떤 특정한 성(gender)을 지칭하지 않는다.

적으로 관계된다. 그러나 루터는 우선 율법과 복음을 하느님 앞에서의 인간존재를 서술하는 범주로서 간주한다. 바르트는 인간성 안에 계시는 하느님을 말하기 전에, 하느님 현존 안에서의 인간을 말하고 있기 때문에 그것을 수용할 수 없었다. 인간성 앞에 계시는 하느님은 먼저 신의 현존 안으로 인간을 이끌어 가고, 신의 현존 안에 있는 인간존재의 '원-역사'를 구성한다. 루터는 인간존재의 변증법에 보다 편향되어 율법과 복음 사이의 적절한 구분에 초점을 맞추었다. 그러나 바르트는 하느님의 존재, 의지, 행위의 궁극적 실재성 안에서의 통일성 그리고 신학의 구체적 출발점인 하느님 말씀의 여러 형태들 사이의 통일성에 우선적으로 관심을 가지고 복음과 율법의 역동적인 관계에 초점을 맞추었다.

바르트에게 있어서 하느님의 율법은 무엇보다 인류를 향한 하느님의 은혜로우신 의지의 구현이다. 하느님의 "사랑의 태도는 하느님을 향한 인간의 상응하는 태도를 주장하고 요구하신다."[48] 바르트는 신론의 한 부분인 은총의 선택론을 "복음의 종합"이라고 한다.(II/2:3) 이러한 맥락에서 "복음의 형식으로서의 율법"은 "선택하시는 하느님을 통하여 인간에게 오는 성화"의 규범을 의미한다.(II/2:509) 그러므로 융엘은 "바르트의 복음과 율법에 대한 입장은 타락전선택설(supralapsarian)"이라고 말한다.[49] 전통적으로 교의학은 성화론을 단순히 칭의론의 결과 또는 함의로서 취급하고 있다. 그러나 바르트 신학에서 하느님의 은혜로우신 선택은 칭의보다 우선하며, "성화는 이미 선택에 속한 것이다."[50]

---

48) Jüngel, *Karl Barth*, 119.
49) 일반적으로 타락전선택설(supralapsarianism)은 아담의 타락 이전에 신이 개인들을 선택하셨다는 것을 의미한다. 바르트는 칼뱅주의의 이중예정설을 거부하면서, 이러한 입장의 선택에 보다 포괄적인 의미를 부여하였다. 같은 곳 참조.

바르트는 성화가 단지 그리스도인에게 뿐만 아니라 전 인류에게 보편적으로 주어진 신의 사랑과 은총의 선물이라고 한다. 은혜로운 선택이라는 신의 의도는 선택하시는 신이자 선택된 인간인 예수 그리스도(복음) 안에서 성취된 신의 계시에서 절정을 이룬다. 신의 선물로서의 이러한 신의 의도는 그에 상응하는 인간의 행동(율법)을 주장하고 요구한다.

신학은 신에 관한 특별한 담론이기 때문에, 바르트 신학의 논리는 신의 행위로부터 온다. 신의 행위, 즉 인류에 대한 신의 영원한 선택은 모든 인간의 계획을 선행하며, 따라서 신은 인간성에 대한 자신의 주장을 확립하신다. 그러므로 신께 상응하는 인간에 대한 담론은 특정한 신학적 담론의 불가결한 한 부분이다. 은총의 선택론에서, 바르트는 신론의 한 부분으로서 신학적 윤리의 기반을 포함시킨다. 선택이 복음의 종합으로서 포괄적 개념인 만큼 (선택에 속하는) 성화는 배타적으로 거듭난 자를 위한 것만이 아니라 보다 포괄적인 개념이다. 선택은 우리를 신의 언약의 동반자로서 완전한 인간이 되고 존재할 수 있게 하기에, 성화는 다름 아닌 우리의 참된 본성을 실현하는 우리의 응답행위, 즉 인간화이다. 율법은 우리에게 우리가 선택받은 것(복음의 종합)에 상응하여 살기를 요구한다. 이것이 곧 우리의 성화이다.

---

50) 같은 곳.

3. 신학과 윤리의 합일성

바르트가 하느님 말씀의 두 양식의 전통적인 순서를 복음과 율법으로 바꾸어 놓음으로써, 신학적 윤리는 교의학의 한 부분으로 포함되기에 이르렀다. 언약의 주님으로서 하느님은 복음 안에서 인류에게로 향하고 만나시는 반면, 하느님은 또한 그 자신을 위하여 인간에게 그에 상응하는 응답을 요구하신다(율법). 하느님은 예수 그리스도의 성육신과 십자가에 못 박히심을 통해서 그 자신을 인간으로 낮추신 반면(신학), 하느님은 인간에게 거기에 상응하는 복종을 요구하신다(윤리).

더욱이 바르트 신학 안에는 내용이 항상 형식에 선행한다는 원리적인 모티브가 있다.[51] 복음의 형식으로서의 율법은 그 내용인 복음에 우선할 수 없다. 이것은 중요한 인간론적 함의를 지닌다. 바르트는 인간 존재를 신적 존재에 대한 자신의 이해에 상응하여 인식한다. 즉 "행동 안에 있는 존재, 행동하는 존재, 행동성"이다.[52] 바르트는 "한 인간으로서 존재하는 것은 행동하는 것을 의미한다. 그리고 행동이라는 것은 선택하고 결정하는 것을 의미한다"고 말한다.(Ⅱ/2:535) 그는 인간을 "말씀을 행하는 자"(Ⅰ/2, 18.1)로 정식화한다. 즉 "그 자체로 존립하는 것이 아니라 주체의 편에서 특정한 행위를 통하여 존립하는" 존재를 말한다.(Ⅰ/2:369) 인간은 "끊임없이 자유로운 결단과 결정을 내리는 행동 속에서 자신의 존재를 실현한다." 그러므로 그 본질은 "그것 없이는 인간일 수

---

51) 같은 책, 121.
52) 같은 곳.

도 없는 자기-결정 바로 그것이다."(I /2:364)[53]

바르트는 복음과 율법의 관계를 인간적 유비를 사용하여 이해하였
다. 만일 복음이 "인간 삶의 내적…… 측면의 결정성"과 관계되어 있다
면, 율법은 "외적…… 측면의 결정성"에 관계되어 있다.(I /2:369) 하느님
의 말씀은 내면성과 외면성의 합일성 안에서의 우리의 자기-결정을 요
구한다. 융엘은 "'내면'은 이미 '외면'에서 드러난다. 인간은 자신의 행
위 안에서 분명해진다. 인간존재는 자기-결정에서 분명해진다.…… 사
람의 인격은 자신의 행위에서 분명해진다"고 설명했다.[54] 말씀을 듣는
자로서의 그리스도인이 된다는 참된 의미는 말씀을 행하는 자가 된다
는 것이다. 진정한 그리스도인으로서 존재하고 된다는 것은 들음(존재)
과 행함의 일치를 전제한다. 바르트는 내면과 외면의 인간론적 이원론
을 거부하고, 인간존재의 일체성의 유비 안에서 존재와 행위의 불가분
리성을 주장하였다. "참된 들음인 말씀을 행함으로써 우리는 구원받고
축복을 받는다. 그리고 그것이 다름 아닌 바로 신의 선하시고 기뻐하시
는 목적이다."(I /2:366)

이것은 루터의 신학이 갖고 있지 않는 차원이다. 오토 베버(Otto Weber,
1902~1966)는 이것을 루터의 "인간론적 편협성"이라고 칭하였다.[55] 루터
는 듣고 믿는(이신칭의) 것만을 강조함으로써 행함의 필수적인 차원을 축
소시켰다. 루터에게 있어서는 사람이 행위자로서의 존재 이전에 신의

---

53) 그러나 이것은 사실상 실존주의와 같은 철학적 인간론을 의미하는 것은 아니다. 이
   러한 이해는 바르트의 신론에서 직접적으로 파생된 것이다.
54) Jüngel, *Karl Barth*, 122.
55) Weber, *Foundations*, vol.2, 377. 가장 두드러진 측면은 루터 신학이 율법의 세 번째
   용법(율법의 적극적 사용)이 결여되어 있다는 것이다. 같은 책, 393-398 참조.

행위의 수용자로서 의롭다함을 인정받을 수 있다. 바르트도 "우리의 회심에 있어서 우리 자신의 의지 이외에는 어떠한 협력도 있을 수 없다"[56)는 것에 동의한다. 그러나 협화신조(Formula of Concord, 1577)가 언급하는 대로 성령이 우리의 인간성에 역사하신다. 사람은 성령의 새롭게 하시는 능력을 통하여 신의 행위의 대상이 된다. "회심한 사람은 선한 일을 자발적으로 행하기 때문에 (성령의 역사는) 강제나 강압이 아니다." 바르트는 이러한 자발적 동시성을 "신의 행위의 결과일 뿐만 아니라, 신에 의해 합리적이고, 자기 결정적이며, 행동하는 피조물로 변화된 인간의 존재론적 성격에 근거한 것"으로 이해한다.[57) 우리의 자기-결정은 신의 행하심과의 만남에 따르는 강제적인 결과가 아니라, 오히려 존재론적으로 "그 가능성의 총체성 안에서 우리의 자기-결정의 행위 안에서 결정된" 존재의 상응하는 문제이다.(I /2:266)

루터는 복음이 "우리를 우리 자신으로부터 낚아채어 우리 자신 바깥에 위치시킨다"고 말한 것처럼, 복음을 인간의 수동성과 수용성에 의해서만 이해하였다.[58) 루터에게 있어서는 그렇게 낚아채어진 상황이 말씀을 듣는 자로서의 인간에 대한 기본적인 패러다임이다. 그러나 바르트는 다른 패러다임을 주장한다. 인간은 행동과 자기-결정으로 정의되기 때문에, 그의 신학적 인간론은 즉각적으로 복음이 인간의 행동을 명령하는 율법의 형태로 변화된다는 것을 인증한다. 복음의 효용성은 인간 행위들을 위해 어떠한 여지도 허락되지 않는 낚아챔 혹은 도약이

---

56) I /2, 364. Jüngel, *Karl Barth*, 123에서 라틴어 영역 재인용.
57) Jüngel, *Karl Barth*, 123.
58) LW, 26. 387. Jüngel, *Karl Barth*, 123에서 재인용.

기보다는 오히려 "참된 들음인 말씀을 행함"으로써 인간 편에서부터 실제로 상응하는 행위이다.(Ⅰ/2:366) 루터는 복음을 모호하지 않은 것으로, 율법을 모호한 것으로 보았다. 바르트는 이러한 관점을 거부한다. 융엘은 바르트의 입장에 대해 평가하기를, "생명과 구원을 가져다주는 모호하지 않은 복음은 또한 이미 모호하지 않은 율법을 동반한다. 그리고 이 율법은 선택에 대한 하느님의 근원적인 결정에 상응하는 결정에로 우리를 이끄는 기능을 한다."[59] 루터 신학에서는 오직 신만이 행하시고, 우리는 단지 받아들일 뿐이다. 그러나 바르트 신학에서는 바로 하느님이 행하시기 때문에 우리는 정확하게 그에 상응하는 인간행위로서 응답하여야만 한다. 복음은 이 "(신적) 결정에 상응하는 인간의 자기-결정"에 따라 행동하는 새로운 인간성을 창시한다.(Ⅱ/2:510)

만일 복음이 신의 행위에 따른 새로운 인간성을 지시한다면, 율법은 그에 상응하는 인간의 행위를 목표하고 있다. 그러므로 율법의 교리 또는 신의 명령으로서의 윤리는 교의학과 신학으로부터 분리될 수 없다. 인간은 신의 행위에 상응하는 행위자로서 행동하기 때문에, 인간 행위의 선함이란 주제는 신의 명령에 대한 교의의 한 부분이 되었다. 그러므로 신학적 윤리는 교의학의 한 부분이다. 바르트는 신학적 윤리학이 한 독립적 학문분야라는 것을 거부하였는데, 그것은 독립적 윤리는 신학을 인간론의 술어로 만들기 때문이다. 즉 "독립적인 윤리적 체계는 항상 마지막에는 일반 인간론에 의해 결정되기 때문에, 이것은 불가피하게 교의학 자체와 신학 전체가 단순하게 응용 인간론이 됨을 의미하

---

59) Jüngel, *Karl Barth*, 124.

게 한다."(Ⅰ/2:783) 그러나 바르트가 교의학 안에 윤리학을 포함시킨 것은 교의학을 위하여 윤리학의 한계를 설정하는 것을 의미하지 않고, 오히려 그 반대로 그것에 대한 완전한 인정을 의미한다. 하느님의 말씀은 인간의 실존과 신학적으로 관련을 갖게 된다. 인간은 행동하는 존재로서 이해되기 때문에, 신의 말씀을 다루는 교의학은 "윤리적 문제를 제기하고 또는 오히려 그것을 가장 특징적인 문제로서 인식하거나 취급하게 된다."(Ⅰ/2:793) 그러므로 "교의학 자체는 윤리학이어야만" 하고 "윤리학은 단지 교의학일 수 있다."(Ⅰ/2:795) 바르트는 다음과 같이 말했다.

① (교의학과 윤리 사이의) 분리는 단지 성격상 기술적인 문제이지, 원리와 방법에 근거하고 있는 것은 아니다. ② 윤리와 분리된 교의학은 그러므로 윤리적 문제들과 철저하게 관계되도록 해야 한다. ③ 교의학과 분리된 윤리는 그러므로 교의학에 철저하게 종속되도록 해야 한다.(Ⅰ/2:795)

이후 모든 『교회교의학』에서 바르트는 이 제안을 실천하였다. 그는 각 권의 결론 부분에서 하느님 명령의 교의로서 윤리를 신론의 한 부분으로 종속시켰다.[60] 신론(내용)은 신학적 윤리(형식)의 내용적 근거를 구성한다. 신의 의도는 인간 편으로부터의 상응하는 행동을 요구하신다. 구체적으로 신의 은혜로운 선택에 있어서 신은 그 자신이 인간에 대하

---

60) 『교회교의학』의 각 권에서—창조론(CD Ⅲ), 화해론(CD Ⅳ), 계획하였으나 저술을 완성하지 못한 구속론(CD Ⅴ)— 바르트는 교의학의 한 부분으로서 윤리의 상응하는 주제들을 포함시켰다. 즉 "창조주 하느님의 명령", "화해자 하느님의 명령" 그리고 역시 저술되지 못한 "구속자 하느님의 명령" 등이 그들이다.

여 책임 있는 존재가 되신다. 선택은 신적 태도의 본질이며, 따라서 복음의 종합이다. 그러므로 신은 그리스도 안에서 완전하게 성취된 율법(복음의 형식)을 실현하기 위해 상응하는 행동을 인간에게 요구하신다. 바르트는 창조론, 화해론, 구원론에 관한 각 권의 말미에 창조자, 화해자, 구원자의 명령으로서의 윤리적 장을 포함시켰다. 그리하여 그는 "명령하시는 신의 입장으로부터 명령받는 인간의 입장으로"[61] 강조점의 명백한 전환을 이룩했다.

이 구조 속에서 성화의 규범으로서의 율법과 성화의 구현으로서의 윤리는 바르트 신학의 중요한 뼈대를 이룬다. 이렇게 교의학 내에 윤리를 포함한 것이 바로 바르트 신학이 "종교개혁 이래로 드물게 정치적 영향을" 끼칠 수 있게 한 근본적 이유였다고 하겠다.[62] 바르트의 결코 타협하지 않는 교의학이 매우 강력한 정치신학을 산출하였다는 것은 놀라운 일이 아니다. 이미 우리는 바르트의 철저한 개혁신학이 가톨릭 신학에서조차 하나의 보편적인 신학으로 받아들여진 유사한 케이스를 에큐메니칼 대화에서 보았다.

이 장은 바르트의 성화론을 본격적으로 다루는 다음 장들에 들어가기 위한 서론이라고 하겠다. 하느님의 말씀이 바르트 신학의 유일한 구체적 출발점이기 때문에, 복음과 율법 순으로의 패러다임 전환과 신학과 윤리의 일체성에 대한 주장은 바르트 성화론의 기본적인 골격을 구성한다. 다음 장들에서 우리는 신학적 입장과 세속적 감수성 사이의 긴장 속에서 계속적으로 분투하는 모습을 보게 될 것이다. 칭의와 성화,

---

61) Jüngel, *Karl Barth*, 126 참조.
62) 같은 곳.

믿음과 사랑 등 교의적 양극성 사이를 끊임없이 오고 가면서도, 바르트는 그리스도론적 통일성의 기초를 굳게 고수함으로써 그러한 이원론을 극복한다.

4. 성화와 칭의

바르트의 『교회교의학』 4권에 나오는 화해(reconciliation)론은 삼위일체적 구조로 제1부 칭의(justification)론, 제2부 성화(sanctification)론, 그리고 제3부 소명(vocation)론으로 구성되어져 있다. 그러므로 성화론은 『교회교의학』 4권 2부에서 화해론의 한 부분으로 다루어진다. 복음과 율법의 모형전환은 바르트의 화해론에서 현저하게 나타난다. 칭의론, 성화론, 그리고 소명론은 각각 그리스도론으로 시작되어 죄론, 구원론, 교회론, 그리고 마지막으로 그리스도교 윤리(4권 4부)로 연결되어 건축학적 구조로 교의 미학의 절정을 이루고 있다.[63)]

---

63) 첫째, 그리스도론은 삼중적 모멘트 또는 운동에 따른 삼중적 표현으로 나타난다. ① 종으로서의 주님(the Lord as Servant), 그분의 비하(humiliation) 안에서 나타나는 그분의 신성이 곧 칭의론의 근거이다. ② 주로서의 종(the Servant as Lord), 그분의 고양(exaltation) 안에서 나타난 그분의 인성이 곧 성화론의 근거이다. ③ 참 증인(the True Witness), 중보자로서 신인의 일치가 곧 소명론의 근거이다.
둘째, 이러한 삼중적 모멘트들은 탕자의 비유에 나오는 탕자를 그리스도에 연관시켜 비유적으로 표출한다.(눅15:11-32) ① 하느님의 아들의 타향살이(self-emptying), ② 사람의 아들의 귀향(exaltation), ③ 생명의 빛(the unity of both states).
셋째, 바르트는 이들을 개신교의 전통적 교리에 입각한 그리스도의 삼중적 직분론에 연결시킨다. ① 칭의는 재판관이 우리를 대신하여 재판받는 격인 하느님의 아들의 순종함에 근거한다.(제사장) ② 성화는 사람의 아들이 왕적 인간성으로 고양됨에 뿌리를 두고 있다.(왕) 그리고 ③ 소명은 승리자 예수로서 중보자의 영광에 관련되어 바르트는 성화를 화해론의 "두 번째 주제와 문제"로 간주한다.(IV/2, 64.1; 66.3)[64] 화해의 사건은 정반대 방향의 두 운동들을 동시에 포함한다.[65] 칭의는 "하느님으로부터 인간에 이르는 즉 전적이고 궁극적으로 위에서부터 아래로의 운동"이고, 성화는 "화해된 인간으로부터 하느님에 이르는 운동인 전적이고 궁극적으로 아래로부터 위에로의 운동"이다.(6) 화해는 이 모두를 포함한다.

개신교 신학들이 그동안 성화를 무시하여 온 경향을 반박하면서, 바르트는 성화가 화해론의 첫째 주제인 칭의와 버금가게 중요한 교리로서 반드시 동등하게 취급되어야 한다고 주장한다.(7) 그는 인간획일주의(anthropomonism)에 대한 지나친 반대(인본주의적 경향을 회피하기 위한 칭의론에 대한 지나친 강조)도 "추상적인 신획일주의(theomonism)와 진배없는" "반대오류"를 가져올 수 있다고 경고한다. 성서는 "하느님을 추상적인 메시지의 핵심으로 방치하여 두지 않았고, 오히려 하느님과 함께 하는 인간의 마음에 두고 있다"고 주장한다.(10) "나는 너희 하느님이 되겠다"는 하느님의 약속은 우리들의 칭의를 의미하지만, 또한 "너희는 나의 백성이 되리라"는 다른 약속은 우리들의 성화를 표시한다. "'너희도 거룩하라'(레 19.2)라는 명령법적 표현은 '나는 거룩하다'는 직설법적 표현의 저

있다.(예언자) 더 자세한 것은 Jüngel, *Karl Barth*, 47-51 참조.

(64) 이것은 바르트의 80회 탄생기념세미나의 주제로 선택되었다.(Jüngel, *Karl Barth*, 127-138) 바르트의 왕적 인간 그리스도론은 신학적 인간론의 정당한 근거를 열어 준다. 예수의 왕적 인간성은 모든 인간에게 보여 준 패러다임이기 때문에, 바르트의 그리스도론은 이미 인간성을 그것의 "함축적 주제"로 포함하고 있는바, 그것은 "개신교 신학에서 새로운 발전이 시작되었음을 나타낸다."(같은 책, 128)

(65) 이후 제2부에서는 『교회교의학』 4권 2부에서 본문의 인용문들은 앞부분(CD IV/2)은 생략하고 쪽수만 표시한다.

항할 수 없는 역동성을 단순하게 풀어 놓은 긴급 명령이다. 즉 나는 거룩하고, 너희들 가운데서 그렇게 행동하고 있으니, 따라서 나는 너희를 거룩하게 만들어 줄 것이다. 이것이 너희들의 생명이요 규범이라고 선언하는 것이다."(501)

바르트는 칭의와 성화 사이의 상호 관계를 네 가지로 규명한다. 첫째, 성화는 칭의 다음에 오는 "두 번째 신적 행위"가 아니라, 예수 그리스도 안에서 일어난 화해의 일회적인 신적 행위의 다른 한 순간(moment)일 뿐이다.(501) 칭의와 성화는 "하느님의 화해하시는 행위, 홀로 전부이시며 구분되지 않는 예수 그리스도, 그리고 하느님의 한 은총의 한 전체성"으로 파악되어야 한다.(502)[66]

둘째, 그러나 칭의와 성화는 "동일한 것"도 "상호 교환적인 것"도 아니다.(503) 그들은 서로 융합될 수 없다.[67] 장 칼뱅은 칭의와 성화를 우리가 그리스도 안에 참여함(*participatio Christi*)으로써 부여받게 되는 이중 은총(*duplex gratia*)으로 표현한다.[68] 한편으로 칭의가 성화의 과정 중 하나로 환원되어서는 안 된다. 재판관이 우리를 대신하여 심판을 받았다는 예수 그리스도에 대한 우리의 신앙은 인간 중심적인 제자도에 대한 순

---

66) 바르트는 오래된 개신교의 구원의 순서(*ordo saluis*)론을 비판한다. 그러한 인위적인 도식화가 신학을 종교심리학이나 "그때 거기에서의 구원의 객관적 성취와 지금 여기에서의 구원의 주관적 전유 사이의 이원론"으로 환원시키기 때문이다.(IV/2:503)

67) "이러한 하나의 신 행위에 대한 신실한 인간의 응답 안에서조차, 죄인인 인간이 예수 그리스도 안에서 인간에게 약속된 의로움을 파악할 수 있는 신앙과 그리스도 안에서 그에게 부여된 거룩함에 대한 그의 상응인 순종이나 사랑은 서로 별개이다."(503)

68) John Calvin, *Institutes of the Christian Religions*, III/ii, 1; trans. Ford Lewis Battles, ed. John T. McNeil(Philadelphia, PA: The Westminster Press, 1960), vol.2, 542-544. 또한 CD IV/2, 503-505 참조.

종과 동일시될 수 없다.[69] 다른 한편으로, 성화가 역시 "칭의 안에 함몰될 수 없다."(504) "십자가의 신학과 칭의론의 일원주의(monism)"가 화해의 "실존적 전개를 매우 의심스러운 일로 흐리게 만들 수" 있다.

셋째, 칭의와 성화는 "불가분의 관계로 서로 속해 있다."(505) 이러한 상호 관련성이 없게 되면, 우리는 '값싼 은총'[70]의 "나태한 신비주의"가 아니면, "환상적인 행동주의"에 빠질 수 있게 된다. 칭의는 "죄와 죽음에서 생명에 이르는 길, 즉 하느님이 인간과 함께하는 길"을 서술하고, 성화는 "하느님께서 예수 그리스도 안에서 자신과 세계를 화해시키는 이 길에서 하느님께서 진정 인간과 함께하신다는 것"을 보여 준다.(505)[71]

넷째, 그 둘 사이에는 어떤 시간적이고 내용적인 순서가 존재하지 않는다.(507) 그들의 관계는 일원론적인 것도 이원론적인 것도 아니다. 반대로 "한 신적 의지와 행위의 동시성 안에서 칭의는 근본(basis)으로서 첫째이며, 전제(presupposition)로서 둘째이고, 성화는 목적(aim)으로서 첫째이며, 결과(consequence)로서 둘째이다."(508) 바르트는 칼뱅이 칭의보다 성화에 "전략적 우선권"을 두었다고 주장하면서, 칼뱅을 "성화론의 신학자"라고 칭한다.(509)[72] 성화에 대한 칼뱅의 우선권을 지지하면서, 바르트는 성화의 중요성을 역설했다.

---

69) 바르트는 불트만(Rudolph Bultmann)을 비롯하여 몇몇 로마가톨릭과 개신교 신학자들의 신학에도 이러한 오류가 있다고 비판했다.
70) Dietrich Bonhoeffer, *The Cost of Discipleship*, trans. R. H. Fuller(New York, NY: Macmillan Publishing Co., 1959) 참조.
71) 바르트는 칼뱅을 이 점을 명확하게 표현한 신학자로 높이 평가한다.(CD IV/2:505 이하 참조)
72) 이 점에 대해서는 CD IV/2:510 이하 참조.

제6장 인간성 패러다임

　성서 희랍어에서 "화해하다"(*apokatallassein*)는 "교환하다"를 의미한다. (IV/2:21) 그러므로 화해는 기본적으로 예수 그리스도 안에서 신의 비하 (divine abasement)와 인간의 고양(human exaltation)이 서로 교환되는 것을 의미한다. 바르트는 성화의 근거를 이러한 그리스도의 고양에 두었다. 이 것은 탕자의 비유에 나오는 "사람의 아들(人子)의 귀향"에서 은유적으로 나타난다.(눅15:11-32; IV/2:21-25 참조)

　예수 그리스도가 참 신(*vere Deus*)이며, 참 인간(*vere homo*)이라는 신조 는 가현설적인 영지주의(Gnosticism)에 맞서 싸우기 위해 전통신학에서 사용되었다. 참 인간이라 함은 하느님께서 "신, 천사, 또는 동물로부터 구별되는 인간, 구체적인 피조물로서 그의 인성(*humanitas*)"을 창조하심으로써 자신이 인간성 안으로 완전히 육화하셨음을 의미한다.(25) 그러므로 자연주의적, 이상주의적, 또는 실존적 인간론들과는 달리, 그리스도교 의 인간론은 최우선적으로 그리스도의 인성(*humanitas Christi*)에 근거하고 있다. 그러므로 그리스도론은 인간론을 이해하는 근거를 제공한다. 바르트는 말했다. "인간 일반에 대한 진정한 지식, 신학적 인간론, 그리고 따라서 죄와 인간의 비참한 상황에 관한 신학적 교의는 오로지 인간 예수 그리스도에 관한 구체적 지식, 즉 그리스도론에 근거한다."(27)

1. 근본-패러다임: 그리스도의 인성(*Humanitas Christi*)

그리스도의 인성(*humanitas Christi*)은 "천사, 중간적 존재, 또는 반신반인"이 아니라, "전적이고 무제약적으로" 우리와 꼭 같은 인간을 의미한다.(27) 신약성서에서 예수의 고양은 "그의 인간성의 파괴나 변이" 또는 "그 본질을 상실하여 우리와의 동일성을 해체하는 것"을 뜻하지 않는다.(28) 반대로 그것은 "우리의 본질이 그 모든 가능성과 한계와 함께 총체성, 자유, 교류, 사역의 완전히 다른 차원으로 고양됨"을 의미한다.(30) "화해의 근거이자 능력"인 예수 그리스도의 인성은 종이 주인이 되는 상승운동과 관련되어 있다.[1](28) 그러므로 영광의 신학은 십자가의 신학만큼이나 정당하다. "우리는 추상적인 십자가의 신학(*theologia crusis*)에서 멈출 수 없다. 왜냐하면 그것은 이미 비밀스러운 영광의 신학(*theologia gloriae*)으로 가득 채워져 있기 때문이다."(29) 바르트의 휴머니타스 크리스티론은 ① 하느님의 은총적 선택, ② 성육신 사건, 그리고 ③ 그리스도의 부활과 승천의 세 가지 교의들로 구성되어 있다.(31)

① 선택: 휴머니타스 크리스티는 "은혜로운 하느님의 영원한 선택의 과거, 현재, 미래의 우선적 내용이다." 왜냐하면 "은혜로운 하느님의 영원한 선택은 구체적으로 예수 그리스도에 대한 선택이기 때문이다." 그

---

1) 토랜스(T. F. Torrance)가 CD IV/1의 서문에서 지적했듯이, 바르트에게 독일어 *Versöhnung*은 영어의 속죄(atonement)와 화해(reconciliation) 두 개념을 포괄한다. 하지만 브로밀리(Bromiley)는 이 단어를 전부 속죄로 번역했다. 그러나 화해가 보다 적절한 용어이다. CD IV/1:vii 참조.

러므로 그리스도의 인성은 "신의 의지에 대한 단지 하나의 목적이 아니라 유일한 목적"이고, "신의 근원적이고 기본적인 의지에 대한 우선적 대상이고 내용이다."(31, 33)

② 성육신: 은혜로운 하느님의 영원한 선택에 의거하여, 참된 인간성은 그리스도의 인성에 하느님이 성육신하심을 통해 역사적으로 완성되고 현실화되었다. 성육신은 그리스도론의 존재적 및 인식적 근본(*ratio essendi and ratio cognoscendi*)이다.(37) 성육신 사건에서 "하느님이기를 포기하지 않으시면서", 예수 그리스도는 "참된 사람이 되었으며, 또한 참된 사람이다."(40, 41) 성육신은 "성삼위일체 모두가 이룬 역사", 삼위일체의 분리불가능한 외부적 사역(*opera trinitatis ad extra sunt indivisa*)의 한 양태, 곧 성자됨이다.[2](44) "하느님의 내적 삼위일체 생애"의 한순간으로 육화(*assumptio carnis*)는 철저하고 완전하게 실행되었고, 인간성에게 새로운 "영역"(frontier)을 개방해 주었다.

바르트의 성육신의 교의는 ㉠ 예수가 인간되심, ㉡ 그분이 인간으로서 존재하심, ㉢ 그분 안에서 신성과 인성의 연합, 그리고 ㉣ 그분을 통하여 인간의 본질이 신적 본질로 고양되는 것의 네 가지 측면을 포함한다.

---

2) 바르트의 삼위일체론은, Claude Welch, *In This Name: The Doctrine of the Trinity in Contemporary World*(New York, NY: Charles Scribner's Sons, 1952). 또한 Eberhard Jüngel, *The Doctrine of the Trinity: God's Being is in Becoming*(Grand Rapids, MI: Eerdmans, 1976); Jürgen Moltmann, *The Trinity and the Kingdom: the Doctrine of God*, trans. Magaret Kohl(San Francisco, CA: Haper & Row, Publishers, 1981), 139-144 또는 김균진 역, 『삼위일체와 하나님의 나라』(서울: 대한기독교서회, 1989) 참조.

⊙ "말씀이 육신이 되심"으로서의 성육신은 "성자 하느님의 인간본질로서의 변화와 존재"를 의미한다.(46) 이것은 하나의 사건, 즉 "변화되는, 멈추지 않는 존재"로서 하느님 자신의 행위이다.(46) 이러한 육화의 효력은 포괄적이고, 단지 "한 인간에게만" 해당되는 것이 아니라, "하느님과의 합일을 위해 단정되고 고양된 모든 인류의 인간성(humanum)"과 관계되어 있다.(49)

ⓛ 성육신은 하느님의 아들로서의 존재가 한 사람, 곧 인류의 한 동료로서 존재함을 의미한다. "이 사람이 인간으로서 행동하고 고통을 받을 때, 하느님 자신도 행동하시고 고통을 받으신다.…… 왜냐하면 하느님 자신이 바로 그의 아들 안에서 인간적 주체가 되셨기 때문이다."(51) 바르트는 "성자의 위격(hypostasis, 존재양식) 안에서 하느님에 의해 이루어진 연합" 그리고 그것이 성모 마리아를 통한 "예수 탄생(nativitas Jesu Christi)의 근거와 능력"이라는 전통적 교의인 위격적 연합(hypostatic union)을 받아드렸다.

ⓒ 성육신은 "유일하신 예수 그리스도 안에서 신성과 인성이 연합되었고 연합되는 것을 가리킨다."(60) 이 연합은 "추상적이거나 진공상태 그리고 일반적 진리의 주장"으로서 이해될 것이 아니라, "구체적인 이 유일한 주체와의 만남 안에서, 특수한 진리의 승인과 인지와 참회"로서 이해되어야 한다.(61) 위격적 연합은 한 선험적 가능성으로서가 아니라, 후험적 실재성으로 파악되어야 한다.[3] 그리스도 안에서의 그 두

---

3) 또한, "그분, 즉 육신 안에 실제로 존재하시는 하느님의 아들에 관하여, 그것은 후험적인 것이다. 그것은 알려진 선험적인 것, 곧 우월한 가능성으로부터가 아니라, 오직 주어진 현실성, 그 자신으로부터 이끌어져 나오는 것이다."(62)

본성의 연합은 "그 자체가 연합이 아니라, 양측이 다 참여하는 본성들 간의 연합(communio naturarum)이다."(63) 이러한 참여와 관련하여 바르트는 "혼돈도 없고, 변화도 없고, 구분도 없으며, 분리도 없다"는 그리스도론적 연합에 대한 칼케돈 신조를 천명한다.(63-65)

ㄹ 성육신은 우리의 고양을 의미한다. 즉 "하느님의 아들이 인간이 되셨고 인간으로 존재하셨고, 그분이 자신의 존재가 하나의 인간존재로 되게 하셨고, 그리고 그분이 그 자신 안에서 신성과 인성을 연합시킴으로써, 그분은 인성을 그 자신 안으로 고양시키셨다."(69) 예수 그리스도 안에서 그리고 그를 통해서, 신성과 인성의 상호적 참여는 하강과 상승의 양방향에로의 "이중적 분화"를 포함한다.(70) 이러한 상호적 참여는 삼중적인 전달의 의미가 있다. 첫째, 속성의 교류(communicatio idiomatum)는 예수 그리스도 안에서 인성이 신성으로 그리고 신성이 인성으로 전달되는 것을 말한다. 둘째, 은총의 교류(communicatio grationum)는 예수 그리스도 안에서 인성이 완전히 은총에 의해 결정된다는 사실을 의미한다. 셋째, 작용의 교류(communicatio operationum)는 예수 그리스도 안에서의(그 연합이 상태가 아닌 행위로서의) 신성과 인성의 공동적 실현화를 말한다.(104) 이러한 작용은 단지 "신성이나 인성 하나만의 새로움(novum)이 아니다." 반대로 "그것은 하나이면서 동시적인 위대한 신성과 위대한 인성의 새로움이다."(115)

③ 부활과 승천: 신성이고 동시에 인성인 새로움은 "진리의 교사"(doctor veritas)이신 성령 안에서 "인식하는 인간주체"를 현실화하고 완성한다.(126, 120) 예수 그리스도의 부활과 승천은 그의 자기-현시의 계시적

사건이다. 그들은 함께 "대체로 인간 역사 안에서 구체적인 요소"를 갖고 있는 하나의 "일관된" 사건이며, "부활하신 예수와 그의 제자들 사이의 일련의 구체적인 만남과 짧은 대화들"로 구성되어 있고, "예수의 사망 이후에 계시된 자기현시의 구체적인 역사적 사건"이다.(142, 143, 146)

부활과 승천은 "하나의 같은 사건의 두 개의 다른 그러나 분리될 수 없는 순간들이다."(150) 부활이 시작(terminus a quo)을 의미한다면, 승천은 종말(terminus ad quem)을 의미한다. 예수가 사망으로부터 다시 일어나오셨음을 뜻하는 "예수 그리스도의 부활은 출발점이자 이 계시적 역사의 시작이다."(151) 예수가 하늘로 가신 것을 나타내는 "그의 승천은 이 계시적 역사의 종점이다."(153) "그는 신적인 능력과 은총과 사랑, 이 모두의 근원의 자리로 가신다. 지금 그곳에 계신 분은 하느님뿐만이 아니라, 하느님이 계시는 그곳에 그분이, 인간이신 그가, 또한 그곳에 계신다."(154) 이런 방식으로, 예수는 하늘 안에 인간을 위한 존재론적인 공간을 여셨다. 그것이 바로 좋은 소식, 복음이다.

휴머니타스 크리스티에 대한 바르트의 고찰은 하느님의 삼중적인 구체·보편적 행위(concrete-universal act)로 요약될 수 있다. 첫째, 그리스도의 인성은 인류를 위한 하느님의 은혜로운 선택의 구체-보편적 현시이다. 둘째, 예수라는 특정한 인물 안에서 삼위일체 하느님의 육화(성육신)는 인류를 위한 하느님의 구속적 사랑의 역사적인, 따라서 구체적인 실현이다. 셋째, 천상에서 예수라는 특정한 인간성이 부활하고 승천한 것은 모든 인류의 구원을 위한 존재론적인 근거를 열었고, 이에 따라 인류의 고양을 위한 보편적인 근거를 열어 놓았다. 선택과 성육신 그리고 부활과 승천의 사건들을 통하여 하느님은 가장 구체적인 것을 가장 보편적인 것으로 전환시키는 신-인간 변화를 완성하였고, 그리하여 인간을 계약 파트너로 정한 그의 은혜로우신 의지를 단번에 전부 성취하셨다. 따라서 휴머니타스 크리스티는 하느님께서 내재적 삼위일체의 역사 안에 인성을 포함시키고 인간을 위한 성화의 존재론적인 공간을 실체화시키신 가장 구체-보편적인 방식을 표출한다. 성화의 근거인 그리스도의 인성은 가장 구체-보편적인 것이다. 바르트는 더 나아가 휴머니타스 크리스티를 그의 왕적 인간 그리스도론에서 근본적 인간성의 근본-패러다임으로 설명하였다.

2. 왕적 인간(왕자)

바르트는 왕적 인간(또는 왕자, 전통적으로 왕적 직분(manus regium))으로서의 예수 그리스도에 대하여 다음 네 가지 측면을 설명하였다. ① 왕적 인간의 독특한 현존, ② 왕적 인간의 하느님과의 유사성, ③ 왕적 인간의 완성된 생애와 행위, 그리고 ④ 왕적 인간을 위한 십자가의 중요성.

① 왕적 인간 예수의 현존은 독특하며 불가역적인 것이었다. 예수는 타인과의 만남 안에서 한 인간으로서 존재했다.(156) 이러한 만남에서 예수는 결단을 요구했다.(157) 하느님 나라의 현존으로서 그의 현존은 잊을 수 없는 독특한 것이었다.(159) 그리고 그는 "그의 존재가 죽음에 의해서 타협되거나 파괴되지 않았던" 사람의 아들일 뿐만 아니라, 하느

님의 아들로서 "불가역적으로 현존하였다."(163)

② 신적 존재의 한 양태로서 왕적 인간은 하느님의 나라를 선포하는 종말론적인 혁명가로서 존재한다. "자신의 백성들과 세계 속에 함께하는 하느님께 던져진 이상한 운명"(167)을 공유하면서, 왕적 인간은 "세상에서 미약하고 온유하며 낮은 자들을 위하여 높은 신분과 권세 있고 부유한 모든 사람들을 무시했다."(168) 바르트도 "가난한 이들을 위한 우선적인 선택권"이라는 해방신학의 관용구에 적극 동의할 것이다.4) "왕적 인간 예수도 또한 가난하고, 이 세상이 빈곤이라 여기는 것과는 다른 방식으로 가난한 이들을 인정하면서, 모든 가치들의 평가를 전환하는 일을 성취하신다."(169) 기존 질서에 대한 왕적 인간의 태도는 그야말로 혁명적이다. "모든 계획과 원칙에 의문"을 던지면서, 왕적 인간은 자신의 왕적 자유 안에서 세계를 통치하신다.(172)

> 원칙이나 계획의 수행으로서가 아닌, 바로 그렇기 때문에 훨씬 더 혁명적인 일면을 그분은 가지고 있다. 그분은 새로운 역사적 발전과 상황에서 모든 장벽을 허무시는 분이시다. 볼 수 있고 들을 수 있는 사람에게는 그것은 그의 자유와 나라와 역사지배를 표시하는 표증, 결코 지나칠 수 없는 표시이다.(173)

그 왕적 인간이 보여 주신 "수동적인 보수성"은 "잠정적인" 것이었

---

4) Robert McAfee Brown, *Gustavo Gutiérrez: An Introduction to Liberation Theology* (Maryknoll, NY: Orbis Books, 1990), 57-74 참조.

다.(173, 175) 예수는 성전, 가족의 규범, 율법을 무시하거나 또는 경제적이고 정치적인 관계들과 직접적인 충돌을 일으키지는 않았다. 그러나 "원칙적으로 그 관계를 지속해서 승인한 흔적도 찾아볼 수 없다."(175) 사실상 그는 가족의 규범과 기존의 종교질서뿐만 아니라, 상업적, 산업적, 경제적, 정치적 기존 질서들에 대해 철저하고 광범위하게 공격하였다. 그는 새 술은 새 부대에 담아야 한다고 주장하였는데, 그 새 술이란 하느님 나라의 침투, 즉 "모든 인간의 나라들에 대한 하느님 나라의 철저하고도 확고한 반명제, 대답할 수 없는 질문, 인간의 나라에 하느님 나라가 침투함에 따라 나타난 치료 불가능한 불안정성"을 말한다.(177) 새로운 천이 낡은 의복을 찢어 버리듯이, 예수는 옛 질서를 완전히 무시하고 초월하면서 새로운 것을 실현하고 완성하셨다. 그럼에도 불구하고 왕적 인간은 "인간에 대항하는 존재가 아니라, 심지어 그들의 타락에 의한 모든 불가능성에도 불구하고, 인간을 위한 존재이다."(180) 결정적인 점은

> 왕적 인간 예수는 인간과 우주에게 주어진 신의 "그렇다"(Yes)의 형상이고 반영이다. 그것은 칼의 모든 능력으로 분리하고, 폭로하고, 처벌하는 하느님의 비평적 "그렇다"이다.…… 그러나 하느님의 "그렇다"로서 그것은 하나의 강력한 "아니다"(No)를 포함하고 동반할지라도, 참으로 "그렇다"이지 "아니다"가 아니다.(180)

그러므로 신약성서의 팔복은 "텅 빈 역설"이 아닌, 모든 인류의 주인이신 왕적 인간, 곧 왕자로서의 예수의 선언이다. 그들은 지상에서의

수난, 수난적인 행위 및 그를 위한 자발적 수난은 결코 헛된 것이 아니라고 선언한다. 팔복은 "단지 하나의 약속과 선포가 아니라, 온전한 구원, 총체적 삶, 그리고 완전한 환희의 현재적 전달이다."(192)

③ 왕적 인간 예수의 생애와 행위(행태, life-act)는 존재와 행위가 합일을 이루는 인간존재의 근본-모형(root-paradigm)이다. "그의 생애가 곧 그의 행위였고, 따라서 그것은 역사적 성격을 지닌다."(193) 전통적인 신학에서는 그리스도론을 그리스도의 인격과 사역으로 분리시켜 왔다. 그러나 왕적 인간의 행태에서 그리스도의 인격과 사역은 이원적인 것이 아니라, 동일한 것이다. 더욱이 그의 행태는 "말씀의 행위자로서의 인간존재"의 근본 모형, 다시 말하면 행위와 통일을 이루는 말씀의 역사를 보여 준다.(I /2, 18,1) 그러므로 왕적 인간 예수의 행태는 또한 최고의 앎(신학)과 행위(윤리)의 합일(知行合一)을 현시한다.

> 만약 우리가 복음적 전통에서 이해하여 왔듯이, 예수의 말씀을 생각한다면, 우리는 로고스(logos)와 에토스(ethos), 또는 말씀과 행위 사이에 현재 사용하는 구분과 그러한 구분 뒤에는 보통 앎과 삶, 이론과 실천, 또는 진리와 현실 간의 분화를 완전히 포기해야 할 것이다.(194)

예수의 행태를 통하여 계시된 말씀은 강력하게 선포되는 복음이고, 가르치고, 고지하는 말씀인 동시에 구체적이고 포괄적이고 온전한 인간의 말이기도 하다.(194-209) 그의 구체적인 선포는 "항상" 그의 구체적인 행위를 수반한다. 그의 행태 안에서 말씀과 행위는 일체를 이루고 있다.

"그의 행태는 전적으로 그의 말씀이었던 것처럼, 그것은 또한 전적으로 그의 행위이었다.…… 그의 행위는 마치 그의 말씀을 점화하는 불꽃과도 같았다. 그의 선포는 현실로 타오르게 만드는 진리의 불꽃과도 같았다."(209) 그의 선포는 말씀에 따른 행동을 유발했다. 그러나 그것은 "단지" 영적인 영역에서의 말씀이나 사건으로만 남아 있지 않다. 그 구체적인 선포는 이 세상의 물질적이고 육체적 영역 안에서 그에 상응하는 구체적 변화를 실현한다. "그의 말씀은 단지 부분적으로가 아니라, 전체적으로 우주적 역사를 만든다."(209-210)5)

> 그러므로 한 말씀으로서 그것은 한 행위이다. 그것은 능력 안에서 선포되어진 말씀이라는 사실에 대한 하나의 개별적이고 구체적인 표시로서 하나의 독립적이고 구체적인 행위이다. 하나의 행위로서 그것은 다음의 사실을 가르쳐 준다. 그것은 그것을 성취하는 그분에 의해 성취되는 때에 선포되어진 말씀이다. 그리하여 그것은 더 이상 하나의 약속이 아니라, 약속된 것 그 자체이다. 그것은 한 결정적인 행위로서 명백한 형식을 가진 하나의 결정적인 말씀이다.(210)

예수의 행위는 축귀와 치유 등과 같은 특별하고 신비한 요소를 가지고 있다. 예수의 기적들은(216-18) "다른 모든 평범하고 특별하고 초자연적인 사건들과는 전적으로 다른 전혀 새로운 것이다."(215) 그러나 그것

---

5) 그러한 말씀과 행위의 통일성은 誠의 어원적 함의와 동일하다.(제2장 참조) 한자 誠은 말(言, 또는 선포)과 성취(成, 또는 행위)를 의미하는 두 부분으로 구성되어 있다. 어원적으로 그것은 말한 것의 성실한 실행을 뜻한다. 왕적 인간의 삶과 행위는 성의 패러다임, 즉 말함과 행위의 일치성(知行合一) 안에서 성실한 존재(being)와 변화(becoming)를 나타낸다.

들은 "새로운 시대가 도래하는 하느님의 결정적인 행위"의 엄청난 현실화인 것이다.(219) 그 기적들은 하느님의 근원적 축복, 그의 언약 파트너로서의 인류의 선택, 그리고 인류와의 연대를 의미하고, 인간해방의 토대로서 은총의 자유를 현시한다.

이러한 맥락에서 신앙은 하느님의 자유로운 은총에 올바르게 상응하는 "인간적 대응물"이다.(243) 신앙은 우리로 하여금 기적들을 도래하는 왕국의 징조로, 그리고 예수를 우주적 구세주로 파악하게 한다. 신앙은 하느님과 교통할 수 있는 인간자유의 참된 토대가 된다. 신앙 안에서 하느님의 파트너가 되는 자유를 얻은 사람들은 무조건적이고 무한한 능력을 지닌 존재들이 된다. 그러나 그리스도교 신앙은 신조에 나타나 있는 일반적인 그리스도교적 개념과 항상 일치하는 것은 아니다. 그리스도교 신앙은 독특하다. 왜냐하면 그리스도 예수와의 만남은 "위로부터 넓은 평야를 비추는 해돋이와 같지 않고, 흑암의 심연과 같은 곳에서 한 점에 초점을 맞추고 관통하는 한줄기 빛과 같다."(246) 은총을 의미하는 이 한줄기 빛에 대한 비유는 바르트 신학에 잠재하는 구체-보편적 방법론을 분명하게 보여 준다. 그리스도교 신앙도 높은 밀도와 구체성과 집중도를 지닌 한줄기의 광선처럼 작용하는 은총의 자유에 상응하여, 보편성을 이루기 위해 구체적인 것에서 시작하는 구체-보편적 방식으로 작동한다.

그것은 단지 모든 사람에게 똑같이 적용되는 것은 아니다. 그것은 오히려 특정한 사람에게 특별하게 적용된다. 이러한 특별성 안에서 그것은 단지 신적 약속이 아니며, 따라서 지금 여기의 모든 사람을 향한 신적 진리가 아니다. 그것은 모든 사람을 위한 표적이지만, 그것은 그때 거기서 이루어진 표적으로서, 신적으로 성취되는 약속이고, 신적으로 실현되는 진리이다.(246)

다시 말하면, 은총은 구체적이어서 지금 그리고 여기에서 실제적인 구원을 완성하는 전적인 자유를 가진다. 그렇지만 그것은 가장 보편적인 방식으로 전 인류에 관심을 두고 있다.

④ 십자가는 왕적 인간의 이 모든 실존을 "조정하고 관통하며 결정하는" 표증이다.(249) 십자가는 이질적인 것이 아니고, "결국 그의 수난에 관한 이야기"인 예수의 왕적 생애의 중심적인 것이다.(250) "최종적 부정"으로서 예수의 십자가에 못 박히심은 역설적으로 모든 "긍정성"의 근거를 의미한다. 다시 말하면, 십자가의 최종적 부정은 보편적 긍정성의 새로운 시대를 개방하는 가장 구체적인 것이다. 그리스도교 신앙에 있어서 가장 구체적 요점은 그분의 죄 없는 수난 그리고 자발적 죽음으로 나타나는 이 최종적 부정성 안에서 십자가에 못 박히신 신-인에 대한 위험한 이 기억(this dangerous memory of the Crucified God-man)이다. 그러나 이 십자가에 대한 기억은 또 다른 분리할 수 없는 위험한 기억, 곧 그리스도교 신앙에 있어서 가장 보편적인 요점인 왕적 인간성의 부활에 대한 기억을 드러내고 소개한다.

그분의 수난을 통하여 그분 안에서 활동하시고 계시하신 하느님의 이름이 결정적으로 거룩하게 되었다. 그분의 뜻이 하늘에서 이루어진 것처럼 이 땅에서도 이루어진다. 그분의 나라가 인간으로서 그 자신만이…… 두렵지만 결정적인 승인을 할 수 있는 모양과 권세로 임하고 있다.…… 골고다의 가장 깊은 흑암에서 그분은 아버지와 아들이 하나를 이루는 그 최상의 영광 안으로 들어가신다. 하느님에 의해서 버려지는 그 순간에 그분은 하느님에 의해 직접적으로 사랑받는 분이 된다.…… 그리고 그것은 하나의 새롭고 특별한 비밀이 아니다. 그것은 전체를 위한 비밀이지, 닫힌 비밀이 아니다. 그것은 예수의 부활을 통해 계시된 그 비밀이다.(252)

예수의 십자가에 못 박히심은 단지 "사람의 아들의 파멸과 근원적 모순의 무서운 역설"이 아니라, 사실상 "옛것을 극복한 새로운 실재성"의 "압도적" 승리에 대한 "근원적 승인"이었다. 제자들은 그것이 왕적 인간으로서 예수의 "즉위식"이었음을 깨달았다.(254) 그분의 십자가는 더 이상 희망 없음에 대한 상징이 아니라, 영원과 현세의 모든 희망에 대한 확고한 근거이자 징표가 되었다. 그의 예언을 포함한 그의 수난은 "절정에 반하는 것(anti-climax)이 아니라, 그들의 증언의 절정"이다.(255) 공관복음, 요한복음, 바울신학 그리고 초기 그리스도인의 모든 증언들은 십자가를 "결정적인 구원의 전환점"으로 이해하는 데 일치한다.(258) 십자가는 네 가지 의미를 갖고 있다. ㉠ 죽음의 더욱 깊은 측면은 "준비성과 자진성의 더 정확한 형태"이다.(258) ㉡ 십자가는 그의 자발적 자기 결정과 예정된 신적 질서에 따라 이루어진 예수 그리스도에게 "반드시 해야 하는 것"(must)이다.(259) ㉢ 이 "자유로우나 신적으로 인정받은" 포기는 이스라엘 역사의 종말과 "이스라엘의 메시아가 세계의 구주가 되게 하는" 이스라엘 밖의 민족에게 "넘겨주심"(handing over)을 실현하였다.(260) ㉣ "그의 수난의 '반드시'는 또한 그의 제자들에게로 확장되었다."(263) 왕적 인간의 십자가는 그의 제자들에게 빛, 능력, 영광, 해방, 그리고 희망이 되었다. 이에 상응하여, 제자들은 그리스도를 따르고 '그의 발자취'를 따르기 위해 자신들의 십자가를 지고, 고통을 당하며, 죽음의 명백한 한계를 견디어야 한다. 그것이 바로 이차적인 십자가 신학이다.6)

결론적으로 참된 인간성과 동시에 하느님 존재의 한 양태 안에 있는 왕적 인간 예수는 가난한 자를 위한 우선적 선택권을 가지고, 기존 질서에 대해 혁명적인 태도를 지니고 있었다. 그분의 행태(life-act)는 행동과 일치하는 말씀의 역사이다. 휴머니타스 크리스티의 성육신이 인간-우주적 역사 안에서 인간을 향한 하느님의 신실하심의 구체-보편적 구현을 가리킨다면, 왕적 인간 예수의 행태는 존재와 행위의 통일성 안에서의 근본적 인간성의 패러다임을 보여 준다. 왕적 인간의 행태는 앎과 행위 또는 신학과 윤리의 합일성 안에서의 인간성에 대한 최고의 패러다임을 아주 분명하게 현시한다. 그러므로 휴머니타스 크리스티는 행동하는 근본적 인간성의 근본-패러다임인 왕적 인간으로서 화해를 위한 신-인간 드라마의 가장 구체-보편적인 것을 드러내 준다. 예수 그리스도가 보여 준 기적들은 인간 언어의 선포와 우주적 변화가 성취한 일치성을 가장 훌륭하게 표현한다. 그리스도교 신앙의 가장 구체적인 표식(signpost)으로서의 십자가는 보편적인 현실성의 새로운 시대를 열어 준다. 그리스도교 신앙의 가장 구체적인 요점은 최종적 부정성을 상징하는 십자

---

6) 일차적 십자가의 신학은 예수 그리스도의 십자가와 관련되는 반면, 이차적 십자가의 신학은 그의 제자들에 대한 것이다. CD Ⅳ/2, 264 참조.

가에 달리신 신-인간에 대한 위험한 기억인 반면, 그리스도교 신앙의 가장 보편적인 요점은 전자와 불가분의 끝인 십자가에 달린 자의 부활에 대한 위험한 기억이다. 십자가 위에서 왕적 인간 예수는 전적으로 자기를 내어 주는 사랑(agape) 안에서의 근본적 인간성의 근본-패러다임을 계시하고, 이 세상과 함께하는 삼위일체 하느님의 구체-보편적 드라마를 완성하신다.

3. 참된 인간의 본성: 하느님의 형상

바르트는 인간성의 근본-패러다임인 그리스도의 인성이 죄의 특이성을 조명해 준다고 주장하였다.(그리스도와 죄) 왕적 인간성이 고양한 맥락에서 죄는 태만으로 이해되고, 인간의 상황은 비참함(변화되지 않은 인간 상태의 곤경)으로 이해된다.(65) 이에 대해 바르트는 인간 존재가 지닌 네 가지 구조적 관계에서 분석하였다. 곧 신과의 관계, 동료-인간과의 관계, 자신과의 관계, 시간과의 관계가 그들이다. 바르트는 이미 창조론에서 인간본성을 기술할 때, 동일한 사중적 관계를 사용했었다.(CD III/2) 이것이 진정한 인간 본성을 지향하는 바르트의 신학적 인간론이다. 이러한 시각에서 보면, 태만으로서의 죄란 다름 아닌 참되고 진정한 인간 본성을 유지하고 갖추어 가는 데 있어서 신실함(誠)의 결여이다.

이때 바르트는 이미 "신은 모든 것이시고, 인간은 아무것도 아니다"라는 초기의 입장을 포기하였다는 사실이 중요하다.[7] 그는 그러한 입장이 "하느님께 마땅한 바를 돌려드리는 데 실패"했을 뿐만 아니라 또한 "인간에게도 그 마땅한 바를 부정"한다는 점에 동의하였다.[8] 후기 바르트는 보다 명확하게 "신의 인간성"(humanity of God)을 주장하였다. 살아계신 하느님은 신의 "주권적 공존성" 안에서 우리와 대화적이고 존재론적인 동반자가 되시고, 그래서 "인간성의 품격"을 이미 보유하신 하느님의 신성은 우리의 인간성을 "포함하신다."

> 참으로 신의 지고적 공존성이 인간과 같이한다는 것은 우리가 되돌릴 수 없는 점이다. 그 공존성은 그분 안에 근거하여 있고, 오직 그분을 통해서만 결정되고 제한되며 주문된다.…… 그것은 그러나 인간과 함께하는 신의 공존성 문제이다. 하느님이 누구이시고, 그의 신성 안에서 그가 어떤 분인지를 하느님께서는 진공 속에서 스스로를 위한 신적 존재로서 증명하고 드러내시는 것이 아니라, 그가 인간의 파트너로서 존재하고 말씀하시고 행동하신다는 사실에서 정확하게 진정으로 증명하고 드러내신다.…… 그것을 행하시는 그분은 살아계신 하느님이시다. 그리고 그가 그것을 그 안에서 행하시는 자유야말로 그의 신성이다. 또한 그러한 신성은 인성의 성품을 가지고 있다. 그 안에서 그리고 오직 그 형태 안에서만 하느님의 신성에 대한 우리의 견해가 초기 신학에 상반되어 설정되었고, 여전히 설정되어야 한다. 진리의 요소들에 대해서 무분별한 거절이 아니라 적극적인 수용이 있어야 할 것이다. 이것이 그 모든 약점을 본다 하더라도 부인할 수 없는 점이다. 이것이 바로, 올바르게 이해된다면, 그의 인성을 포함하는 하느님의 신성이다.[9]

---

7) Karl Barth, *The Epistle To The Romans*, 6th ed., trans. Edwyn C. Hoskyns(London: Oxford University Press, 1933) 참조.

8) E. Jüngel, *Karl Barth, a Theological Legacy*(Philadelphia: Westminster, 1986), 132. 또한 Barth, CD IV/2, 10 참조.

『교회교의학』제3권 2부에서 바르트는 인간 존재의 본성(또는 실제 인간 본성)을 ① "참된" 인간존재(44절), ② "인간성"(45절), 그리고 ③ "전인간"(46절)의 세 절로 나누어 설명하였다.[10)]

① 참된 인간존재(인간과 신). 여기에서 다시 바르트는 하느님을 위한 인간이며, 인간을 위한 하느님인 예수 그리스도를 참된 인간존재로 규정하는 근거로서 들고 나온다. 그러므로 그리스도론은 참된 인간존재의 공식적이고 실질적인 차원을 결정한다. 인간은 "신으로부터(from), 신을 향하여(to), 신과 더불어(with)"[11)] 존재하기 때문에 형식적으로 참된 인간존재는 신과의 올바른 관계 안에서 성립된다. 그러므로 참된 인간존재는 다음과 같은 네 단계로 정의된다. ㉠ 참된 인간존재는 "신의 선택에 근거하고 있는 예수와 더불어 있는 존재이고, 신의 말씀을 듣는 가운데 존재한다."(Ⅲ/2:142) ㉡ 인간으로 존재함은 어떤 조건이나 완결된 상태가 아니라, 역동적 활동 안에서의 "역사"이다.(Ⅲ/2:157) ㉢ 인간존재는 "감사 안에서 존재"한다.(Ⅲ/2:166) 오로지 감사 안에서의 존재로서의 우리는 "역사의 객체일 뿐만 아니라 주체로서" 우리 자신의 행동 안에서 실제 인간존재일 수 있다.(Ⅲ/2:168) 이러한 신분 안에서 우리는 하느님이

---

9) Karl Barth, *The Humanity of God*, trans. John Newton Thomas and Thomas Wieser (Atlanta: John Knox Press, 1960), 45-46.

10) 바르트는 참된 인간본성을 사중적 관계 안에서 확립했다. 하느님에 대한 인간, 인간에 대한 인간, 자기에 대한 인간, 시간에 대한 인간. 그러나 여기서는 처음 셋에 집중하고, 성화와 관련된 가장 주요한 주제(특히 인성과 하느님의 형상개념)는 제한적이다. 이에 대한 분석을 대해서는 Stuart D. McLean, *Humanity in the Thought of Karl Barth*(Edinburgh: T.&T. Clark, 1981) 참조.

11) 같은 책, 29.

주체이신 신의 은혜의 객체일 뿐만 아니라, 객체로서의 하느님께 우리의 감사로 응답하는 주체이기도 하다. 다른 말로 하면, 은혜(*charis*)와 감사(*eucharistia*)의 상호작용의 상호주관성이 인간존재의 내용을 구성한다.12) ㄹ 참된 인간본성은 신과의 관계에서 능동적인 책임성과 관련된 존재이다. 참된 인간존재는 신의 은혜에 대한 "순수한 수용성 안에서의 객체"이자, "순수한 자발성 안에서의 주체"이다.(III/2:174) 하느님 앞에서 책임성 있는 인간존재는 다음과 같은 네 가지 내적 자질을 갖춘다. 즉 신에 대한 지식, 신에 대한 순종, 신의 부르심, 신이 우리에게 주신 자유 등이 그들이다. 이 점에서 바르트의 신학적 인간학은 기존의 그리스도교 영역을 넘어서 인간본성에 대한 보다 포괄적인 이해의 차원으로 나아간다.13)

② 인간성(인간과 인간). 인간성의 근본-패러다임인 예수는 다른 사람들을 위한 존재하는 인간이다. 바르트는 그리스도의 인성의 빛 안에서 "인간성(*Menschlichkeit*)은 두말할 것도 없이 공동적 인간성(*Mitmenschlichkeit*)으로 정의되어야 한다"고 주장한다. 예수의 삶과 행위는 "인간은 절대적으로 그 동료를 위해 존재하는 우주적 존재"인 것을 보여 준다.(III/2:208) 공동적 인간성으로서의 인간성 패러다임은 단지 삼위일체 하느님의 내적 생애의 한 복제(*Nachbild*)이다.(III/2:218-19) 신과 인간 사이에는 "대응성과 유사성이 존재한다." 다시 말해서 "관계적 유비(*analogia relationis*)가 존재한다."(III/2:220) 영원한 나와 너의 관계성(I-Thou relationship) 안에서

---

12) 같은 책, 31.
13) 같은 책, 33 참조. 이 점은 바르트의 신학적 괄호 묶기의 한 방식으로 볼 수 있다.

내재적 삼위일체의 공존성(co-existence), 공재성(co-inherence), 호혜성(reciprocity)은 공동적 인간성으로서의 인간성 안에서 반복되고 반영된다. 인간성의 근본-모형인 그리스도의 인성에서 이 관계적 유비는 완전하게 완성된다.

한걸음 더 나아가 그리스도의 인성은 하느님의 형상(*imago Dei*)이다. (III/2:219) 신형상으로서 그리스도의 인성은 신의 내재적 삼위일체와 관계 유비적으로 공동적 인간성을 인간성의 모형으로 지시하고, 입증하고, 계시한다. 바르트는 말했다.

> 일반적으로 동료와 함께하는 사람은 참으로 타인을 위한 사람인 예수와 신적 유사성을 부분적으로 공유한다. 그분 예수가 하느님을 본받았고, 사람들이 일반적으로 그 사람 예수와 타인을 위한 그의 존재를 본받았으므로 일반적으로 사람들은 하느님의 형상으로 창조되었다고 말해야 한다. 인간은 인간성 안에 존재하므로 공동적 인간성 안에 존재한다. 하느님은 인간을 그의 형상에 따라 창조하셨다. 그는 인간을 홀로 창조하지 않으시고, 이 연대와 교제 속에서 창조하셨다. 왜냐하면 언약의 주인으로서 하느님의 행위 안에, 이보다 훨씬 이전에 그 자신으로부터 구별된 실재의 창조자로서 그의 행위 안에, 하느님 자신이 혼자가 아니시고, 본질적으로 동일하지만 홀로가 아니시며, 우선적으로 그리고 적절하게 그분은 연대와 교제 속에 존재하는 분이라는 것을 증명하였기 때문이다. 이 시점에서 불가피하게 우리는 하느님의 삼위적 존재성을 상기하게 된다. 하느님은 관계성과 교제 안에서 존재한다. 아들의 아버지로서 그리고 아버지의 아들로서 그분 스스로 '나와 당신'의 관계로 마주 보지만 동시에 성령 안에서 항상 동일하게 존재한다. 하느님은 인간을 그분 자신의 존재와 본질과 일치하게, 그분 자신의 형상에 따라 창조하셨다.…… 그분 자신이 혼자가 아니시고 따라

서 밖으로도 그렇게 되기를 원하지 아니하시기 때문에 사람이 홀로 있다는 것은 좋지 않은 것이다. 그래서 하느님은 그분 자신의 형상에 따라 남성과 여성으로 인간을 창조하셨다. 이것이 바로 창세기 1장 27절이 강조하여 말하는 것이다. 신의 형상에 대한 다른 어떤 해석도 이 결정적 진술을 공평하게 다룬다고 볼 수 없다.…… 하느님은 관계성 안에 존재한다. 그리고 그분에 의하여 창조된 인간 또한 그렇게 존재한다. 이것이 그의 신적 유사성이다. 우리가 이런 방법으로 생각할 때, 그것이 죄에 의하여 상실되었는가 하는 여부에 대한 자명한 해답을 발견한다. 그것은 상실되지 않았다. 더욱 중요한 점은 인간 그 자체에 있어 파괴할 수 없는 것은 바로 동료 인간과 함께하는 인간이라는 사실이다. 인간은 이 관계성의 근원되시는 그분의 존재와 행위에 대한 희망 속에 존재한다.(III/2:323-24)

바르트는 하느님의 형상을 공존성(togetherness), 곧 나-당신(I-Thou)의 관계성 안에서의 복수성(plurality)으로 본다. 『탁상대화』(*Table Talk*)에서 그는 한 걸음 더 나아가 다음과 같이 주장하였다.

창세기 1장의 형상의 의미는 살아계시면서 고립되어 있지 않은 하느님(*Elohim*은 복수이다.)처럼 인간에게는 복수성이 있다는 것이다. 인간은 복수인 하느님처럼 복수성을 지닌다. 인간이란 남편(아담)과 부인(이브)처럼 공존적 존재라는 것이다.…… '살아계신 하느님'은 '공존성'을 뜻한다.…… 형상은 이중적 의미를 지닌다. 하느님은 스스로 공존성 안에 생존하시므로, 하느님은 인간과 공존성 안에서 생존하시고, 그러므로 인간은 상호간의 공존성 안에서 생존한다.[14]

---

14) John D. Godsey, ed., *Karl Barth's Table Talks*(Richmond: John Knox, 1962), 57.

이와 같이 인간성의 기본 형식이 "타인들과 함께하는 존재"(being with others)로 결정되었으므로, 인간이 된다는 것은 타인들과 함께 존재하는 것에 대한 '결정'을 의미한다.(III/2:243) "나는 곧 나다"(I am.)라는 진술은 "내가 만나고 있다"(I am in encounter.)는 조건을 전제한다.(III/2:247) 바르트는 이 관계를 "당신이 존재하심으로 내가 존재한다"(I am as Thou art.)라는 공식 안에서 설명한다.(III/2:248) 그 공식은 나와 당신이라는 두 존재의 역사가 역동적이고 본질적으로 만나는 것을 뜻한다. 요약하면, 인간성은 만남의 존재의 역사적 실현으로서 결정된다. 그곳에서 "당신이 존재하심으로 내가 존재한다"라는 선언이 실현된다. 만남의 존재로서 인간성은 "이중적 개방성"(two-side openness)을, 즉 호혜적 상호교통, 그리고 나와 당신이 만나는 역사 속에서" 존재 행위로서 상호지원을 뜻한다.(III/2:251, 260) 바르트는 물이 필요한 고기를 비유로 들면서 인간성의 구조는 사회성인 것을 깨달아야 한다고 주장한다. 따라서 만남의 존재로서의 인간성은 환희에 찬 공동적 인간성(*Mitmenschlichkeit*)을 의미한다.[15] 이 공동적 환희는 피조물로서 인간 존재의 존재론적 자유로부터 "만남의 자유"를 실현한다.(III/2:272)[16] 인간본성은 "사람과 사람의 공존 안에 있

---

15) 우리는 기쁘게 보고 기쁘게 보인다. 우리는 기쁘게 말하고 기쁘게 듣는다, 우리는 도움을 기쁘게 받고 기쁘게 제공한다.(III/2:265)

16) 바르트는 인간본성을 그리스도의 사랑(아가페)으로부터 환희에 찬 공존성 안에 머무는 것으로 구별했다. 그렇게 함으로서 그는 두 가지를 실현했다. 한편으로는 그리스도교의 사랑과 대조하여 신일원적(theonomistic) 신학자들이 인간성의 참된 가치를 평가절하 하는 빈번한 습관에 저항했다. 다른 한편으로는 인간성의 존재론(신학적 인간학)과 완전히 온전한 인간이 되려는 그리스도인의 자유(성화)라는 두 개의 중요한 주제들을 적절한 자리에 배치할 수 있게 했다. 이것이 바로 그가 창조론의 맥락 안에서 인간존재의 자유를 환희에 찬 공동적 인간성으로, 그리고 화해론의 맥락 안에서 그리스도의 사랑을 다룬 이유이다. 그러나 그리스도의 사랑을 다루면서는, 그는 인간본성과 그리스도의 사랑을 그리 엄격하게 구별하지 않았다.(8장 참조)

는 자유, 즉 그 안에서 인간은 타인들의 동반자, 친구, 동무, 동료, 그리고 반려자가 될 수 있는 자유"를 포함한다.(III/2:276)[17]

③ 전인간(인간과 자기 자신). 그리스도의 인성은 영혼과 육체의 온전한 질서와 연합을 통해 전인간(whole person)의 모형과 기준이 된다. 인간의 영혼과 육체의 토대는 성령이다. 영혼과 육체로서의 인간의 토대는 창조자, 보존자, 구원자로서의 하느님의 영의 활동이다. 달리 말하면, 영은 확실하게(바르트의 용어로는 자연적으로) 인간존재에 대해 불가항력적이고 불가역적인 맥락과 배경이다. 이러한 맥락에서, 영으로서 인간은 단지 신적 존재에게 흡수된 하부 구조가 아니라, 자연스러운 인간으로서의 주체가 될 여지를 가지고 있다. 이러한 인간주체성을 보호하기 위해, 바르트는 구원자로서의 영과 창조자와 보존자로서의 영 사이에 구별을 지었다. 창조자 및 보존자로서의 영 안에서, 바르트는 인간이 일반적으로 하느님과 그리고 구원 이전의 다른 인간들과 가진 근원적인 유대를 강조했다.

마지막으로 바르트는 일반 심리학에 대해 논의했다.[18] 인간 본성은 "피조적 생명"과 "피조적 존재"라는 반대명제들 안에 존재하는 상호 연

---

17) 이러한 바르트의 인간성에 대한 정의(만남 속에 있는 존재, 공존성 안에 있는 존재, 또는 공동적 인간성 안에 있는 존재)는 어원적으로 인간과 공동적 인간성의 두 가지 의미를 동시에 가지고 있는 '유교의 仁'에 대한 개념과 현저한 유사성을 지니고 있다. 바르트는 공자(그리고 마틴 부버)가 인간성을 비슷한 관계적 모델 속에서 공식화한 것을 알았던 것 같다.(III/2:277) 그러나 바르트는 그의 이해를 순전히 신학적인 견해라고 구별했다. 그럼에도 불구하고 하느님의 형상이라는 측면에서 공존성(Mitmenschlichkeit)이라는 바르트의 인간성에 대한 그리스도교적 이해와 仁-패러다임으로 표출되는 유교적 인간성 개념 사이에 실질적 차이는 없어 보인다.
18) 바르트의 신학적 주장의 또 다른 예는 McLean, *Humanity*, 45 참조.

결된 합일체로서 구성되어 있다.(III/2:367) 피조적 생명은 *살아 있는 존재*라는 한 개인의 시간적인 존재를 뜻하는 영혼을 지시하는 반면, 피조적 존재인 육체는 살아 있는 *존재*라는 한 개인의 공간적인 형태를 가리킨다. 바르트는 극단적인 영성화와 극단적인 육체화를 둘 다 논박하면서, 육체와 영혼의 이원론적 이해를 거부했다. 시간 속에서 내적 운동인 영혼은 감지하고 경험하고 생각하고 느끼고 결정한다. 그러나 영혼의 충분한 활동은 육체, 즉 공간 속에서의 외적 운동을 필요로 한다. "본질적인" 인간의 자유는 자기결정을 의미한다. 그러나 인간은 그의 물질적 육체를 떠나서는 이러한 능력과 자유를 지닌 주체로서 기능할 수 없다. 영혼과 육체는 구별될 수 있지만 분리될 수는 없다. 그들은 완전하게 상호 연결되어 있어서 이러한 상호 연결성의 부인은 인간본성의 왜곡을 의미한다.

인간본성은 지각력이 있는 존재인 동시에 활동력이 있는 존재이다. 지각은 의식(외적)과 사고(내적)의 복합적인 활동으로 이루어진다. 비록 전자가 육체와 독특한 관련을 가지고 있고, 후자는 영혼과 관련이 있지만, 지각은 전인간의 분리될 수 없는 단일행위이다. 그러나 인식과 사고는 일차적으로 영혼의 행위이고 둘째로 육체의 행위이다. 행동은 또한 욕망(외적)과 의지(내적)의 복합적인 행위로 구성되어 있다. 비록 욕망이 분명히 육체적이고 의지는 정신적이긴 하지만, 지각과 마찬가지로, 욕망과 의지는 분리할 수 없는 단일행위이다. 그것들은 또한 우선적으로 영혼의 행위이고 이차적으로 육체의 행위이다. 의지에 의하여, 우리는 우리의 욕망에 대하여 선택하고 결정하고 결심할 수 있다. 전인간이기 위해서는 육체의 영혼으로서 인간본성의 질서를 보존하기 위한 훈련을 필요로 한다.

4. 그리스도의 인성의 빛에서 본 죄

　죄에 의해 결정되는 인간의 상황은 그리스도의 인성의 빛에서 충분히 밝혀질 수 있다. 우리는 자기 자신에 대한 지식조차도 타락해 있기 때문에, 성령의 인도하심에 의해서(다음 장) 근본-패러다임인 예수 그리스도를 알게 됨으로부터만 죄의 본성을 파악할 수 있다. 우리가 하느님과 이웃과 그리고 자신과의 관계에서 우리의 평화를 파괴하는 것으로서 우리의 탈선을 지각하는 것은 "근본적으로 불가능"하다.(IV/2:380) 죄에 대한 참된 지식은 왕적 인간이신 예수의 존재에 대한 계시와 믿음을 통해서 얻는 신에 대한 참된 지식에 의해서 획득될 수 있다. 그분의 인성 안에서 인간의 상황은 이전 상태에서부터 새로운 인간성으로 변화되었다.[19] 바르트는 다음과 같이 말했다.

　예수에 의해 살아난 새사람의 삶은 그분이 겪으신 옛사람의 사망에 의해서 선행된다. 그분의 존재와 죽음에 따른 거짓되고 왜곡됨의 파괴와 참된 인간으로서의 소생, 노예 됨을 받아들이고 정복하신 왕적 인간으로서의 그의 존재, 나약한 육체 안에서 우리와 같이 되시고 우리들 중의 하나이고자 했던 영 안에서의 그분의 삶 등이 그것이다. 심지어 노

---

19) 옛사람과 새사람 사이에 대한 바르트의 구별은 창조 안에 있는 인간본성을 악한 것으로 이해함을 뜻하지 않는다. 반대로 그는 인간본성 혹은 자연적 인간성이 후에는 비록 타락했지만, 본래는 선했다고 본다.(전장 참조)

예처럼, 심지어 육체로서, 심지어 낡고 왜곡된 인간의 형태 안에 있는
사람에게조차 하느님은 여전히 그가 선택하고 사랑하는 선한 피조물
인 것처럼 자비를 베풀어 왔다.(384)

홍미롭게도 바르트는 이러한 죄의 깨달음을 수치(shaming)와 연결시
켰다. 하느님은 우리를 "너무도 근본적이고 철저하게" 받아들이셨기 때
문에 우리의 상황을 함께 나누시고 우리의 수치를 참아내기 위해 자기
자신을 자기 아들 안에서 우리의 형제로 만드실 준비가 되어 있었
다.(384) 그리스도의 인성은 마치 베드로가 수치스러움을 당한 것 같이
우리의 심각하고 근본적이고 전체적인 수치스러움을, 우리의 행태 안에
서 현실적인 수치에 대한 폭로를 이끌어 낸다.(387-88) 왕적 인간성에 비
춰 보면, 우리 부패와 실패, 그리고 인간성의 상실된 상태가 여실히 드
러난다. 우리가 아무리 거룩하고 훌륭하다 하더라도, 우리는 부끄러움
가운데 있다. 그분의 비하와 고양 안에서 왕적 인성과 직면할 때, 우리
는 수치스러움을 피할 수 없다. 수치스러움을 피하려는 어떠한 시도도
우리의 실질적 수치스러움을 더욱 확증할 뿐이다. 왕적 인간성은 죄인
으로서의 우리의 무자격성을 나타낸다. 이것에 대한 어떤 "변명"(alibi)도
없기 때문에, 그분에 의해 전적인 수치스러움을 느끼지 않고는 누구도
그리스도인이 될 수 없다.(396) 죄는 조직적이거나 형이상학적인 개념에
의해 완전히 파악될 수 없고, 단지 궁극적인 수치스러움인 십자가에 대한
지식을 통해서만 파악될 수 있다. 자유로운 은총은 우리가 피난처를 발견
할 수 있는 어떠한 학설에 대해서도 "전적인 자격박탈"(total disqualification)
인 십자가라는 파격적인 사건으로 우리와 만난다.(402) 자유로운 은총의

가장 구체-보편성으로서의 그리스도의 인성은 가장 근원적인 인간성이고, 따라서 인간성에 대한 가장 긍정적으로 비판적인 자기심판이다.

1) 인간의 태만

휴매니티 크리스티의 견지에서 볼 때, 죄는 태만, 즉 나태, 게으름, 느림 또는 무력함으로 이해된다. 칭의론의 맥락에서, 죄는 "죄의 영웅적이고 프로메테우스적인 형태"의 교만이다.[20] 성화론의 맥락에서, 죄는 단지 교만에 대한 영웅적인 형태가 아닐 뿐 아니라, 태만의 "비영웅적이고 시시한 형태"이다. 교만으로서의 죄가 신적 자기낮춤에 대한 반동인 반면, 태만으로서의 죄는 참되신 왕적 인간의 "고양에 대한 반동"이다.(403)

명확한 행위를 위한 신적 인도에도 불구하고, 태만은 우리에게 주어진 지시를 거부하고 따르지 않으며, "자신의 신실함을 나타내시고 지속하시는 분을 신뢰"하지 않는다.(405) 그러므로 태만은 불순종과 불신앙, 그리고 배은망덕의 형태를 지닌 죄이다. 태만은 왕적 인간 예수를 거절함으로써 구체화된다. "하느님께서 펼치신 팔을 거부하고, 그분의 은총을 거절함으로써"(408), 태만은 우리로 하여금 우리 자신의 소명을 무시하고, 우리 자신의 목적에 불충실하게 하며, 공허함에 빠지도록 만든다. 그러므로 태만에서 우리는 "모순 속에 있는" 인간존재가 된다.(409) 자기-모순으로서의 태만은 참된 인간의 사중적 관계성을 왜곡한다. 곧 하느

---

20) CD IV/1, 60 참조.

님, 타자들, 창조질서, 그리고 시간과의 관계성들이다. 비록 이러한 네 가지 근원적 유대로서 자기-모순은 서로 상호 연관되어 있지만, 여기서는 각각 개별적으로 논의한다.

① 하느님과의 관계에서 태만으로서의 죄는 어리석음이고 우둔함이다. 태만은 무활동성이고, 신적 지식에 따라 행동하기를 거부하는 것이다. 어리석음은 교육이나 학식과는 관계가 없다. 오히려 성서적 의미에서, 그것은 하느님의 계시에 의해 교화되기를 거절하는 것을 의미한다. 그래서 캔터베리의 안셀름(Anselm of Canterbury, 1033~1109)은 어리석음을 "무식이 아닌 무지로" 서술했다.(412) 어리석음이 자율적인 삶을 증식시키는 반면에, 우둔함은 적절한 안전장치가 없는 실질적인 무신론이다. 그럼에도 불구하고 바르트는 인간 지혜의 상대적 가치를 입증했다.

> 그 어리석음 안에서조차 인간은 항상 하느님의 선한 피조물이기 때문에 모든 형태들 안에서…… 그 자신의 지혜가…… 그 지혜로 하여금 자신과 다른 이들 모두의 마음을 끄는 것을 가능하게 해 주는 중요하고 인상적인 요소들과 모습들을 나타내는 것이 불가피하다. 그러므로 세상과 인간의 지혜는 우리가 지나치게 낮게 평가해야 할 어떤 것이 아니다. 많은 경우들에 있어 그것은 매우 높은 가치를 가질 수도 있다. 그것은 결코 단순히 그리고 명백히 악마적인 것은 아니다. 자신의 한계 안에서 지혜는 최고의 진지한 존경을 받을 가치를 지닌다.(417)

그러나 실제로는 이러한 세상적인 지혜가 "어리석음을 덮어 주거나 변명을 제공하는 역할을 하는" 경향이 있다.(417) 어리석음은 하느님의 지혜, 즉 그리스도의 십자가를 미련한 것으로 본다.(고전1:18) 하느님을 거부하고 기만함으로써 어리석음은 우리로 하여금 세 가지의 다른 관계성들을 상실하게 한다. 즉 비인간성(공동적 인간성으로서의 근본적 성격에 대한 거부), 전인간의 붕괴(육체와 영혼 사이의 이원론), 그리고 올바른 시간 측정의 곡해(전 3) 등이 그것이다. 왜냐하면 이 모든 관계들을 하느님만이 홀로 보증할 수 있으시기 때문이다.

② 다른 사람들과의 관계에서 태만은 비인간성을 초래한다. 우리는 우리가 타인들을 향해 나아가야 할 때 비활동적이 된다. 어떤 것도 우리가 예수 안에서 "동료애, 이웃 사랑, 그리고 형제애를 위해 선택되고 창조되고 결정되었다"는 진실을 반대하거나 변경할 수 없다.(433) 모든 사람들 사이에는 예수 안에서 존재론적 연결점이 있고, 그래서 누구도 "궁극적인 고립으로 철수"하거나 혹은 "이러한 동료애를 사보타주"할 수 없다.(434) 그럼에도 불구하고, 우리는 그분의 성육신을 통해 보여 주신 도저히 거부할 수 없는 하느님의 은혜로운 의지에 반하는 태만을 행하고 있다. 진정한 인간적 삶은 "사귐(fellowship) 안에서의 삶"이다.(435) 만약 그렇지 않으면, 그것은 비인간적 삶을 사는 것이다. 비인간성은 하느님과 자기 자신 그리고 시간에 대한 관계성들을 또한 위반한다. 첫째로, 비인간성은 다른 사람들과 우리의 유대를 위반함으로써, 하느님과의 유대도 위태롭게 만든다. 바르트는 "참된 그리스도교는 사적 그리스도교(private Christianity)가 될 수 없다"고 말했다.(442)[21] 비인간성을 원하

---

21) 참된 그리스도교는 사적 그리스도교, 즉 탐욕스런 그리스도교가 될 수 없다. 비인간성은 즉시 그것을 가짜 그리스도교로 만든다. 그것은 단지 피상적인 흠집만이 아니

고 선택하는 사람은 그리스도교의 신앙이 아니고, 순전히 환상들과 신화들의 믿음과 관계하고 있는 것이다.

> 동료 인간이 없는 사람에게 하느님은 환상이요 신화이다. 그는 성서의 하느님일 수도 있고, 우리는 그분을 이스라엘의 야훼로 그리고 예수 그리스도의 아버지라고 부를 수도 있다. 그러나 그는 우리가 확실히 믿을 수 없는 우상일 뿐이다.(443)

둘째로, 비인간성은 "당신 없이는 내가 나일 수 없고, 나로 존재할 수 없을 것"이기 때문에 "인간본성의 구조와 질서의 붕괴"에 이르게 된다.(443) 셋째로, 비인간성은 "제한된 시간적 지속"으로 인간의 삶에 확대된다.(444) 시간은 단지 그것이 다른 사람들과 공유될 때, 그리고 우리가 다른 사람들과 함께 살고, 경험하고, 실현하고, 고생할 때에만 실제로 우리의 것이 된다. 우리의 역사는 우리의 동시대 사람들과의 협력뿐만 아니라, 과거(죽은 사람들)와 미래(앞으로 태어날 사람들)의 세대들과의 협력에 의해 구성된다.

③ 자기 자신과의 관계에서 태만으로서의 죄는 방탕함을 수반한다. 예수 그리스도의 생애는 인간본성의 "정상화"이다. 그리스도의 인성의

다. 그것은 신뢰와 평안과 기쁨, 우리가 그리스도교인들로 살아야 하는 전체적 확신 그리고 그리스도교가 세상을 향하여 책임진 증거의 뿌리조차 잘라 버린다.(442) 바르트는 그리스도교신앙의 사유화에 대항해 비판했다. 중산계층 종교로서 그리스도교 신앙의 사유화에 대한 철저한 비판은, J. B. Metz, *Faith in the History and Society: Toward A Practical Fundamental Theology*, trans. David Smith(New York: Seabury, 1980), 특히 32쪽 이하 참조.

빛에 의해, 우리는 우리의 본성, 신성함, 존엄성, 인간 삶의 권한과 영광에 대한 진실에 직면한다. 우리의 인간본성은 유일회적으로 왕적 인간 예수를 통해서 정상화되었고, 더구나 영광스럽게 되었다. 만일 우리가 그분의 영을 받는다면, 우리는 그분의 본성의 진리 안에서 우리가 "진정으로 인간적 삶"을 위해 선택받고 창조되고 결정되었음을 알게 된다.(452) 그러나 태만은 우리를 영혼과 육체 안에 있는 인간본성의 질서를 분열시키고 대항하고 뒤집어 놓는 "방탕한 삶"으로 이끈다. 달리 말하여 그것은 우리를 "비본성적으로" 만든다. 우리의 영혼과 육체는 영혼이 육체를 안내하는 근원적 합일성과 본성적 질서 안에 있어야 하기 때문이다. 방탕은 전인간(whole person)이 되려는 "자유의 사용을 거부"하는 것이고, 예수에 인도에 의해 "정화, 성화 그리고 개혁하는 운동에서 벗어나는 것"이다.(453) 그러므로 방탕으로서의 태만은 "불복종"의 한 형태이다.(454) 참다운 인간으로 사는 것은 자신을 훈련된 그대로 유지하는 것이다. 세 가지의 다른 관계들을 붕괴시키면서, 방탕은 우리를 불신앙, 비인간성, 불안의 악순환에 빠지도록 이끄는 것이다.

④ 시간과의 관계에서 태만으로서의 죄는 무익한 인간적 근심을 포함한다. 악은 우리가 우리 존재의 한계를 수용하고 싶지 않음에서 야기된다. 우리는 본성과 운명에 대항해 저항한다. 그러나 우리 존재의 제한된 기간은 은혜로우시고 자비로우시고 감당할 수 없는 창조자이신 하느님의 선하신 질서이다. 그러므로 우리의 과도한 근심은 하느님의 선하신 질서에 대한 "공허하고 무익한" 자기모순이다. 근심은 "하느님의 선하신 질서인 경계(frontier)"를 두려워한다.(469) 그것은 개척자적인

활동(서양)과 묵상적인 수동성(동양)과 같은 역사적인 형태들을 띠게 된다.(473-74) 근심 혹은 염려로서의 태만은 또한 세 가지의 다른 관계들을 파괴한다. 즉 근심은 하느님에 대한 무지로 귀착된다. 그것은 우리를 우리의 동료들로부터 고립시키고, 인간사회를 세분화시키면서, 참다운 인간의 동료애를 파괴한다. 그리고 그것은 육체를 가진 영혼으로서의 인간존재의 일체성을 해체시키면서, 우리가 전인간으로 존재하고 되어가는 것을 위태롭게 한다.

2) 비참한 인간상황

예수의 왕적 자유 안에 나타난 그리스도의 인성은 고양되고 성화된 인간으로서의 참된 인간존재의 모형이다. 이러한 견지에서, 우리의 거짓되고 불확실한 존재는 타락(corruptionis)의 상태로 드러난다. 바르트는 이러한 상태를 인간의 "비참함"(misery)이라고 칭했다. 태만한 존재 또는 죄인으로서, 우리는 우둔, 비인간성, 방탕, 그리고 불안이라는 추방된 상태에 빠진다. 그럼에도 불구하고, 이러한 상태에서조차 우리는 "신적 은총 영향력의 영역 밖"에 있지는 않다.(484) 왜냐하면 하느님은 창조자이자, 우리와의 언약의 동반자로서의 하느님 되시기를 멈추지 않기 때문이다. 우리의 모든 태만한 행위들과 비참한 조건에도 불구하고, 우리는 하느님의 피조물 됨과 언약의 동반자 됨을 멈추지 않는다. 그러나 인간 피조성을 곡해하고 언약 파괴자로서, 우리는 "하느님의 은총을 그분의 냉대와 분노와 심판으로 겪어야 한다."(485) 우리의 비참함은 우리의 "잘못된 토대를 둔 불충분", "용서할 수 없는 수치", 그리고 "바로잡을 수 없는 자기모순"에 기인한다. 그리스도의 인성은 이러한 비참한 추방상태를 세 가지 형태로 조명해 준다. 곧 ① 끝없는 비참함, ② 낡은 존재의 불행, 그리고 ③ 의지의 속박이 그들이다.

① 비참함으로부터 인간성의 해방은 오로지 예수의 십자가에 못 박힘에 의해 성취될 수 있기 때문에, 비참함은 "한없는 것"으로 보인다.(Luther) 그것은 추방의 상태이다.(Elend) 그러나 "파괴"의 상태가 아니라, "변질"의 상태이다.(488) 비참함 안에서조차 우리는 "반쪽 인간이 아니라 전체적 인간"이다. 비록 여전히 하느님의 선한 피조물이긴 하지만, 우리는 부패와 타락이라는 "이러한 역사에 완전히 전적으로 사로잡혀 있다."22) 그러므로 "선함의 유물"이 이성의 능력 안에 있다는 것, 또는 종교적이고 도덕적인 선험성이 죄인으로서의 인간성 안에 남아 있다는 것을 논의하는 것은 "무익한" 것이다. 죄인인 인간본성 안에 머무는 선은 "단지 '유물'이 아니라, 하느님께서 주신 본성의 전체이자, 그것의 결정체"이다.(489) 이와 같은 전체성 안에서, 우리의 총체적 존재는 위로부터 아래로의 불행한 운동 안에 사로잡힌 채, 변질의 역사 속에

---

22) "그의 비참함은 이러한 최상의 부패에 있다. 이러한 왜곡된 이용은 즉시 부패한 상태라는 최악의 상태를 수반한다. 스스로 빛나는 사물들은 모두가 그에게는 어두울 뿐이다. 그가 원하는 것들은 그의 능력을 살짝 벗어난다. 그의 참된 영광은 그의 수치가 된다. 순수가 불순이 된다. 환희는 아주 깊은 슬픔에 휩싸인다. 고개를 드는 것은 유혹이 된다. 모든 축복은 저주가 되고, 구원은 멸망이 된다. 만일 여기에 단지 어두움, 궁핍, 수치, 불순, 슬픔, 유혹, 저주 그리고 멸망만 있다고 생각하고 말한다면, 우리는 충분히 깊게 알지 못한 것이다. 엄밀한 의미에서 인간의 비참함은 하나의 상황이나 연속성이 아니라, 어떤 추상적 '오직도 있을 수 없는 그의 역사 속의 존재이다. 그처럼 빛이 여전히 거기에 머물고 있지만 꺼져 있고, 부유는 슬그머니 사라지고, 영광은 수치로 변하고 순수는 불순으로 변하고 기쁨은 슬픔으로 변한다."(489)

존재한다. 신약성서는 이러한 변질을 자기자아의 분리, 곧 자기소외와 자기모순의 역사 안에 존재함을 의미하는 "육"(flesh)이라는 용어로 표현한다.

② 예수는 우리에게 새사람의 인간성을 부여하시며, 옛사람의 비참함을 보여 준다. 비참함에서 해방된 우리는 "하느님을 기쁘시게 하고, 하느님께 순종하는 새롭고 다른 행위들의 주체로서의 새사람"이 된다.(490) 그러나 낡은 인간성은 "그것이 그 안에서 끝없는 순환 속에 계속해서 스스로를 확인하고 새로워지는 고유한 삶"을 갖는다. 옛 존재 안에서의 원죄(*peccatum originale*)는 실제적 죄(*peccata actualia*)를 야기한다. 우리는 죄인일 뿐 아니라, 또한 죄를 범한다. 예수 그리스도 안에서 새롭고 다른 행위들의 주체로서의 새로운 출발과 새로운 탄생과는 별도로, 우리는 비참함에 대한 악순환을 끝낼 수 없다. 바르트는 양적 차이에 관계없이 모든 죄를 용서받을 수 없는 죄로 보기 때문에, 용서받을 수 있는 죄와 용서받을 수 없는 죄 사이의 구분 그리고 자의적인 죄와 본의 아닌 죄 사이의 구별을 거부했다. 이러한 점에서 보면, 그리스도인들도 중생하지 않는 사람들보다 우위에 있다고 자랑할 수 없다.

③ 예수 그리스도가 우리를 비참함으로부터 해방했기 때문에, 비참함은 의지의 속박을 구성한다. 그의 구원적 행위는 "자유의지의 행위이고, 자유적 중재(*liberum arbitrium*)의 결정"이다.(493) 그러나 그에 의한 우리의 해방 안에서 우리는 "노예적 중재(*servum arbitrium*)로서 우리의 의지의 결정"을 배운다. 죄에서 의지의 이러한 속박은 "경험적인 발견이나 선

험적인 반응에 의해 증명될 수도 논박될 수도 없고", 단지 그리스도 안에서만 이해될 수 있다. 그러나 의지의 속박은 결정론을 포함하지 않고, "하느님과의 관계에서 인간의 태만으로부터 유래된 인간상황의 왜곡"을 뜻한다. 그것은 우리가 중재권을 빼앗겨서 전혀 의지할 수도, 행동할 수도 없다는 것을 의미하지 않는다. 만일 이러한 경우였다면, 우리는 더 이상 인간이 아니고, "외부에서 조정되는 기계장치"의 부속품들일 것이다. 이러한 견지에서 보면, 자유는 "교차로에 서 있는 헤라클레스와 같이" 원하고 결정하는 추상적인 선택을 뜻하지 않는다.(494)

> 자유는 공허하고 형식적인 개념이 아니다.…… 이것은 인간에게 이러한 능력을 주신 하느님이 그분의 자유 안에서 진실로 하느님이 되실 수 있는 것같이 인간도 진실로 인간이 될 수 있다는 사실을 구체적으로 말해 준다. 자유인이란 하느님과의 교제 안에서 진정으로 인간일 수 있는 인간을 말한다.(494)

자유를 하느님이 우리에게 준 죄의 가능성으로 묘사하는 것은 잘못이다.(전통적인 구별로는 *posse peccare* vs. *posse non peccare*) 참된 자유, 즉 진정한 인간일 수 있는 자유는 이러한 죄를 짓는 가능성을 배제한다. 오히려 바르트는 이러한 참 자유에 대해 '죄를 지을 능력이 없다'(*non potest peccare*)는 용어로 표현했다. 우리는 단지 우리가 이러한 능력을 포기하고 자유를 이용하지 않을 때, 죄를 지을 수 있다. 우둔, 비인간성, 방탕 그리고 근심으로서의 태만은 이러한 참된 자유를 사용하지 못한 실패로 규명된다. 사실상 우리는 비활동성으로 "돌아서고 있고", 불가능성을 "움켜쥐고" 있으며, "이 참다운 선택에 대한 무서운 부정"을 "선택" 하고 있다. 죄인으로서 우리는 "참된 인간이 되는 자유에 반하는 결정" 을 해 왔다. 죄로 가득하고 태만한 사람은 죄짓지 않을 능력이 없는(*non potest non peccare*) 상태에 있다. 죄는 자유가 죄를 배제하는 것과 같이 또한 자유를 배제한다. 그 둘 사이에 "중간 선택지는 없다."(495) 첫 번째 대안을 취하는 태만한 사람은 의지의 부패를 향한 길을 선택하고, 참된 인간답기를 멈춘다. "이것이 인간의 비참함의 가장 쓰라린 특성인 인간 의지의 속박이다."(496)

그러나 그리스도의 인성에 의해 성취된 해방에 비교하면 이러한 속박은 제한적이다. 이러한 제한은 다음 장의 주제인 인간의 성화에 의해 규정된다. 예수는 우리에게 거듭남, 회심, 그리고 새 창조 안에서의 자유를 부여한다. 그분 안에서 우리는 죄짓는 것으로부터 자유롭고, 믿음과 순종 그리고 감사에 나아가게 되며, 그렇게 함으로써 우리는 진정으로 자유로워질 수 있다. 우리는 죄의 한계에 의해 속박받기 때문에 우리에게는 성화가 필요하다. 심지어 그리스도인들로서조차, 우리는 여전히 어리석고, 비인간적이고, 방탕하고 불만에 차 있다. 우리는 옳은 것보다는 그릇된 것만을 선택하는 것처럼 보인다. 우리 안에서 자유와 속박은 서로 충돌한다. 곧 예수와 성령 안에서 새사람으로서 자유는 육의 옛사람 안에서 속박과 충돌한다. 그것들은 서로 화해할 수 있는 이원성이 아니라 하나의 총체성이다.23) 왜냐하면,

---

23) 이러한 이유로, 바르트는 칭의의 성취에 있어서 인간협동에 대한 트렌트회의 교의를 비판했다. 그는 그것의 주된 핵심이 신적 은총과 인간의 죄성 사이에 물량적으로 미묘한 균형(예컨대, 선한 행위에 의한 *augmentum gratiae*)을 유지하는 것임에 동의한다. 그러나 영과 육 사이, 예수 안에서의 새사람과 육 안에서의 옛사람, 자유와

그들 사이에는 경계선(terium), 다리, 매개나 합성도 없고, 단지 성화 안에서의 삶, 그리스도의 군대(militia Christi)와 같은 충돌의 반명제만 있을 뿐이기 때문이다. 그러므로 둘 사이에는 협력이란 없다! 총체적 자유와 총체적 속박 사이에 어떻게 협력이 있을 수 있겠는가? 영이 어떻게 육에게 도움을 줄 수 있으며, 또한 육이 어떻게 영에게 도움을 줄 수 있겠는가?(497)

그러면, 이러한 비참함과 충돌의 조건에서, 루터에 의하면 의인인 동시에 죄인(simul justus et peccator)인 우리는 어떻게 참되고 근본적인 인간답게 존재하고 변화될 수 있겠는가? 다음 장에서 이 질문에 답하는, 이 책의 중심 논제인 바르트의 성화론을 다룰 것이다.

속박 사이의 투쟁은 "서로 보완하지 않고 배척"한다.(498) 바르트는 칭의에 대한 트렌트회의 교의가 인간의 비참함을 충분히 심각하게 받아들이지 않았다고 주장했다. 그러나 한스 큉은 칭의론에 있어 바르트와 트렌트회의의 가르침 사이에 실질적인 차이가 없다고 주장했다. Hans Küng, *Justification: The Doctrine of Karl Barth and a Catholic Reflection*, trans. Thomas Collins(Philadelphia: Thomas Nelson & Sons, 1964) 참조.

제7장 인간화: 성령의 인도하심 아래의 성화

바르트는 성화를 성령의 능력 안에서 사람의 아들(人子)의 인도하심에 따른 그리스도인의 응답으로 표현했다. 그리스도의 인성의 고양이 성화의 객관적 근거이다. 비록 모든 인간이 정당하게(de jure) 예수와 존재론적으로 연결되어 있음에도 불구하고, 이러한 존재론적 실재가 실제적으로(de facto) 인식되지 않고 있다. 이것은 그리스도의 보편적 구원사건 대한 인식의 과정을 필요로 한다. 그리스도인, 곧 철저한 인간 존재이고 그렇게 된다는 것은 예수 그리스도(the Holy One)로부터 우리(potential saints)에게로의 전이능력에 근거하는바, 그것은 성령의 행위인 것이다. 그러므로 성화는 성령의 인도하심 아래 걸으면서 그리스도의 사역에 참여함으로써 이루어진다. 이 지혜의 인도(Weisung)하심 아래, 교란된 죄인들(disturbed sinners)로 정의되는 그리스도인들은 성화의 과정에 관여한다. 곧 제자도, 회심, 사역, 그리고 십자가를 짊어짐이 그들이다.[1]

---

1) 이 장에서는 이 주제들을 네 부분으로 나눠서 다룰 것이다. ① 아들의 인도하심(64.4a), ② 성령의 인도하심(64.4b), ③ 거룩하신 분과 성도들(66.2), ④ 성화의 네 함의들; (a) 제자도로 부르심(66.3), (b) 회심으로 일깨움(66.4), (c) 행함에 대한 칭찬(66.5), 그리고 (d) 십자가의 위엄(66.6).

1. 아들의 인도하심

바르트는 "아들의 인도하심"(*Weisung*)이라는 용어에서 성화의 기본적인 전제를 규명한다.(265) 신적인 능력과 권위에 따른 인도는 영원한 아버지의 아들과 참된 왕적 인간으로서 사람의 아들이신 그분에 의해 우리에게 주어졌다. '하느님이 우리와 함께하신다'는 성탄절 메시지는 "우리의 추상적이고, 주관적이며 따라서 부패한 인간성이 그분의 참된 인간성에 의해 교정되고 바로 잡혀진다"는 것을 의미한다.(272) 이 진실하고, 고귀하고 그리고 근본적인 인간성에 의하여 우리는 거듭났고 회심했을 뿐만 아니라, 그리스도인으로서 이미 하느님께 귀의하는 일에 종사하고 있는 것이다. 그러므로 그 아들(the Son) 안에서 우리의 존재는 칭의와 성화 모두를 포함한다.

사람의 아들로서 예수의 고양은 우리의 성화의 객관적 근거이다.(274-80) 왕적 인간 예수(은총)의 역사는 모든 인류(감사)의 역사를 포함한다.[2] 이것은 인간 예수의 존재와 인류 사이에 "존재론적인 연결"을 의미한다.(275) 하느님의 역사(history)인 동시에 인류의 역사인 예수 그리스도의 역사 안에서, 하느님은 역사를 모든 인류를 위한 역사로 변화시킨다. 신약성서와 하이델베르크 교리문답(Heidelberg Catechism, 1563)은 모든 인간을 위한 이 존재론적 실재를 선언한다.

---

2) 그 특별한 의미들을 위하여 바르트는 역사에 하느님과 백성의 계약 관계 내에서의 은혜-감사의 성격을 부여한다. CD III/2, 160-67 참조.

그것(신약성서)은 그분의 주권 아래 있는 그들의 존재에 관하여 존재론적 선언을 한다. 즉 그분 안에서 하느님 앞에서 의롭고 거룩한 이들로서, 그리고 신적인 측면에서뿐만 아니라, 인간적인 측면으로부터 그분 안에서 지켜지고 성취된 하느님의 언약에 속한 이들이라고 말이다. …… 이것은 신약성서에서 예수 그리스도의 독특한 본질에 속하는 것으로, 그 본질은 오직 한 분이신 그분이 홀로 존재하지 않고, 오히려 왕적 대변자, 곧 주시요, 많은 사람의 머리라는 것이다. …… 그것은 한편으로는 인간 예수와 다른 한편으로는 모든 사람들 사이에, 그리고 한편으로는 활동적인 그리스도인들과 다른 한편으로는 다만 실질적이고 전망적인 그리스도인들 사이에 존재하는 존재론적 연결을 말하며, 그것은 신약성서에서 그를 알고 있는 자들이 공동체를 모으고 세움이 그 자신 안에 근거하고 있는 필연성으로 묘사되고, 그 공동체가 다시 그 자신 안에 근거한 필연성으로 파송하고, 이 세상 안에서의 선교의 사명을 위임받았다는 사실의 근거이다. …… 이 존재론적 연결은 공동체를 형성하고, 공동체를 파송케 하는 선포(kerygma)의 법적인 근거이다. 그리고 이 존재론적인 연결은 또한 케리그마가 가능성을 가리키는 것이 아니라, 실재성을 지시한다는 사실의 근거가 된다.(275)

그리스도인의 희망은 예수와 그와 같은 존재론적 연결에 "영원불변의 기초"(히6:17-20)를 두고 있다.(276) 요한 문서들은 예수와 제자들의 상호적인 "머무름"(menain), 곧 예수 안에 제자들이 머물러 있고, 제자들 안에 예수가 머물러 있는 관계에 의해서 존재론적 연결을 설명한다.(요15:4 이하) 이러한 머무름은 명백히 "하나의 존재"를 전제한다. 즉 그것은 "단지 우리가 가지고 있는 경험도, 성향도 아니며, 의지나 감정적 태도도 아니고, 단지 실현되어져야 할 유효한 가능성만도 아니며, 오히려 우리

스스로가 진리 안에서 볼 수 있고, 또한 이해할 수 있는 우리의 가장 참된 실재이다."(276) 이 머무름은 또한 바울의 존재론적인 고백과도 일치한다. "이제는 내가 산 것이 아니요, 오직 내 안에 그리스도께서 사신 것이라."(갈2:20) 이 '그리스도 안에서'는 바울의 모든 가르침의 대전제라고 말할 수 있다. "그리스도인이 된다는 것은 곧바로 그리스도 안에(en christo) 있다는 것이다."(277) 바울은 로마서 8장 37절 이하에서 신과 인간 사이에 그리스도 안에서의 존재론적인 연결의 "확고함"을 웅변적으로 선언한다.(280) 예수 그리스도와의 인간성의 존재론적 연결은 보편적인 것이다.3) 그리스도 안에서 전체로서의 인간성은 언약의 동반자로서의 하느님과의 이 존재론적 연결에 의하여 영향을 받아 왔다.(282)

그러나 예수 그리스도 안에 있는 우리의 존재는 사실상 은폐되어져 있다. 그리고 우리는 사실상 이 존재론적 실재에 역행해서 우리 스스로를 드러낸다. 이 은폐의 원인은 단지 인간의 실수, 허물, 죄 때문만은 아니다. 그리고 "형이상학적인 불상사"도 아니다.(289) 역시 이것은 십자가의 표적 아래의 왕적인 인간성을 가리킨다. "모든 것은 이 십자가를 향하여 나아갔다."(290) 그의 십자가는 신-인간 사이의 화해를 이루는 가장 구체적이고 보편적인 구체-보편적 재연이자 왕적인 인간으로서의 대관식이었다. "그의 왕적 직분의 지배적 특징"으로서 십자가는 성육신, 낮아지심, 자기 비하, 그리고 겸손의 비밀을 성취한다. 예수는 진정으로 우리의 상황을 그 자신이 스스로 지셨고, 그것을 십자가에서 근본적으로 바꾸고 변화시켰다. 십자가에서의 죽음에 이르는 그의 결단은 단지

---

3) 그 자신만을 위해 존재하는 예수는 없고, 그분의 존재에 의해 영향 받지 않고 그분의 존재와 함께 결정되지 않은 죄 된 인간은 없다.(281)

"통제적 표적"이나 "지배적 사실"을 위한 것이 아니라, "일종의 하느님의 행동으로서의 특성"을 갖고 있다.(294) 모든 인간과 피조된 (우주적) 생명은 죽음을 향하여 움직이고, "죽음 안에서 그 완전한 형태"를 취한다.(295) 십자가에 달린 이는 또한 죽음으로부터 부활하신 승리자이다. 결론적으로 은폐는 그의 십자가의 비밀에 근거를 두고 있는 것이다. 십자가는 비판적 성격을 가지고 있지만, 그것은 어디까지나 "긍정적으로 비판적인 것이지, 부정적인 것은 아니다."(296)

우리는 그리스도인이 되는 것과 같은 상응하는 결단으로서 그리스도 안에서의 우리 존재의 존재론적인 존엄성을 인식할 필요가 있다. 이 존재론적 연결의 실재는 능력이다. "이 실재와 진리─예수 그리스도의 존재 그리고 그분 안에서의 우리의 존재, 그분의 십자가의 은폐─는 능력이다. 그것은 단지 정적인 능력이 아니라 역동적인 능력, 잠재적인 것이 아니라 명시된 능력이다."(298) 예수는 그 자신을 "한 사람으로서 독특한 주권" 안에서와 "그분의 태도와 결정의 신적 근접성" 안에서 왕적 인간으로서 스스로를 선언한다.(299) 그 결과는 지상에서 하느님 나라를 실현시켰고, 그분의 죽음 안에서 우리를 위한 중재자가 되셨다. 신약성서는 우리에게 그분의 부활이 단순한 "사실"(*datum*)이 아니라, "사건"(event)이라고 말한다. 십자가에 달린 자가 부활하는 그 사건에서 전이의 능력이 우리에게 나타났다.(302) 우리에게 부여된 것은 그리스도인이 되게 하고 그리스도인이게 하는 회개의 능력이다.

그것은 또한 "사랑의 자유, 그리스도인이 되는 자유를 보고 이해하고 인식하는" 회심의 자유이다.(306) 이것은 우리의 새롭고도 고양된 인간성을 위하여 그리스도가 자신의 부활을 통해 보여 준 그리스도의 자기폭로의 능력이다. 그것은 시작과 함께 새롭게 되는 결론의 능력이다. 그것은 "예수 그리스도 안에서 참되고 실재적인 것으로부터 우리를 참되게 하는 것, 보다 쉽게 말하면 그리스도로부터 그리스도인으로서의 우리에게 주어지는 상상할 수 없는 초월적인 전이의 능력"인 것이다. 우리가 이미 예수 그리스도 안에서 모든 필요한 조건들을 얻었음을 기억하라. "예수 그리스도 안에서 그리스도인은 이미 존재로서 완성되어 있다. 그러나 또한 우리는 스스로와 자신의 시대 안에서 항상 되어감(becoming)의 과정에 있다."(307) 이 그리스도인이 되어 가는 과정은 하나의 "도약", 곧 불가항력적인 은총에 대한 불연속적인 인간의 응답, 곧 회심과 연관된다.

그리스도로부터 그리스도인들에게로 전달되는 이 전이의 능력은 광명, 해방, 지식, 평화, 그리고 생명의 특징들을 가지고 있다. ① 전이의 능력은 광명, 곧 "십자가의 어둠으로부터 비춰 오는 빛, 지금은 하느님 우편에 앉아 계시는 고양되고 새롭고 참된 인간 존재의 빛"이라는 특징을 가진다.(310) 그것은 인격 안에서의 장엄(numinous in person)한 것뿐만 아니라, 굉장하고 우리의 모든 것을 초월하는 신비(mysterium tremendum et suprendum)로서의 "명확한 조명"을 도출해 낸다.(311) ② 그것은 "예수 그리스도의 자유 안에서 이미 성취된 우리의 해방의 능력이다. 곧 끊임없이 불순종의 압박으로부터의 우리의 해방 그리고 생명을 위한 우리의 해방"을 말한다.(311 이하) ③ 그것은 저항할 수 없는 신(神)지식의 자기폭로에 상응하는 인간의 지식이라는 특성을 갖는다. 그러므로 그것은 "합리적 특성"을 가지고 있다.(312)

전이의 능력은 이러한 특별한 신적인 바라봄, 생각함 그리고 말함의 능력이다.…… 그것은 예수 그리스도 안에서의 신적인 바라봄과 생각함과 말함이 한 인간, 곧 그리스도인의 보는 것과 이해하는 것과 아는 것에서, 이성의 각성과 깨달음에서 그 응답을 찾는 것이다. 그것이 활동하는 곳에는 역시 이성을 향한 조명이 있음을 의미한다.…… 그것이 활동하는 사람은 학자가 된다. 그는 배우고 생각하기 시작한다. 그는 양심(conscience)을 얻는다. 즉 그는 양심적인 사람, 곧 하느님과 함께 아는 자가 된다. 그는 침묵하지 않고, 머뭇거리지 않으며, 더듬거리지도 않고 말할 것이다. 그는 새롭고 다른 방언으로 말할 것이지만, 그는 진실하게 말할 것이다. 그의 신앙은 "내향적인 것"이 아니라, "외향적인 것"이 될 것이다. 그는 자기가 아는 바를 말하는 증인으로 임명된다. 사도들이 이러한 능력을 가지고 일해야만 했을 때, 그 일은 외적인 신앙(fides explicita)으로 표현되었다. 그들은 열광주의나 신성한 침묵으로 고무되거나 부름 받지 않았고, 하느님에 대해 말하는 것, 즉 신학(theology)으로 부름을 받았다. 그들이 준비된 것은 이것을 위한 것이었다. 이 능력이 매우 크고 놀라운 것일 수도 있지만, 건전한 이성과 분명하고 틀림없는 유사성을 가지고 있다. 그것은 이것을 정당한 한계 속에 놓아둔다.(313)

④ 전이의 능력은 평화의 특성을 갖는다. 그것은 세상과의 화해와 그리고 이 같은 평화를 위한 하느님의 의지로부터 유래했는데, 이 평화는 십자가에서 성취되었다. 결국 구원을 의미하는 이 평화는 죽음에서 살아난 예수 그리스도의 부활에서 명시되었다. 그것은 "하늘에서 해결된 평화를 지상에 퍼뜨리는 능력"이다.(314) 그것은 하느님과 인간 사이의, 사람과 그의 동료 인간 사이의, 사람과 그 자신 사이의 실질적 인간 상황에서 "반명제"를 제거하는 "예수 그리스도의 부활의 평화를 만드

는 능력"이다.(315) ⑤ 마지막으로 그 전이의 능력은 생명의 특성을 갖는다. 그 능력은 "참된 인간생명을 설정한다. 예를 들면 참된 생명, 곧 하느님의 뜻과의 조화를 이루며 살고, 그러기에 틀림없이 침해할 수 없는, 부패하지 않고 파멸되지 않는 참 생명"을 이룬다. 그 능력은 "영원한 생명"의 "씨앗"들을 만들어 낸다.(316) 이 생명은 우리를 "자기중심적 욕심과 갈망"으로부터 해방시키면서, "하느님이 함께하는 생명이 되려는 결단"으로 인도하고, 어떤 경우에도 평화를 보존하는 계몽되고 해방되고, 이해하는 삶을 목표로 한다. 이 부활의 능력이 우리를 "위로" 낚아챈다. 그러나 이 낚아챔은 단순히 순전한 내면성의 특징을 가진 이중적, 추상적, 영적 생명을 의미하는 것이 아니라, 그것의 물질적, 외적 생명을 포괄하는 전체성 안에 있는 인간의 생명을 의미한다. 그 능력은 "정신적인 것만이 아닌 육체적인 씨를 뿌리며, 영적인 것만이 아닌 물질적인 자양분도 공급하는 것이다." "전인의 전체적 보존"과 "전적 생명의 고양"을 공급하는 것이다.(317) 이 생명의 씨앗을 지닌 담지자가 된다는 것은 아직은 죽음의 그늘과 불연속성에 의해 공격받는 덧없고 일시적인 삶을 살고 있음에도 불구하고, 약속과 일치 안에서 부패하지 않는 불후의 생명을 사는 것이다.

그리스도인이 되어감과 그리스도인으로 존재함은 예수 그리스도에게서 우리에게로의 전이되는 이러한 주권적 전이능력의 작용에 의해서 가능하다. 전이적 능력은 우리 존재를 그분 안에서 우리의 선택됨, 우리의 칭의를 위한 하느님의 아들로서의 예수의 비하, 우리의 성화를 위한 사람의 아들로서의 예수의 고양을 통하여 새로운 결단 안에 있는 우리 존재를 구원하고 설립하기 위해서 역사한다. 그 능력은 "우리의 이 세속성을 파괴하려는 목적으로서가 아니라, 그것에 새로운 결단을 주려는 목적으로" 일한다.(318 이하) 또한 그 능력은 특히 인간 존재에 관계하여 구별된 효력을 나타낸다. "이상적 인간이나 초월적인 인간에게가 아닌, 하느님과 이웃과 자기 자신 앞에서 세속성을 지니고 있는 그대로의 그 사람에게" 그리스도인은 "제 이의 그리스도를 의미하는 것이 아니라, 다른 사람과 같은 사람"을 의미한다.(319) 유일한 차이는 그의 제한되고, 비난받고 억압된 존재임에도 불구하고, 그는 그리스도의 인간성에서 발생하는 인간성의 고양에 참여한다는 것이다. 간단히 말해서 그리스도인이 됨은 "근본적인 인간이 됨"을 의미한다.4)

2. 성령의 인도하심

신약성서는 성령의 내쉼과 받으심, 현존과 활동으로서의 이러한 전이적인 능력의 작용을 증언한다. 성령은 우리를 창조하시고, 사명을 주시고, 다스리시고, 권한을 부여하셔서, 그리스도인이 되게 하시며, 그리스도인이 되어 가는 과정에 있게 하실 뿐만 아니라, 우리를 그리스도인의 공동체로 모우고, 세우고, 밖으로 나가게 하신다. 그러므로 그리스도인 개인과 그리스도인의 공동체는 정의 그대로 "영적"이다.(321) 성령의 능력 안에서 왕적인 인간은 스스로 죽음으로 나아갔고, 죽음으로부터

---

4) Hans Küng, *On Being a Christian,* trans. Edward Quinn(Garden City, NY: Doubleday & Co., 1984), 554.

다시 일으킴을 받았다. 성령의 능력은 예수 그리스도의 이 계시의 능력이다. 성령은 "아버지께서 우리 마음에 보내신" 아들의 영이다.(323) 아들로부터 나오는 성령의 내쉼은 그 스스로가 하느님의 성령임을 나타낸다. 성령은 새로운 희망의 시작을 알리는 선물로서 그리스도인의 생활양식을 확립하고 규정한다. 또한 성령은 비그리스도인과 그리스도인을 구별할 뿐만 아니라, 그리스도인들과 비그리스도인들을 하나 되게도 하신다. 성령은 그리스도인들을 참되고 근본적 그리스도인들로서 그리고 인간들을 참되고 근본적 인간으로 확증하고, 거룩하게 한다.

바르트에 의하면 이러한 전이의 역사에는 세 가지 결정적 요소가 있다. ① 기본적이고 지배적인 요소로서의 왕적 인간 예수, ② 이런 역사의 목표로서의 공동체, 그리고 ③ 전이의 능력으로서 예수와 공동체를 연결하시는 그분(성령). 이런 세 순간들에서 우리는 하느님 자신의 현존과 활동을 발견하게 된다. 과거에는 우리들 어느 누구도 하느님께 속하지 않았지만, 이제 우리는 하느님 안에서 "참된 우리 자신을 선험적이 아니라, 후험적으로" 발견한다.(338) 이 역사에서 하느님을 아는 것은 하느님 안에 존재하는 우리 자신을 아는 것이다.(롬11:36) 그리고 또한 우리 자신을 아는 것은 우리 안에 존재하는 하느님을 아는 것이다. 이 역사는 우리를 거룩한 삼위일체로 인도한다. 그리고 삼위일체 안에서 성령의 내쉼은 이런 전이와 인식을 가능케 한다. 오늘날 이 역사에 현존하고 활동하시는 하느님은 곧바로 삼위일체 하느님이다. 역사의 이 세 요소들은 삼위일체의 흔적(*vestigium trinitatis*)의 반영으로서 하느님의 존재의 세 양태와 일치한다. 제 삼위이자 중간 요소는 성령으로서의 하느님의 존재의 양태 안에서, 그리스도로부터 그리스도인 공동체로의 전이의 신적인 능력과 관련되어 있음이 분명하다. 그것은 그리스도와 그분의 공동체 사이를 중재하는 신적인 능력일 뿐만 아니라, 아버지와 아들을 하나 되게 하는 신적 존재양태이기도 하다. 바르트는 성령이 "이 절(아들의 인도)의 참된 주제"임을 명백히 진술한다.(339)[5]

그러나 왕적 인간 예수와 우리들 사이의 역사에는 구분과 대립의 문제가 있다. 여기서 성령은 예수와 우리 사이의 이 문제를 중재하는 마력적인 세 번째 담지자가 아니라, 그분의 가장 고유한 원인 안에 활동하는 하느님 자신이다. 성령이 예수와 우리 사이에서 가능케 하는 것은 그런 구분 안에서의 전이이고, 그런 대립 안에서의 중재이고, 그런 만남 안에서의 교통이며, 그런 동반자 관계(아버지와 아들) 안에서의 역사이다. "하느님은 두 번 하나이고 동일하다. 존재의 두 양태에서 아버지와 아들로서, 그리고 단순한 분리가 아니라 긍정적으로 최고와 가장 내적 연결인 구분으로서 그러하다." 아버지와 아들은 "서로 사랑 안에 있다. 즉 이편이 저편에 흡수되지 않고, 이편과 저편이 홀로 있거나, 대립할 수 없는 그런 신적인 사랑 안에 있는 것"이다.(344)

바르트는 이런 관계를 "동반자적 역사"(history in partnership)라고 부른다. 그러나 그것은 "고립된 한 개인의 역사"가 아니다. 왜냐하면 "하느님은 결코 고립적이 아니라…… 항상 동반자로서 존재하시기 때문"이다. 하느님의 동반자 관계는 "단순히 이차적이고 역동적인 역사에 의해 수반되는 일차적이고 정적인 것을 의미하는 것"이 아니라(344), "동반자 관계에 대한 영원한 상승과 갱신"을 의미하는 역사적 발생사건을 뜻한

---

5) 이 부분은 성령론으로 간주될 수 있다.

다(345). 이런 영원한 동반자 관계의 역사를 다룸에 있어서, 바르트는 이 역사에서 "활동하지 않는 경직되고 정靜적인 존재는 없다"라는 흥미로운 말을 한다.(345) 삼위일체의 생애의 세 번째 순간인 성령은 이 동반자 관계의 역사, 곧 구분 안에서의 전이, 대결 안에서의 중재, 만남 안에서의 교통인 역사를 구체화한다. 아버지와 아들의 역사는 성령의 구체적인 역사에서 절정을 이룬다. 성령으로서 하느님은 스스로 충만하시며 스스로 초월적이시다.

> (삼위일체는) 그 스스로 안에서 구별성 안에서 구별성이나 단일성, 운동이나 정지, 또는 대립이나 화목에 있어서 결핍이 없다. 삼위일체 하느님 안에서 운동을 요구하고 추구해야 하는 그런 정지나, 정지를 요구하고 추구해야만 하는 그런 운동은 없다.(346)

성령은 예수 그리스도의 현존, 곧 고양된 자의 비하와 비하된 자의 고양 안에 있는 반명제의 "수수께끼의 근거"이다.(348) 하느님 아들의 비하 안에 있는 반명제는 하느님 한 분의 초월적인 차별화를 드러내지만, 동시에 또한 의지, 행동, 그리고 존재의 이중적인 양태를 드러낸다. 예수 그리스도의 영으로서의 성령은 하느님의 아들로서 십자가의 능력과 사람의 아들로서 부활의 능력을 증언한다. 사람의 아들의 고양 안에서 그 수수께끼는 아버지와 아들의 동일한 신적 행위에 근거한다. 왕적 인간으로서의 그의 현존은 비하와 은폐뿐만 아니라, 고양과 계시를 수반한다. 따라서 십자가의 신학과 더불어 우리는 십자가에 달린 자로서 승리한 예수 그리스도 안에서 실현된 새로운 인간성에 대한 영광의 신학을 필요로 한다. 반명제란 단순히 역설이 아니다. 그것은 오히려 하느님의 삼위일체적 생애 안에 나타난 하느님의 영광(doxa)에 근거하고 있다. 성령은 그리스도인의 신앙과 고백(십자가의 신학)에 불을 붙일 뿐만 아니라, 그리스도인의 공동체를 기쁨과 감사(영광의 신학)에로 초청한다.

　　예수의 반명제 수수께끼의 목표는 성령의 능력 안에 있는 그리스도인의 자유이다.

　　(곧) 그리스도교 공동체가 십자가에서 승리한 예수 그리스도, 그의 실제 죽음에서 파괴되지 않고 보존된 사람의 아들의 생명, 그분의 죽으심 안에 있는 모든 사람들의 생명의 근거, 그분의 버림받음의 성취 안에서 그들을 택함의 성취, 그분의 굴욕 안에서의 그들의 영광, (그리고) 그분의 징벌 안에서의 그들의 평화를 믿는 자유이다. 그러므로 예수를 승리자라고 고백하고, 우리 역시 그분 안에서 승리하고 있다고 믿는 자유이다.(356)

　　성령은 그리스도인과 그 공동체들이 첫 단계의 목표인 이 자유 안에서 두 번째 단계로 나아가도록 격려하며 능력을 준다. 사실상 예수 그리스도의 현존의 수수께끼는 "신적 생애의 역동성과 목적론"이다.(357) 첫째 단계에서, 바르트는 몰트만이 말하기 이전에 이미 고난이 설령 그 자신의 것이 아니라 할지라도, 하느님의 실제적 고난임을 확증했다.6) "초대교회의 성부수난설의 가르침에는 특별한 진리(particula veri)가 없지

---

6) Jürgen. Moltmann, *The Crucified God: The Cross of Christ as the Foundation and Criticism of Christian Theology*, trans. R. A. Wilson and John Bowden(New York, NY: Harper & Row, 1974) 참조.

않다. 이것은 하느님 아들의 희생과 파송에서, 그의 낮아짐에서 우선적으로 고통을 겪는 분은 하느님 아버지라는 것이다."(357) 둘째 단계에서, 하느님의 영광은 예수 그리스도의 현존의 수수께끼를 밝힌다. 수수께끼와 같은 예수 그리스도의 현존은 하역설이나 신적인 '부정'(No)과 '긍정'(Yes)의 병치를 입증하는 것이 아니다. 곧 "그것은 다음에 따라오는 '긍정'을 위하여 말해진 '부정'을 입증하는 것이다."(359) 그런 더 큰 맥락에서 성령은 예수로부터 우리에게로 오는 전이와 하느님의 아들의 고양에 우리의 참여를 확증케 하는 능력이다. 즉 우리가 철저하게 인간이 되어감과 근본적 인간으로 존재함을 확증케 하는 능력이다.

그러면, "성령은 어떻게 일하시는가?" 성령을 "받는다" 또는 성령을 "소유한다"는 말은 무슨 뜻인가? 성령 안에 "있고", 성령 안에서 "걷는다"는 말은 무엇을 의미하는가? 바르트에 의하면, 성령은 구체적으로 인도(die Weisung)하신다. 성령의 인도하심 안에 있는 사람은 모범적인 지혜를 가지고 생각하고 의지하며, 행동하는 지혜로운 사람이 되어야 한다. 독일어 'Weisung'(인도)은 'Weisheit'(지혜) 및 'Weise'(방법 및 길)와 동일한 어원에서 나온 단어이다.(362 참조) 흥미롭게도 바르트는 이러한 어원적 연관성을 염두에 두고서 독특한 용어 'Weisung'을 여기서 사용하고 있다. 그러므로 'Weisung'은 우리말로는 정확히 지혜안에서의 길, 곧 도道를 의미한다. 성령의 인도하심은 "많은 것들 중에서 하나의 가능성도 아니고, 단순히 규범도 아니며, 유일한 실재이다."(362) 바르트는 인도(Weisung)란 지혜적(Weisheit)이고 명확한('교차로가 없는 외길' 같은) 생명의 길(Weise)을 말한다고 이해했다. 하느님 아들의 영으로서의 성령은 우리에게 영광스러운 이상적 범례나 고상하고 추상적인 가르침을 주시는 것이 아니라, 잠언서의 증언들처럼 우리 존재와 행동을 위한 실제적이고 역동적인 지시를 하신다. 그러므로 성령을 받고 성령을 가진다는 것은 우리를 낭만적인 존재가 되게 하기 위함이 아니라, 그의 인도하심을 삶의 길로 받아들이고 나아가게 하기 위함이다. 성령 안에 있고, 성령 안에서 걸어간다는 말은 성령의 인도하심 아래 있다는 말이다. 우리는 이것을 그리스도인의 도道라고 말할 수 있을 것이다. 성령의 사역이 다른 영적인 종교체험들과 구별되는 점은 그것이 인간 예수로부터 나온 구체적인 가르침을 주신다는 것이다. 바르트에 의하면 성령의 인도는 지시하고, 교정하고, 가르친다.

첫째로, 성령의 인도(Weisung)는 지시한다. 그것은 우리가 참된 자유를 누릴 그 출발점을 명확하게 지시한다. 성령은 임의의 선택에 맡기지 않고, 우리를 지정된 장소에 세우신다. 길(道)이 그러하듯, 성령도 "우리에게 제안하거나 기회를 주지는 않는다." "성령은 결정을 내리고자 서성되는 인간의 환영이 아닌, 인간 예수의 실존 안에서 그에 관해 이미 결정이 내려진 사람의 실재를 창조한다."(363) 우리는 예수 안에 존재하는 존재로서 변화되어 가고 있다. 신적 인도의 기본적 직설법은 "네 자신 있는 그대로 존재하라"는 명령법으로 변환된다. 성령의 인도는 "사람이 그가 살고 있고 오직 그만이 살 수 있는 곳에서 그 자신의 출발점"으로 되돌아오게 한다.(365) 요약하면, 성령의 인도는 인간 존재의 근본적인 의미에 대한 그리스도인의 도道를 지시한다.

둘째로, 성령의 인도는 경고하고 교정한다. 환영幻影 안에 있는 부자유를 향하는 우리의 성향에 반하여, 성령은 우리를 일깨워 자유 안에 있는 우리 존재의 실재를 보게 한다. 성령은 "부자유에 대항하는 자유를, 불순종에 대항하는 순종을, 죽음에 대항하는 우리의 생명을, 많은 불가능성에 대응하는 하나의 가능성을 옹호"한다.(368) 성령은 우리가 참된 자유를 붙잡을 수 있게 하며, 선택해야 할 것을 선택하게 하며, 예수로부터 우리에게로 오는 전이를 인식하게 한다. 바르트는 이러한 인식과 인정을 본회퍼의 용어를 사용하며 "고통 없는 시행, 곧 값싼 은총"이 아니라고 확언한다.(369) 그에게 있어서 인도는 교정적이고 치열하게 비판적인 특성을 가진 "정언지시"이다.(370)

마지막으로, 성령의 인도는 가르침을 준다. 신학적 윤리는 많은 가능성들 가운데서 우리로 하여금 하느님의 뜻과 하느님의 명령을 분별하는 것으로 제안하는 경향이 있다. 그러나 "신학윤리 교수보다도 훨씬 더 나은" 성령은 지금 이곳에서 우리를 위하여 유일하게 선한 가능성을 가르쳐 주며, 우리에게 자유 안에서 시작할 수 있는 구체적인 지점을 정해 준다.(372) 성령의 가르침은 일반적인 율법이나 기록된 법전으로 이해될 수는 없으나, "가장 구체적인 순종"을 요구한다. 성령은 항상 구체적인 맥락 안에서 명확한 교훈을 준다. 성령의 인도하심은 구체-보편적 접근을 수반한다. "그리고 성령은 그렇게 상세하고 구체적으로 말씀하신다는 사실에도 불구하고, 그들에게 공동적이다. 그러므로 형제애를 갖게 한다."(373) 성령의 가르침은 "그리스도인을 어떤 한 지점이나 장소에 내버려 두지 않는다. 성령은 그를 도상에, 곧 행진 중에 있게 한다. 그리고 그것은 결코 멈추거나 중단할 수 없는 운동이요, 강요된 행진"이다.(376) 성령은 우리를 참된 자유 안에서 행진하도록 명령하고, 우리를 부르셔서 온전한 사람으로 모이게 하고, 움직이게 하며, 집중시키도록 하는 성화에 이르게 하신다. 그 성화는 신격화(deification)를 뜻하는 것이 아니고, 하느님께 드리는 겸손한 복종을 말한다. 하느님의 은총은 이미 우리에게 충분하다. 우리는 더 이상 우리 자신의 것이 아니라, 왕적 인간 예수 그리스도에게 속해 있다. 가르침은 우리로부터가 아니라, 성령으로부터 주어지기 때문에, 그것은 아버지와 성육신 하신 아들의 모든 "강력하고, 효과적이고, 결실력 있고, 승리적인" 영광에로 이끌어 준다.(377) 요약하면, 성령의 인도는 우리를 지시하고, 교정하고, 가르쳐서, 우리를 참되고 근본적인 그리고 완전한 인간이 되는 방법인 그리스도인의 도道에 이르게 한다.

3. 성자와 성도들

성화란 성자(Holy One)와 성도들(saints) 간의 상호성에 근거를 두고 있다.(IV/2, 66.2) 성화는 세상과 모든 인류를 위하여 "정당하게"(de jure) 일어난 "변화" 또는 "새로운 결단"이다.(511) 그러나 그것은 "실제로는"(de facto) 믿음으로 일깨워진 이들에게만 파악되고, 승인되고, 고백된다. 성자는 성화의 행위적 주체이며, 성도들에 이 행위를 이루게 한다. "우리의 성화는 예수 그리스도의 은총의 효력과 계시에 근거한 것으로서, 우리가 그의 성화에 참여함으로 이루어진다."(517) 그러나 우리가 그리스도에게 참여하기 이전에도, 우리의 신성함은 예수 그리스도의 신성함에서 이미 성취되었다. 성화는 특별한 부류의 사람들을 위한 "개인적인 배려"가 아니라, 모든 사람을 위한 것이다.(518) 우리의 성화를 위한 하느님의 은혜로운 행위는 구체-보편적이기 때문이다.

> 성화의 과정에서 성자는 자신이 모든 사람들의 주라는 것을 입증한다.
> 그 모든 개인적 특수성을 넘어서 성화는 하느님의 보편적 행위라는
> 것을 나타낸다. 그 하느님의 행위는 세상의 화해를 목표와 목적으로
> 삼는다. 그것은 (교회를 위시하여) 지금 개인들의 집단만 포함하는 것
> 이 아니다.…… 하느님의 위대한 결단은 예수 그리스도 안에 있다는
> 자들에게만 제한되는 것이 아니라, 어떤 시대와 어떤 장소를 가리지
> 않고 모든 사람들에게 해당된다.(518 이하)

성화는 "종교적 자기추구와 자기만족의 교만"을 뜻하는 것이 아니
라, 오히려 "하느님의 창조라는 더 넓은 영역"에 자리한다.(519) 그것은
"대립되는 세속적인 것들과의 연대"도 포함한다. 하느님의 아들로서의
특별한 인간성 안에, 예수는 동시에 사람의 아들로서 모든 사람의 고양
(exaltation)을 제정하셨다. 성화는 세상의 모든 자녀를 위하여 "모두를 포
용하는 특징"(520)을 가진 "인간성의 새로운 각인"(519)을 말한다. 여기에
칼뱅의 그리스도에의 참여론이 갖는 약점이 있다. 이 교리는 예수 그리
스도에 참여함으로써 성도들에게 실제로 이루어진 성화가 그리스도 안
에 있는 모든 사람들, 곧 그리스도교 성도들뿐만 아니라 모든 다른 사람
들에게도 이미 정당하게 이루어졌다는 사실을 약화시킨다. 그래서 바
르트는 보편적 성화가 존재론적으로 예수 그리스도 안에서 이미 성립
되었다는 점을 강조한다.

이 존재론적 성립은 성자의 인도(Weisung)를 통하여 구체적으로 실현
된다.(523) 이 인도는 "그들의 지혜가 됨"으로써 "새 생명의 씨앗을 뿌리

고 키우는 것"을 의미한다. 그것은 "신적 권위로 선포된 하느님 말씀의 능력"이며 "조명해 주는 결실력과 능력"을 갖는다. 우리는 "순종에로의 부름"으로서의 인도하심을 "효과적으로" 수행해야 한다.

바르트는 그리스도인들을 아직도 죄인들이지만 성령의 인도하심에 의하여 "교란된 죄인들"(disturbed sinners)이라고 칭한다.(524) 첫째로, 이 교란은 "비판적"이다. 죄인들은 모든 사람들의 죄스러운 의지와 행동에 대한 신적인 '아니다'에 의해서 교란된다. 둘째로, 이 교란은 "한계"이다. 우리 죄스러운 존재들이 성령의 인도하시는 능력에 의하여 제한되기 때문에 우리는 인간의 굴레에 대항할 수 있는 자유를 부여받았다. 그 인도하심은 우리의 참된 "자유"를 위한 "하나의 가능성이 아니라 새로운 현실성"이며, 우리 해방의 "수용력"이다.(531)

그러므로 "우리는 철저히 공격당했지만 파괴되지 않은" 죄인들로서의 우리 존재에 대하여 "주권적 반명제로 규정되어졌다." 성도들의 자유는 우리의 수용능력에 근거하는 것이 아니라, 이 선물을 주는 분의 능력에 근거한다. 우리는 그리스도 안에서 자유롭게 되었기 때문에 자유하고, 그리고 이 자유를 사용할 수 있다.(갈5:1) 성령의 인도하심 아래서 이 자유는 ① 제자도로의 소환, ② 회심으로 각성, ③ 선행에 대한 칭송, 그리고 ④ 십자가의 존엄성을 가져온다.

4. 제자도로의 소환

예수에 의한 소환은 "나를 따르라"는 구절에서 표현된 것처럼, 제자도로 부르심이다. 신약성서는 "제자도"(discipleship)라는 용어를 결코 명사형으로 사용하지 않고, 오직 동사형으로만 사용하고 있다. 이것은 제자도가 "어떤 일반적 개념"으로서 이해될 수 없음을 우리에게 경고한다.(534) 제자도로의 소환은 네 가지의 특징을 가지고 있다. 첫째, 제자도로의 소환은 하느님의 은총을 뜻한다. 그것은 예수의 부르심의 특별한 형태를 따르도록 우리에게 명령한다. 이 명령에 대한 불순종은 무서운 불가능성의 결과를 가져온다. 예컨대, 부자청년의 비유를 들 수 있다.(막 10: 17 이하)

둘째, 제자도로의 소환은 우리를 소환한 거룩하신 분과 우리를 "결속"하여 준다. 예수는 "그리스도론", "그리스도 중심적 체계", 또는 "아버지-하느님 등 상정된 그리스도교적 개념"과 같은 개념체계에 얽매일 수 없다. 또한 제자도는 한 프로그램이나 이념 또는 법률에 대한 "인식과 채택"이 아니며, "예수에 의해 주어지고 명령된 개인적 또는 사회적 구조계획을 수행하는 것"도 아니다. 제자도는 "일반적인 그 무엇"이 아니라, 예수와 특정인 사이에 "구체적으로 일어나는 사건"이다.(536)

셋째, 제자도로 부르심은 신앙 안에서 "결정적인 첫걸음"을 내딛게 하는 초청, 즉 자기부정(self-denial)을 의미한다.(538) 신약성서에서 이 용어는 "하나의 단순한 부정"을 뜻하지 않고, "기존의 순종과 충성의 실존적 관계에 대한 포기, 취소, 무효화"를 의미한다. 자기부정이란 자기 자신과의 관계에서 "단순히 새롭고 비판적이며, 부정적인 마음과 태도"를 뜻하는 것이 아니고, 오히려 "참된 위임이 있는 명확한 결정과 행동의 자유에로, 공개된 곳으로 한 발자국 들여놓는 것을 포함한다.…… 그것은 어떤 값비싼 대가를 치르더라도 선택의 여지없이 그것에 따라서 결정하고 행동하려는 것을 포함"한다.(339 이하) 츠빙글리(Ulrich Zwingli, 1484~1531)는 "하느님을 위하여 용감히 행하라"(For God's sake do something brave)라는 유명한 말로 이것을 선포했다.

본회퍼는 이것을 "단순한 순종"(simple obedience)이라고 칭하였다. 바르트 또한 이렇게 말했다.

> 순종은 우리에게 일컬어진 것을 있는 그대로 수행하는 단순한 것이다, 그것은 그 이상도 아니고 그 이하도 아니고, 어떤 다른 것도 아니다. 우리는 그것을 단순히 순종함으로써 그것을 *행하고*, 그러므로 우리는 마침내 그것을 하지 않는 것을 하지 않는다. 그러나 우리가 행하는 바는 문자적으로 정확히 우리가 행하도록 명령받은 그것이다. 예수의 제자도로의 부름에 관계된 유일하게 가능한 순종은 이와 같이 두 가지 측면에서 단순한 순종을 말한다. 이것만이 자기부정을 가능케 한다. 이것만이 예수를 믿는 용감한 신앙에 행위를 가져오게 한다.(540)

하느님의 명령하는 은총은 "아주 명백한" 것이다.(542) 예수의 명령은 우리가 복종해야 될 상황을 유발시켜 더 이상 기다리거나. 고려하거나, 승인하거나 또는 "다른 가능성을 선택할 여지가 없이 오직 즉각적인 순종"만을 하게 한다. 이러한 순종에서 "우리는 거의 도약에 이르는 것이 아니다." 왜냐하면 "우리는 이미 도약하고 있기 때문"이다. 제자도는 율법적이거나, 인위적으로 산만하거나, 또는 변증법적인 순종을 요구하는 것이 아니라, "역사를 만든다."(542)

넷째, 제자도로의 소환은 물질과의 결별을 요구한다. 이 소환은 하느님의 나라, 즉 "하느님의 쿠데타"를 계시한다.(543) 그 결별은 "같은 마음을 지닌 사람들과 동반하여 일으키는 우리 스스로의 반란에 관계된 것이 아니라", 그것은 "하느님 나라와 하느님의 혁명에 관계된 일"이다.(545) 이 결별을 역사화하기 위해 예수는 제자들을 소환한다. 그러므로 제자도는 단지 사적인 축복의 획득을 통해 자신의 영혼만을 구원하는 일이 아니다. 그와 반대로 우리의 제자도의 "공적 책임성"을 수용하지 않는다면, 우리의 영혼을 상실하고, 우리의 영원한 구원을 위태롭게 하는 것이 된다. 이러한 점에서, 그리스도의 군사(*militia Christi*)의 참된 의미는 자기비판이다.[7]

그리스도인의 제자도는 사람들 사이에 있는 명예나 명성을 포함해서 "내적으로뿐만 아니라, 외적으로 가져다주는 권위 정당성과 확신에 대한 일반적인 애착까지도 포기하는 것을 의미한다."(548) 하느님 나라의 침입은 "필수적이고 유익한 힘의 가치에 관한 고정된 관념의 종국"을 구체적으로 입증한다.(549) 그것은 "모든 친구-적대 관계를 파괴하고", "모든 힘의 행사를 폐지"한다. 그러므로 "우리는 원칙적으로 평화주의자들이 될 수 없고, 단지 실천적으로 그것을 행할 뿐이다."(550) 그것은 인간들 사이에 "자명한 애착", 말하자면 가족을 해체시킨다. 그러나 이것은 남편과 아내, 부모와 자식, 형제와 자매 같은 정당한 관계에

---

7) 바르트의 종교에 대한 공격의 목적은 다른 세계 종교들에 대한 것이 아니라, 당시 유럽 그리스도교에 대한 자기비판에 있었다.(제4장 참조)

대한 거부를 의미하는 것은 아니다. 그러나 그 위험은 "충동적인 격정", "자기만족" 또는 그런 관계성들 안에 "갇힘"에 있다. 우리는 "종족에로의 억류"로부터 해방되어야 한다. 마지막으로 우리는 "종교의 절대적 규범(*nomos*)"을 인증해도 안 된다.(551) 예수는 유대교의 경건성을 말하면서도 그의 제자들에게 그것을 "새로운 방식"으로 실천하고, "더 나은 의義"를 보여 주라고 명령하였다. 소환은 그의 제자들에게 "하느님 나라의 침노"를 증언하기 위해, "세상의 자명한 요소들"과 단절하고 십자가를 질 것을 명한다.(551 이하) 그러므로 그리스도교 제자도는 값싼 은총이 아니라, "한층 더 값비싼" 길을 요구한다.(553)

5. 회심에로의 각성

예수와 연대 안에서 이루어지는 우리의 성화는 그분이 소명하여 주신 능력 안에서 그리고 성령의 능력에 의하여 주어진 자유 안에서 우리로 하여금 그분을 바라보게 하고 "태만한 본성에도 불구하고 우리를 들리어지게 한다."(553) "깨달은 이들"에게 이러한 들림이 실제로 일어난다.(554) 이 각성은 인간행위, 즉 "인간의 내적, 외적 모든 힘의 전적이고 가장 강렬한 징발과 협력"을 배제하지 않고 오히려 포함한다.(556) 그것이 바로 회심, 곧 죽음으로부터 깨어나서 일어나는 것이다.

성서적으로 회심은 "반대 방향으로 돌아서 가는 것"을 의미한다.(560) 회심은 "개선이 아니라 변경"이고, "개량되고 품위 있게 된 삶이 아니라, 오직 새로운 삶"이다. 그것은 한 축을 중심으로 회전하는 것과 같은 변경과 갱신을 뜻한다. 옛사람의 삶은 죽음으로 "곧 바로 나아가는" 운동과 관련되어 있는 반면, 회심한 자, 새로운 인간성의 삶은 반대 방향으로 회전하는 축을 뜻한다. 하느님은 우리를 위하여 존재하시고, 우리는 하느님을 위하여 존재한다는 이 이중적 사실은 그 자체가 우리의 갱신(*renovatio*)이라 말할 수 있는 우리의 회심(*conversio*)에로 향하게 한다. 바르트는 "우리가 우리 자신의 주인이 아니라 오직 하느님께 속해 있다"(*Nostri non sumus, sed Domini*)는 칼뱅의 선언으로 돌아간다.(『기독교 강요』 Ⅲ/7, 1) 하느님의 우리에 대한 긍정(Yes)과 하느님에 대한 우리의 긍정(Yes)에서 나타나는 것처럼, 우리는 더 이상 우리 자신에게 속한 것이 아니라, 이제 우리의 주인이신 하느님께 속해 있다.

갱신으로서의 회심은 거듭남과 새로운 탄생(New birth)을 뜻한다. 회심한 인간은 더 이상 옛 본성도 아니고, 교정되고 개정된 것도 아닌, 새로운 인간본성을 가진다. 회심은 인간존재의 총체적 운동과 연관된다. "그의 존재 안에서 회심에 의해 영향 받지 않는 중립지대는 결코 있을 수 없고, 이 과정에 관련된 새사람이 아닌, 다른 사람일 수 있는 중립지대"도 없다. 회심은 단지 하느님과 우리의 관계만을 포함하는 것이 아니라, 다른 사람들과의 관계도 포함한다. 바르트는 다시 공동적 인간성으로서의 인간성의 정의를 강조한다. "동료들과 함께 존재하지 않는 인간은 인간이 아니다."(563) 구약성서에서 예언자들이 이스라엘의 실천적, 제의적, 경제적, 정치적 행위에 도전했던 것도 바로 그러한 이유 때문이었다. 따라서 회심과 갱신은 사회적 관계에 있어서 근본적인 변화를 요구한다. 동시에 회심은 집합적 갱신운동과 행동을 포함할 뿐만 아니라, 개인의 마음, 생각, 의지, 그리고 기질을 포함한다. 회심은 순수하게 내면적, 종교적 영역에만 속한 것도 아니고, 단순하게 제의적, 도덕적, 정치적, 교회적 영역에만 배타적으로 속한 것도 아니다. 회심이 인간존재를 총체적으로 포용하지 않는 한, 참된 회심이 될 수 없다. 회심은 단지 사적인 문제일 뿐만 아니라, 공적인 문제이다. 우리의 회심이 "지나치게 자기중심적인 그리스도교"를 뜻하는 것이 아니다. "성서적 개인은 단지 그 자신에 대한 관심에만 둘러싸여 있는 이기적인 존재를 의미하지 않는다."(565) 그러므로 우리는 사적인 동시에 공적인 책임을 함께 받아들여야 한다. 성서에서 회심을 위한 부름의 대상은 보통 이스라엘 백성들과 같은 "다수의 사람"들이다. 하느님께로 향한 회심은 성도들의 공동체(communio sanctorum)에 우리를 편입시켜 준다. 더욱이 회심은 단지 우리의 생애 속에서 일어나는 일회적 사건이 아니라, 우리의 전 생애를 통하여 일어나는 계속적인 사건이다. "그러나 회심으로서 성화는 이러한 개별적 운동들에만 관련된 사건이 아니다. 그것은 인간의 전체적 생명-운동의 총체적 사건이다."(566)

그러나 강력한 부르심의 인도에 의한 새로운 인간성으로서 우리는 여전히 우리의 옛 본성 안에 있다. 다시 말해서 우리는 이미 새사람들이지만, 동시에 우리는 여전히 옛사람들이다.8) 루터는 이러한 상태를 "의인이자 동시에 죄인"(simul justus et peccator)이라는 표현을 사용하여 설명한다. 동시적(simul)이란 말에는 "여전히"(still)와 "이미"(already)의 의미가 공존한다. 그러나 동시적이란 두 개의 비슷한 요소들의 조화나 협력

---

8) 전체적으로 새로운 인간이 되어 가는 결정 아래에 놓여 있고 과정 안에 있는 자는 (또한) 전체적으로 어제의 옛사람이다.(571)

을 뜻하는 것이 아니고, 또는 동시적으로 현존하는 두 순간들을 지정하는 것도 아니다. "뒤틀어짐"(falling-out)이란 말이 이 상태를 가장 잘 묘사하고 있다. 그것은 "'여전히'와 '이미'의 일치, 옛사람과 새사람의 일치, 그리고 죄인(*homo peccator*)과 성인(*homo sanctus*)의 일치"를 지정한다.(573) 그것은 인간의 전체적인 의지, 운동, 그리고 충동이 "뒤틀어지거나 떨어져나감"을 뜻한다. 또한 우리는 우리 스스로가 "다툼"(quarrel)으로서 회심에 관계되어 있음을 발견한다. 우리는 총체적으로 우리 자신들과 함께 멀리 떨어져 나와 있을 뿐만 아니라, 우리가 새사람이 되기 위하여 결단해야 하는 논쟁에 매어 있다.

그러므로 회심은 필연적으로 자유의 "파동"(convulsion)을 가져온다.(578) 회심은 우리를 위한 하느님의 결의에 상응하는 하느님에 대한 우리의 자유로운 순종을 나타내는 행동이다. 하느님의 은총은 우리의 회심을 "근본적 종결과 근본적 재개"로서 명령한다. 그것은 "우리에게 여전히 존재하고 있는 것으로부터 이미 존재하고 있는 것으로의 전이적 존재"가 되도록 요구한다.(580) 회심은 "성령의 계몽적인 사역"에 관계되며, 십자가의 존엄성을 향하고 있다.(582)

6. 선행에 대한 칭송

바르트는 우리의 성화가 우리의 행위들을 요구한다고 단언한다. "행위"란 신학적으로 이중적인 의미를 가진다. 하느님은 행위를 인정하시고 칭찬하신다. 행위도 역시 하느님을 인정하고 칭송한다. 그러므로 그리스도인들은 이런 이중적 의미에서 선행을 행하지 않을 수 없다. 그렇지 않으면 화해의 모든 사건이 "허사"가 되어 버린다.(587) 그러나 "선한 행위"는 우선적으로 "행하시는 분이 하느님"이심을 뜻한다.(587) 성서적으로 보면, 인류와의 관계 안에서 우선적으로 행하신 하느님의 선행은 "모든 피조물, 하늘, 땅, 그리고 그 안에 있는 모든 것"을 포용한다.(588) 왕적 인간 예수는 "인간의 행위를 통하여 이런 일을 할 수 있다"는 것을 보여 준다.(589) 우리는 죄 된 행위를 하는 죄인으로서 하느님의 선한 일을 선포할 수 있을 뿐만 아니라, 죄를 짓는 과정 속에 있는 죄인들임에도 불구하고, 우리는 선한 일을 행할 수 있다. 선한 일들을 우리의 공로라고 주장하지 않고 오직 하느님께서 행하신 것이라고 선언하면서, 우리는 그러한 하느님의 일에 그분의 동역자들로서 참여하게 되는 것이다.

7. 십자가의 존엄성

마지막으로, 바르트는 십자가가 우리에게 제자도, 회심, 선행을 통하여 그리스도에 참여하는 성화의 한계와 목표를 규명하여 준다고 강조한다. "십자가는 그리스도와 그리스도인 사이의 연대가 갖는 가장 구체적인 모습이다."(599) 십자가는 그리스도인들의 면류관이다. 그러나 이것은 그들이 여전히 하느님의 거부를 당해야 함을 의미하지 않는다.

왜냐하면 그리스도께서 이미 고난을 당했기 때문이다. 우리는 홀로 거부를 짊어지신 그리스도의 십자가를 전적으로 의존해야 한다. 그러나 우리의 십자가가 그분의 십자가의 재현이 아니라 할지라도, 우리는 "존엄성의 담지자들"로서 그것에 상응하여 십자가를 따라야 한다.(600) 우리의 그리스도와의 특별한 연대는 그분의 십자가의 수난에 동참할 것을 요구하기 때문에, 우리는 결코 우리의 십자가를 회피해서는 안 된다. 비록 큰 차이점이 있지만, 그분의 십자가와 우리의 십자가는 존엄성에 있어서는 유사성이 있다. "십자가의 표적은 그리스도교적 실존의 잠정적인 특징을 보여 주는 표적이다." 우리의 십자가는 우리 그리스도인의 삶과 "상호교차"한다.(605) 왜냐하면 십자가는 우리로 하여금 항상 겸손케 하고 형벌을 받아들일 만큼 용기를 갖게 한다. 그리고 그것은 검증하고, 정화하고, 강화하여 줌으로써, 우리 그리스도인 됨을 특별히 확증해 주는 강력하고 엄격한 능력이다.

따라서 십자가는 고난의 특별한 형태들을 가진다. "긴장, 무상, 고난, 그리고 무명으로 나타나는 우리의 특별한 몫"은 우선적으로 "박해"를 가져온다.(611, 609) 우리는 여전히 죄의 법 아래에 서 있으며, 육체의 짐으로부터 고통을 받고 있기 때문에, 그것은 또한 유혹과 연관된다. 그러나 그 고난은 어떤 강요된 것이거나, "자기 성취적"인 것은 아니다. 그리고 그 고난은 "그 자체가 목적이 아니고", 성화를 향한 방향으로 나타나는 것이다. 결론적으로 십자가는 궁극적(ultimate)인 것이 아니라, 부차적(penultimate)이고 잠정적인 것이다. 그리스도인의 희망의 궁극적 목표는 그리스도의 십자가가 그의 부활의 능력 안에서 우리에게 인도하는 영원한 생명의 종말론적 도래이다. 그러므로 우리가 십자가를 지는 것은 참으로 즐거운 일이다. "심지어 기다림의 중간 때에서도, 성화의 때에서도, 그리고 십자가를 질 때에도 (그 종말론적) 환희의 전조를 충분히 맛볼 수 있다."(613)

제8장 근본-메타포: 사랑(*Agape*)

마지막으로, 바르트는 집합적이고 개별적인 차원에서 성령의 능력 안에서의 성화의 효과를 묘사한다. 집합적으로 성령의 인도와 소생하는 능력은 그리스도교 공동체를 그리스도의 몸(지구적·역사적 형태)으로서 세우고, 성장시키고, 지탱하게 하고, 명령하신다.(IV/2, 67) 개별적으로 성령의 인도와 소생하는 능력은 죄인인 개인이 그리스도교 공동체 안에서, 그와 동료들을 위해 자신을 내어 주시는 하느님의 사랑에 상응하여 하느님과 동료들에게 자기희생적 사랑을 할 수 있는 자유(곧 그리스도인의 사랑)를 부여한다.(68) 그리스도인의 사랑(*agape*)은 그리스도께서 두 가지 큰 계명으로 압축된 그리스도교의 율법의 요약이다. "너는 마음을 다하고, 성품을 다하고, 힘을 다하여 주 너의 하느님을 사랑하라." 또한 "너는 네 이웃을 네 몸과 같이 사랑하라."(막12:30 이하) 바르트는 아가페(그리스도인의 사랑)를 그리스도인의 길(道)로서 주창한다. 그리스도인의 사랑을 다루는 부분은 바르트 성화론의 결론적 요약이라고 할 수 있다.[1]

---

1) 이 장에서 바르트의 아가페론을 세 부분으로 나누어 다룰 것이다. 즉 1. 그리스도인의 사랑의 문제(IV/2, 68.1), 2. 그리스도인의 사랑의 근거(68.2), 그리고 3. 그리스도인의 사랑의 행위와 방식(68.3,4).

1. 그리스도인의 사랑에 대한 문제

우리는 그분의 위대한 자신을 내어 주는(self-giving) 사랑을 받아드리면서(receiving) 예수 그리스도를 만난다. 그리스도인의 사랑(아가페)이란 이에 상응하여 또한 자신을 내어 주는 사랑의 행위이다. "이것은 이러한 받아들임에 상응하는 순수하게 전적으로 희생, 헌신, 그리고 양도하는 행위이다." 이렇게 말함으로, 우리는 신앙과 사랑의 관계를 어떻게 공식화할 수 있는가라는 문제에 곧바로 직면하게 된다. 내어 줌으로서의 그리스도인의 사랑은 "받음으로서의 신앙과 명백하게 대조"된다.(730) 칭의와 성화는 비록 화해의 분리되고 구별될 수 있는 두 순간으로 구성되고 있지만, 나눠질 수 없고 동시적인 하나의 신적 행위이다. 유비적으로 이와 동일한 관계가 인간적인 측면에서도 일어난다. 곧 받음과 내어 줌으로서의 신앙과 사랑은 "그리스도인의 실존을 구성하는 하나의 지극히 중요한 운동과 행위의 둘로 구별되지만 분리될 수 없는 순간들"이다.(731) 사랑과 신앙의 대비는 "단지 관계적"이다. 왜냐하면 우리는 신앙 없이 사랑을 말할 수 없고, 사랑 없이 신앙을 말할 수 없기 때문이다.(731 이하)

바르트는 「고린도전서」 13장 전체를 "그리스도인의 '도道'(Weg)에 대한 대답"임을 강조한다. 바울은 고린도교인들에게 "결코 잊어서는 안 되는 도(the way)와 행위(the act)로서" 그리스도교 신앙(아가페)의 "보다 값진 길"(more costly way)을 상기시켰다.(732) 자신을 내어 주는 그리스도인의 사랑은 다른 사람들과의 특별한 관계를 수반한다. 이것은 "온전히 다른 사람을 위하여" 자신으로부터 돌아서서 다른 사람에게로 향하게 되는 순간이다.(733) 자신을 내어 주는 이 자유를 실현하는 것이 바로 이 문제의 핵심이다.

바르트는 그리스도인의 사랑(agape)을 자기사랑(eros)과 구별한다. 에로스가 소유적인 자기추구적 형식인 반면, 아가페는 자기희생적 사랑의 형식이다. 자기사랑은 "자기부정에서 기원하는 것이 아니라, 자연적인 자기주장의 무비판적인 강화와 조장에서 기원하는 것"이다.(734) 자기추구적 에로스와 자기희생적 아가페는 항상 서로 갈등한다. 우리는 두 길 가운데 하나를 선택해야만 한다. "그리스도인의 사랑이 들어가는 곳에는 항상 그것과 모든 다른 사랑 사이에 끊임없는 논쟁이 시작된다." 그리스도인의 삶은 "이러한 대립되는 사랑의 두 형식 사이의 구별된 역사" 안에 존재한다.(736) 그 양자가 인간본성에 결정적인 관계를 가지고 있지만, 그들은 근본적으로 다르다. 우선적으로 아가페는 인간본성과 "상응"(correspondence)적이고 "순리"(analogue)적이지만, 에로스는 "모순"(contradiction)적이고 "역리"(catalogue)적이다.(743)

아가페와 에로스의 상이성에 대하여 바르트는 이미 살펴본 그의 참된 인간성에 대한 이해와 관련되어 검토한다. 곧 제6장에서 다루었던 전인간(whole person, 자신과 인간), 참된 인간본성(real human nature, 하느님과 인간), 그리고 인간성(humanity, 인간과 인간)이다. 그들은 각각 인간성의 내적 차원, "수직적"이고 초월적 차원(743), 그리고 인간본성의 "수평적" 차원(745)을 나타낸다. 그는 아가페를 인간 존재가 마땅히 그렇게 존재해야 하는 방식, 즉 "본성적"(또는 "참된") 인간성이라고 주장한다. 참된 인간성은 사랑의 바른 방식과 잘못된 방식을 구분 짓는 규범이다. 즉 아가페

는 인간본성에 상응하는 올바른 방식이고, 에로스는 그와 상충하는 잘 못된 방식이다.[2]

수직적 측면에서, 아가페는 하느님과 올바른 관계 안에 있는 참된 인간존재에 상응하지만, 에로스는 그것과 상충한다. 비록 하느님은 인간의 본성과 본질을 자유롭게 하였지만, 인간은 사람이 신과의 올바른 관계 안에서만이 완전한 인간이 될 수 있다는 사실을 변경할 수 없다. 그러므로 결정적으로 상이한 요인은 "하느님으로부터 오는 그리고 하느님을 향한 인간존재에 상응하는 아가페 사랑이나 또는 그에 반대되는 에로스 사랑 간에 새로운 것을 발생하게 하는 이 결정에" 있다.(743) 아가페는 인간본성을 "초월"하는 데 반해, 에로스는 "그것에 미치지 못한다."(744) 이것이 그들의 결정적 차이점이다.

수평적 측면에서, 아가페는 환희에 찬 공동적 인간성(joyful co-humanity) 또는 공존적 존재(being-in-togetherness)로서의 기본적 인간성의 형태에 상응하지만, 에로스는 그것과 상충한다. 사람은 다른 사람에게 친구, 동반자, 또는 동료가 되기에 자유로워야 참된 인간이다. 아가페는 공동적 인간성(co-humanity)로서의 인간성의 본질을 존중한다. 이렇게 사랑하는 사람은 다른 사람들과 대립하거나 무시할 수 없다. 아가페 적 사랑에서 '나와 너'(I and Thou)의 참된 만남이 발현한다. 이런 점에서 아가페는 자기를 내어 줌, "어떠한 보상도 기대하지 않고" 다른 사람에게 자신을 내어 줌을 의미한다.(745) 자기를 내어 주는 이런 사랑으로 사람은 자신

---

2) 이후 부분에서 바르트는 아가페와 인간본성을 거의 동일시 취급하고, 『교회교의학』 III/2에서 사용했던 그리스도인의 사랑과 인간본성의 구별을 거의 찾아볼 수 없다는 점을 주목할 필요가 있다.

의 인간적 한계를 극복할 수 있다. 그것이 "인간본성을 참되게 표출하는 진정한 사람", 참된 인간이 되는 길이다.

아가페-사랑은 참된 인간이 되는 길(道)인 반면, 에로스-사랑은 "인간성의 부정"이라고 바르트는 주장한다. 사실 후자는 "인간본성에 반하는 새로운 것"이며 "우발적으로 발생한 것"이다.(746) 아가페와 에로스의 기본적 차이점은 인간본성과의 관계에 있다. 곧 상응과 반대 또는 긍정과 부정의 관계에 있다. 그러나 그 차이점은 궁극적으로 성령의 소생하게 하는 능력과 성령의 인도와 관계가 있는 것이다. 아가페-사랑은 성령의 소생하게 하는 능력에 의해 "이 긍정적인 방식을 가진 참된 인간"의 행태(life-act)로서 실질적 사랑을 할 수 있게 한다. 그러나 "새로운 것"인 에로스-사랑은 자신, 이웃, 그리고 하느님을 향한 자신의 피조물적 본성에 반하여 자신을 임의적으로 옭아매게 한다. 오직 아가페만이 에로스의 이러한 파괴의 악순환에서 벗어날 수 있게 한다. 오직 하느님과 이웃들에게 자신을 내어 주는 아가페-사랑을 통해서만 사람은 참된 자신이 될 수 있고 진정한 인간일 수 있다. 이러한 바른길(正道)에서 사람은 더 이상 자신만의 자유와 영광을 욕구하거나 추구하지 않는다. 왜냐하면 그는 이미 진정한 자유와 영광 가운데 있는 자기를 찾았기 때문이다. 그는 자기 부정의 능력에 의해서가 아니라, 하느님의 사랑에 응답하는 자기희생적 능력으로 인하여 욕구하고 추구하는 바에 의해 얻을 수 없는 것을 이미 성취한 것이다. 우리 자신이 바로 하느님께서 사랑하시는 자들이다. 우리 자신들이 바로 하느님께서 그의 아들과 성령 안에서 그 자신을 내어 주신 자들이다. 우리가 이미 그 위치에 있기 때문에, 우리는 "에로스로부터 단절되었고 그 (악)순환에서 벗어났다."(747) 그러므로 자기희생적 아가페-사랑은 대립(antithesis)의 문제를 극복하고 화해하게 하여 진정으로, 실제로, 그리고 근원적으로 인간이 되는 길이다. "나는 그리스도인으로서 끊임없이 사랑만을 해야 한다. 그러므로 내 자신을 위해 주목하거나 목적함이 없이, 하느님과 이웃들에게 자신을 내어 줌으로써, 나는 내 자신에게 이르고 내 자신일 수 있을 것이다."(750) 요약하면, 아가페는 그리스도인의 근본적 인간화의 길(道)이다.

2. 그리스도인의 사랑의 근거

물론 바르트는 그리스도인의 사랑의 근거를 그리스도인의 믿음의 대상인 삼위일체 하느님에 두고 있다. 그리스도인은 삶을 믿음의 실행으로 살면서, 그리스도인의 삶은 사랑의 행위라고 믿는다. 우리가 사랑하게 되는 이유는 하느님의 선행적 사랑을 직면하고 그에 이끌리기 때문이다.(요일4:7) 우리 사랑의 근거는 우리의 "이차적 사랑"을 하느님의 "일차적 사랑"을 따르도록 불가항력적으로 우리를 교화시키고 그렇게 하게 만드는 하느님의 사랑에 있다. 이러한 일차적-이차적인 관계는 "불가역적"이다.(753) "사랑의 일차적이고 궁극적 근거인 하느님 자신의 존재와 본성에서" 시작해야만 사랑의 근거를 바르게 확립할 수 있다.(754) 복음과 율법의 패러다임과 유사하게, 바르트는 그리스도인의 사랑의 교의적 맥락에서 신론을 확립하였다. 바르트는 사랑을 신적의 본질이라고 주장한다.3)

심층적으로, 존재의 삼위일체적 양태가 사랑의 궁극적인 근거이다. 그리스도인의 하느님은 "그와 같이 사랑할 수 없는 고립된 단자(monad)"가 아니다.(757) 반대로 하느님은 그 자신을 성부, 성자, 성령이라는 삼중적인 존재양태 안에서 사랑하는 한 분으로서 자신을 드러내신다. 그러므로 사랑의 근거에 대한 물음은 "외부를 향한 하느님의 사역(opus Dei ad extra)과 동일"하다.(759) 그리스도인의 사랑은 이러한 삼위일체적 사랑의 역동성에 상응하는 인간의 행위로서 정의된다. 하느님의 사랑은 "전적으로 하나의 행위"이며, 동시에 예수 그리스도 안에서 자신을 주는 사랑(성부), 예수 그리스도의 자기희생적 사랑(성자), 그리고 성령을 통하여 우리 안에 그리고 우리를 향한 계시하고 작용(성령)하는 삼위일체적 특성을 가진다.(765)

바르트는 그리스도인의 사랑의 근거로서 하느님의 사랑에 대한 정의를 세 가지로 규명한다. 곧 선택하는 사랑(electing love), 정화하는 사랑(purifying love), 그리고 창조적인 사랑(creative love)이다. 첫째, 하느님의 선택하는 사랑은 "하느님의 자유로운 행위라는 것을 달리 표현한 것"이다.(766) 그것은 자연적 과정에 있어서 필연적인 것이 아니라, 오직 하느님의 사랑과 은총적 선택 행위의 영원한 자유에 의한 것이다. 외부를 향한 사역(opus ad extra)으로, 하느님은 인류를 그의 피조물이자 계약 동반자로서 선택하고, 뜻하시며, 결정하심으로써 사랑하신다. 하느님의

---

3) "심지어 그 자신조차도 하느님은 오직 사랑하시는 분이다.…… '하느님은 존재한다'와 '하느님은 사랑한다'라는 진술은 같은 의미이다.…… 그분은 모든 진정한 존재이며 따라서 모든 진정한 선함의 기원이자 전부이다. 곧 지고선(summum bonum)으로서 지고존재(summum esse)이다.…… 그분은 사랑하심으로 그 목적을 성취한다.…… 그래서 하느님의 사랑은 자유롭고, 장엄하고, 영원한 사랑이다."(755)

선택하는 사랑은 그 자신의 자유로운 결정이다. 둘째, 하느님의 사랑은 죄와 인간의 조건과 관계되어 인간본성의 타락과 부패를 "정화하는 사랑"이다.(771) 이것은 "매우 근본적 것"이다.(772) 이것은 "신적인 상태"를 의미하는 것이 아니라, 우리에게는 "긍정"이지만 우리의 죄에 대해서는 "부정"하시는 하느님의 "행동"이다. 전체적인 은총과 전체적인 심판 안에서 하느님 사랑의 목적은 우리의 정화이다. "하느님은 '그럼에도 불구하고'와 '자비하신 그러므로'를 말씀하신다."(773) 셋째, 그리스도인의 사랑의 근거로서의 하느님의 사랑은 "창조적인 사랑, 즉 하느님에게 사랑받는 자들이 사랑하도록 하는 사랑"이다.(776) 하느님은 그 안에서 인간적 행동으로서 사랑이 일어나는 새롭고도 다른 인간을 창조한다. 하느님의 사랑은 참된 사랑을 위한 이러한 우리의 해방이다.

하느님의 이러한 행위에 의해, 우리는 인간방식에 의해 하느님의 신적 사랑을 모방하는 데에 자유로운 새로운 사람이 되었다. 바르트는 "자신의 공동체를 세우고, 자신에게로 사람들을 부르며, 그 공동체 안으로 사람들을 모으고, 그들에게 신앙과 사명을 부여하고, 그들을 성화시키고, 따라서 그들을 자기 자신의 몸의 지체로 여기시는" 예수 그리스도의 행위에 상응하는 그리스도인의 사랑의 공동체적 차원을 강조한다. 하느님의 사랑은 "사람들이 사랑하는 자들이 되는 해방의 창조적 근거이다. 그 해방의 능력으로 그들이 그리스도인이 되고, 그래서 그들이 사랑하는 자들이 되고, 또한 그들이 사랑하는 자가 되고, 따라서 그리스도인이" 된다.(779)

3. 그리스도인의 사랑의 길(道)

비록 사랑의 근거가 전적으로 삼위일체적 존재 양태 안에서의 하느님의 사랑이라 할지라도, 바르트는 그리스도인의 사랑에서 인간행위의 참여 필요성을 배제하지 않았다. 오히려 복음과 율법의 공식에서 그랬던 것처럼, 그는 구체적인 신적 사랑의 맥락 안에서 인간의 사랑을 보다 철저하게 긍정하였다. 여기서부터 바르트는 인간입장에서의 그리스도인의 사랑의 적극적 성격에 초점을 맞춘다. 인간은 하느님으로부터 그렇게 행할 자유를 가진 것을 행한다. 곧 신에게서 자유를 부여받은 것을 행한다. 즉 하느님에게 사랑받는 자로서 사랑하는 삶을 살아간다. 바르트는 인간의 이러한 사랑의 행위에 대한 네 가지 특성을 제시한다. 즉 새로움, 자유, 희생, 그리고 기쁨이 그들이다. 첫째, 사랑의 행위는 새롭고 드물며, 예기치 못한 성격을 가지고 있다. 왜냐하면 그것은 "가장 심오하고 참된 인간 존재로서 하느님과 동료 인간을 위한 결정"을 실현하기 때문이다.(785)

둘째, 사랑의 행위는 분명하게 "자유로운 행위", 즉 "하느님의 사랑에 대한 인간의 응답, 상응, 모방, 또는 유비"이다.(786) 바르트는 그의 인간학을 비판하는 자들의 오해를 해명하는 두 가지 한계를 제시한다.

① 그리스도인의 사랑은 단지 하느님의 사랑의 확장이 아니다. 이에 대해 바르트는 그리스도인의 사랑은 다음과 같은 것이라고 힘주어 말한다.

그리스도인의 사랑은 하느님의 사랑 자체의 일종의 연장이 아니며, 단순히 존재하기만 하고 사실은 행동하는 주체가 아니면서, 그의 행위로 일종의 통로가 되어 하느님 사랑이 인간의 삶에로 흘러넘치는 그런 것이 아니다. 또는 인간으로부터 그 자신의 적절한 활동성을 빼앗아 가거나, 인간의 행위를 성령 자신의 압도하는 통제의 단지 한 기능으로 만들어 버리는 성령의 역사도 아니다. 그분이 계시는 곳에는 예속이 아니라 자유가 있다.(785)

바르트는 많은 사람들이, 심지어는 가장 훌륭한 그리스도인들조차도 이 사실을 오해한다고 말한다.(예컨대 A. Nygren) 그러나 성령의 역사는 인간자신의 행위를 위한 해방을 수반하고, 인간의 사랑의 행위를 자발적으로 불러일으킨다.

② 그리스도인의 사랑은 하느님의 신적인 사랑에 상응하는 인간의 행동이다. 그러나 그것은 또한 "하느님의 사랑과 구별"된다.(785 이하) 그리스도인의 사랑은 "그 안에서 하느님의 꼭두각시로서가 아니라, 신의 동행자로서 신과 마주 대하고, 그에 응답하면서, 그분에게 대하여 책임을 지는 독립된 주체로서 마음과 성품과 힘을 다하는 인간의 활동하는 행위"이다. 하느님의 사랑에 대한 우리 인간의 응답에서, 우리는 의향이나 사고, 감정뿐만이 아니라, 보다 중요하게는 행동으로도 상응하게 된다. 하느님의 사랑의 행위는 인간의 참된 사랑의 근거와 창조적 모델이다. 하느님의 사랑에 대한 "모방"으로서의 인간의 사랑은 또한 "하나의 행위이며, 단지 내적으로 뿐만 아니라, 외적인 행동, 즉 전인간의 행동"이다. 그리스도인의 사랑은 구체적으로 지금 여기, 인간 행위의 전체성 안에서 발생한다. 곧 "사랑이 있는 곳에는 하느님으로부터 오는

어떤 것이, 그러나 공간과 시간 안에서 '마음과 손과 목소리를 가지고' 발생한다. 말 그대로 인간의 행동이 없는 곳에는 사랑도 없다. 왜냐하면 거기에는 하느님을 모방함이 없기 때문"이다.(786)

셋째, 사랑의 행위는 나눠주는 행동, 특히 자기를 내어 주는 성격을 갖고 있다. 에로스는 움켜쥐려는 것이기 때문에, 그것은 움켜쥐기 위해 폐쇄된 원(a closed circle)을 형성하려고 한다. 그러나 그리스도인의 사랑은 내어 줌으로써 이 원을 깨뜨린다. 내어 줌이 없는 사랑이란 없다. 그러나 그리스도교적 의미에서 내어준다는 것은 자기-내어 줌, 즉 희생을 의미한다. 사랑하는 사람들은 그들 자신만을 위한 어떤 "부분"(part)을 가지지 않고, 그들이 사랑하고 그들 자신을 주는 타인들과 언제나 함께한다. 그들은 그들 자신의 존재 안에 사랑하는 자들을 포함시키려 하지 않고(예컨대 에로스), 사랑하는 자들에게 그들 자신의 존재를 나눠 준다. 이러한 나눠 줌의 사랑은 삼위일체 하느님의 보다 위대한 나눠 줌에 상응하고 그것을 모방하는 "특이한"(eccentric) 삶, 곧 자기중심으로부터 벗어나 중심을 잡는, 말하자면 외연적인 삶을 살게 한다.(788)

넷째, 사랑의 행위는 기쁨과 환희의 특성을 갖는다. 그러나 우리는 이것 때문에 사랑해서는 안 된다. 그것은 그 밑바탕에 에로스의 순환을 만들 것이기 때문이다. 그러나 우리는 사랑하는 사람은 셀 수 없는 복을 받은 행복한 사람이라고 무조건적으로 자신 있게 말할 수 있다. "하느님은 기꺼이 내어 주지 않는 자를 좋아하지 않는다."(789) 진실로 사랑하는 사람은 쾌활한 사람이다. 그가 참으로 쾌활한 사람이 아니라면, 진정으로 사랑하는 것이 아니다.

■ 하느님에 대한 사랑. 바르트는 그리스도인의 사랑의 대상이 가진 이중적인 의미를 서술한다. 곧 하느님에 대한 수직적 사랑과 타인을 위한 수평적 사랑이다. 수직적으로 그리스도인의 사랑은 하느님의 선택하고, 정화시키며, 창조하시는 사랑에 대해 응답하는, 하느님을 향한 사랑이다. 하느님과 우리의 언약관계는 "일방적인 것이 아니라, 쌍방적인 것"이 되었다. 하느님의 은혜로운 말씀은 공허한 상태로써 우리에게 직면하는 것이 아니라, 우리에게 감사의 언어를 불러일으킨다. 그리스도인들은 하느님에 대한 사랑의 행위 안에서 이것을 증언한다. 이러한 수직적인 사랑은 성령의 해방하는 능력 안에서 새롭고, 자유로우며, 내어주고, 즐거운 인간 행위인바, "하느님에 의해 시작되고 지배되는 그 나라와 구원의 역사에 있어서 통합적 요소"이다.(790) 하느님과의 화해에 있어서 개방적인 사귐으로 한걸음 들여놓는 것으로서의 하느님에 대한 사랑은 우리 안에 있는 그리고 우리를 향한 하느님의 영원한 사랑에의 응답과 상응에서 우리의 잠정적인 목표와 목적이 된다. "아래로부터의" 그리고 인간 편에서의 이러한 사랑은 최소한 "위로부터의" 그리고 하느님 편에서의 사랑만큼 "크게" 될 수 있다.(790) 그러므로 예수는 "너는 너의 모든 마음과 영혼과 정신과 너의 모든 힘을 다해 주 너의 하느님을 사랑해야 한다"는 첫째 계명을 말씀하셨다.(막12:30) 이 운동을 위해 우리가 가지고 있는 자유는 "예수 그리스도의 동정녀 탄생이나, 죽은 자로부터의 육체적 부활 못잖은 기적"이다.(791) 신약성서에서 하느님에 대한 사랑은 예수에 대한 사랑과 동일하다. 그것은 "하느님에 대한, 즉 그리스도 안에 있는 하느님"에 대한 관심을 내포하고 있다. 이 관심은 우리의 신뢰와 복종을 강요하고 포함한다. 하느님은 우리를 소유하고

우리를 위하여 존재하시기 때문에, 우리는 하느님을 소유해야 하며, 따라서 우리에게는 "하느님을 위해 존재하는 이외의 다른 선택"이 없다. 우리는 이 사랑을 우리의 삶-행위의 전체성 안에서 "중심적으로" 그리고 끊임없이 행하여야 한다.(793) 따라서 하느님을 사랑하는 사람은 "하늘에 폭풍을 일으키는 이상주의자가 아니라", 그의 관심은 "가장 실재적인 존재(ens realissimum), 즉 이 땅에서의 하느님의 운동, 곧 세상과 사람과 그 자신을 위하고, 맞서고, 함께하는 하느님의 운동이다. 그런데 이것은 하나의 운동이 아니라, 하느님의 사역과 하느님의 나라의 운동이며, 그분의 사역과 그분의 나라 안에서 살아계신 하느님, 곧 살아계신 예수 그리스도의 운동이다."(794)

독특하고 특별하게, 하느님을 향한 그리스도인의 사랑은 첫 번째 계명의 내용으로서 인식되고 인정된다. 하느님에 대한 사랑을 위한 인간해방은 즉시 하느님께 복종하기 위한 우리의 해방을 전한다. 즉 "하느님을 사랑하는 것은 그분께 자기 자신을 바치는 것이고, 그분의 처분에 자신을 맡기는 것"이다.(798 이하) 이 과정에서 사랑을 위한 우리의 자유는 복종을 위한 우리의 자유로 변환된다. "만약 너희가 나를 사랑한다면, 나의 계명을 지킬 것이다."(요14:15) 그리스도인의 복종은 기꺼이 그분의 계명에 자신을 종속시키는 행위이다. 우리는 하느님의 선택하시고, 정화하시고, 창조하시는 사랑에 근거하여, 성령의 소생케 하는 힘 안에서 자유롭게 하느님을 사랑한다. 그러나 이 자유 안에서 우리는 불가피하게 복종의 자유를 발견하게 된다. 즉 우리가 하느님의 말씀을 들음으로써, 하느님의 뜻과 명령 그리고 요구 아래에 우리 자신을 "세우는 외에 다른 선택이 없이", "보답으로" 하느님께 우리 자신을 내어드리는 자유를 발견하게 된다. 그러므로 바르트는 "복종은 사랑이 요구하는 행위, 즉 사람이 하느님을 사랑할 때 자신을 하느님의 처분에 맡긴다는 사실로부터 직접적으로 결과하는, 사랑 자체에 의해 요구되는 사랑의 행위"라고 말했다.(800) 비록 이러한 행위가 요구된다 하더라도 이 행위는 자유롭다. "꼭두각시는 복종하지 않는다."(801) 바르트는 다시 한 번 그리스도인의 사랑에 대한 그 같은 신획일적 오해에 대해 경고한다.4)

　　이제 사랑의 행위에 대한 일반적인 고찰에서, 우리가 그리스도인의 사랑이 신적 행위, 즉 하느님의 사랑의 연장이나 유출로 이해될 수 없음을 그렇게 강조해야 했던 이유가 분명해졌다. 이 겉보기 장엄한 신획일적 개념이 우리로 하여금 만약 그것이 사실이라면 하느님에 대한 사랑의 자유로운 행위, 그리고 그 안에 둘러싸이고, 그에 따르는 순종의 행위에 대한 물음이 있을 수 없다는 사실에 대해 눈감아서는 안 된다. 우리는 계약 관계를 그 안에서 하느님만이 일하시고 인간은 하느님의 행위의 도구나 통로일 뿐이어서 창조자와 피조물, 구원자와 구원 대상자, 사랑하는 자와 사랑받는 자의 대조가 아무 의미를 갖지 못하는 그런 관계로 기술하지도 않는다. 성서의 증언에 따르면 하느님과 인간의 참된 관계인 계약 관계에서 주도권은 전적으로 그리고 독점적으로 하느님께 있다. 그러나 그 주도권은 계약이 맺어진 인간의 편에서, 꼭두각시의 순종과는 대립되는 참된 순종, 즉 상응하는 자유로운 행위를 목표로 한다. 그리고 이것이 인간적 측면을 가지고 있고 이러한 낮은 인간의 관점에서 고려될 수 있는 만큼, 이것은 예수 그리스도 안에서

---

4) 바르트는 특히 아가페에 대한 니그렌의 분석에 맞섰다. A. Nygren, *Agape and Eros*, trans. Philip Watson(London: SPCK, 1953). 또한 IV/2:737, 827 등 참조.

이루어진 하느님과 인간의 화해를 통한 계약의 성취이다. 예수 그리스도가 참 하느님인 동시에 참 인간인 것만큼 확실하게 그것은 인간 편에서의 진정한 순종, 즉 그의 자유로운 행위로서의 인간의 순종일 것이라는 사실을 또한 포함한다.(800 이하)

그리스도인의 사랑은 사랑이란 시공간의 역사성 안에서 자신을 내어 줌이라는 것을 증명하는 복종의 행위이다. 하느님과 동료들을 향한 분명한 복종의 행위에서, 그리스도인들은 하느님과 함께 하는 세상의 역사(구원사) 안에서 주어진 자기 자신의 자리에서 참여한다. 그리스도인의 사랑은 "살아계시는 하느님 또는 살아계시는 예수 그리스도에 대한 복종의 문제"이다. 하느님의 사랑에 대한 대답과 응답, 모방으로서의 사랑의 행위는 "아마도 특정한 관점과 계명에 따라 단번에 고정된 삶의 방식의 형태로 정적인 대응물을 세우는 것"과는 무관하다.(801) 왜냐하면 살아계시면서 여전히 행동하시는 하느님은 "그에게 돌려진 모든 위엄으로 인해 죽어 있는 하나의 고정되고 정지된, 그리고 단단하게 굳어버린 어떤 형상"이 아니기 때문이다. 그러므로 그리스도인의 복종은 "그리스도의 행동을 따르기 위한 계속적인 준비와 기꺼이 행하려는 의지" 또는 "자신의 경직성에 대한 완전한 완화의 행동"에서 그의 선택하고, 뜻하시며, 창조적인 말씀에의 "계속적인 복종"을 요구한다. 그리스도의 복종은 하느님과 함께하는 인간의 역사에서 일어난다. 즉 하느님에 대한 사랑은 성령의 능력과 결코 분리되지 않고, 하느님이 영원한 사랑에 대한 응답과 성령의 능력 안에서 끊임없이 갱신되는 것이다. 그리스도인은 하느님을 사랑하는 사람이다. 곧 그리스도인은 살아계시는 하느님의 명령과 행동에 끊임없이 상응하는 복종을 통하여 그리스도인의 사랑을 증명한다.

■ 이웃에 대한 사랑. 수평적으로 그리스도인의 사랑은 이웃을 위한 사랑이다. 예수께서 말씀하신 바와 같이 두 번째 계명은 "너희는 너희의 이웃을 네 자신과 같이 사랑하라"이다.(막12:31) 이 두 번째 사랑은 첫 번째 사랑보다 덜 필요 없거나, 덜 결정적인 것이 아니다. 성서에서 그리스도인들이 하느님과 함께 사랑했던 사람들은 그들과 함께 "특정한 역사적 관계나 맥락 안에 있는" 동료 인간들이었다. 성서적인 근거에서 바르트는 그리스도인의 사랑은 소위 보편적 사랑이 아니라, 선택하고 차별화하는 구별된 사랑이라고 분명하게 표현한다.

> 그것은 처음에는 가혹하게 들릴 수 있으나, 신구약성서는 인간 자체 즉 인간에 대한 보편적 사랑을 말하지 않는다. 성서가 이해하는 바대로, 하느님과 인간에 대한 사랑은 하나의 행동이라는 특성을 가지고 있다. 인간에 대한 보편적인 사랑은 기껏해야 인간을 지배하고 있는 하나의 관념, 또는 그를 채우고 있는 마음의 태도로서만 생각될 수 있다. 그러나 우리가 본 바대로 그리스도인의 사랑은 그러한 복종의 행위이며 그러한 일련의 행위가 시공간 안 어디서든지 항상 대상에 대한 경계와 한계 내에서 일어나는 것이다. 그것은 추상적이지 않고 구체적인 사람에 대한 구체적인 사랑이다. 하느님의 사랑에 상응하여 그것은 선택하고 구별 짓는 사랑이다.(802 이하)

바르트는 그리스도인의 사랑의 출발점으로서 구체적 근접의 중요성을 강조한다.

> 사람들 사이의 사랑은 서로 간에 불명확하지 않은 매우 분명하고 특정한 근접성이 있다는 가정에서 일어난다. 사랑하는 한 사람과 사랑받는 한 사람 또는 다수 사이에는 일반적이거나 우연한 것이 아니고, 모든 사람들에게 적용될 수는 없는, 정말 특정한 기반을 제외하고 어떤 이에게나 적용될 수는 없는 어떤 근접성이 있다. 그리스도인의 사랑의 행위가 일어나는 것은 바로 이 근접성 안에서이다.(803)

"이웃"에 대한 성서적 정의는 "하느님과는 독립적으로 그리고 하느님과 나란히, 그러나 하느님에 대한 사랑 때문에 사랑받는 사람"이다.(803) 그리스도교적인 의미에서 이 용어는 구원사의 맥락에서 구체적으로 이해되었다. 구약성서에서 그것은 이스라엘 역사와 특수한 관계를 가진 이방인을 가리켰다. 그와 비슷하게 신약에서 사랑받는 사람들은 추상적인 동료인간이 아니라, "폐쇄된 집단" 곧 예수 그리스도 안에서의 특정한 신앙공동체의 제자와 성도들의 집단이다. 이것은 그리스도인의 사랑이 배타적이고 비의적이라는 것을 의미하는 것이 아니다. 오히려 그것은 가장 넓은 범위로 인간성의 진정한 의미를 구현하기 위한 구체적인 근거확립을 목표로 삼는다. 달리 말하면, 그것은 성서적으로 구체-보편적인 길(a concrete-universal way)을 수반하는 것이다.

물론 그 맥락은 인류를 위해 일어나고, 특정한 신앙공동체를 통해서 모든 사람들에게 적용할 수 있게 하는 구원사이다. 구원사는 "그 중심과 정점에 예수 그리스도의 역사가 있는 하느님과 세상의 화해를 위한 하느님의 특정한 말씀과 행동이 결합하는 정점"이다. 그리스도인들은 자유로운 인간 행위로서 사랑의 행동 안에서 하느님의 사랑에 응답한다. 그러나 그것은 구원사의 맥락에서, 즉 그의 백성과 함께하시는 하느님의 역사의 맥락 안에서의 자유로운 인간 행위이다. 그러므로 하느님을 사랑하는 사람은 "외톨이"일 수 없다. 오직 자신의 관심과 기쁨, 소망과 성취만을 추구하는 종교적인 개인일 수 없다. 구원사에서 적극적으로 역할을 하는 사람은 시작부터 특정한 동료들, 곧 하느님의 백성들에 함께 속하여 있는 자들, 언약의 동료 상대자들, 또는 "믿음의 가정들"(갈 6:10)과 관계를 맺는다. 다시금 바르트는 그리스도인 사랑의 공동적인 차원을 강조하였다. 하느님에 대한 사랑의 근거는 한 사람에 대한 사적인 계시가 아니다. 그러나 사람은 세상 안의 존재(being-in-the-world)로서, 그리고 성령의 부르심을 따라 모인 공동체의 맥락 안에서 사랑하기를 시작하는바, 그것은 "보답으로 하느님을 사랑하는 신비"를 증언해 준다. 그러나 공동체의 생활은 "하나의 기계적인 기능이 아니라 인간관계의 결합"이다.(806)

> 그러면 하느님을 사랑하는 것은 이 결합 내의 특정한 점에서 사는 것이며, 이러한 점에서 섬기도록 또한 부름 받은 사람들과 함께하는 것이다.…… 하느님을 사랑하는 것은 항상 명확한 행위의 문제이기 때문에 그것은 그 또한 하느님의 사랑에 의해 그 보답으로 하느님을 사랑하도록 일깨워진다는 사실에 의해 이 사람 또는 저 사람에 연합되어, 여기에 존재하는 많은 인간관계들 가운데 이 하나의 점에 서는 것이다.(807)

바르트는 세례의 제한을 넘어서까지 그리스도인 사랑의 보편적 확장을 주장하지만, 보편적 사랑이라는 개념의 혼란은 피하고 있다. "우리가 이웃에 대한 그리스도인의 사랑이라는 개념을 근본적으로 약화시키거나 혼동하지 않는다면, 그것을 인간에 대한 보편적 사랑으로 확장하는 것은 원칙적으로 아무런 문제가 없다." 동시에 "우리가 이 구원사의 맥락 안에서 발견하는 사람들로서…… 우리가 알고 있는 사람들에 대해 사랑하라는 이 개념의 원칙에 어떠한 제한의 문제가 있을 수 없다." 비록 동료들과의 연합의 구체적인 상징으로서 세례의 "긍정적인 진지성"을 인정하지만, 바르트는 구원을 위한 세례의 배타적인 이해는 거부한다.[5] 구원사의 맥락에서 그리스도인의 사랑을 위한 구체적인 출발점에 대한 바르트의 강조는 칼 라너(K. Rahner, 1904~1984)가 "익명의 그리스도인"(anonymous Christian)[6]이라 불렀던 "숨겨진 현존"이나 "이러한 '이방' 자녀들"을 배제하지 않았다.(807) 또한 그는 그리스도인의 사랑의 범위가 뻗어 나가고 그리스도인의 구체-보편적 길로의 확장되는 것을 강조하였다.

그러므로 내가 알고 있는 형제들의 집단으로 그리스도인의 사랑을 제한하는 것은 이론적인 것도 결정적인 것도 아니며, 단지 실제적이고 잠정적인 것일 뿐이다. 어떠한 경우에도 나는 사랑을 실천해야 하지

---

5) 바르트는 또한 말했다. "마지막 예에서 그 타인이 하느님을 사랑하는지 아닌지를 결정해야하는 것은 우리가 아니다. 그분이 우리를 사랑하신 것처럼, 하느님은 그를 사랑하셨을 수도 있다. 그리고 하느님에 대한 그의 사랑은(아마 우리 자신보다 훨씬 큰) 그가 아직까지 세례에 의해 하느님의 백성과 공동체의 일원으로서 인정되지 않았어도 사실일 수 있다."(807)

6) Karl Rahner, "Christianity and the Non-Christian Religions", in *Christianity and Other Religions*, ed. John Hick and Brian Hebblethwaite (Philadelphia: Fortress Press, 1980), 52-79, 특히 75 이하 참조.

만, 그러나 내가 사랑해야 하는 형제들의 집단이 내일 또는 다음 시간에라도 내가 지금 의식하고 있는 것보다 넓은 것으로 밝혀질 가능성에 대해서 항상 열려 있어야 한다.…… 나는 언제나 보다 좁은 사랑에서 보다 넓은 사랑에로 뻗어 가고 있다. 그리고 나는 내일 나의 형제로 증명되지 않을 사람을 알 수 없기 때문에, 나는 내 동료들 가운데 누구에게도 개방과 기대의 태도를, 그리고 선한 희망과 따라서 사랑할 준비의 태도를 취하지 않을 수 없다. 만약 내가 모든 사람들에게 차별 없이 신약성서에서 그렇게 강조하여 권면하고 명령하기까지 한 친밀성을 보여 주지 못한다면 나는 하느님도 형제도 사랑하는 것이 아니다.…… 그러나 이웃을 위한 그리스도인의 생생한 사랑의 범위는 무차별적으로 모든 사람을 그 범위로 하는 것이 아닌 반면, 그것은 그 영역 내에서 밀봉하여 닫힌 집단이 아니라, 모든 사람의 범위까지 끊임없이 넓혀지는 것임을 확실히 말해 두어야 한다.(808 이하)

그러나 하느님 사랑과 이웃사랑을 구분할 수는 있으나 분리할 수는 없다. 왜냐하면 구원사는 하느님과 사람들 사이의 역사와 개인과 개인 사이의 역사를 포함하기 때문이다. 하느님에 대한 우리의 해방과 동료들에 대한 우리의 해방은 별개의 것이다. 그러나 하느님에 대한 우리의 해방은 사람들에 대한 우리의 해방을 포함하고 있기 때문에, 하느님에 대한 우리의 사랑은 신앙의 가족 안에서의 동료-일원들에 대한 우리의 사랑을 포함하고 있다. 이와 같이 "서로 간의 사랑에로 일깨워짐은 동시에 하느님에 대한 사랑에로 일깨워짐"으로 이어진다.(810) 구원사는 근본적으로 사랑의 두 계명을 나란히 필요로 하는 이중의 역사이다. 첫째 계명으로서 하느님에 대한 사랑과 그것의 역사적인 성취인 둘째 계명으로서 이웃에 대한 사랑이 그들이다. 하느님을 사랑하는 이는 그 외에 달리 행할 수 없다. 만약 하느님을 사랑한다면, 이웃도 사랑할 것이다. 왜냐하면 그는 당신과 함께 하느님의 사랑을 받는 자이며, 그 보답으로 당신과 함께 하느님을 사랑하는 자이기 때문이다. 구원사는 이러한 수직적이고 수평적인 차원을 가지고 있으며, 서로 다르지만 분리될 수 없는 이중적 목적과 방향을 가지고 있다.

이 사랑을 "상호적으로" 선포할 필요가 있다.(813) 하느님의 백성들의 일상생활에서 어느 누구도 홀로 있지 않으며, 다른 사람을 홀로인 채로 놓아두지 않는다. 그들이 서로 증인이 되고, 그렇게 해서 서로 이웃이 되는 것이 하느님 백성의 율법이고, 각자에게 끊임없이 주어지는 명령이다. 다시 말해서 사람들 사이에 "은혜로운 상호관계"를 맺음으로 각자가 타인에 대해 이 사랑을 증언하는 이웃이 되는 것이다. 화해와 구원의 사건에서 이것은 본질적인 차원이다. "사람과 사람 사이에서 상호관계를 맺음과 분리되어서 이루어지는 그 위대한 사랑에 대한 계시나 지식은 있을 수 없다." 수평적 차원에서 "상호적 인간행위"는 수직적 차원에서의 행위에 대한 "반영"이거나 "복제"이다. 만약 하느님과 인간 사이에 일어나는 것의 "참된 반영과 모방"이 있다면, 사랑의 상호행위는 모든 인간적인 불완전함에도 불구하고 참되며 유용할 것이다.(815) 인간행위의 한계와 모든 약점을 지닌 채로, 그리스도인들은 "실재와 진리 안에서" 서로 사랑한다.(816) 그리고 그것을 행함으로써 그들은 계명(율법)들을 성취한다.

그러므로 하느님의 사랑과 하느님 사랑에 상응한 이웃 사랑의 기능은 "백성에 대한 하느님의 사랑의 전환과 하느님을 향한 그 백성의 전환을 타인들에게 확언하는 증언의 사역"이 가시적으로 반영된다.(817)

이 사역 또는 섬김은 그리스도인의 연합된 삶을 불러일으키기 위해 끊임없이 공동체의 전체 생활을 갱신하고 유지시킨다. 첫째 계명이 가장 중요한 최우선적인 것이라면, 둘째 계명의 성취는 그 우선성을 확증하는 문제이다. 이 점에서 또한 바르트는 인간행동의 차원을 축소시키는 계시실증주의를 반대하였다.

> 아래가 없이 위가 있을 수 없고, 뒤가 없이 앞이 있을 수 없는 것처럼, 인간의 증언 사역 없이 하느님의 계시가 있을 수 없고, 역사 속에서 인간과 인간 사이에 그에 대한 반영과 반복이 없이는 하느님과 인간 사이의 구원의 역사도 있을 수 없다. 후자가 없는 전자는 반드시 신화이거나 하나의 "계시실증주의" 형식의 환상으로 증명될 것이다.(818)

이웃에 대한 그리스도인의 사랑은 독특하게 보증하고 확언하는 "자기 내어 줌"이다.(820) 이러한 자기 내어 줌에 상응하여, 그리스도인들은 인간해방을 위해 하느님께서 우리에게 자기를 내어 주셨음을 증언한다. "만약 내가 그리스도인이라면, 신과 인간 사이에서 신의 자기 내어 줌에 대해 내가 그분께 내 자신을 내어 줌으로 응답해야 한다는 사실에 기준한 관계처럼, 인간과 인간의 관계에서도 그것이 내 삶과 행동의 내용이다."(820)

이스라엘인들, 그리스도인들, 하느님의 백성, 그리고 사마리아인들(눅10:25 이하)을 통한 상호 간의 사랑에 대한 성서의 증거는 왕적 인간, 예수에게서 절정에 이른다. 예수의 삶과 행위는 그리스도인의 사랑 행위의 패러다임이다. 비록 우리의 사랑이 예수의 패러다임의 빛 아래서 보면 항상 온당치 못하고 수치를 느낄지라도, 우리가 하느님의 사랑을 모방하고 반영하는 행위는 "참된 행위"이다. 그리스도를 따르는 구체적인 제자도에서 우리는 이 참된 행위를 현실화할 수 있다. 왜냐하면 우리는 "그리스도의 사랑의 행위의 닮음" 안에서 역동적으로 사랑의 행위를 수행할 수 있는 힘을 이미 받았기 때문이다.(824)

바르트는 그리스도인의 사랑의 방식을 그리스도인의 삶이 절정에 도달하는 길(또는 비유)로서 결론지었다. 비록 신약성서가 신앙이나 희망의 행위로서 그리스도인들의 삶과 행위를 서술하지만, 신앙(faith)이나 희망(hope)의 방식을 찬미하는 찬양은 없다. 신약성서에서 그리스도인의 삶의 방식과 관련된 유일한 찬양은 그리스도인의 사랑과 관련된 「고린도전서」13장이다. 사랑(love)만이 가치 있고, 승리를 얻으며, 견딘다는 것을 말하면서, 사도 바울은 사랑이 길, 즉 그리스도인들이 마땅히 행하고 따라야 할 것으로서, "은사들 가운데 가장 큰 것"이라고 선언한다.(827) 마지막으로 바르트는 그리스도인의 사랑이 길(道)이라고 말한다.

그러나 오로지 사랑이 지속되기 때문에 신앙과 희망이 지속된다. 신앙과 희망이 활동하고, 그리스도인의 삶과 행위 안에서 특정하게 그리스도교적인 것이 일어나는 것은 바로 사랑 안에서이다. 그래서 사랑이 "이 중에서 가장 큰 것"이다. 그것은 현재에 비춰는 미래의 영원한 빛이다. 그러므로 그것은 형태의 어떤 변화도 필요하지 않는다. 그것은 지속하는 것이다. 완전한 것이 도래함으로써 드러나는 것이 무엇이든지, 그리스도인의 행동과 공동체의 삶이 지금 일어나고 존재하는 모든 것과 함께 어떤 새로운 형태로 그 목표를 획득하건 간에, 사랑은 결코 그치지 않으리라는 것과 하느님과 형제들에게 자기를 주는 사랑이……
미래의 형식이 바뀌지 않는 영원한 삶의 근원이 될 것이라는 한 가지
는 확실하다. 그러니까 이미 사랑은 그리스도인의 영원한 활동이다.
이것이 사랑이 지속되는 이유이다. 이것이 바로 사랑이 그리스도인의
활동의 최종적이고 최상의 것이라고 말하는 이유이다. 이것이 전에 사
랑만이 가치 있고, 사랑만이 승리를 얻는 것이라고 말해야 했던 이유
이다. 이것이 사랑이 길(道)인 이유이다.(840)

신학의 중심 교의로서의 성화는 그리스도교의 패러다임에 있어서 어떻게 근본적 인간이 될 수 있는가를 말하고 있다. 그것은 하느님의 은총적 선택과 선한 창조에 대한 상응 안에서 근본적 인간화를 제안한다. 성화는 예수와 인류 사이의 존재론적인 연관에 대한 인식과 구체-보편적인 방식 안에서 집단적으로나 개인적으로 그 사람의 계속적인 변혁과 연관된다.

루터의 '율법과 복음'의 패러다임으로부터 '복음과 율법'의 패러다임으로 하느님 말씀의 두 양태의 순서를 전환하면서, 바르트는 하느님의 은총에 따라 그리스도인의 신앙의 근거의 궁극적인 실재를 비이원론적으로 강조하였다. 율법은 그것의 내용이 은총인 복음의 모호하지 않은 필연적인 형태이다. 이러한 패러다임 전환으로써 바르트는 신학과 윤리의 합일성을 주장하였다.

비유적으로 인자의 귀향으로 표현된 그리스도의 인성(Humanitas Christi)은 성화의 근거이다. 그리스도의 인성은 하느님의 구체-보편적인 행위를 명시하고 있다. 즉 하느님의 은총적 선택, 그의 성육신이라는 구체적인 행위, 그리고 그의 부활과 승천의 우주적 사건이 그러하다. 왕적 인간 예수의 삶과 행위는 말과 행위, 존재와 행함, 신학과 윤리, 그리고 앎과 행동의 일치성 안에서 근본적 인간화의 근본-패러다임을 드러내 준다. 십자가와 부활사건을 통해, 왕적 인간은 그리스도교 신앙의 가장 구체적인 이정표를 보이시며, 우리의 성화를 위한 가장 보편적인 근거를 여신다.

내재적 삼위일체의 공동적 존재성과 상호성에 대해 유비적으로 하느님의 형상 안에서 인간성은 즐거운 공동적 인간성, 더불어 있는 존재, 만남의 존재, 친교 안에서의 삶, 또는 동반자적 역사를 의미한다. 그리스도의 철저하고도 새로운 인간성의 조명 아래서 보면, 죄는 성화에 참여하는 데에 있어서의 태만으로서 정의된다. 그러므로 태만으로서의 죄란 실제 인간본성에 모순되며, 관계의 근본적인 구조를 어기는 것이다. 더욱이 그리스도의 인성은 의지의 속박 아래서 자기소외와 자기모순의 끝없는 상태 안에 있는 비참한 인간의 조건을 나타내고 있다.

그럼에도 불구하고 성령은 인간들을 인도하심으로써 실제적이고도 근본적 인간으로서의 인간존재를 인증하고 거룩하게 한다. 그리스도인들은 그 인도(Weisung)에 의해 교란된 죄인으로 정의된다. 성령의 비판적이지만 전적으로 자유로운 인도하심에 따라 성화란 제자도(단순한 복종), 집단적이고 개인적인 회심(끊임없는 변혁), 선행(하느님의 공동적 일꾼으로서), 그리고 존엄성을 가지고 십자가를 짊어짐을 포함한다.

아가페는 하느님의 전적인 자기 내어 줌에 상응하는 인간의 전적인 자기 내어 줌이다. 그리고 그것이 그리스도인의 삶의 은유인 그리스도인의 길이며, 곧 그리스도인의 도道이다. 그리스도인의 사랑은 단순히 하느님의 사랑의 연장이 아니라, 구체-보편적 도로서의 전적인 인간의 행위이다. 그것은 구체적으로 공유된 실천적 현장에서의 차별화된 사랑으로서 시작하지만, 상호적 사랑의 범위는 우주적인 확장에까지 넓혀져야 한다.

제3부

유교-그리스도교의 대화

제9장 대화 방법론

1. 전제들

앞의 두 부분에서 나는 왕양명 유학의 수신론과 칼 바르트 신학의 성화론을 해설하였다. 이것은 두 개혁가들의 사상을 기반으로 유교와 그리스도교 간의 대화를 마련하기 위한 것이었다. 대화를 시작하기 위해, 나는 다음의 세 전제들을 제안한다.

① 유교와 그리스도교는 모두 다 믿음의 표현이다.

② 보다 진정한 유교-그리스도교의 대화를 위해서는 자기발견적인 그리고 보호 장치로서 조직유학의 구성적 작업이 필수적이다. 조직신학(이하 신학)이 주어진 상황에서 그리스도교 신앙에 대한 조리 있는 성찰을 가리키는 것과 비슷하게, 조직유학(Confuciology, 이하 유학)은 유교인들의 믿음에 대해서 동일하게 적용될 것이다.(각주 7 참조) 신학과 마찬가지로 유학도 끊임없는 패러다임의 전환을 통해서 발전해 왔다. 두 문화-언어적 바탕의 만남은 그들에 대해 두텁게 묘사하는 설명으로서의 (조직)유학과 (조직)신학 간의 상관관계를 통해서 적절히 검토될 수 있다.

③ 인간성이란 구체적인 주제는 유교적 담론에서 현저하게 표출되지 않는 주제인 하느님 또는 신과 같은 신학적 질문보다 진정한 유교-그리스도교의 대화를 위해서 더 적절한 영역이다. 특별히, '어떻게 완전한 인간이 될 수 있는가?'의 질문 또는 '근본적 인간화의 정행(道)이 무엇

인가?가 대화를 시작하기 위한 적절한 화두이다. 유교의 근본적인 과제인 수신과 그리스도교의 핵심적 과제인 성화는 같은 문제, 즉 근본적 인간화에 대한 담론이다. 그러므로 수신과 성화는 유교-그리스도교의 대화를 시작할 수 있는 적절한 접촉점이다.

① 유교가 '믿음'의 한 표현인지 아닌지는 논쟁의 여지가 많다. 여기에서 믿음이란 단지 신앙이나 신조를 의미하는 것이 아니라, '구속적 인격에 대한 전수된 신뢰'와 같은 그리스도교적 정의보다 훨씬 넓은 뜻을 갖고 있다. 그것은 "인간에게 주어진 고유한 것"이고(W.C. Smith),[1] 또한 "정론正論(orthodoxy)과 정위正位(orthopoesis)를 넘어 정행正行(orthopraxis)을 필요로 하는 하나의 구성적인 인간적 차원의 것"이다(R. Panikkar).[2] 만약 신앙이 구속적 초월성을 지향하는 통합적인 인간의 태도 또는 "초월성을 향한 실존적 개방성"이라고 정의된다면(R. Panikkar), 유교도 하나의 신앙이라고 할 수 있다. 유교는 종교적 초월성의 가능성을 가지고 있다. (제1장) 두웨이밍은 유교를 "일종의 살아 있는 인간이 갖게 되는 자기 초월성에 대한 자각적인 신앙"으로 정의했다.[3] 유교는 그리스도교나 불교 같은 제도적이고 교의적인 종교(religion)는 아니지만, 분명히 "종교적인"(being religious) 차원을 가지고 있다.[4] 유교적 맥락에서 종교적이라

---

1) Wilfred Cantwell Smith, *Faith and Belief*(Princeton, NJ: Princeton University Press, 1979), 129-42 참조.
2) Raimundo Panikkar, "Faith as a Constitutive Human Dimension", *Myth, Faith and Hermeneutics: Cross-cultural Studies*(New York: Paulist Press, 1979), 188-229(207) 참조.
3) Tu Wei-ming, *Confucian Thought: Selfhood As Creative Transformation*(Albany, NY: State University of New York Press, 1985), 55.
4) Wilfred Cantwell Smith, *The Meaning and End of Religion*(Minneapolis, MN: Fortress

는 것은 "하나의 공동적 행위로서 그리고 초월적인 것에 대한 하나의 신실한 반응으로서 궁극적 자기변화"에 종사하는 것을 뜻한다.[5] 유교적 의미에서 구원은 "우리의 인간성 속에 선천적으로 내재하는 인간-우주적 실재의 완전한 실현"을 의미한다.[6] 이미 제1장에서 설명했듯이, 양명의 유학에는 구원론적 도약에 대한 신유학적 형태가 포함되어 있다.

더욱이, 이 입장은 양명이 키르케고르가 신앙을 질적변화로 규명한 것과 유비적인 입지立志를 유학의 출발점으로 확증함으로써 더욱 강화된다. 입지는 신앙에 대한 그리스도교적 개념과 전적으로 상이한 것은 아니다.(제2장, 제10장) 후기 바르트 신학에 있어서, 신앙은 단순히 수동적인 칭의에 관련된 양자택일적 도약을 의미하는 것이 아니고, 오히려 성화의 과정을 수반하는 주체적 본성을 향한 인간의 자발적 자기결단이다. 유교와 그리스도교 모두의 출발점은 논리적으로 형성된 형이상학이나 종교철학이 아니고, 인간의 통합적 주체성에 도달하기 위한 성실한 윤리종교적 결단이다. 양자 모두 그 출발점을 공동체적으로 전수된 '도道'의 정행(orthopraxis)에 대한 입지에 두고 있다.

그러나 주관적 행위로서의 신앙(fides qua creditur)과 객관적 지식으로서의 신앙(fides quae creditur) 간의 전통적인 신학적 구별을 이용하면, 우리는 유교적 신앙과 그리스도교적 신앙의 선명한 대조를 볼 수 있다. 한편으로 양명과 바르트 모두 신앙의 주관적 행위는 엄격한 해석학적 과정에의 종사를 포함하는 근본적 인간화의 구체-보편적 양식을 수반한다

Press, 1991), 19-74.

5) Tu Wei-ming, *Centrality and Commonality: An Essay on Confucian Religiousness*, rev. ed.(Albany, NY: State University of New York Press, 1989), 94.

6) Tu, *Confucian Thought*, 55.

는 데 동의하고 있다. 다른 한편으로 양명과 바르트는 객관적 지식의 차원에 대하여는 입장을 달리한다. 바르트처럼 그리스도교는 예수 그리스도를 통한 인간과 하느님 사이의 존재론적 연결을 믿었다면, 유교는 자기초월성을 향한 개인의 근본적으로 진정한 능력을 전제한다.(제11장)

② 신학은 유신론적 패러다임 안에서 신앙에 대한 비판적이고도 일관성 있는 성찰(*fides quaerens intellectum*)을 표현하는 것이다. 이와 유사하게, 유학은 유교적 패러다임 안에서 믿음을 일관성 있게 표현한 담론이다. 자기발견적 장치(a heuristic device)로서의 유학은 특정한 맥락에서의 유교적 믿음에 대한 해석적 설명을 지칭한다.[7] 린드백(George Lindbeck)에 의하면, 교의의 본질은 "종교가 추종자들에 대해 갖는 의미에 대해 규범적인 설명을 제공하는 것"이다.[8] 만약 신학이 그리스도교 신앙의 내적 경전성(intratextuality)에 대한 두터운 묘사(thick description)라면, 유학은 유교의 그것이다.[9] 유학은 유교의 윤리종교적 설득이 담긴 이야기들을

---

[7] 유학(Confuciology), 두 가지 더 자세한 설명을 필요로 한다. 첫째, 이 용어는 조직신학에 대응하는 것이다. 정확히 말해서 조직유학이라 해야 하지만, 이 책에서는 그냥 간단히 유학(confuciology)과 신학(theology)으로 명명한다. 그러므로 그것은 신학의 그리스도론(Christology)에 상응하는 유학의 한 각론이 아니다. 유학이 공자의 가르침에 대한 해석을 포함하지만, 그것은 그리스도론이 예수 그리스도의 인격과 사역에 대한 해석을 전문적인 담론인 것처럼 공자 개인에 대한 특별한 담론을 의미하는 것은 아니다. 둘째, 나는 도가사상뿐만 아니라 유가사상도 체계적인 담론이 되면 불가피하게 도의 본래의 의미를 상실하는 가능성을 회피하고자 하는 점을 잘 알고 있다. 그러나 나는 (조직)유학이 그리스도교의 신학과 대화하기 위해 필수적인 자기발견적 장치로서 필요하다고 주장한다. 그러한 포스트모던적 구성물 없이는, 또한 두웨이밍이 "제3의 시대"라는 용어로 제안했던 필수품이 없이는, 유학이 과학적으로 무장하고 현대적이고 탄탄한 신학 체계들에 의해 삼켜질 수도 있기 때문이다.

[8] George Lindbeck, *The Nature of Doctrine: Religion and Theology in a Postliberal Age*(Philadelphia, PA: The Westminster Press, 1984), 113.

[9] 같은 책, 113-16 참조.

그 고유한 맥락 안에서 알아들을 수 있게 묘사하는 자기 발견적 장치이다. 신학(적어도 바르트적 개혁신학 및 해방신학)과 유비적으로, 유학은 신앙 그 자체에 대해서는 이차적이지만, 유교의 문화언어적 바탕(cultural-linguistic matrix)을 이해하는 놀이의 규칙(rule of the game)을 해설하여 준다. 이렇게 함으로써 그리스도교와 비교하여 유교를 설명할 때 일어나는 절충적 또는 부분적 읽기의 많은 위험으로부터 벗어날 수 있다. 그러한 절충적 읽기는 유교를 무리하게 탈맥락화(decontextualization)시켜 그 내적 경전적 통합성을 위협하고 내적 논리성을 파괴한다. 진정한 대화를 위해서는 각 이야기가 자기 자신의 구조 안에서 자유롭게 진술되어야 한다. 따라서 유학(confuciology)은 유교가 그 고유한 구조 안에서 그 자신의 이야기들을 정당하고, 심층적으로 말할 수 있게 하기 위한 하나의 보호 장치이기도 하다. 이것은 또한 대화상대자들 사이의 구조적이고 형식적인 비교의 중요성을 내포한다. 구조적인 비교는 본질적인 비교만큼 중요하다. 관련된 종교문화적 바탕의 구조적 특징을 고려하지 않는 개념적 비교는 절충적이고, 부분적인 읽기만큼 독단적이다. 유학을 이렇게 구성한 후에, 유교와 그리스도교의 만남은 유학과 신학 간의 역동적 상관관계로 적절하게 연구될 수 있다.

유교적 믿음의 표현으로서의 유학과 그리스도교 신앙의 표현으로서의 그리스도교 신학은 둘 다 그들의 상황의 변화에 기반을 둔 끊임없는 '패러다임의 전환'을 통해서 발전되어 왔다.[10] 20세기 후반기에 여러 현

---

10) 패러다임에 대하여 나는 토마스 쿤과 이안 바버의 정의를 수용한다. Thomas Kuhn, *The Structure of Scientific Revolution*, 2nd ed.(Chicago: University of Chicago Press, 1970), 123-69; Ian G. Barbour, *Myths, Models and Paradigms: A Comparative Study in Science and Religion*(New York: Harper & Row, Publishers, 1974). 또한 H. Küng,

대 신학자들은 토마스 쿤의 패러다임 전환이라는 개념을 채택하여 "해방적, 생태학적, 그리고 대화적 탐구"[11]라는 새로운 상황을 인식하고 역사적 그리스도교 신앙을 해석하기 위해 여성신학, 흑인신학, 남미해방신학, 아시아의 종교신학 등 새로운 패러다임들을 연구해 왔다. 예를 들면, 한스 큉은 신학의 역사에서 그러한 패러다임 변화들에 주목했다.[12] 유교의 역사에서, 패러다임 전환은 그리스도교 신학의 역사에서만큼 두드러지게 나타나지는 않았다. 그러나 왕양명의 유학은 명백한 유교적 패러다임 변화를 예증한다.(제1장) 양명과 바르트는 그들 각자의 전통 안에서 결정적인 패러다임 전환을 일으켰다. 양명은 심心과 리理를 동일시함으로써 결정적인 신유학의 패러다임 전환을 이룩한 반면, 바르트는 루터의 '율법과 복음'의 도식으로부터 '복음과 율법'으로 바꾸는 결정적인 신학적 패러다임 전환을 이룩했다.(제10장)[13]

③ 인간성이라는 공동의 주제는 유교적 담론에서 현저하게 표출되지 않는 신과 같은 다른 신학적 질문들보다 진술한 유교와 그리스도교 간의 대화를 위한 더 적절하다. 더욱이 유교와 그리스도교의 주요한 문제는 '어떻게 완전한 또는 근본적 인간이 되느냐?' 하는 문제, 곧 인간화

　　　Theology for the Third Millennium, trans. Peter Heinegg(New York: Doubleday, 1988) 참조.

11) Peter Hodgson, *Winds of the Spirit: A Constructive Christian Theology*(Louisville, KY: Westminster/John Knox Press, 1994), part Ⅱ 참조.

12) Küng, *Theology For The Third Millennium* 참조.

13) 이 주장은 유교와 그리스도교 간의 비교적 맥락에서 이루어졌다. 또한 이러한 패러다임 전환들에는 모두 선행하는 인물들이 있었다. 신유학 사상사에서는 陸象山이 먼저 심과 리의 동일성을 선언했고, 신학 사상사에서는 장 칼뱅(Jean Calvin)이 복음과 율법의 전환을 먼저 주장했다.

의 도道에 놓여 있다. 그것이 서로 공유하는 구체적 접촉점이기 때문에, 이 근본적 인간화의 정행正行은 유교-그리스도교의 대화를 시작하기 위한 적절한 주제이다. 줄리아 칭도 다음과 같이 유사한 말을 했다.

> 유교와 그리스도교 간의 대화에 있어서, 초월성에 대한 개방성으로서 인간에 대한 믿음이라고 이해하는 것이 가장 유망한 출발점으로 남아 있다. 유교에 역동성을 제공한 것도, 법가法家의 오용을 중화시킨 것도 이 믿음인 것이다. 그리고 유교에 돌려지는 수많은 정죄들은 유교체계에 법가적인 개념들이 유입되었기 때문에 초래된 것이다. 현대신학 자체에 출발점을 제공하는 것도 이 신앙이고, 그리스도인들에게 율법과 교훈에 넘어 우선권을 가지게 하고, 그것만이 진정한 법적 질서에 관하여 이론적 근거가 되게 한 것도 또한 이 신앙이다. 그리고 마지막으로 개개의 경우에 있어서, 인간을 그의 초월적인 목표인 근본적 인간성의 성취에 더 가깝게 하는 창조적 자유의 사용을 가능케 하는 것도 이 신앙이다.[14]

유학과 신학에서, 이 공동의 주제는 수신修身과 성화聖化의 교리로 다루어진다. 수신, 즉 완전히 인간이 되는 법을 배우는 것은 주요한 유교의 과제이다. 유교적 담론의 현장은 지금 여기 살아 있는 사람의 구체적인 인간적 상황이다.(正行) 유교가 신이나 초월성과 같은 이론적 문제보다는 자기실현의 실행에 초점을 맞추기 때문에, 유교의 패러다임은 인간중심적으로 보인다. 그러나 그것은 인간적이고 우주적인 관계들의 조화를 위한 초월성과 창조적 공동체와 우주적 변형에의 진지한 종사

---

14) Julia Ching, *Confucianism and Christianity: A Comparative Study*(Tokyo: Kodansha, 1977), 105.

를 의미하는 수신이라는 치열한 과정을 전제로 한다.(제2장)

　진정하고 근본적인 인간이 되는 방법을 포함하는 성화는 그리스도교 신학의 핵심적 교의이다. 그러나 그리스도교의 유신론적 패러다임 안에서는, 구원과 신의 초월성이라는 주제가 강조된다. 루터 이후로, 많은 개신교 신학자들이 칭의를 핵심적인 신학적 문제로서 다루어 왔다. 그러나 바르트는 율법보다 복음을 우선하는 전환을 내세운 칼뱅을 계승하여 성화를 그리스도교 신학의 핵심적 교리로서 또한 강조하였다. 성화는 칭의에 평행하고 버금가는 가치를 가진 것으로 이해된다. 아래로부터 보는 시각인 성화와 위로부터 보는 시각인 칭의는 서로 다르지만, 한 신적 행위의 다른 그러나 통합된 순간들이다. 서로 교환될 수 없지만, 성화가 칭의의 결과일 정도로 둘은 불가분의 관계에 있다.(제6장) 그러므로 이 책의 테제는 다음과 같다. 왕양명과 칼 바르트의 범례적 가르침의 조명 아래서 보면, 수신과 성화는 '어떻게 완전한 인간이 되는가? 또는 '근본적 인간화는 어떻게 이룰 수 있는가?'라는 공통의 문제에 대해 두텁게 유사성을 갖는 견해들이다.

　이 시점에서 내 견해는 두 가지이다. 첫째, 유학과 신학에 있어서 공동의 문제는 철저한 인간화(수신과 성화)이므로 이 접촉점에서부터 유교와 그리스도교 간의 대화를 촉진할 수 있다. 이 점은 설명되었다. 둘째, 이 접촉점의 본질은 한 정체적 개념이나 심리적 의식에 있는 것이 아니고, 우선적으로 실존하는 한 인간이 역동적으로 공동적 행동에 참여하는 데 있다. 대화의 기본적 현장은 형이상학, 심리학, 혹은 종교철학이 아니라, 물론 그것들이 필수적이기는 하지만, 근본적 인간화를 추구하는 영성과 관련된 신앙(正行)이다. 왜냐하면 그들의 공통점과 접촉점은 최우선적으로 영성적 정행, 즉 주어진 역사적 맥락 안에서의 각 믿음의 윤리종교적 구현에 있기 때문이다.

2. 방법론

신학과 유학은 양자 모두 각각의 문화언어적 바탕구조와 내적경전성을 서술적이고 규범적으로 표명한다. 이제 유교와 그리스도교간의 대화는 유학과 신학의 상호작용(또는 "상동적 상호관계")으로 공식화할 수 있다.[15] 서술적으로 보면, 그 상호작용은 일차적 단계라기보다는 이차적 단계, 즉 실천적 만남을 검토하는 성찰적 단계와 관련되어 있다. 규범적으로, 이 담론은 역사적인 그리스도교와 유교의 만남 속에서 공동체를 위하여 윤리종교적이고 신학적인 의미를 제공하기 위한 후험적 주제화(a posteriori thematization)가 필요하다. 그러므로 이 작업은 서술-비교적(descriptive-comparative) 단계와 규범-구성적(normative-constructive) 단계의 두 단계로 구성된다.

유학은 첫째 서술-비교적 단계를 위한 주된 장치이다. 로즈몬트(Henry Rosemont Jr.)는 타 종교의 범주와 개념에다 유교적 개념을 마구 병렬 비교하는 것의 방법론적 위험성을 지적하면서, 보다 적절한 탈맥락화와 재

---

15) 파니카는 "상동관계"(homology)를 "한 체계의 한 요점이 다른 체계의 한 요점에 상응하는 서로 다른 체계의 요점들 간의 상관관계"로서 정의했다. 그것은 "개념들이 동등한 역할을 하고, 그들 각각의 체계 안에서 유사한 자리를 차지한다는 것"을 발견한다. Raimundo Panikkar, *The Intrareligious Dialogue*(New York: Paulist Press, 1978), 33 참조.

맥락화의 과정을 마련하기 위한 개념적 틀로서 "개념 다발"(concept cluster) 방법론을 제안하였다.16) 그러나 유학은 이 개념 다발이 가진 맥락의 중요성에 대한 고려에 부분적으로 동의하지만, 그보다 역사적 지평의 훨씬 더 넓은 범위, 즉 유교적 내적경전성의 조직적인 규명과 해설을 다룬다. 비록 유학은 의사소통의 목적을 위해 현대적 개념들을 쓰지만, 그 목적은 어떤 다른 개념적 체계에 따른 부과 강요를 적절히 피하면서, 자기 고유의 개념 안에서 그 독특한 이야기를 제대로 하게 하는 데 있다. 따라서 이 단계에서는 양자가 공명하는 같은 소리(일의성, univocity)를 찾아내는 것보다 양자가 내는 서로 다른 소리(다의성, equivocity)를 탐구하는 것이 더욱 중요하다.17) 이런 면에서, 그 목적이 "종교내적 대화"(intra-religious dialogue)와 공명한다. 파니카(R. Panikkar)는 다음과 같이 말했다.

> 종교내적 대화의 목적은 이해이다. 그것은 다른 종교를 이기려는 것도 아니고 전체적인 합의나 보편종교에 도달하려는 것도 아니다. 그것이 추구하는 것은 그들 자신의 언어로 그들의 통찰을 말하게 함으로써 서로 다른 문화 간의 상호 무지와 오해의 심연에 다리를 놓기 위한 소통이다.18)

둘째 규범-구조적 단계에서는 그 현장이 구체적인 맥락, 말하자면

---

16) Henry Rosemont, Jr., "Why Take Rights Seriously", *Human Rights and the World's Religions*, ed. by Leroy S. Rouner, 168-69 참조.

17) 이 구별에 관해서는 Lee H. Yearly, *Mencius and Aquinas: Theories of Virtue and Conceptions of Courage*(Albany: State University of New York Press, 1990), 188-191 참조.

18) R. Panikkar, *Intrareligious Dialogue*, xxvii.

두 영성적 전통들이 역사적으로 충돌하는 그리스도인 공동체인 한국 또는 동아시아 교회들로 바뀐다. 이들 공동체들은 그들에게 주어진 문화언어적 바탕, 즉 유교전통 안에서 그리스도교 신앙에 대한 통전적 이해와 표명을 요구하고 있다. 따라서 이 단계에는 불가피하게 두 전통들이 같은 소리를 내고 공명하는 일의성에 초점을 맞추게 된다. 그러나 이러한 일의적 차원을 궁구하는 목적은 우선적으로 두 전통의 지평들(구체적으로, 근본적 인간화에 대한 두 설득력 있는 이야기들)이 융합하는 맥락 속에 있는 그리스도교 신앙의 후험적 표명을 탐구하는 것이다. 이 작업은 사변적 비교의 한 인위적 조작을 뜻하지 않고, 하나의 그리스도인 공동체가 그들의 신앙을 통전적으로 이해하기 위한 불가피한 주제화(imperative thematization)를 뜻한다. 그러나 그 결과는 그리스도교 신학 공동체의 전체를 위해 이바지할 것이다.

3. 유교-그리스도교의 대화를 위한 구조

제1부와 제2부가 방법을 적용하기 위한 준비 작업이었다면, 제3부는 이에 대한 한 사례연구이다. 앞으로의 세 장은 서술-비교적 연구의 단계에 해당하고, 결론 부분이 규범-구조적 단계에 해당된다. 서론에서 서술한 대로, 만남의 양상(제10장), 인간성(제11장), 그리고 인간화(제12장)의 세 가지 주요 범주들을 사용할 것이다. 이들은 또한 각각 다음 도표에 있는 데로 아홉 개의 하위범주들로 세분될 것이다. 곧 ① 근거, ② 패러다

임 전환, ③ 출발점, ④ 이론과 실천의 관계, ⑤ 근본-패러다임, ⑥ 인간성의 패러다임, ⑦ 악의 문제, ⑧ 인간화 방법, 그리고 ⑨ 근본-메타포 등이다. 그리고 각 범주들에 관한 양명과 바르트의 주장들을 짧게 요약하고, 그들의 개념들과 주제들을 비교하고, 그 비교 결과를 끝에 도표로 보여 줄 것이다.

출발점: "어떻게 완전한 인간이 될 수 있는가?"

비교대상		유교 패러다임	그리스도교 패러다임
		왕양명王陽明	칼 바르트Karl Barth
과제		수신修身	성화(Sanctification)
A. 만남의 양상(제10장)			
근거		심心	하느님의 말씀(Word)
패러다임 전환	~에로(to)	심즉리心卽理	복음과 율법
	~부터(from)	격물格物	율법과 복음
출발점		입지立志	신앙(faith)
이론과 실천		지행합일知行合一	신학과 윤리의 합일
B. 인간성 패러다임(제11장)			
근본-패러다임		양지良知	그리스도의 인성(Humanitas Christi)
인간성 패러다임		인仁	하느님의 형상(imago Dei)
악의 문제		사욕私慾	태만(sloth)
C. 인간화 방법: 어떻게 완전한 인간이 될 수 있는가?(제12장)			
방법		치양지致良知	성령의 인도
근본-메타포		성誠	아가페(Agape)

제10장 만남의 양상들

1. 근거: 마음(心) vs. 하느님 말씀(Word)

유교와 그리스도교는 근본적으로 전혀 다른 성향을 가지고 있다. 일반적으로 말해서 유교는 "인간 중심적"인 반면, 그리스도교는 "신 중심적"이라 할 수 있다.[1] 그러나 이러한 구별은 보다 깊은 차원에서는 그렇게 명료하지 않지만, 대화를 시작하기 위한 구분으로서는 유용하다. 앞에서 살펴보았듯이, 두 전통은 주관적 차원(fides qua creditur)에서는 유사하지만, 객관적 차원(fides quae creditur)에서는 차이가 있다. 그리스도교 신앙의 객관적인 근거는 명백히 하느님의 계시이며, 그중 가장 중요한 것은 바르트가 하느님의 말씀이라고 지정한 성경이다. 유교적 믿음의 객관적인 근거는 이것에 비해 명백하지 않다. 여러 유교의 고전들이 경전적 권위를 인정받고 있지만, 적어도 양명 유학의 입장에서는 인간의 마음(心)이 가장 중요한 근거이다.

심心은 맹자 이후로 동아시아의 사유에서 중요한 개념이며, 인지적 차원과 감정적 차원 모두를 가지고 있다. 맹자적 의미에서 자기실현의 존재론적 기반을 수반하는 심은 자기초월에 대한 내재적 가능성을 가지고 있다. 양명은 맹자적 전통에서 심이 유교적 과제인 수신의 근거이

---

1) Julia Ching, *Confucianism and Christianity: A Comparative Study*(Tokyo: Kodansha, 1977), 69.

며 기초라는 점을 강조했다.(제1장)

그리스도교 신앙의 기초는 하느님의 말씀이다. 바르트는 말씀에 대한 교의를 3중적 형태의 사건으로써 공식화했다. 곧 기록된 말씀(성서), 계시된 말씀(예수 그리스도), 그리고 선포된 말씀(설교와 성례) 등이 그들이다. 그는 교의학(신학)을 특정한 맥락에서 말씀에 따른, 신앙공동체의 언어와 경험에 대한 철저한 자기검증이라고 정의하였다.

유학이 심을 초월적 리理 실현의 근거와 현장으로써 보는 반면, 신학은 하느님의 말씀을 가장 권위 있는 근거와 기초로 전제한다. 그래서 그리스도교의 근거가 외부의 법정에 있다면, 유교의 기본적인 근거는 내부의 법정에 있다. 비유적으로 말하자면, 양자는 성실한 탐구자와 순종적인 청취자라는 두 유형의 사람을 연상하게 한다. 곧 유교의 군자君子가 인간의 마음에 잠재한 인간우주적 실현을 추구하는 성실한 탐구자라고 한다면, 그리스도교의 성인(saint)은 하느님의 말씀에 귀를 기울이는 순종적 청취자라고 할 수 있다.

	유교	그리스도교
근거	인간 중심적	신 중심적
	왕양명	칼 바르트
	심心	하느님의 말씀
	내부의 법정	외부의 법정
	성실한 탐구자	순종적 청취자

2. 패러다임 전환: 심즉리 vs. 복음과 율법

왕양명과 칼 바르트는 모두 그들의 해석학적 패러다임의 전체 구조 안에서 이 기초적 근거들을 진지하게 다루었다. 양명에게 그것은 심과 리 간의 관계인 반면, 바르트에게는 하느님의 말씀의 두 형태인 복음과 율법 간의 관계였다. 양명과 바르트는 모두 기존의 패러다임들에 도전했고, 자신들의 전통에 혁명적이고 결정적인 패러다임 전환을 성취했다.

■ 양명의 심즉리心卽理(제1장): 리理가 신유학의 핵심개념으로 채택되었기 때문에, 리와 심의 관계는 신유학의 결정적인 논쟁점이 되었다. 주자는 리의 초월적 차원을 강조하는 가운데, 심의 본유적인 가능성을 감소시켰다. 그는 격물格物을 『대학大學』에 나와 있는 수신修身의 여덟 단계를 위한 기초 단계로 확정하고, 외부 탐구를 통하여 자기실현에 대한 점차적이고 지적인 추구에 초점을 맞추었다. 이러한 움직임은 주자학에 내재하는 불행한 이원론, 곧 심과 리, 내부와 외부, 또는 자기지식과 외부지식 사이의 이원론을 조장하게 되었다.

스스로 득도하기까지, 양명은 유교의 도道를 깨치기 위해 주자의 가르침을 신실하게 따랐다. 그러나 그는 심한 정신적 위기를 경험했고, 주자의 패러다임에 있는 오류들을 발견했다. 유배시절의 갑작스런 깨달음을 통해, 왕양명은 리가 외부적인 것이 아니고, 사람의 마음속에 전적으로 그리고 충분하게 내재하고 있다는 것을 깨달았다. 이리하여 양명은 '심이 곧 리'라는 '심즉리'설을 주장하게 되었다. 이것은 주자학 전통으로부터의 근본적 이탈을 의미했고, 육상산陸象山을 따라서 중요한 패러다임 전환을 초래했다. 이 전환을 통해 양명은 심과 천리天理의 존재론적 동일화를 재확증했다. 리는 초월적이지만 정태적으로 외부적인 것은 아니고, 심 내부에 역동적으로 내재된 초월성이기도 하다.

내재된 초월성의 맥락에서 격물의 의미는 인식론적이고 지적인 연구이기보다는 진지한 도덕적 수행으로 해석된다. 어휘론적으로 양명은 격물의 첫 글자인 '격格'이 주자학에서 말하는 지적 탐구만을 뜻하는 것은 아니고, 진지한 내적결정(立志)과 윤리종교적 행동을 구체적 실존적 상황에서 실행하는 수양의 과정을 함의한다고 주장했다.

■ 바르트의 복음과 율법(제5장): 신학사에서 하느님의 말씀의 두 형태는 율법(Law)과 복음(Gospel)의 순서로 구별되어 왔다. 율법과 복음의 순서에 의한 구별은 로마가톨릭교회가 복음을 율법으로 환원시킨 것과 급진적 개혁가(Radical Reformers)들이 율법을 복음으로 변질시키는 것의 상반되는 두 교리적 혼동을 수정하려는 종교개혁가 루터의 방식이었다. 이 해석학적 원칙은 루터가 내재화된 율법인 그의 양심과 실존적으로 투쟁한 모진 경험으로부터 우러나왔다. 그는 율법과 복음의 적절한 구별을 통해서 양심의 방해를 극복하고 복음의 구속력을 해방시키고자 노력했다. 그러나 이 교정은 율법의 영향력을 정적인 정치적이고 신학적인 사용으로 제한하고, 율법의 긍정적 사용(제3의 사용)을 감소하는 결과를 초래했다. 더욱이 루터의 이러한 이원론적 구별은 신학적이고 인간론적인 문제들을 야기했다. 우선 이 구별은 그리스도교 신앙의 기초인 하느님의 말씀을 율법과 복음이라는 변증법적 이원론으로 분리한다. 또한 신

학적으로 이것은 복음의 하느님이 율법의 하느님과 서로 맞서게 되는 '이원론적 위험'을 초래한다. 그리고 인간론적으로 이 구별은 인간이 단지 하나의 수동적인 수혜자로 이해되는 '인간학적 편협성'을 유발한다.

칼뱅에 이어 바르트가 율법과 복음의 순서를 복음과 율법의 순서로 반전시킨 것은 이러한 문제들을 수정하는 패러다임 전환을 의미한다. 그리스도교 신앙의 기초로서 하느님의 말씀은 우선 이원론적으로 공식화될 수는 없으며, 율법과 복음 간의 외관상의 이원성은 신학적으로 극복되어야 할 과제이다. 바르트는 신학적 이원론과 인간론적 편협성을 수반하는 루터의 율법과 복음의 공식을 거부했다. 바르트는 순서를 바꾸면서 율법을 복음에 종속시켰다. 복음은 하느님의 은총의 궁극적 실재성을 비이원적으로 계시한다. 율법은 그 내용이 은총인 복음의 필수적인 형태이다. 그러므로 율법은 반드시 복음의 맥락에서 이해되어야 한다. 이것은 바르트의 죄 이해가 어떻게 율법이 아닌 그리스도론에 일차적으로 관련되었는가 하는 문제에서도 볼 수 있다. 죄의 본성과 특성은 율법과 대조하여 그리스도론(복음)의 맥락 안에서 완전히 드러난다.

■ 심즉리 vs. 복음과 율법: 이 비교는 리와 하느님의 말씀 간의 병행성을 보여 주려는 것은 아니다.(그보다 두 전통의 주요 근거로서 하느님의 말씀과 심의 병행성을 보여 주었다. 물론 하느님의 말씀과 리의 비교는 양자가 로고스의 개념과 관련되어 있기 때문에 흥미 있는 것이기는 하다.) 오히려 요점은 그들의 패러다임 전환을 관찰함으로써 그들의 사고방식에 있는 유사성들을 식별하는 것이다. 유교와 그리스도교는 근본적으로 다른 사상적 패러다임들이지만, 양명과 바르트에 의한 패러다임 전환은 두 가지의 서로 일치하는 목표

를 공유하고 있다. 곧 ① 그들의 단일화된 기초를 이원론으로부터 보호하고 유지하는 것이고, ② 자기실현의 과정에 있어서 인간의 참여의 가능성을 역동적으로 개시하는 것이다. 한편으로 '심즉리'론을 통해서, 양명은 유교적 믿음의 진정한 기초로서 심의 맹자적 전통으로 되돌아갈 것을 변론했다. 그 전통은 주자가 리(격물)를 강조함으로써 감소되어 왔던 것이다. 다른 한편으로, 바르트는 복음과 율법의 순서로의 반전을 통해서 하느님의 말씀의 두 형태의 일치를 성취했고, 루터의 율법과 복음 도식에 의한 신론의 이원화와 신학적 인간론의 편협성을 극복하였다.

주자와 루터가 각자의 근본적 근거들인 심과 리 그리고 율법과 복음에 대한 적절한 구별(이원성)에 대해 관심을 가진 것은 심과 율법이 모호한 반면에 리와 복음은 투명하다는 것을 전제한다. 이것은 인간이 역동적으로 윤리종교적 실천에 참여하는 가능성을 희석시키는 인간학적 편협성을 초래한다. 그러나 양명의 '심즉리'론과 바르트의 '복음과 율법'의 도식은 모두 이 인간학적 편협성을 극복한다. 양자는 심과 율법도 또한 모호하지 않다고 강하게 주장하면서, 인간의 진정한 삶을 위한 심과 율법의 긍정적 수용력을 보증했다.

패러다임 전환

양명의 패러다임 전환		바르트의 패러다임 전환	
주자	심과 리의 구별	루터	율법과 복음의 구별
	리만 모호하지 않다.		복음만 모호하지 않다.
양명	심과 리의 단일성	바르트	복음과 율법의 단일성
	심 또한 모호하지 않다.		율법 또한 모호하지 않다.
두 패러다임 전환 간의 일치성: 1) 이원론을 피하고 전통의 통합된 근거 2) 개인의 주체적인 참여에 대한 강조			

3. 출발점: 입지 vs. 신앙(faith)

이미 살펴본 바와 같이 양명과 바르트의 사상은 서로 수렴하는 출발점—곧 개인의 완전한 결정과 결단 안에 있는 질적 변화—에서 시작된다. 유교의 입지立志는 완전히 통합된 인간성을 향한 윤리종교적 결단이며, 인간존재에 총체적으로 영향을 미치는 근본적인 결정과 그에 대한 끊임없는 확인을 필요로 한다. 그래서 입지는 키에르케고르적 개념인 질적변화와 유비적이며, 의지의 근본적 전환을 뜻하는 회개(metanoia)의 윤리종교적 의미와 유사하다.[2] 그러나 입지는 '전적 타자'인 신적 게시에 응답하는 양자택일적 도약('either or' leap)이 아니라, 내재적 초월성을 가진 인간의 주체적 본성에로의 포괄적 회귀('both-and' return)를 뜻한다.[3] 그러므로 입지는 그리스도교의 신앙 개념과 전적으로 상이한 것은 아니다. 후기 바르트 신학에 있어서도 신앙은 단순히 수동적인 칭의에 관련된 양자택일적 도약이라기보다는, 오히려 신적 선택에 상응하는 성화, 끊임없는 회개, 중생의 과정을 수반하는 인간의 주체적 본성을 향한 자발적 자기결단을 의미한다. 바르트는 인간을 자유로운 자기결정으로 행동하는 존재로 정의했다. 신앙에 대한 바르트의 역동적인 이해의 차원은 양명의 입지개념과 수렴한다. 그래서 입지는 유교를 믿음으로 보는 해석을 가능하게 한다. 왜냐하면 유학이나 신학의 출발점은 형이상학이나

---

2) Tu Wei-ming, *Neo-Confucianism in Action: Wang Yang-ming's Youth (1472-1509)* (Berkeley: University of California Press, 1976), 142 참조.
3) Tu Wei-ming, *Centrality and Commonality: An Essay on Confucian Religiousness* (Albany, N.Y.: SUNY Press, 1989), 116-121 참조.

종교철학이 아니고, 오히려 질적 변화를 수반하는 윤리종교적 결단, 즉 입지와 신앙이기 때문이다.

양쪽 모두에게, 패러다임 전환—심과 리의 동일화와 율법과 복음의 반전—은 입지와 신앙의 개념에 역동적인 포괄성을 강화한다. 맹자 본래의 이해로 양명이 돌아간 것은 입지를 심에 내재한 초월성을 향한 불씨로써 인증한다. 복음과 율법의 반전을 통하여 바르트는 '타락전선택설'을 수용하며 보편적 인간성의 존재론을 전개한다. 그러므로 복음의 요약인 선택은 율법의 목표인 성화를 확증하게 한다. 요약하면, 수신의 목표는 본래의 인간본성에 잠재한 참된 자기를 실현하는 것이고, 성화의 목표는 참된(선택된) 본성을 실현하는 것이다. 수신과 성화 모두 완전한 인간성의 인증(근본적 인간화)을 지시한다. 더욱이 입지와 신앙 모두 자기결정과 근본적 변화(*metanoia*)로서 값비싼 제자도와 심지어는 "순교"까지도 요구한다.[4]

4. 이론과 실천: 지행합일 vs. 신학과 윤리의 합일성

그들의 일치하는 출발점(궁극적 결단)과 패러다임 전환의 유사성은 또 하나의 일치점인 이론과 실천의 합일성을 포함한다. 양명과 바르트는 앎과 행함, 존재와 행위, 그리고 존재론적 지식과 윤리적 실천의 분리불

---

4) 줄리아 칭은 만약 순교가 진실의 증거를 주는 것이라면 유교에 순교의 교리가 있다고 주장했다. Ching, *Confucianism and Christianity*, 86 참조.

가능성을 철저하게 단언하는 데서 일치한다. 이렇게 이론과 실천의 불가분성을 단언하는 것은 양명 유학과 바르트 신학이 그들 전통과 사회에 강력한 윤리정치적 영향력을 가능케 했다.

■ 양명의 지행합일론(제2장): 수신의 목표는 궁극적 인간성인 성인聖人이 되는 것이다. 유교의 주된 관심은 형이상학적인 존재론보다는 오히려 '어떻게 성인이 되는가? 하는 구체적이고 실질적인 문제에 있다. 양명은 진정한 유교의 출발점은 주자의 격물의 공식화와 같은 외부적 방법이 아니고, 내적이고 실존적인 결정, 즉 입지立志라고 주장했다. 입지는 궁극적 결단에 대한 근본적인 결정으로써, 유교의 참된 기초이다. 그리고 그것은 공자의 대표적인 진술인 "십오 세에 나는 학문에 뜻을 두었다"는 문장에 표현되어 있다. 입지는 부분적 인간성(小體)으로부터 완전히 통합된 인간성(大體)으로의 질적인 변화를 말한다. 바꿔 말하면, 그것은 인간성의 윤리종교적 확증이라 할 수 있다. 그것은 완전한 인간화를 향한 자기변형에 대한 궁극적 결단이다. 수신의 현장이 일상의 실제상황이기 때문에, 그것은 사회정치적 상황들을 진지하게 취급한다. 중국 역사상 급진적 정치비평가인 양명은 값비싼 제자도의 유교적 모형인 '백 번의 죽음과 천 번의 위험'을 겪는 삶을 살았다.

의지는 맹자적 의미에서 심心의 지향성이기 때문에, 입지는 인지적이고 감정적인 차원 둘 다를 포함한다. 입지는 변혁적인 자기성찰인 앎(知)과 진지한 윤리종교적 구현인 행行함 모두 포함한다. 입지의 구조 속에서 앎과 행함은 통일성을 형성한다. 그러므로 양명은 '지행합일'론을 주장했다. 이 교의는 지행知行의 불가분성 안에 있는 인간성의 본래적

천성을 확증한다. 참된 앎은 그 자체가 변혁적이고 참된 행함은 사랑의 과정에서 현현되듯이 초월적인 자기지식을 전제로 한다. 그러나 사욕私慾은 이러한 존재론적 불가분성을 깨뜨리는 악의 근원이고, 앎과 행함 간의 잘못된 이원론을 조장한다.

지행합일론을 통해, 양명은 주자의 '격물론'으로부터 그의 패러다임 전환의 두드러진 특징을 각인시켰다. 인식론적 접근인 격물은 주체와 객체의 이원론에 빠진다. 지행합일은 이 이원론을 극복하고, 참된 출발 점이 지적 탐구에 있는 것이 아니라 현실적인 경험과 결단(立志)에 있음을 확증한다. 격물은 수량화된 관례에 응하는 외부적 행위에 강조를 두면서, 정태적이고 객관화된 수신으로 이끈다. 지행합일은 질적 변화와 내적 갱신에 초점을 맞추면서, 내부와 외부간의 틈을 역동적으로 이어준다. 격물론은 경험적 지식의 전례법규 아래서 도덕원리를 이해하고, 깨달음의 점차적인 달성을 추구한다. 이에 반해 지행합일론은 즉각적이고 자발적인 윤리종교적 실행에 초점을 맞추고 즉각적인 자기실현을 추구한다.

■ 바르트의 신학과 윤리의 일체론(제5장): 율법과 복음의 도식으로부터 복음과 율법의 반전은 바르트가 신학과 윤리의 합일성을 단언하는 것과 직접적으로 관련된다. 신과 인간의 관계에 대한 복음의 기본적인 이해는 언약적이다. 복음의 총체는 하느님이 인간을 자신의 언약의 동반자로 선택하신 신의 은총적 선택이다. 신의 이러한 사랑의 태도는 그에 상응하는 인간의 신에 대한 응답을 요구한다. 언약의 주로서의 신의 선택은 한 인간을 신의 언약 동반자로서 완전한 인간이게 하고 또한

완전히 인간이 되게 한다. 성화는 우리의 참된(선택된) 본성을 실현하는 우리의 응답행위이며, 근본적 인간화이다. 바르트는 '타락전선택설'을 채택하며, 성화는 신적 선택에 상응하는 인간의 참여라고 주장한다. 그 것은 율법이 은총에 의해 안치되고 인도되듯이, 그러한 신적 행위(신학)에 상응하는 인간 행위의 방식인 윤리를 포함한다. 이 과정을 설명하기 위해, 바르트는 행위에서 자유로운 자기결단이 본질인 인간존재를 유비적으로 사용했다. 인간에게 있어서 내적 결정과 외적 행위 사이에 일치성이 있듯이, 복음과 율법 사이에는 일치성이 있다. 그리스도인으로 존재한다는 것과 그리스도인으로 된다는 것의 참된 의미는 들음(신학)과 행함(윤리)의 통합된 행위에 있다.

그래서 바르트는 윤리(율법)를 신학(복음)의 일부로 포함시켰다. 바르트에게 내용은 항상 형식을 선행한다. 내용인 복음은 형식인 율법을 선행하며, 신학은 윤리를 선행한다. 자기결정적인 존재로서 인간은 신적 존재(행동하는 존재, being-in-action)에 상응하는 말씀의 행위자이다. 참된 그리스도인으로 존재함과 참된 그리스도교인이 된다는 것은 들음과 행함의 일치성은 곧 존재와 행함의 통합성을 그리하여 신학과 윤리의 합일성을 수반한다. 바르트는 성령의 역사에 응답하는 인간행위의 동시성을 강조하였다. 신과 인간 사이에는 상응하는 관계만 있는 것이 아니고, 예수 그리스도를 통한 존재론적 연결도 있다. 루터는 율법이 모호하다고 주장한 반면, 바르트는 율법이 복음의 구체적인 형태이기에 또한 모호하지 않다고 말했다. 루터는 율법과 복음의 구별이라는 실존적 문제에 초점을 맞춘 반면, 바르트는 복음과 율법의 존재론적 합일성에 관심을 가졌다. 율법이 복음에 계시된 신적 행위에 상응하는 인간의 응답행위이기 때문에, 윤리(율법)는 신학(복음)으로부터 분리될 수 없다. 바르트는 『교회교의학』의 주요한 세 권에 각각 신학의 일부로서 윤리를 포함시켰다. 제2권으로부터 제4권까지, 곧 선택론으로부터 성화론까지, 그의 강조점은 하느님의 명령하시는 입장으로부터 인간의 명령받는 입장으로 이동한다. 이러한 윤리에 대한 깊은 관심은 바르트 신학이 강력한 정치적 영향력을 가질 수 있었던 하나의 이유이다.

■ 지행합일론 vs. 신학과 윤리 합일론: 양명이 지행합일론을 심(입지)의 구조 안에 있는 원래의 비이원론으로부터 주제화한 반면, 바르트는 신학과 윤리의 합일론을 복음(신앙)의 요약인 선택론으로부터 발전시켰다. 양자 모두 궁극적으로 초월적인 실재(유학에서는 내재된 초월성, 신학 용어로는 은총)에 대한 긍정적인 통찰을 가졌다. 일반적으로 신학이 이 통찰을 칭의에 초점을 맞춰 전면에 내세우면서 명백하게 주제화하는 반면, 유학은 수신에 초점을 맞춰 그것을 괄호로 묶고 배경에 놓아둔다. 그러나 양명과 바르트는 둘 다 이 차이점들을 감소시킨다. 양명은 천리天理가 인간본성에 내재한다는 중용적 통찰(양지)을 더 깊게 발전시켜, 수신의 역동적인 유학을 구성했다. 바르트는 인류에 대한 신의 은혜로운 선택이라는 그리스도교의 통찰을 주제화하면서, 성화론을 전면에 등장시켰다.

양명과 바르트는 모두 인간의 존재론적 합일성을 확언했다. 양자 모두 자기 결단적 존재인 전인간, 곧 인간성의 내부와 외부의 합일성을 강조했다. 양자 모두 진정한 인간성은 '지'와 '행'(유교적 의미에서), '들음'과 '행함'(그리스도교적 의미에서), 존재론적 지식과 윤리적 실천, 또는 간단히 이론과 실천 사이의 합일성을 포함한다는 데 동의한다. 이렇게 이해된 합일성은 "역동적 이상주의"(dynamic idealism)와 "신-윤리적 사실주의"(theo-historical realism)로 불리는 각각 자신들의 전통에서 가장 역동적이고 급진적인 사회 해석학을 낳은 양명 유학과 바르트 신학을 구성하였다.5) 역동주의와 급진적 사실주의는 기존 패러다임(주자의 격물론과 루터의 율법과 복음론)의 인식론적 오류인 이원론을 극복함으로써, 그리고 그들의 중요한 일치점인 견고한 존재론과 해석학적의 기초를 확실하게 함으로써 가능하였다. 더욱이 양자 모두 근본적 인간화는 단지 개인적 경건을 의미하는 것이 아니다. 오히려 그것은 공동체의 팀워크(공동 행위)와 같은 집단적 과정과 진지한 사회정치적 참여를 요구한다.

이론과 실천

비교대상		유교 패러다임	그리스도교 패러다임
		왕양명	칼 바르트
근거		내재적 초월성	하느님의 은총적 선택
패러다임 전환	~로부터(from)	격물(주자)	율법과 복음(루터)
	~로(to)	지행합일	복음과 율법
출발점		입지立志	신앙
이론과 실천		지행합일知行合一	신학과 윤리의 합일
사회적 함축		역동적 이상주의	신神-윤리적 사실주의

---

5) Paul D. Mathany, *Dogmatics and Ethics: The Theological Realism and Ethics of Karl Barth*(Frankfurt am Main, New York: Verlag Peter Lang, 1990), Chap. 5, Sec. A, "theological realism as Christian ethical performance" 참조.

제11장 인간성 패러다임

1. 근본-패러다임: 양지 vs. 그리스도의 인성

양명과 바르트에게 근본적 인간화(수신과 성화)의 근본-패러다임은 양지良知(선에 대한 내적 지식)와 그리스도의 인성(*humanitas christi*)이다. 각각은 궁극적인 인간성, 곧 인간의 초월적인 목표인 근본적 인간성에 대한 유교와 그리스도교의 독특한 시각을 나타낸다. 그리스도의 인성이 역사속의 말씀(logos)의 성육신화인 반면, 양지는 인간의 마음(心) 안의 내재적인 초월성을 근원적으로 감지하는 것이다. 양지와 그리스도의 인간성모두가, 비록 유교의 경우에는 감추어져 있긴 하지만, 어느 정도는 육화의 개념과 관계가 있다. 그러나 그들의 강조점은 상이하다. 양명은 육화된 지혜를 선에 대한 내적 지식(또는 내적 성인다움)으로 주제화하는 반면, 바르트는 예수 그리스도의 성육신화(*assumptio carnis*)를 성자의 성육신으로 이해한다. 양명은 내재적 잠재성에 초점을 맞추는 반면, 바르트는역사적인 계시를 강조한다.

■ 양명의 양지론(제3장): 양명의 천재성은 그가 양지를 인간성의 초월적 주체성으로 주제화한 데 있다. 양지는 양명 유학의 위대한 원리이다. 그는 마음은 본래적인 인간 본성과 동일하다고 거듭 주장했다.(心卽理) 심心은 하늘이 부여해 준 것으로서, 천리天理를 구별하고 선善을 아는

내적, 원초적 능력을 가지고 있다. 양명은 심의 이러한 근원적인 능력을 양지로 정의했다. 인지와 정서적 차원들을 모두 포함하는 양지는 사전 반사적인 지식과 자발적인 자연적 감정을 수반한다. 인간의 본래적 의식 속에 있는 천리에 대한 내적 앎으로서, 그것은 또한 세상과 만나면서, 인간 이해의 가치를 창출하게 하는 인간 지각력의 최심부인 '근원적 지각'이라고 불린다. 성숙한 양명 유학은 양지 중심적이다. 양지는 모든 유교 고전에 대한 해석학적 원리로 간주된다. 유교 성인들의 모범적 행동들은 행동하는 양지의 역사로 간주된다. 더욱이 양명은 내적 성인다움으로서 양지는 본래적으로 만인에게 부여되어 있다는 철저한 평등주의를 주장한다. 현인과 평민 사이의 구별은 질이 아니라, 양지에 대한 양적인 확장의 정도에 있다. 모든 사람은 진정으로 인간적이기 위해 스스로 노력해야 할 내적 능력을 지닌다.

신유교의 형이상학에서 양지는 감정이 일어나기 전의 중中의 상태에 있다. 양명은 그것을 하이데거의 '현존재'(Dasein)와 유사한 존재본체에 대한 유교개념인 심자체心自體와 동일시한다. 역동적인 존재본체인 양지는 모든 이원론적 구별들을 초월하고 만물에 침투한다. 양명은 양지본체를 궁극적 원초성에 대한 신유교적 표현인 태허太虛와 동일시한다. 태허와 마찬가지로 양지본체는 자기초월적이다. 이러한 자기초월적 양지는 스스로의 기氣 작업을 통해 우주적 분화를 가능케 하고, 그들의 '인간우주적 동일화'를 보증해 주는 창조적 정신이다. 더욱이 양지는 참된 인간성의 주체성인, 생명을 주는 참된 자기이다. 인간의 가장 내적이고 불변의 현실인 양지는 내면성과 보편성 모두를 지닌 근본적 인간성이다. 내면성은 자기 생성적인 지적인 직감과 자급자족하는 인간우주적 정서를 모두 의미한다.[1] 그러나 이러한 내적 차원은 만물이 일치된 보편적 확장(致良知)에서 인간 중심적 주관주의를 넘어 확장되어저야 한다. 유교적 인간우주적 비전의 근본적 인간성은 하늘, 땅, 그리고 만물들과의 삼원적 통일성 안에서 우주 전체와의 영적 감수성과 사랑의 배려를 수반하는 우주적 공존을 제안한다.

■ 바르트의 그리스도의 인성론(제6장): 그리스도 중심적인 바르트 신학은 예수 그리스도가 인간실존 안에 존재하고 또 존재하게 되는 그리스도의 인간성의 기초 위에 성화론을 확립했다. 은유적으로, 그는 인자의 귀향을 인간성 고양의 토대로 서술한다. 그러므로 성화는 인간성의 파괴나 개조를 뜻하는 것이 아니다. 그리스도의 인성론은 선택, 성육신, 그리고 부활과 승천, 즉 십자가의 신학에 근거를 둔 영광의 신학과 관련되어 있다. 선택하시는 하느님이시며 동시에 선택받은 사람으로서 그리스도의 인성은 하느님의 은총적 선택의 근본-패러다임이다. 하느님이 완전한 인간으로서 성육신되고 존재하게 됨을 말하는 예수의 성육신은 인간본질이 궁극적으로 신적 본질로 고양되었음을 의미한다. 또한 부활과 승천은 부활한 그리스도가 자기 스스로를 성화의 궁극적 근원이라고 명시한 서로 분리될 수 없는 하나의 계시적이고 역사적인 사건이다.

그러므로 그리스도의 인성은 하느님의 삼중적 구체-보편적 행위를 나타낸다. 첫째, 그리스도의 인성은 바로 인류를 향한 하느님의 선택을 구체-보편적으로 명시한다. 둘째, 삼위일체 하느님이 예수라는 특정한

---

1) Tu Wei-Ming, *Humanity and Self-Cultivation: Essays in Confucian Thought*(Berkeley: Asian Humanities Press, 1979), 156.

인격 안에 성육신하신 것은 인류를 향한 하느님의 구속적 사랑의 역사적 그러므로 가장 구체적인 성취이다. 셋째, 예수의 특정한 인간성의 부활과 승천사건은 한꺼번에 모든 인류의 속죄를 위한 존재론적 근거를 마련하였고, 따라서 인류의 고양을 위한 보편적 토대를 확립시켰다. 이러한 선택, 성육신 그리고 부활과 승천사건들에서, 하느님께서는 그리스도의 인성을 통하여, 언약의 동반자로 선택하신 인간에게 당신의 은총적 의지를 성취하셨다. 그러므로 그리스도의 인성은 인간성화의 존재론적 공간을 확립하신 삼위일체 하느님의 역사 안에 인간성을 포함하는 하느님의 구체-보편적 방법론의 궁극적 계시이다. 동시에, 그리스도의 인성은 인간성의 궁극적인 구체-보편적 패러다임을 보여 주는 신적 발현이다.

■ 왕적 인간 그리스도론: 구체-보편적 인간성으로서 그리스도의 인성은 전통적으로 왕직으로 알려진 왕적 인간 예수의 생애와 행적에서 명백히 나타난다. 왕적 인간 예수는 근원적 인간성의 기본적 패러다임인 동시에 신적 존재의 한 형태로서, '가난한 자에게 우선적 선택권'을 부여하고, 착취적인 기존 질서에 대항하는 혁명적인 태도를 보여 준다. 그의 생애와 행적은 바로 말씀과 행위가 일치되는(言行一致) 역사이다. 그것은 또한 앎과 행함, 존재와 변화, 그러므로 신학과 윤리의 합일성을 보여 준다. 달리 말하자면, 왕적 인간 예수의 생애와 행적은 앎과 행함, 신학과 윤리의 합일성을 이루는 패러다임을 드러낸다. 최종적 부정성을 의미하는 예수의 십자가는 역설적으로 오히려 모든 것을 포함하는 긍정성, 즉 부활을 나타낸다. 그리스도교 신앙에 있어서 가장 구체적인

자리인 십자가는 보편적 실현성에 대한 새로운 시대를 개방한다. 이 그리스도교 신앙의 가장 구체적인 자리인 십자가에 못 박힌 분에 대한 위험한 기억(dangerous memory)은 동시에 이와 불가분의 관계에 있고 그리스도교 신앙에 있어서 가장 보편적 요점인, 십자가에 못 박혀 돌아가신 그분이 부활하셨다는 위험한 기억을 가르쳐 준다.

■ 양지 vs. 그리스도의 인성: 양지와 그리스도의 인성은 각각 양명 유학과 바르트 신학의 중심이며, 또한 해석학적 원칙이다. 양지와 그리스도의 인성은 수신(유교)과 성화(그리스도교)의 근본이다. 양지와 그리스도의 인성 모두 근본적 인간성, 곧 근본적 인간화를 위한 근본-패러다임인 충만하고 진실하며, 확실하고 참된 인간주체성을 의미한다. 양명과 바르트에게 있어 이 두 핵심적인 개념들은 그들 사이의 공통점과 동시에 차이점을 현저하게 나타내며 논의를 위한 토대를 이룬다.

공통점: 첫째, 양명과 바르트는 모두 이 근본-패러다임을 그들의 경전과 전통을 이해하는 해석학적 원칙으로 사용한다. 그러므로 양명 유학이 양지 중심적이라면, 바르트 신학은 그리스도 중심적이다. 둘째, 그리스도인은 죄악과 관련하여 그리스도를 하나의 양지(선에 대한 내적 지식)로 이해할 수 있다. 양지(근원적 지각)가 악을 들추어내듯, 그리스도를 앎은 죄의 특성을 폭로한다. 셋째, 그들은 존재론적 지식과 윤리적 행동의 불가분리를 주장함에 있어 서로 일치하고 있다. 양지가 지행합일의 원-패러다임(proto-paradigm)을 명시한다면, 그리스도의 생애와 행적은 로고스와 에토스, 이론과 실천, 신학과 윤리의 합일성에 대한 최상의 역사적 패러다임이다. 넷째, 양자 모두가 각각 구체-보편성의 극치를 나타낸다.

참 하느님이시며 참 사람이신 예수 그리스도는 그리스도교 신앙에 있어서 최고의 구체-보편성이다. 또한 인간성 안에 존재하는 천도天道의 내재적 초월성인 양지는 유교적 신앙에 있어서 최고의 구체-보편성이다. 다섯째, 최고의 구체-보편성으로서 양지와 그리스도의 인성은 모두 자기 초월적이고, 생명 증여적인 인간주체성, 곧 참된 자기이다.

차이점: 첫째, 이러한 두 개의 구체-보편성은 각각 상이한 개념적 상황을 가진다. 양지는 내재적 초월성을 담지하는 인간우주적(天人合一) 비전에 근거하지만, 그리스도의 인성은 하느님의 은총적 선택과 구속사에 대한 신앙을 근본으로 한다.[2] 둘째, 그들의 출발점이 다르다. 양명은 양지를 인간의 마음속에 있는 천리의 내재적 초월성으로 주제화하지만, 바르트는 그리스도의 인성을 신적 로고스의 역사적, 인격적 성육신으로 표명한다. 셋째, 궁극적 인간성에 대한 그들의 개념화에 있어서도 서로 다른 미묘한 차이를 보인다. 양지는 모든 사람들의 마음속에 부여된 내적 성인 또는 육화된 지혜로 간파되어지는 반면, 역사적 인물인 나사렛의 예수는 삼위일체 하느님께서 성육신하신 분인 메시아, 곧 그리스도로 믿어지고 있다. 요약하면, 유학은 근본-패러다임을 지혜, 즉 내재적 초월성으로 인식하지만, 신학은 그것을 역사적 초월성인 그리스도라고 선포한다. 넷째, 그들은 따라서 다른 초점들을 가진다. 유학이 존재론적 합일(만물의 연합)에 초점을 둔다면, 신학은 상대적으로 실존적 분화(악의 문제)에 치중한다. 또한 줄리아 칭의 말대로 "그리스도교가 인간의 오류

---

2) 구속사를 통한 하느님의 선택 또한 내재적 초월성을 지닌다. 그러나 구속사는 근본적으로 근본적 초월성에 토대를 두고 있고, 그것의 역사적인 내재성에 초점을 둔다. 그래서 나는 이것을 '신-역사적' 비전이라고 부른다.(제12장)

성을 강조하는 경향이 있는 반면, 유교의 가르침은 인간의 완벽성에 초점을 더 둔다."[3] 다섯째, 이러한 뉘앙스의 차이는 그들의 장점과 단점을 구성한다. 한편으로는 유학은 포괄적인 인간-우주-지혜적 표명에 있어서는 강하지만, 인간의 곤경, 고통, 죽음 등 역사-실존적 문제들을 다루는 데 있어서는 약하다. 신학은 이와 반대로 이러한 실존-역사적 문제들에 강한 반면, 배타주의, 근본주의, 또는 역사적 인간 중심주의에 함몰되는 경향을 가진다.

인간화의 근본-패러다임

	양명의 수신	바르트의 성화
근본-패러다임	양지	그리스도의 인성
최고의 구체-보편성	내재적 초월성	선택/성육신
주체성	근본적 인간성	왕적 인간성
윤리적 패러다임	앎과 행함의 합일성	신학과 윤리의 합일성
선을 앎	선과 악	그리스도와 죄
특성	지혜	그리스도
	내적 성인	역사적 성육신
	내재적 초월성	역사적 초월성
초점	내재적 잠재력	역사성
	존재론적 합일	실존적 분화
	인간의 완전성	인간의 오류성

---

3) Julia Ching, *Confucianism and Christianity: A Comparative Study*(Tokyo: Kodansha, 1977), 103.

2. 인간성 패러다임: 인仁 vs. 신형상(imago Dei)

궁극적 인간성에 대한 근본-패러다임인 양지와 그리스도의 인성은 두 가지 측면으로 분리될 수 있다. 즉 인간과 초월적인 관계인 수직적 측면과 인간과 인간 사이의 수평적 측면이다. 개략적으로 말해서 그들은 수직적 관계에서는 내재적 초월성과 역사적 초월성으로 서로 상이하지만, 수평적 관계에서는 서로 동일할 정도로 유사하다.

유교의 인仁 개념과 바르트의 신형상(imago Dei, 하느님의 형상)론은 주목할 만할 정도로 그 내용이 본질적으로 수렴하고 있다. 한편으로 유교의 최상 덕목인 인이 어진 공동적 인간성(仁; 두 사람)으로 파악되는가 하면, 다른 한편으로 바르트는 마찬가지로 신형상을 환희에 찬 공동적 인간성(Mitmenschlichkeit)으로 이해한다. 따라서 유교와 바르트는 존재론적 인간성의 패러다임이 어질고 환희에 찬 공동적 인간성(co-humanity), 즉 타인을 위한 존재, 공존적 존재, 타인과의 조우적 존재라고 하는 동일한 결론에 도달하게 된다.

■ 유교의 인仁(제3장): 유교의 최상 덕목인 '인'은 어원적으로 두 사람, 곧 공존성, "공동적 인간성", 또는 "공동적 인간화"(co-humanization)를 의미한다.[4] 양명은 인의 공존성의 개념을 우주적 차원, 즉 하늘, 땅, 그리고 만물의 유기체적 통일안에 나타난 우주적 공존성으로 확대시킨다.(만물일체설) 우주적 공존성으로서 인은 영성적 감수성과 전 우주를 사

---

4) "유학자는 지혜를 추구함에서조차도 타인을 위한 인간이다."(Ching, 같은 책, 88)

랑하는 자애로운 관심을 표명한다. 근본적 인간성의 구조 안에서 인은 화해를 불러일으키는 교제를 통하여 생명을 주는 창조적인 영성을 표출한다. 그러므로 그것은 또한 '우주적 생명력'으로 이해된다.5)

『대학』의 견지에서, 실체(體)로서의 인은 명덕明德—근본적 인간성의 존재론적 구조—이지만, 작용(用)으로서의 인은 친민親民—근본적 인간성의 윤리종교적 실현—이다. 친민의 작용적 차원은 역동적인 사회정치적 의미를 지닌다. 그러나 그것을 '보편적 사랑' 같은 추상적이고 오용되기 쉬운 개념으로 보는 것은 문제가 있다.(제9장 바르트의 아가페론 참조) 오히려 친민은 반드시 구체-보편적 방법으로 표출되어져야 한다.

인간성(仁)이라는 한자는 어원적으로 인간(人)과 같은 단어일 뿐만 아니라, 같은 발음을 가지고 있다. 인간은 근본적 인간성의 담지자로서 우주의 마음(心)이다. 인간은 자기실현과 자기변혁을 위한 역동적 수용력을 위한 내적 영적 능력을 소유한다. 인간은 최상의 양지의 유일한 사역자들로서 화해, 변화, 그리고 성장을 위한 우주적인 해석학적 과정에 참여한다.

■ 바르트의 신형상론(제6장): 바르트는 창조론(CD III/2)에서 인간론의 패러다임을 ① 신과의 관계에서 참된 인간(수직적 존재), ② 타인과의 관계에서 인간성(수평적 존재), 그리고 ③ 자신과 관계에서 전 인간(자기)으로 규명한다. ① 신으로부터, 신을 향하여, 그리고 신과 함께 존재하는 예수 그리스도와 유비적으로, 참된 인간은 예수와 함께 하느님의 말씀을

---

5) 같은 책, 128.

청종하는 인격성, 감사하는 역사적 존재, 그리고 신적 은총에 대해 순수하게 자발적인 주체성으로 정의할 수 있다. ② 예수는 타인과 더불어 그리고 타인을 위하여 존재하는 인간이므로, 인간성은 절대적으로 동료와 함께 그리고 동료를 위하여 생존하는 우주적 존재를 말한다. 예수적 패러다임에 의하면, 인간성이란 환희에 찬 공동적 인간성이다. 그리스도의 인성에서 완성된 신형상은 인간성이 공동적 인간성, 조우적인 존재, 동아리적 삶, 또는 동반자적 역사라는 것을 가르쳐 준다. 신형상으로서 인간성은 삼위일체 하느님 사이의 공존성, 공재성, 그리고 호혜성에 유비적으로, 공존하는 존재, 또는 타인과 더불어 있는 존재로서 함축되어 있는 다원성으로 풀이된다. ③ 예수 그리스도는 정신과 육체가 통일을 이루는 온 사람의 패러다임이다. 온 사람의 본성은 피조물적 삶(영혼)이 피조물적 존재(육체)와 상호 연관된 통일체를 이루는 데 있다.

■ 인 vs. 신형상: 환희에 찬 공동적 인간성으로서의 인간성의 모형인 신형상(*imago Dei*)에 대한 바르트의 이해는 창조적인 공동적 인간성으로서의 인(仁)에 대한 유교적 인식과 공명한다. 그들은 형식적인 유사성을 넘어 인간성이 공동적 인간성이라(人=仁)는 중요하고 구체적인 내용으로 수렴한다.

더욱이, 육체와 정신이 통일을 이룬 총체적인 인간에 대한 바르트의 세 번째 개념은 양명이 수신을 '심신지학心身之學'6)으로 특징지은 것과 현저하게 일치한다. 수신은 심신心身의 일체를 강조한다. 한자 수신에서

---

6) Tu, *Humanity*, 139 참조.

'신身'은 원래 육체를 의미하지만, 전체성으로서의 인간을 의미하기도 한다. 그리스도교의 수직적 측면(신과의 관계)을 괄호 안에 묶으면(그와 유사한 유교의 개념을 발견할 수 있지만), 양명과 바르트는 둘 다 인간이 된다는 것의 의미에 대해 일치하는 견해를 가지게 된다. 유교와 그리스도교적 의미에서 '참된 사람이 된다'함은 정신과 육체가 통일성을 이룬 전인적인 인간으로서 철저하게 공존적 존재성을 실현하는 근본적 인간이 됨을 의미한다. 양명과 바르트에 의해 대표되는 유학과 신학은 관계성과 공동체성 안에서 사유한다는 공통된 사고방식을 강하게 지니고 있다.[7]

    그러나 내재성과 역사성 등과 같은 양자의 상이한 강조점들이 이 경우에 또한 출현한다. 양명은 공존성의 개념을 모든 만물들이 일체를 이루는 우주적인 차원으로 확대시킨 반면, 바르트는 역사적인 차원에서의 공동적 인간성에 대한 의미에 초점을 두었다. 인간을 우주적인 공존적 존재로 이해하는 신유학은 신학으로 하여금 오늘날의 생태적 위기를 초래한 책임이 있는 인간중심적 역사이해의 올무에서 탈피하는 데 도움을 주는 통찰력이 될 수 있다.

인간성의 패러다임

	양명	바르트
근본-패러다임	양지	그리스도의 인성
인간성 패러다임	인仁	하느님의 형상(*imago Dei*)
공동적 인간성	인仁	공동적 인간성(*Mitmenschlichkeit*)
의미	공존적 존재	친교적 삶(life-in-fellowship)
	우주적 공존성	동반자적 역사(history-in-partnership)

7) Jürgen Moltmann, *The Trinity and the Kingdom: Doctrine of God*, trans.(Margaret Kohl, New York, 1981), 19.

3. 악의 문제: 사욕 vs. 태만

양명과 바르트는 모두 인간성의 존재론을 초월적인 공존적 존재 그리고 우주적인 친교적 삶으로 이해하는 데 있어 일치한다. 그렇다면 악은 어떻게 발생할 수 있는가? 이 질문에 대답하면서, 두 사람은 또한 근본적 인간성이 황폐해질 때, 악이 발생한다는 사실에 동의한다. 양명은 악의 근원을 인간성의 원초적 상태에서 벗어나게 만드는 사욕私慾으로 보았다. 바르트는 죄를 예수 그리스도와의 존재론적으로 연결되어 성화되고 화해된 상태의 현실을 거부하는 태만으로 이해했다. 그들은 모두 근본적 인간성의 근본 모형, 곧 양지와 그리스도의 인성이 악이 지닌 사악한 구조와 특성들을 완전히 드러낼 능력을 가지고 있다고 믿는다.

■ 양명 유학에서의 악(제3장): 유교는 인간의 마음(心)의 본래 상태는 하늘의 원리(天理)로 가득 차 있다고 전제한다. 이러한 지고의 초월적 상태는 선과 악의 구별을 넘어선다. 그러나 마음이 이러한 상태에서 벗어날 때, 악이 발생하며 그들의 균형과 조화가 깨어진다. 그러나 악은 선에 반대되는 분리된 실체가 아니다. 유교는 인간의 마음을 두 개의 반대되는 초자연적 세력들 사이의 갈등으로 보지 않는다. 악은 인간의 의지가 사적인 이익, 기호, 또는 시각에 대한 이기적인 집착에 따라 동기화될 때 발생한다. 사욕은 마음의 양지의 균형을 깨뜨리고 교란시킨다. 그때 악이 심의 역기능의 결과로서 발현한다.

선한 의도, 생각, 그리고 노력조차도 "눈 안의 금이나 옥 먼지처럼" 상처받기 쉽다. 도교와 불교는 금이나 옥처럼 가치가 있긴 하지만, 양지의 눈 안에 먼지와 같이 될 수 있다. 그들이 개인적인 영생과 고해(samsara)로부터 해방의 추구는 실질적으로 양지의 본래적 상태에 첨가된 별도의 것, 즉 집착의 다른 형태들이다. 그러나 양명의 종교에 대한 의심은 우선적으로 자신의 전통에 대한 자기비판이었다. 그는 그 시대의 악의 실제 원천은 자신의 명성과 이익을 추구하면서 배움과 수신의 참된 내용을 망각하고 단지 그것의 외적 형태들을 모방했던 타락한 유학자들이었다고 말했다.

유학은 인간의 마음을 두 가지로 나누어 생각한다. 곧 도심道心과 인심人心이다. 도심은 인간의 욕심이 발동하지 않은 선과 악을 초월한 마음의 원초적 상태이다. 인심은 인간의 욕심이 일어나 천리(理)에 반하는 마음의 실존적 상태를 의미한다. 인간의 욕심은 우주적 공존성에 대한 근본적 인간성을 혼탁하게 만들고, 그것의 본래적 포괄성, 공평성, 그리고 창조성을 감소시킨다. 기氣와 감정은 그자체가 악한 것은 아니지만, 인간의 욕심은 그들을 동요해서 최고선을 교란시켜 선악의 구별이 발현하도록 부추긴다. 그럼에도 불구하고, 근원적 지각으로서의 양지는 이러한 그릇된 움직임들을 자연스럽게 폭로하고, 우리로 하여금 선악을 구별하는 능력을 부여한다. 초월적 주체성으로서 양지는 이러한 혼탁함을 제거하고 본래의 선을 회복하는 내적 능력을 보유하고 있다. 그러므로 수신의 진정한 과제는 양지의 세심한 자기확장(致良知)을 온전히 실천하는 데 있다.

■ 바르트 신학에서의 죄(제6장)[8]: 그리스도교적 견지에서, 인간의 상황은 죄에 의해 결정된다. 바르트에 따르면, 인간은 자기지식으로 부패해 있기 때문에, 예수 그리스도에 대한 사전 지식 없이는 이러한 상황을 충분히 파악할 수 없다. 그리스도의 인성의 빛으로 볼 때, 죄는 신과의 화목에 대한 단절로서 인식된다. 죄에 대한 지식은 피할 수도 없고 막을 수도 없는 우리의 수치를 드러낸다. 신에 대한 죄로부터 인간을 해방시키는 값없이 주어지는 은총으로서 그리스도의 인성(왕적, 참된, 그리고 가장 구체·보편적 인간성)은 인간성에 대한 가장 긍정적이고 비판적인 자기 판단을 가하는 가장 근본적 인간성이다.

이러한 근본적이며 새로운 인간성의 빛에서 볼 때, 죄는 성화론의 맥락에서 태만으로 정의된다. 신의 인도하심에 대한 거절로서 태만은 불복종과 불신앙의 죄이다. 태만은 인간을 그 관계성의 근본구조 속에서 자기모순에 빠지게 한다. 신과의 관계에서, 태만은 사람을 어리석음과 우둔함으로 이끈다. 동료 인간과의 관계에서 태만은 친교적 삶을 살아가는 존재로서 인간의 의미를 침해하는 비인간성을 포함한다. 자신과의 관계에서, 태만은 인간본성에 대해 부자연스럽고, 인간성의 규범인 예수의 생태와 비교할 때, 바른 질서와 규율에 거역하여 영혼과 육체의 불일치를 이루는 방탕을 수반한다. 시간과의 관계에서, 태만은 무익한 인간의 관심과 걱정을 포함한다. 그러므로 근본적 인간됨에 대한 태만으로서의 죄는 자신의 본성에 대한 불성실(insincerity)로 정의될 수 있다.

---

8) 『교회교의학』 제4부 화해론에서 바르트는 죄를 칭의론의 맥락(IV/1)에서는 교만, 성화론(IV/2)에서는 태만, 그리고 소명론(IV/3)에서는 거짓으로 정의한다. 여기서는 성화론의 맥락에서, 태만을 다룬다.

더욱이 예수 그리스도 안에서 나타난 근본적 인간성은 인간본성이 비참한 인간상황으로 부패했음을 드러낸다. 비참함은 끝없는 자기소외와 자기모순 상태로서, 의지의 속박 아래 죄를 범하는 악순환을 형성한다. 이러한 맥락에서, 그리스도인의 자유는 교차로에 서서 내려야 하는 선택과 같은 것이 아닌, 죄질 가능성이 없는(non potest peccare) 진정한 인간이 되기 위한 참 자유를 의미한다. 그리스도의 인성은 인간성의 성화를 위해서 의지의 속박에 제한을 둔다.

■ 사욕 vs. 태만: 양명과 바르트는 악을 근본적으로 본래의 인간본성으로부터 일탈 또는 탈선으로 이해하는 데 있어 수렴한다. 그러나 양명은 인간본성의 존재론적 구조에 대한 믿음을 재조명하는 데 주력하는 반면, 바르트는 신의 은총과 대조해서 죄에 대한 역사적이고 실존적인 문제들을 분석하는 데 초점을 둔다. 바르트는 의지의 속박 아래 있는 비참한 인간의 상황에 대한 더욱 포괄적인 분석을 제시했다. 유교는 악을 근본적으로 개인적 존재와 원초적 관계들 사이에 이원론적 파괴로 이해하면서, 이러한 문제에 대한 분석에 있어서는 그리스도교에 비해 그렇게 많은 관심을 갖지 않았다. 악은 유신적 패러다임에서 신의 정의와 관련된 그리스도인들에게는 보다 중요한 문제이다.(신정론) 그리스도교에 있어서 악은 근본적으로 죄요, 인간이 신과의 순수한 관계를 파기하는 것이다. 신의 은총 개념은 인간의 역경과 고통을 조명하면서, 또한 신정론의 문제를 상기시키며, 그리스도교의 악에 대한 개념을 더욱 철저하게 파고들게 한다.[9]

맹자와 조금 유사하게, 바르트는 또한 수치를 인간상황의 역기능적 상태를 넘어 본래의 모습을 되찾게 하는 불꽃으로 이해했다. 맹자가 수치를 심의 존재론적 상태를 회복하는 문으로 간주한 반면, 바르트는 수치를 죄와 인간상황을 실감하는 실마리로 보았다. 비인간성, 방탕, 그리고 근심을 함의하는 태만으로 이해하는 바르트의 죄 이해는 악을 타인, 자신, 그리고 천명과 관련하여 존재론적 통일성과 전체성의 위반으로 보는 유교의 통찰과 공명한다. 유교가 천부적인 인간본성에 의지하는 반면, 바르트는 예수 그리스도를 인간성의 정상화로 주장했다. 양명과 바르트는 수신과 성화를 악의 실존적 상태를 넘어 인간 본성의 정상화로 이해하는 데 있어 일치한다. 요컨대, 양명과 바르트는 악이 인간 본성에 대한 불성실이라는 점에 동의한다.

그들은 인간본성의 존재론적 실제와 실존적 인간상황을 변증법적으로 이해한다는 점을 공유한다.[10] 실존적으로, 우리는 인심人心(양명)의 상태 또는 비참한 인간상황(바르트)에 살고 있다. 그럼에도 불구하고, 존재론적으로, 우리는 도심道心(양명) 또는 화해의 자유(바르트) 안에 거하고 있다. 양명과 바르트는 근본적 인간화를 위한 본래의 상태에 초점을 두는

---

9) "유교 철학은 신에 대항하는 공격으로서의 죄에 대한 이론이 아니라, 도덕적 악과 인간 본성과의 관계에 대한 이론으로 발전되었다."(Ching, *Confucianism and Christianity*, 75) 예컨대, 자기소외 감정과 같은 인간성에 관해, 칭은 "유교의 입장이 그리스도교보다 덜 이원론적"이라고 주장했다.(같은 책, 88) 비록 이러한 비교가 일반적으로는 옳지만, 바르트 신학에서는 이것이 그리 명확하지 않다. 이미 살펴보았듯이, 바르트는 인간성의 이해에 있어 모든 이원론적 경향들을 거부했다.

10) 줄리아 칭은 유교가 인간을 본래적(original)과 실존적(existential)이라는 두 순간으로 나눈 반면에, 그리스도교는 완전한(integral), 타락한(fallen), 그리고 구속된(redeemed)이라는 세 순간들로 표현한다고 구별했다.(Ching, *Confucianism and Christianity*, 75 참조) 그러나 이것 역시 너무 단순한 구분이다. 바르트도 주장한 것처럼, 그리스도-사건 이후에 참된 문제는 오히려, 유학의 일반적인 이해와 같이, 인간의 존재론적 그리고 실존론적 상태간의 변증법적인 관계이다.

데 일치한다. 양명 유학에서, 인간화(수신)는 인간의 마음에 잠재하는 선을 충분히 앎(양지)의 활성화이다. 이에 비해 바르트 신학에서 인간화(성화)는 그리스도에 의해 유일회적으로 그리고 모두에게 부여된 그리스도인의 죄질 수 없는 자유에 참여하는 것이다.

악의 문제

	양명	바르트
근본-패러다임	양지良知	그리스도의 인성
인간성 패러다임	인仁	신형상
악의 문제	사욕私慾	태만
존재론적 실제	도심道心	죄질 수 없는 자유
인간상황	인심人心	비참함(의지의 속박)

제12장 어떻게 완전한 인간이 될 수 있는가?

1. 인간화의 도道: 치양지 vs. 성령의 인도를 따름

양명과 바르트는 자기초월적인 궁극적 인간성인 양지와 그리스도의 인성이 사람들로 자신들의 근본적 인간성을 실현(수신과 성화)할 수 있게 한다고 믿었다. 최종적으로 양명은 수신을 양지의 확장(致良知)으로 표명한 반면, 바르트는 성화를 그리스도에 참여하여(*participatio Christi*) 성령의 인도(*Weisung*)를 따르는 것으로서 표현했다.

■ 양명의 치양지론(제4장): 양명의 앎과 행함의 일치, 곧 지행합일知行合一론은 격물의 실행을 포기하지 않는다. 양명의 요지는 '성의誠意'가 격물의 진정한 출발점이라는 것이다. 그것은 수신의 네 가지 내적 영역, 즉 정심正心, 성의誠意, 치지致知, 격물格物의 핵심이다.(『대학』) 성의는 사람의 의도가 인간의 마음(心)의 방향에 대해 진실해지는 과정을 의미한다. 이러한 점에서 격물은 무심하고 객관적이고 정靜적인 것이 아니라, 한 인간의 존재론적 존재가 그에 의해 실존적으로 되어감(becoming)을 명시하는 역동적 과정인 것이다.

이 일은 천리를 보존하고(存天理) 인욕을 제거하는(去人欲) 두 가지 분리될 수 없는 과정으로 구성되어 있다. 천리는 우리가 반드시 되어야 할 존재가 될 수 있게 하는 궁극적 기초를 의미한다. 그러나 인욕은 이러한 되어 감의 과정을 방해하고 왜곡하는 경향이 있다. 그러므로 우리에게는 이중의 노력이 필요하다. 첫째, 우리는 우리의 존재론적 실재를 보호하고 실현하기 위해서 천리를 보존해야 한다. 둘째, 동시에 우리는 진정한 자기의 완전한 실현에 대한 제약과 우리의 원래 의도에 대한 변조를 피하기 위해 인욕을 근절하는 것이 필요하다.

수신에 대한 양명의 가르침은 결국 치양지致良知(양지의 확장)론으로 귀결된다. 치양지는 자기확장(self-exertion)에 대한 집중적인 노력을 필요로 한다. 천리의 보존과 인욕의 제거라는 이중의 지침을 세운 목적은 흐릿하게 된 양지를 자유롭게 하고, 그것을 완전하게 확장하려는 것이다. 이것은 "모든 악의 우두머리"인 교만(egoism)을 배격하고, "모든 덕의 기초"인 겸손(selflessness)을 유지하는 "일념"(single-minded)을 요구한다. "항상 무엇인가를 행하라"는 맹자의 말은 "너의 이기적 욕망을 제거하라"는 부정적인 명령에 대한 긍정적인 언급이다. 양명은 더 나아가 치양지를 "의로운 행위의 축적(集義)"이라는 맹자의 개념과 동일시했다. 그러므로 『대학』에서 수신의 네 가지 내적 영역은 한 가지 노력인 치양지로 요약될 수 있다. 우리는 외적인 모방보다는 내적인 변화에 초점을 맞추어야 한다. 우리는 양지를 개인적으로 경험함으로써만이 성인의 길에 도달할 수 있다.

양명은 치양지론을 통하여 그 당시 가장 영향력 있는 사유의 두 형태였던 주자학과 불교의 단점을 극복하였다. 한편으로는 수신에 대한 주자의 외적이고 경험적이고 단계적인 방법과 대조적으로 양명은 양지가 내적이고 선천적이고 자발적이라고 주장했다. 양지의 확장으로서의 수신은 단순히 자기노력뿐만 아니라, 자기실현도 포함한다. 다른 한편으로, 양명은 불자가 "큰 자아(ego)의 자기만족"을 추구하는 주관주의의 한 형태로서, 가장 기본적인 관계로부터 분리됨으로써 '도'를 깨닫고자 하는 시도도 또한 비판한다. 양지는 인간 존재를 초월할 뿐만 아니라, 사회생활 속에 내재한다. 치양지의 현장은 일상사이다. 양지는 사회적 연대와, 정치적 정의, 그리고 우주적 친교의 참된 기초이며, 치양지는 진지한 윤리종교적이고 사회정치적인 개입을 수반한다.

인간 존재의 독특성은 단순히 양지의 소유에 있는 것뿐만 아니라, 전체로서의 우주를 체현하기 위해 양지를 확장할 수 있는 능력에 있다. 내적 성인의 현실화로서 치양지는 우주적 공존과 인간우주적 친교 안에 있는 근본적인 인간성을 명백히 하는 것이다. 근본적 인간화에 대한 유교적 방법(道)은 개인이 지닌 진실한 인간성의 잠재력을 최대로 확장하는 것으로 요약된다. 그러나 그 과정에서 개인은 주관주의와, 아무리 그것이 작더라도, 어떤 것에 고정되거나 집착함으로부터 해방되어야 한다.

양명의 치양지론은 근본적 주체성(양지)과 존재론적 실재(천리)를 동일시한다. 이것이 양명의 사고방식의 독특성이다. 내적 성인, 참 자기, 또는 근본적 인간성으로서의 양지는 주관주의와는 근본적으로 다른 근본적 주체성을 지칭한다. 치양지의 과정은 자기 동일화의 순환운동, 좀 더 자세히 말해서 나선형 운동 속에서 작용한다. 존재론적으로 근본적 주체성인 양지는 천리와 동등하다. 실존적인 주체성은 실제적으로 방해되고 왜곡되는 반면, 근본적 주체성은 자기실현의 과정을 수반하는 역동성, 창조성, 그리고 능력을 산출하는 삭감할 수 없는 실재이다. 자기실현의 과정은 궁극적으로 천리의 총체적 드러남으로 구성된다. 마지막으로, 존재론적 실재로서의 천리는 또한 마음(心)의 본체이다. 근본적 주체성(양지)으로서 심의 본체는 충분히 자기 확장되어 천리를 완전히 명시해야 한다. 이것이 바로 치양지 또는 근본적 주체화의 의미이다.

■ 바르트의 성령의 인도론(제7장): 바르트는 아들의 인도하심을 성화의 근거라고 간주했다. 왕적 인간으로서 예수의 고양이 성화의 객관적 토대이다. 예수의 역사가 모든 인간의 역사를 포함하므로, 예수의 존재와 다른 모든 존재는 존재론적으로 연결되어 있다. 우리의 회심과 자유에 대한 능력의 근거가 이 존재론적 실재에 숨겨져 있으므로, 우리가 근본적이고 참된 사람이 되기 위해서는 이러한 존재론적 존엄성을 인지해야 한다. 그리스도인인 것과 그리스도인이 되는 것은 예수로부터 우리에게 전이되는 작용력에 의해서 이루어진다. 그리스도인으로서의 존재와 그리스도인이 되어 가는 과정의 전이적 능력은 광명, 해방, 지식, 평화, 그리고 생명이라는 특성을 가지고 있다.

신약성서는 이 능력을 성령의 역사라고 증언한다. 성령은 사람을 참된 사람으로 입증하고 성화하시고, 그리고 참된 그리스도인이 된다는 것은 근본적인 인간이 된다는 것을 의미한다. 세 가지 결정적인 역사적 요인은 왕적 인간이 다스림의 중추라는 것, 공동체가 목표라는 것, 그리고 전이의 능력이 왕적 인간과 공동체를 연결시켜 준다는 것이다. 성령은 동반자로서의 역사인 삼위일체 하느님의 독특한 역사 안에서 예수로부터 인간에게로 전이를 가져오게 한다.(하느님은 결코 홀로 존재하시지 않는다. 그분은 항상 동반자를 대동하신다.) 성부와 성자 간의 역사는 성령의 구체적인 역사 안에서 정점에 도달한다. 성령은 비하와 고양의 변증법적 관계 안에 있는 종인 동시에 왕적 인간인 예수에 대한 수수께끼의 토대이다. 그 변증법적 관계는 하나의 역설이 아니라, 십자가의 부정(No)을 넘어선 부활의 힘찬 긍정(Yes)을 수반하는 삼위일체적 삶 안에 존재하시는 하느님에 대한 찬미(doxa)를 뜻한다. 성령은 부활과 영광의 신학을 강조하면서, 우리의 감사의 응답을 불러일으키고, 참된 환희를 가져다준다. 성령은 또한 지혜(wisdom)와 길(way)이라는 두 가지 의미를 가지고 우리를 인도(Weisung)한다. 유교의 도道 개념과 비슷한 'Weisung'은 우리를 근본적 인간이 되도록 구체적이고 지혜롭고 (정체적이 아니라 역동적인) 길로 안내하고, 바로잡아 주고, 교훈해 준다.

더욱이 성화는 거룩한 분과 성도들 간의 관계 안에서 실현된다. 우리는 종종 거룩한 분에 의해 정당하게(de jure) 이미 실현된 우리의 변화(성화와 회심)를 실제적으로(de facto) 파악하지 못한다. 성화는 거룩한 분과 존재론적 연결에 의하여 정당하게 인간에게 주어진 선험적인 것이다. 그러나 실제적으로 그것은 우리가 그리스도의 몸에 참여함으로써 이루어진다. 그리스도인은 거룩한 분의 이러한 인도하심에 의하여 '교란된 죄인'(disturbed sinner)으로 정의된다. 비판적이면서도 완전히 자유로운 인도에 의해서, 성화는 제자도, 회심, 선행, 그리고 십자가를 동반한다.

예수님의 "나를 따르라!"는 명령적 부르심은 사람들을 실제적으로 그분에게 묶어 주는 역할을 한다. 그리고 그것은 다가오는 하느님 나라의 도래에 응답하여 진실하게 순종할 것을 요구한다. 하느님의 통치 아래에 있는 그리스도인의 제자도는 소유, 명예 또는 명성, 고착된 이념, 가족, 그리고 종교적 절대성들을 단호히 포기하는 결단을 요구한다. 회심은 총체적인 인간 참여에 따른 각성과 변화된 새사람을 향한 반대 방향으로 나아가는 신앙적 운동을 의미한다. 그러나 새사람은 여전히 옛사람과 공존한다.(*simul justus et peccator*) 따라서 회심은 인간이 아직 불화와 분쟁 같은 이중적 운동 가운데 존재함을 밝혀 준다. 그것은 또한 타인들과의 사회적 관계성을 수반한다. 회심은 공인이 그의 총체적 존재로서 일하듯이 공적인 일이다. 우리의 행위에 대해 신의 칭찬과 신의 행위에 대해 우리가 찬미하는 것처럼, 성화는 또한 상호성을 가진 행위를 요청한다. 우리는 신의 선한 사역에 상응하여 선한 일을 수행하며, 그의 동역자로서 신의 일에 동참한다. 마지막으로, 우리의 성화의 한계인 동시에 목표인 십자가는 그리스도와 그리스도인 사이의 교제에 대한 가장 구체적인 형태를 드러낸다. 그것은 고난, 긴장 속의 나눔, 그리고 유혹을 수반한다. 그러나 그것은 결코 어떤 작위적인 고난이나 우리 생애의 종료가 아닌, 우리의 성화를 뜻한다. 십자가의 참된 목적이 인간으로 하여금 도래하는 영생의 나라에 대한 종말적 소망 안에서 환희를 느끼게 하는 데 있기 때문에, 십자가는 이차적이고 예비적인 것이다.

■ 치양지 vs. 성령의 인도: 양명과 바르트는 근본적 인간화를 위하여 서로 유사한 방법을 표명하였다. 수신과 성화 모두 그들의 근본-패러다임인 양지와 예수 그리스도의 행태에 의거한 근본적 인간화를 추구하고 있다. 양명과 바르트는 모두 이 근본-패러다임을 우리가 근본적이고, 진정하고, 완전한 사람이고 또한 그렇게 되게 하는 영적 능력을 발생시키는 근본적 주체성으로 간주한다. 더욱이 그들은 양지와 성령으로부터 오는 영적 능력들의 특성을 빛, 해방, 지식, 평화, 그리고 생명과 같이 유사하게 제시한다.

양자는 수신과 성화가 인간이 실존적으로 처해 있는 역기능의 상태를 극복케 하는 근본적 주체성의 작동에 의존한다는 것에 동의한다. 그러나 그들의 초점은 서로 다르다. 유학은 인간 마음(완전성)에 초점을 맞추는 반면, 신학은 인간상황의 죄악의 구조(연약성)에 초점을 맞춘다. 양명이 성의(내재적이고 내적인 능력)를 통한 인간 노력의 잠재력을 강조하는 반면, 바르트는 성령의 변화시키는 능력(초월적이고 외적인 능력)에 초점을 둔다. 그러므로 양명은 수신에 대한 통찰이 치양지론에서 극치를 이룬 반면, 바르트는 성령의 인도하심에 따라서 그리스도에 참여하는 성화론을 표명했다.

그럼에도 불구하고 바르트의 성령의 인도하심(*Weisung*)에 관한 통찰은 도道에 대한 유교적 이해와 서로 공명하고 있다. 도와 같이 성령의 인도하심은 유령들이 "결정을 내리고자 서성이는" 것처럼 우리에게 "기회"를 제공하는 것이 아니라, "이미 결정이 내려진 상황에서 인간존재의 실재"를 제공한다.(IV/2:363)[1] 인도하심은 우리를 "한 시점 또는 한 입장"에 머물게 하는 것이 아니라, 우리로 하여금 "도상에, 전진 속에" 있게 한다.(IV/2:376)

---

1) Herbert Fingarette, *Tao, Confucius -the Secular as Sacred*(New York: Harper & Row, Publisher, 1972), 18-36 참조. 예컨대, 道와 *Weisung*에 대한 핑가레트와 바르트의 다음 설명 참조.
"따라서 진정한 선택권은 없다. 하나는 道를 따르거나 실패할 뿐이다. 도보다 다른 '갈'을 택하는 것은 진정한 길이 아니라 우유부단함으로 잘못된 길을 따른 실패이다. 교리와 이미지 어느 것도 선택의 여지가 없다.…… 좀 더 일반적인 용어로 표현하자면, 과제는 선택으로 생각되지 않고, 어떤 대상이나 행위를 객관적으로 옳고 그름으로 특성화하려는 시도로 간주된다. 도덕적 임무는 적절한 분류를 해서 禮의 체계 안에서 적절한 행위를 찾아내는 것이다."(Fingarette, *Confucius*, 21, 22)
"그분(성령)은 그러므로 우리를 제안하거나 우리에게 기회를 주지 않으신다.…… (그러나) 매우 명확한 자유 안에서 매우 명확한 출발점에 우리를 즉시 서 있게 한다.…… 성령께서는 결정에 서있는 사람의 유령을 창조하지 않고 결정이 이미 내려진 사람의 실재를 창조하신다."(Barth, CD IV/2, 363).

정체적 상태보다도 진행 혹은 과정 중에 있는 역동적 행위를 나타내는 이 은유적 언어는 하나의 운동, 과정, 또는 행위를 상징하는 글자 '道'의 변인 '辶'을 생각나게 한다. 한자어 '道'야 말로 바르트가 독일어 'Weisung'으로써 표현하려 했던 바를 가장 잘 표현한 말일 것이다.(적어도 한자어 '道'는 영어 'direction'보다 적절한 표현이라 할 수 있을 것이다.) 도는 진실하게, 철저하게, 완전하게 사람답고, 또한 사람답게 하는 지혜로운 길 (Weisung)을 정확하게 가리킨다. 더구나 두 전통 모두에 있어서, 도道(또는 Weisung)는 유교 개념인 예禮와 그리스도교 개념인 제자도에서 현저히 표출된 정행(orthopraxis)에 우선적으로 관련되어 있다. 여기서 우리는 유교적 개념이 신학적 내용을 더 밝혀 주는 한 좋은 예를 발견하게 된다.

치양지는 수신의 4가지 내적 측면을 정심正心, 성의誠意, 치지致知, 격물格物로 요약한다. 성령의 인도하심을 따라가는 것은 제자로의 부르심, 회심에의 일깨움, 사역들에 대한 찬미, 그리고 십자가에 대한 존엄성을 수반한다. 수신과 성화 모두 겸손을 고무하고 교만을 거부하는 일념을 요구한다. 양자는 행위나 사역의 중요성을 강조한다. 양명은 갑작스런 깨달음을 옹호하면서, 의로운 맹자의 개념인 의로운 행동의 축적(集義)을 치양지의 결과로서 수용한다. 바르트는 개신교 신학에 의해 자주 경시된 행위의 가치를 받아들였다.

결과적으로, 양명의 수신론과 바르트의 성화론은 유사한 순환 또는 나선형 운동(근본적 주체화)으로 이루어지는, 그들의 핵심적 일치점인, 근본적 주체성의 실현을 시사한다. 양명은 연합되어야만 하는 양지와 천리 사이가 인간의 마음속에서 발생하는 실존적 양극성을 (마지못하게) 받아들였다. 두웨이밍이 요약한 것처럼, 양명의 치양지론의 핵심은 수신을 마음(心)의 위치에서 주체성(良知)과 존재론적 실재(天理)의 동일화로 보았다는 데 있다. 이와 같이, 바르트는 인간 의식(*de facto*)과 예수 그리스도를 통한 화해의 존재론적 실재(*de jure*) 사이의 실존적 양극성을 전제했다. 바르트는 성화를 성령의 인도 아래에서 예수 그리스도와 존재론적 관계에 상응하는 우리의 진정한 주체성의 실현으로서 이해한다. 양자는 주체성이 주관주의를 뜻하지 않고, 공동체의 맥락 속에서 실제적 가치를 갖는다고 주장했다. 그 입장은 오히려 주관주의에 대해서 근본적 비판을 가한다.

그러나 그들의 지향점은 서로 다르다. 양명이 내부(내재적 초월)에서부터 시작하여 외부로 나아가는(확장) 반면, 바르트는 외부(포괄적 구속사)에서 시작하여 내부를 성찰한다(자기실현). 양명과 바르트는 유교인(儒者)이 되는 것과 그리스도인이 됨이 근본적인 인간이 됨을 의미한다고 말하는 데 있어서는 의견이 일치한다. 그러나 그러한 사람이 되는 과정에서 대한 그들의 묘사는 서로 다르다. 유학은 그러한 사람을 군자君子로 명명하는 반면, 신학(바르트)은 교란된 죄인(a disturbed sinner)이라고 한다.

인간화의 방법

	양명의 수신	바르트의 성화
토대	양지良知	성령(성자)
방향	도道	성령의 인도(*Weisung*)
방법	치양지致良知: 주체성과 존재론적 실재의 동일화	성령의 인도 아래: 존재론적 연계성의 실존적 실현
인간의 형상	군자	교란된 죄인
운동방향	내/외(확장)	외/내(주제화)

2. 근본-메타포: 성誠과 아가페

유교와 그리스도교의 대표적 덕목은 인仁과 아가페(*agape*)이다. 그러나 앞에서 살펴보았듯이, 인은 인간성 패러다임으로 신형상(*imago Dei*)에 대비하여 보다 존재론적 개념이다. 아가페는 그리스도교 신학에서 신형상의 실존적 실현과 관련된다. 『중용』의 "도덕적 형이상학"인 성誠은 양명 유학의 근본-메타포이다.[2] 그리스도교의 교란된 죄인이 은총적 메시지의 열렬한 "청취자와 행위자"인 반면, 유교의 군자는 인간-우주적 비전을 가진 성실한 "탐구자"로서 묘사될 수 있다. 그러므로 바르트의 아가페(사랑) 개념은 유교의 성誠 개념과 대비된다. 이 두 근본-메타포의 비교는 수신에 관한 양명 유학과 성화에 관한 바르트 신학 사이에 일치점과 분기점을 요약할 수 있다.

■ 유교의 성誠(제2장): 양명의 지행합일론은 폐쇄적인 내적 변화보다는 오히려 실제 삶의 현장에서의 역동적 적용에 관한 것이다. 근본적 인간화로서의 수신은 인간관계의 그물망 안에서 명백해져야 한다. 인仁(창조적인 공동적 인간성)으로서의 참된 자기의 실현은 구체적인 실존과 함께 시작하여 우주적 확장에 이른다. 이것은 유교의 구체-보편적 접근의 외적 차원을 가리킨다.[3] 유교의 구체-보편적 접근의 내적 차원은 기본적인 신유교의 한 개념인 성誠과 관련된다. 유교가 인간 본성을 하늘이

---

2) Tu Wei-ming, *Centrality and Commonality: An Essay on Confucian Religiousness*, Revised(Albany, NY: State University of New York Press, 1985), 67-91 참조.
3) 제6장, 사랑(愛)의 개념에 대한 설명 참조.

부여한 것(天命)으로 가정하기 때문에, 자기실현의 현장은 바로 그 인간성의 구조이다. 그러나 자기실현은 개인화의 과정이 아니라, 우선적으로 우주적 친교의 과정이다. 인간존재의 근거에 더 깊이 내려가면 갈수록 인간적 구조를 더 많이 초월하며, "공동적 인간성의 원천과 우주적 창조성의 자원에 더 근접한다."[4] 이러한 역설은 "인간의 참된 본성과 우주의 실제 창조성은 모두 성誠 안에 뿌리박고 있다"는 유교적 신념에 기초한다.[5] 성실하게 되는 것은 인간중심적 구조를 초월하는 길일 뿐만 아니라, 궁극적 인간화의 길이다. 가장 성실한 사람은 성인인데, 그는 궁극적 인간성을 분명히 보여 준다. 궁극적 인간성은 이기주의를 초월할 뿐만 아니라, 인간-우주적 합일을 실현한다. 이 과정에서 자기실현(존재)과 자기변화(과정)는 분리될 수 없다. 절대적으로 성실한 사람은 총체적으로 우주가 화해하고 변화 육성하는 과정에 참여하는 가장 진정한 인간존재이다. 그렇게 하는 것이 인간 본성을 충족하는 것이고, 그것이 곧 인간화의 의미이다.

■ 바르트의 아가페(*agape*)(제8장): 바르트는 그리스도교 사랑을 자신을 완전히 내어 주신 하느님을 받아들이는 신앙에 상응하는 인간의 총체적 자기희생으로 간주했다. 자기희생적 사랑인 아가페(*agape*)는 자기중심적 사랑인 에로스(*eros*)와 구별되는 올바른 길이요 행위이다. 비록 아가페와 에로스 양자가 인간본성과 관계있지만, 아가페적 사랑은 참된

---

4) Tu Wei-ming, *Humanity and Self-Cultivation: Essays in Confucian Thought*(Berkeley, CA: Asian Humanities Press, 1979), 87-88.
5) 같은 책, 99.

인간본성과 일치하는 관계인 반면, 에로스적 사랑은 그것과 상반하는 관계이다. 수직적으로, 아가페는 신과의 적절한 관계 안에서 참된 인간 존재를 성취하고 초월하지만, 에로스는 그것에 미치지 못한다. 수평적으로, 아가페는 근본적 인간성을 긍정하고 실현하지만, 에로스는 인간성의 공동적인 의미를 저버리거나 부정한다. 오직 자기희생적 사랑(아가페)을 통해서만, 우리는 파괴적인 자기중심적 사랑(에로스)의 악순환으로부터 해방될 수 있다.

그리스도교 사랑(아가페)의 근간은 하느님의 자기희생적 사랑에 대한 신앙이다. 우리의 사랑은 자유로운 행위이지만, 그것은 이차적 사랑으로서 일차적 사랑인 신의 사랑에 응답하는 것이다. 사랑이신 하느님은 그의 삼위일체적 존재양식 안에서 사랑의 궁극적인 토대를 형성하신다. 신의 외적 사역(*opus Dei ad extra*)으로서 그리고 인간 사랑의 근거로서 신의 사랑은 선택하고, 정화하고, 창조하는 사랑이다.

비록 사랑은 삼위일체적 존재양식 안에 있는 하느님의 사랑에 전적으로 근거하고 있지만, 사랑에 대한 우리 자신의 행위는 똑같이 중요하다. 사랑의 행위는 언제나 새롭고 자유롭고 희생적이고 기쁜 것이다. 그것은 단순히 신의 사랑의 연장이 아니라, 그에 대한 보답으로서 전적인 인간 행위이다. 이 사랑의 행위는 하느님과 예수에 대한 사랑(첫째 계명)과 이웃에 대한 사랑(둘째 계명)이라는 두 가지 내용을 갖는다. 첫째, 그리스도인은 "마음을 다하고, 성품을 다하고, 힘을 다하여 주 너의 하느님을 사랑하라"는 예수님의 계명에 순종하는 자유 안에서, 하느님과 예수님을 사랑하는 사람이다. 하느님을 향한 이 수직적 사랑은 신획일적 개념이 아니고, 그 명령에 지속적으로 순종하는 실제적 인간 행위를 포함한다. 둘째, 그리스도적 사랑은 "네 이웃을 네 몸과 같이 사랑하라" 는 예수님의 또 다른 계명에 의거한 이웃에 대한 사랑이다. 제이 계명 은 제일 계명과 동등하게 필수적이다. 이 명령은 결코 추상적인 인간에 대한 보편적 사랑을 의미하는 것이 아니라, 공동적 실천현장에서의 차별적인 사랑을 뜻한다. 따라서 그 구체적 실현을 위해서는 근접성이 하나의 중요한 결정요인이 된다. 그것은 항상 구속사의 맥락 안에서 특정한 동료와의 관계로부터 시작된다. 성서적 의미에서 이웃은 수평적 차원에서 호혜적 관계를 가진 증인을 뜻한다.

사랑의 계시는 사람들 사이의 은혜로운 상호 관계성 안에서만 이루어진다. 결론적으로, 특이성에 대한 강조는 실천적이고 잠재적인 것인 반면, 상호적 사랑의 범위는 보편적 차원으로 확장되어야 한다. 그러므로 바르트의 수평적 그리스도교 사랑의 개념은 유교의 구체-보편적 방법과 일치한다. 마지막으로, 그리스도교 사랑은 그리스도인의 생활에 있어서 최상의 태도이다. 사랑은 단순히 하느님 자신의 삶을 방출하는 것이 아니며, 오히려 참되고 구체적인 인간 행위이다. 사랑은 그리스도인의 생활 태도인 믿음, 사랑, 소망 가운데 가장 귀중한 것으로서, 홀로 소중하며, 홀로 승리하며, 홀로 견디어 낸다. 바르트는 『교회교의학』 제 4권 2부의 마지막 문장에서 "아가페는 도道"라고 선언한다.

■ 아가페(*agape*)와 성誠: 앞에서 우리는 도심道心과 인심人心의 유교적 구별과 아가페와 에로스의 그리스도교적 구별 사이의 유사성에 대해 논했다. 도심과 아가페는 인간본성을 위한 존재론적인 기초를 말하는 반면, 인심과 에로스는 실존적 상황을 묘사한다. 도심과 아가페 모두

근본적 인간성에 해당하며, 인심과 에로스는 인간본성에 모순된다. 성誠과 아가페 모두 실존적 총체성으로서 존재론적 실재의 실현, 즉 존재론적 실재에 의하여 실존적 현실의 변혁을 말한다.

그리스도교적 도로서 아가페는 존재론적 지식과 윤리적 행위의 일치 안에서 유교적 도의 구체-보편적 형태로서의 성誠과 일맥상통한다. 성과 아가페는 동일하게 존재와 변화과정(being and becoming)의 일치성 안에서 초월적 인간주체성을 향하고 있다. 더욱이, 바르트는 유교와 유사하게 아가페의 수평적 실행에 있어서 구체-보편적인 방법론을 주창한다. 바르트에 의하면 그리스도적 사랑은 무차별적인 보편적 사랑과 같은 추상적 개념이 아니다. 이와 반대로 유교적 사랑(愛)과 그리스도적 사랑(agape)은 모두 끊임없는 인간관계의 확장을 통하여, 이웃들과의 채널(천륜과 구속사)을 통하여, 공동적 인간성을 구체-보편적으로 실현하는 것을 의미한다.

그러나 성과 아가페는 각기 다른 관점에 기반을 두고 있다. 성은 유교의 포괄적인 인간-우주적 비전을 토대로 하는 반면, 아가페는 구속사적 맥락(神-역사적 비전)에서 신-인간 간의 언약적인 관계에 뿌리를 두고 있다. 둘의 초점도 또한 다르다. 우주적 중화中和를 위한 자기실현과 자기갱신의 매개자로서의 성이 인간성의 존재론적 측면에 초점을 맞추는 반면, 아가페는 소외되고 유리되어 있는 인간적 곤경을 극복하는 자기희생적이고 화해적인 매개자로서 인간성에 대한 실존적 측면에 우선권을 두고 있다.6) 이것은 유교의 근본-메타포로서의 성誠(성실)이 좀 더 존

---

6) 이것은 바르트의 신학이 실존적이라는 의미는 아니다. 이것은 유학이 사람의 마음의 善에 강조점을 두는 반면, 신학은 일반적으로 죄와 비참함과 같은 인간의 실존적

재론적이라고 한다면, 그리스도교의 근본-메타포로서의 아가페(사랑)는 좀 더 실존적이라고 할 수 있겠다.

인간화의 근본-메타포

	양명의 수신	바르트의 성화
근본-패러다임	양지良知 지혜	그리스도의 인성 그리스도
패러다임	인仁	하느님(神)의 형상
존재론적 실재	도심道心	아가페(*agape*)
실존적 상황	인심人心	에로스(eros)
근본-메타포	성誠 성실한 탐구자	아가페-사랑 사랑하는 청취자(말씀)
비전의 차이성	인간-우주적 비전	신神-역사적 비전(구속사)
초점의 차이성	존재론적(우주)	실존적(역사)
일치성(道)	인간관계성의 범위를 계속 확정하는 구체-보편적 방법 앎과 행함의 일치(知行合一) 안에서의 윤리-종교적 실천	

인 상황에 강조점을 두고 있다는 미묘한 차이점을 말한다.

결론: 새로운 우주적 인간성의 도를 추구하기 위한
    유교와 그리스도교 간의 대화

1. 근본적 상이성 안에서의 두터운 유사성(異中同)

서론에서 왕양명과 칼 바르트의 관점에서 보면, 유학의 핵심사상인 수신修身과 그리스도교 신학의 주요 사상인 성화聖化(sanctification)는 완전한 인간이 되는 방법 또는 참된 사람이 되는 길, 곧 근본적 인간화(radical humanization)의 도道를 추구하는 공동의 기제이며, 두 사상 사이에는 두터운 유사성(thick resemblance)이 있다고 주장했다. 양명에 따르면 수신의 목표는 근원적으로 인간 본성 속에 내재되어 있는 잠재적인 참자기(良知)를 실현하는 것이다. 마찬가지로 바르트에 의하면 성화의 목표는 본래 창조된 데로 인간의 참된 본성(*imago Dei*, 신형상)을 실현하는 것이다. 그러므로 수신과 성화는 온전한 또는 진정한 인간이 되는 방법(道)이라는 공동의 기제와 관련된다. 근본적 인간화의 도라는 점에서 유교의 수신론과 그리스도교의 성화론은 서로 수렴되기 때문에 이 공동의 기제를 유교-그리스도교의 대화를 위한 출발점으로 사용했다.

유교와 그리스도교는 근본적으로 서로 분명히 다른 사상적 패러다임들이다. 두 전통들은 역사·문화·사회·언어적으로 서로 매우 상이

한 문화언어적 바탕을 가지고 있다. 보통 양자의 특징을 대비할 때, 유교를 인간중심적, 주관적, 자력적인 반면, 그리스도교는 신중심적, 객관적, 타력적이라고 구분한다. 이러한 차이점은 수신에 관한 양명 유학과 성화에 관한 바르트 신학 간의 대화 속에서도 극명하게 나타난다. 두 패러다임들은 서로 상이한 관점을 가지고 있으므로, 담론의 강조점과 초점도 다르다. 유학은 내재성을 강조하는 경향이 있고, 신학은 역사성을 강조한다. 성격상 유교(양명)는 인간 마음(心)에 초점을 맞춘 지혜적 전통이라면, 그리스도교(바르트)는 하느님의 말씀과 계시에 초점을 맞춘 예언적 전통이다. 이러한 양명 유학과 바르트 신학의 차이점은 그들의 핵심사상인 양지良知론과 그리스도의 인성(humanitas Christi)론에서 분명하게 노출된다. 양지는 내재적 초월성으로 표출되는 반면, 그리스도의 인성은 역사적 초월성으로 규정된다. 이러한 핵심사상의 차별성은 더욱 광범위한 맥락에서 상이한 비전으로 확대된다. 즉 천인합일天人合一의 유교적 비전은 인간-우주적(anthropo-cosmic)인 포괄적 휴머니즘(inclusive humanism)으로 확대되는 반면, 그리스도의 사건에서 정점에 이른 그리스도교에 의한 구원의 역사는 '신神-역사적 비전'(theo-historical vision)으로 확대된다.[1]

특징적으로는 유학의 수신론은 보다 존재론적이고 우주적인 반면, 신학의 성화론은 보다 실존적이고 역사적이다. 이러한 구분은 악惡에 대한 분석에서 여실히 드러난다. 유학은 근원적 합일과 존재론적 선善을 재확인하는 데 초점을 두는 반면, 신학은 실존적 인간 조건의 죄의

---

1) 나는 유교의 인간-우주적 비전(anthropo-cosmic vision)에 대비하여 그리스도교의 구원사적 비전을 신-역사적 비전(theo-historical vision)이라고 칭한다.

구조를 철저히 분석한다. 이러한 뉘앙스의 차이는 인간성에 대한 이해에서도 표출된다. 유학은 그것을 우주적 공존성, 곧 인仁으로 해석하는 반면, 신학은 오히려 역사적 공존성(Mitmenschlichkeit), 곧 신형상(Imago Dei)으로 표현한다. 이러한 차이점은 철저한 인간화의 운동에 있어서 출발점과 우선권이 다른 것으로 나타난다. 즉 수신이 먼저 인간의 내적 자기(inner self)에 초점을 맞추고 나서 외적으로 옮겨가는 치양지致良知를 강조하는 반면, 성화는 역사적 사건과 더불어 시작해서 주체성(subjectivity)에 이르게 하는 성령의 인도하심에 주목한다. 인간에 대한 유학적 모형인 군자君子가 인간-우주적 비전에 따른 성실한(誠) 탐구자이라면, 신학적 모형인 교란된 죄인은 신-역사적인 비전에 따라 하느님의 계명을 청취하고 사랑(agape)을 실천하는 사람이다.

결국 이러한 상이성들은 유교와 그리스도교가 각각 인간-우주적 비전과 신-역사적 비전이라는 근본적으로 다른 두 통찰들에 기반을 두고 있다는 사실에 기인한다. 이것은 그들의 강조점이 내재성과 역사성으로 현저하게 대비되는 이유를 설명해 준다. 그러므로 유교와 그리스도교의 근본적인 차이점은 두 가지 다른 사유 패러다임, 즉 인간-우주적 패러다임과 신-역사적 패러다임으로 요약될 수 있다.

그러나 보다 중요한 것은 유교와 그리스도교가 이와 같이 근본적으로 서로 다른 비전들과 사유 패러다임들을 가졌음에도 불구하고, 양명유학의 수신론과 바르트 신학의 성화론에 이르러서는 매우 괄목할 만한 유사성을 보여 주고 있다는 점이다. 첫째, 양명과 바르트는 각자 소속된 전통에 대한 결정적인 패러다임 전환을 결행하며 자신들의 기획에 착수한다. 양명과 바르트는 그 패러다임 전환에서 흥미롭게도 유사한 특성을 보여 준다. ① 그들의 패러다임 전환(양명, 性卽理 → 心卽理; 바르트, 율법과 복음 → 복음과 율법)은 두 가지의 일치된 목표를 보유하고 있다. ㉠ 양자는 그들 전통의 지배 담론(朱子, 루터)에 배어 있는 기조적 이원론(理와 心, 율법과 복음)을 저지하고 극복하기 위하여, 합일성(心卽理, 하느님의 말씀)에 기초를 둔다. ㉡ 양자는, 또한 그들의 선학들과는 달리 그 기조(心, 율법)가 모호하지 않다고 주장함으로써, 인간화(수신, 성화)의 실현과정에서 인간이 참여할 수 있는 역동적 가능성을 개방한다. ② 양자는 그들 기획(유학, 신학)의 출발점이 형이상학 또는 종교철학이 아닌, 궁극적인 결단(立志, 신앙)이 되어야 한다고 주장한다. ③ 양자는 철저하게 이론과 실천, 앎과 행위, 존재와 행위, 존재론적 지식과 윤리적 실천의 일치를 주장한다.(知行合一, 신학과 윤리의 합일) 이것은 심오한 사회-정치적 함의를 부여하며, 역사적으로는 그들의 적극적인 사회참여로 나타난다.

둘째, 양명과 바르트는 철저한 인간화를 유사한 방법으로 명시한다. ① 양자는 궁극적 인간성, 즉 참 인간성의 근본-패러다임 또는 최고의 구체-보편성을 궁극적인 존재론적 실재로서 구축했다. 이것을 각자의 전통적 범주인 양지와 그리스도의 인성으로 표현했다. ② 양자는 근본적 인간화를 모호한 인간의 실존적 상황의 구조를 극복하며 존재론적 실재를 실현하는 초월적 과정으로 규정했다. 즉 양명의 경우는 마음(心) 안에 있는 존재론적 실재와 주체성의 합일로, 바르트의 경우는 예수 그리스도와의 존재론적 연계의 자기실현(또는 주체화)으로 규정한다. ③ 양자는 궁극적 인간성이 영적인 능력을 부여하며 영적으로 구체적인 방향성을 제시하며 인도(道, Weisung)한다고 믿었다.

셋째, 양명과 바르트는 모호한 실존적 상황에서 이러한 존재론적 실재에 거부와 역기능에 의하여 일어난다고 이해하는 점에서 일치한다. 양자는 인간성의 근본-패러다임(良知, *humanitas Christi*)이 악을 조명하여 줄 뿐만 아니라 제거하는 내재적 힘을 갖고 있다고 믿는다.

넷째, 양명과 바르트는 인간이란 무엇이며 어떤 존재가 되어야 하는 가에 대해 유사한 정의와 패러다임을 제시하고 있다. ① 인仁과 하느님의 형상(*imago Dei*)이라는 그들의 전통적 범주 안에서, 양자는 인간은 공존적 존재를 의미한다는 점에 동의하고 있다. 이것을 양명은 창의적인 공동적 인간성(萬物一體)으로, 바르트는 환희에 찬 공동적 인간성(*Mitmenschlichkeit*)으로 표출한다. ② 양자는 모두 인간존재(인격)를 개체가 아닌 관계성의 공동적 중심으로서 이해한다. 이것은 자기를 개별적 자아로 이해하는 현대적인 이해와는 상반되며, 양자 모두에게 있어 철저한 인간화는 공동적 행위로서의 자기변화를 포함하고 있다. ③ 그리고 양자는 계속 확장되는 관계성의 원(circles) 또는 연계 순서에 따라 구체-보편적 방법(修身齊家治國平天下)으로 당위적 인간성을 실현해야 한다고 주장한다. 이러한 실현은 존재론적 지식(being)과 윤리적 실천(becoming)의 합일성(知行合一)에 근거를 둔 윤리종교적 실현이어야 한다고 강조하는 데 일치한다.

이와 같이 양명의 수신론과 바르트의 성화론은 인간화에 대해 유사한 구체-보편적 방법들을 주창하고 있다. 비록 근본적으로 패러다임이 전혀 다른 두 전통에서 나왔음에도 불구하고, 양명 유학과 바르트 신학은 매우 두터운 유사성을 노출하고 있다. 이와 같이 유교의 수신론과 그리스도교의 성화론은 이 책에서 설정한 논제, 즉 '어떻게 참된 인간이 될 수 있는가'라는 인간화 또는 공동성 인간성의 도道에 대한 추구라는 공동의 기제에서 서로 두텁게 만나고 있다.

2. 공동적 인간성의 도道에 대한 추구

이러한 양명과 바르트의 유교-그리스도교의 대화가 가진 함의에 대해서 좀 더 논의할 필요가 있다. 첫째, 이것은 신유교(Neo-Confucianism)와 개신교 개혁전통(Reformed Protestantism) 사이에 존재하는 두터운 유사성이 소위 20세기 그리스도교 선교의 기적이라고 일컬어진 한국 장로교회가 세계 최대의 개혁교회로 성장할 수 있게 한 배경이자 논리적 동인이었다는 나의 가설을 지지한다. 또한 이것은 두 전통의 만남에 대한 보다 주의 깊은 개념적 검증과 비판적 비교 연구가 필요하다는 것을 예시해 주고 있다. 왜냐하면 그렇지 않을 경우 그 두터운 유사성들은 유교와 그리스도교 간에 단편적이고, 유해한 형태의 종교혼합을 도출할 위험성을 가지고 있으며, 이 그릇된 혼합은 양 전통들 모두에게 그들의 고유한 가치를 훼손할 가능성이 크기 때문이다. 한국교회 안에서 종종 사회적 물의를 빚으며 재현되고 있는 조선 말기의 부패한 유교적 습성과 유사한 모습들이 이것을 뒷받침해 준다.

둘째, 비록 유교를 하나의 믿음으로 규정하는 것이 문제가 있더라도, 유교-그리스도교의 대화를 형이상학적인 논리보다는 실천적인 믿음과 믿음 간의 대화로 간주하는 것은 대화를 보다 구체적이고 실천적으로 주제화할 수 있는, 따라서 효과적인 방법이다.(제9장 참조)[2] 유교와 그

---

2) 신앙 간의 대화(interfaith dialogue)에 관해서는 David Lochhead, *The Dialogical Imperative: A Christian Reflection on Interfaith Encounter*(Maryknoll, NY: Orbis Books, 1988), 특히 89-97 참조. 또한 R. Panikkar, *The Intrareligious Dialogue*(New York, NY: Paulist Press, 1978) 참조. 그러나 여기서 믿음 간(interfaith)이라 함은 신앙(faith)과 신념(belief) 사이의 구별에 대한 파니카의 그것(intrareligious dialogue)보다 더

리스도교가 서로 만나는 현장은 실제로 철저한 인간화의 혁신적 프락시스(transformative praxis), 곧 도道에 있다.[3] 종교철학, 비교종교학, 및 비교신학 같은 비교연구의 가치를 충분히 인정하지만, 동아시아 구성신학(East Asian constructive theology)의 과제는 그러한 추상적인 형이상학적 영역을 넘어선다. 유교와 그리스도교라는 인간화에 대한 두 강력한 이야기들이 역사적으로 만나 합류하는 과정에 있는 삶의 현장에서는 그러한 선험적인(a priori) 것보다 심화된 후험적 주제화(a posteriori thematization)라는 단계가 요구된다. 신학과 유학이란 이렇게 합류된 두 이야기를 보다 의사소통이 가능한 문화언어적 매트릭스에서 두터운 서술로 해명(thick descriptive explication)하고자 하는 노력들이다. 이 대화의 과정에서 과학으로 무장한 현대 (조직)신학들이 범할 수 있는 범주적 착오 또는 침해로부터 유학을 보호하기 위한 적절한 대안을 구축하기 위해 (조직)유학(confuciology)이라는 용어를 사용하였다. 이렇게 구성된 유학과 신학의 상관관계를 통하여,[4] 두 해석학적 지평들의 충돌과 융합이 그들의 구조적 성실성과 내적 역동성, 또는 단순하게 내적경전성(intratextuality)을 상실하지 않은 채 적절하게 음미될 수 있다.

셋째, 유교-그리스도교의 대화를 시작하게 하는 화두, '어떻게 참된

광범위한 정의를 지칭한다.(같은 책, 17-22 참조)

3) 폴 니터조차도 "대화의 프락시스"(the praxis of dialogue)에 대해 언급했다. Paul, Knitter, *No Other Name? A Critical Survey of Christian Attitudes Toward the World Religions*(Maryknoll, N.Y.: Orbis Books, 1985), 206 참조.

4) 유학과 신학의 상관관계는 단순히 개념들에 대한 비교가 아니라, 상동관계(homology)로 파악될 수 있다. 이에 대해 파니카는 "개념들은 동등한 역할을 하는데, 그것들은 각자의 관련된 시스템 내에서 상동적인…… 곧 일종의 실존기능적으로 유비적인 자리를 점유하고 있다"고 말했다. Panikkar, *The Intraregious Dialogue*, 33 참조.

인간이 될 수 있는가? 또는 '근본적 인간화'라는 문제는 오늘날 글로벌한 세계적 상황에서 매우 중요한 것이다. 첨단기술과 인간을 무자비하게 사용하는 테러와 전쟁들, 엄청난 생태학적 재앙의 전조들, 그리고 마냥 비인간화되어 가는 종말론적 양상들은 인류와 지구의 미래를 매우 어둡게 하고 있다. 이러한 현시대적 맥락은 다시 한 번 인간본성의 선함에 대한 신뢰와 확신을 회복하고 철저한 인간화에 종사할 것을 요청하고 있다. 더욱이 21세기 우주시대는 본래 창의적이고 환희적인 공동적 인간성을 사회적인 범주뿐만 아니고 우주적 차원까지 확대해서 회복해 줄 것을 요청하고 있다. 유교적 "성실한 탐구자"와 그리스도교적 "순종적 청취자"는 이제 교리적으로 서로 다투기보다는 도덕적으로 결속하여 우리시대의 여러 도전들에 함께 대처해 나가야 한다. 그것이 곧 우리 시대의 천명天命이요, 카이로스(kairos)라고 할 것이다.

넷째, 유교-그리스도교의 대화는 본래 유학적 개념들이지만 적절하게 신학적이 될 수 있는 인仁, 성誠, 그리고 도道라는 세 가지 중요한 사유양식을 보장한다. 이 사유양식들은 다음과 같이 현대신학의 딜레마를 극복하고 발전하는 데 기여할 수 있다.

① 양명과 바르트의 대화는 유교와 그리스도교가 인仁의 사유양식, 곧 "관계적이고 공동체적 사유"에서 서로 수렴한다는 것을 확증한다.[5] 이러한 사유양식은 현대인의 개인주의에 대한 적절한 교정책이 된다. 유교는 관계적이고 공동체적인 사유양식이 우주적 공존에까지 이르는 인간성의 목표를 실현하기 위해 광의적인 최대 범위로 확장되어질 것

5) Jürgen Moltmann, trans. Margaret Kohl, *The Trinity and the Kingdom of God: Doctrine of God*(San Francisco: Harper & Row, 1981), 19.

을 요구한다. 그것은 인종, 성姓, 계급, 문화가 다른 사람들과의 연계뿐만 아니라, 자연과 생태계와의 결속을 포함한다. 이러한 '인'의 사유양식은 여성신학과 친밀성을 가지고 있으며, 따라서 여성신학과도 진정한 대화를 나눌 수 있을 것이다.[6]

② 그 대화는 양명과 바르트가 공동으로 철저한 인간화를 위한 자기 변화에 대한 구체-보편적 양식(수신, 성화)이 존재론적 지식과 윤리적 실천의 일치(知行合一)에 뿌리를 둔 공동체적 행위라고 제안하고 있음을 확실하게 보여 준다. 이러한 성誠의 사유양식은 극도로 분화된 우리 세계를 위해 매우 중요하다. 왜냐하면 오늘날 첨예하게 대립되고 있는 난제들, 예컨대 종교 또는 문화적 특수성과 보편성, 다양성과 통일성, 이론과 실천, 그리고 정론(orthodoxy)과 정행(orthopraxis)과 같은 양극성을 '성'의 통전적 사유양식이 극복하게 해 줄 수 있기 때문이다.

③ 그 대화는 양명과 바르트가 도道의 사유양식, 곧 공동체적 관계성 안에서 정행(禮, 제자도)을 강조하는 점에서 합치된다는 것을 확인시켜 준다. 그들은 철저한 인간화는 우선적으로 도(변혁적 삶의 길)를 의미한다고 주장한다. 변혁적 삶의 길로서의 도(禮, 정행)는 혁신적 프락시스(transformative praxis)에 대한 유교적 표현이라고 할 수 있다. 유교적 의미에서 혁신적 프락시스는 바로 '도'이다. 혁신적 프락시스를 강조하는 '도'의 사유양식은 또한 20세기에 세계 신학의 흐름을 바꾸어 놓았던 해방신학들과 많은 생산적인 대화를 나눌 수 있을 것이다.

---

6) Carter Heyward, *The Redemption of God: A Theology of Mutual Relation*(Washington, D.C.: University Press of America, 1980) 등. 또한 한국여성신학회 엮음, 『다문화와 여성신학』(서울: 대한기독교서회, 2008) 참조.

결과적으로, 이 모든 사유양식들은 대화의 진정한 의미가 공동적 인간성의 '도'를 추구하는 것에 더불어 진지하게 참여하는 데 있다는 것을 드러낸다. 다시 말하면, 유교-그리스도교의 대화는 "새로운 휴머니즘을 위한 공동의 탐구"에 대한 진정한 "대화적 참여"인 것이다.[7]

3. 인간성의 도道로서의 예수 그리스도: 유교적 그리스도론을 향하여

동아시아 그리스도인에게 공동적 인간의 도에 대한 추구, 곧 '어떻게 참된 인간이 될 수 있는가?'라는 공동의 기제는 불가피하게 그리스도론에 도달하게 된다. 그리스도인에게 있어서 예수 그리스도가 다름 아닌 진정으로 인간다운 인간이며 "참되고 선한 최상의 인간 존재"이기 때문이다.[8] 바르트는 그리스도의 인성은 참된 인간성의 궁극적인 현시이고, 철저한 인간화의 근본-패러다임이기 때문에 그리스도론은 모든 신학적 인간학의 기초가 되어야 한다고 주장한다. 20세기 최고의 가톨릭 신학자라고 할 수 있는 칼 라너(Karl Rahner) 또한 "그리스도론은 자기 초월적 인간학으로, 인간학은 불충분한 그리스도론으로 연구되어야 한

---

7) M. M. Thomas, *Risking Christ For Christ's Sake: Towards an Ecumenical Theology of Pluralism*(Geneva: WCC Publications, 1987), 특히 제3장 "Common Quest for a New Humanism: Towards Dialogical Participation" 참조.

8) Jürgen Moltmann, *Der Weg Jesus Christi: Christologie in Messianishen Dimensionen* (Munich: Christian Kaiser Verlag, 1989); trans. Margaret Kohl, *The Way of Jesus Christ: Christology in Messianic Dimensions*(San Francisco, CA: Harper San Francisco, 1990), 57.

다"고 했다.[9]

결국 우리는 유교와 그리스도교가 실제로 만나고 있는 동아시아에 있는 그리스도인들에게 가장 중요한 신학적 주제에 도달하게 된다. 그것은 곧 "너희는 나를 누구라고 하느냐?"(막8:29)라는 예수의 물음에 대답해야 하는 그리스도론에 이르게 된다. 예수가 그의 제자들에게 이 물음을 한 이래로 지금까지, 그것은 그리스도교 신앙을 위한 가장 진지하고 오래된 질문이다. 동아시아적 맥락에서 이 질문은 "유교 전통 속에 있는 동아시아인인 우리는 과연 그리스도를 누구라고 말해야 하는가?"라는 것으로 재구성될 수 있다.

이제 우리는 이러한 그리스도인에게 가장 중요한 질문에 대해서 우리 자신의 맥락에서 적절한 대답을 마련하기 위한 보다 나은 입장에 서게 되었다. 양명과 바르트 간의 대화는 동아시아 그리스도인들이 그리스도에 대한 신앙을 추구함에 있어서 보다 적절한 해석을 개발하는 데에 중요한 몇 가지 기초들을 제공하고 있다. 이제 우리는 대화의 첫째 단계인 서술-비교적 단계(descriptive-comparative stage)를 통과하여 통합의 둘째 단계인, 곧 규범-구성적 단계(normative-constructive stage)로 넘어 갈 수 있게 되었다.(제9장 참조)

이 둘째의 규범-구성적 단계에서, 우리는 유교와 그리스도교라는 두 영성적 전통들이 역사적으로 조우하는 현장에 있는 그리스도인들 개인들과 공동체(교회)들에게 초점을 맞추게 된다. 이것은 동아시아뿐만 아니라 그 지리적 영역밖에 있는 동아시아인들(East Asians in diaspora)과 그들

---

9) Karl Rahner, *Theological Investigations* I, trans. C. Ernst(Baltimore: Helicon Press; London: Darton, Longman & Todd, 1961), 164 n. 1.

의 공동체들을 포함한다. 이들은 그들에게 주어진 공동의 문화-언어적 바탕(유교) 안에서 그들이 신앙하는 그리스도교에 대한 통전적 이해가 필요하다. 다시 말해서, 유교문화에 대한 전이해가 없는 서구적 그리스도교 신학은 이들에게 충분하지 않다는 것이다.

이것은 우리를 선험적(a priori) 단계를 넘어서 동아시아적 신학을 구성하게 하는 계기를 마련해 준다. 다시 말하면 양명 유학과 바르트 신학에 관한 비교해석학적 순간을 넘어서서, 존 캅(John Cobb)이 언급한 "대화를 넘어서는" 순간이 된 것이다.10) 이 구성적 순간의 주된 과제는 그 두 해석학적 지평들, 곧 근본적 인간화에 대한 강력한 이야기들이 역사적으로 조우하고 융합하고 있는 역사적 현장에 있는 공동체들을 위한 그리스도교 신앙의 규범을 후험적(a posteriori)으로 표출하는 데에 있다. 이러한 규범-구성적 작업은 사변적인 비교의 임의적 집행을 의미하지 않고, 우선적으로 이러한 그리스도인 공동체들이 그들의 신앙을 통전적으로 이해하기 위해 부득이 수행해야 하는 소당연적 주제화를 뜻한다. 그러나 이 작업은 결코 단순한 '종교혼합'을 의미하지는 않는다.11) 그것은 니버(H. Richard Niebuhr)가 언급한 "고백적 방법"(confessional method)과12) 파니카가 칭했던 "종교내적 대화"(intra-religious dialogue)와 오히려 더 큰 관련이 있다.13)

---

10) J. B. Cobb, Jr., *Beyond Dialogue: Towards a Mutual Transformation and Buddhism* (Philadelphia, PA: Fortress Press, 1982) 참조.

11) M. M. Thomas, "Christ-Centered Syncretism", *Religion and Society*, XXVI: 1(1979), 26-35 참조. 또한 Jerald Gort, ed., *Dialogue and Syncretism: An Interdisciplinary Approach*(Grand Rapids, MI: Eerdmans, 1989) 참조.

12) H. Richard Niebuhr, *The Meaning of Revelation*(New York, NY: Macmillan, 1962), 41.

13) 이 작업은 파니카가 "종교 내적 대화"라고 묘사한 것과 유사성이 있다. 그는 그것을

이 단계에서 양명 유학과 바르트 신학 사이의 두터운 유사성은 유교적 지평 위에 있는 동아시아인을 위한 그리스도론을 주제화하는 데에 좋은 출발점을 제공한다. '인'과 '하느님의 형상'이라는 각자의 전통적 용어로 표현된 인간성에 관한 그들의 이해는 서로 상동할 뿐만 아니라 실질적으로 일치하고 있다. 즉 그것은 공동적 인간성, 공존적 존재, 또는 타자를 위한 존재를 의미한다. 동아시아 그리스도인들은 예수 그리스도를 인과 신형상 모두를 완성한 인간성의 패러다임으로 이해하는 데는 아무런 어려움이 없다. 또한 예수 그리스도 안에서 그들은 근본적 인간화에 대한 두 가지 근본-패러다임인 성誠과 아가페(agape)가 완전히 일치하는 것을 발견한다. 그러므로 양명과 바르트의 대화를 통해서 발견된 유교와 그리스도교 간의 두터운 유사성과 구조적 상동성은 그리스도론의 형태로 실체화될 수 있다. 만약 동아시아 그리스도인이 예수 그리스도를 인간에게 내재한 자기초월적 가능성에 대한 유교적 믿음을 한꺼번에 그리고 모두를 위해 확증시킨 궁극적으로 성실한 사람, 즉 성인聖人의 궁극적 패러다임이라고 고백한다면, 인간화에 대한 유교의 이야기는 예수 그리스도의 실제와 의미를 훨씬 깊고 풍부하게 만들어 줄 수 있는 심오한 자료가 될 수 있을 것이다. 유교-그리스도교적 경험에서 나온 동아시아 그리스도인들의 그리스도에 대한 이해는 그리스도론의 역사에 여러 심오한 통찰들과 새로운 차원들을 보강해 주게 될 것이다.

비록 이 글의 범위를 넘어서는 것이지만, 나는 실례로 이 대화로부터 개발할 수 있는 다섯 가지 모형의 그리스도론을 제안하고자 한다. 물론 이들은 앞으로 후속작업을 통하여 더욱 발전시켜야 할 것이다. 예컨대, 그들은 ① 근본적 인간화의 도道로서의 그리스도, ② 성인聖人으로서의 그리스도, ③ 성誠의 극치로서 그리스도, ④ 인仁과 아가페의 합일을 이룬 인간성 패러다임으로서의 그리스도, 그리고 ⑤ 양지良知의 궁극적 체현으로서의 예수 그리스도이다.

① 근본적 인간화의 도道로서의 예수 그리스도

사실 예수 그리스도의 도(Dao of Jesus Christ 또는 Christo-dao)라고 하는 것이 그리스도를 로고스로 간주하는 그리스도론(Christo-logos)보다 더 정확한 명칭이다. 예수 자신은 자신을 로고스나 프락시스라고 칭한 적이 없고, 오히려 "길"(한자어 성경에서는 도)이라고 하였다.(요14:6) 사도행전에서 나오는 최초의 그리스도교에 대한 명칭은 길, 통로, 진로, 여정, 행진 등의 의미를 가진 희랍어 호도스(hodos)였다.(행9:2, 19:9, 22:4, 24:14, 22) 독일의 현대신학자 몰트만(Jürgen Moltmann)도 그리스도론에 관한 그의 저서에서 그리스도론이라는 용어 대신 '예수 그리스도의 도'라는 제목을 붙였다. 몰트만은 도-메타포(way-metaphor)가 "과정적 측면을 구체화하며", "모든 인간적 그리스도론은 역사적으로 조건화되고 제한되어진다는 것을 인식하게 하고", "그리스도적 프락시스"(christo-praxis)를 추종하도록 "안내한다"고 설명했다.[14]

도에 관한 유교적 통찰은 그리스도에 대한 이해를 풍부하게 해 줄 수 있다. 핑가레트의 표현을 빌리면, 도로서의 예수 그리스도는 "인생의 바른길, 올바른 통치 양식, 인간 실존의 이상적 방법, 우주의 길, 존재의 발생-규범적 길(양식, 통로, 과정) 같은 것"이라 할 것이다.15) 그렇다면 예수의 행태는 몰트만이 그리스도적 프락시스라고 표현한 도의 자기인도적 정행(self-directing orthopraxis), 곧 유교적으로는 예禮의 절정을 의미한다고 볼 수 있다.

도와 '성령의 인도'(Weisung)라는 바르트의 개념 사이의 유사성은 자기인도적 도道의 지혜적 성격을 한층 더 밝혀 주고 있다. 여기서 그리스도교적 제자도와 유교적 제자도는 서로 수렴한다. 성령의 내뿜는 능력에 의해 그리스도적 프락시스를 행함으로써 그리스도교적 제자도가 향유할 수 있는 자유는 도道의 자기인도적 능력에 의해 예禮를 보존함으로써 유교적 제자도가 누릴 수 있는 치양지致良知적 자유와 서로 일치한다. 양자 모두에게 있어서 자유는 여러 가지 대안 중 한 선택을 의미하는 것이 아니라, 근본적 인간화의 정행(orthopraxis) 또는 도에 자유롭게 참여하는 능력을 의미한다.

② 궁극적 성인聖人으로서의 예수 그리스도

그리스도는 도의 완전한 자유 안에서 완전한 인성을 드러내 주었다. 그리스도의 인성은 마음(心)의 집중과 정화(中和)가 최고도의 지각능력에 도달해 한꺼번에 일회적으로 성취한 인간의 궁극적 현존이다. 참 하느

---

14) Moltmann, *The Way of Jesus Christ*, xiv.
15) Herbert Fingarette, *Confucius—the Secular as Sacred*(New York: Harper & Row, 1972), 19.

결론: 새로운 우주적 인간성의 도를 추구하기 위한 유교와 그리스도교 간의 대화   329

님이시며 참 사람이신 예수 그리스도는 하느님과 완벽한 일치(天人合一)를 이룬 인간의 궁극적 현존을 실현하고 명시했다. 도의 자유를 취득하기 위하여 유교는 경건(敬)과 성실(誠)을 주창한다. 예수 그리스도는 바로 이런 경건과 성실을 완성한 분이었다. 그의 사역은 의도적이고 인위적인 것이 아닌, 도의 당위성에 따른 자연발생적이고 무위적인 것이었다. 예수는 자기갱신과 자기실현적 주체성이라는 사람다움의 정의를 그대로 현시한 완전하게 성실한 사람, 곧 참된 성인이다. 성화의 토대인 예수는 또한 인간성의 정상화를 완성하고, 본래적 선함을 완전히 회복시키고, 수신의 목표를 완성한 왕적 인간이다. 그러므로 그는 오랜 유교의 염원인 내성외왕內聖外王을 이룩한 성왕聖王이다.

③ 성誠의 극치, 최고의 구체-보편성으로서 예수 그리스도

성인聖人 그리스도 안에서 도에 대한 구체-보편적 방법은 최대의 지평으로 확대된다. 어진 인간성이라는 유교의 이야기가 은총적 하느님의 그리스도교 이야기와 조우하고 충돌하고 융합된다. 유교의 인간-우주적 드라마는 그리스도교의 신-역사적 드라마와 조우한다. 그리고 그것은 신-인간-우주적 극장에서 한층 더 실체화되어 합류된 이야기로 재편성되어 상영된다.[16) 예수 그리스도는 인간-우주적 비전 안에서 완전한 인간성을 구체-보편적으로 확증한 분인 동시에 인간 역사 안에서 삼

---

16) "신-인간-우주적"(theanthropocosmic)은 파니카가 만들어 낸 용어이다.(theos-anthropos-cosmos의 합성어) R. Panikkar, *The cosmothenandric Experience: Emerging Religious Consciousness*(Maryknoll, NY: Orbis Books, 1993) 참조. 그러나 파니카는 이것보다 동일한 뜻을 가진 'cosmotheandrism'이라는 용어를 선호한다. 그는 "신, 인간, 지구는 실재를 구성하는 축소될 수 없는 세 영역"이라고 말했다.(같은 책, 60)

위일체적 하느님을 구체-보편적으로 체현한 분이다.(vere homo, vere Deus) 그리스도의 인성(humanitas Christi)은 인류를 향한 하느님의 은총적 선택의 구체-보편적 행위이다. 삼위일체 하느님이 특정한 인물 예수로 육화하심은 인류를 향한 하느님의 구속적 사랑의 역사적인, 따라서 가장 구체적인 현시이다. 그리스도교 신앙에 있어서 최고의 구체성은 십자가에 못 박히신 분에 대한 위험한 기억(dangerous memory)인 반면, 최고의 보편성은 부활하신 그리스도에 대한 모든 것을 다 개방한 환희의 기억이다.

그리스도교 신학과 윤리의 근본으로서 성인 예수의 행태는 존재론적 앎과 윤리적 행위의 일치를 철저하게 입증했다. 그것은 "말씀에 대한 청종자로서 인간존재"의 원-패러다임(proto-paradigm)으로서 행위와 일치된 말씀의 역사이다. 그의 행태에 있어서는 로고스(logos)와 에토스(ethos) 또는 말과 행동 사이에 구분이 없다. 말씀과 행위의 일치는 한자어 성誠의 어원적 의미를 방불케 한다.17) 성왕 예수의 행태 안에서 유교적 그리스도인은 성의 극치를 이루는 역사적 현시를 감지한다.18) 유교

---

17) 한자 '誠'은 말을 뜻하는 言과 (행위의) 완성을 뜻하는 成이 합해서 된 것이다. 어원적으로 볼 때, 그것은 어떤 사람의 말이 성실히 행동화되는 것을 의미한다. 그러므로 필자는 誠의 역동적인 행동의 측면을 강조하기 위해서, 그것을 "sincering"이라고 번역하기도 한다.

18) 誠 그리스도론은 한국 신학사에서 매우 중요하다. 한국가톨릭교회 대부로 불리기도 하는 이벽은 근본적으로 그리스도를 天道와 人道를 완성한 誠적인 인간 존재로 이해했다. 여기에 대해서는 이성배, 『유교와 그리스도교: 이벽의 한국적신학원리』(왜관: 분도출판사, 1979) 또는 Confucius et Jesus Christ: La Premiere Theologie Chretienne en Coree D'apres L'oeuvre de Yi Piek lettre Confuceen 1754-1786(Paris: Editions Beauchesne, 1979) 참조. 한국개신교의 토착화신학논쟁의 효시를 이룬 윤성범은 또한 이율곡의 誠에 대한 가르침과 바르트 신학 간에 기능적인 평형이 존재한다는 생각에 기반을 두고, 한국 그리스도론을 구성했다. 그는 특히 역사적 예수와 케리그마적 그리스도에 대한 서구신학의 논쟁에서 나타나는 이원론을 극복하기 위해, 성의 개념을 활용했다. 그는 역사적 예수를 성의 출발점으로, 케리그마적 그리스도를 성의 목표로, 그리고 예수 그리스도를 성의 완성으로 보았다. 여기에 대해서는, 윤성

적 그리스도인은 그리스도가 일으킨 기적들에서 우주적 역사 속에 나타난 신-인간적 성실성, 곧 신-인간-우주적 성誠의 과정과 실례들을 발견한다. 그분의 십자가와 부활의 사건에서 세계와 함께 하시는 삼위일체 하느님의 역사 속에 발생한 신-인간-우주적 성의 구체-보편적 드라마의 극치를 발견한다. 그리하여 유교-그리스도교적 입장에서 성은 이제 예수 그리스도에 대한 신앙을 의미하게 된다.

④ 하느님의 형상과 인仁의 합일을 이루는 인간성 패러다임으로서 예수 그리스도

예수 그리스도는 타자들과 함께하는 그리고 타자들을 위한 인간존재이다. 그의 행태는 공동적 인간성, 공존적 존재, 조우적 존재, 동반자적 삶과 역사를 의미하는 신형상의 완전한 현시이다. 유교적 그리스도인은 신형상과 인 개념 사이에는 괄목할 만한 유사성에 매료당하고 만다. 그리고 하느님의 형상의 완성인 그리스도의 인성에서 인간성의 근본모형인 인의 완성을 또한 발견하게 된다.

한편으로 유교적 인간의 모형인 인仁은 그리스도가 십자가에서 극치를 보여 주며 완성한 철저하게 자기희생적이며 긍정적인 사랑, 아가페에 의해 도전을 받게 된다.(긍정적 황금률: "네 자신처럼 남을 사랑하라.") 다른 한편으로 그리스도교적 인간의 모형인 아가페적 사랑은 자기비판적인 호혜성(self-critical reciprocity, 恕)에 대한 유교적 태도에 의하여 도전을 받게 된다.(부정적 황금률: "네 자신이 싫어하는 것을 남에게 강요하지 말라.") 지나친

범, 『한국적 신학: 誠의 해석학』(서울: 선명문화사, 1972) 참조.

유교적 자기비판은 소극적이 되어 긍정적인 사랑을 저해하는 반면, 적절한 자기성찰과 겸손이 결여된 그리스도교적 사랑의 지나친 태도는 "인식론적 교만"과 "윤리적 오만"(hubris)을 초래할 수 있다.[19] 후자가 바로 19세기 서양 선교사들이 아시아 선교현장에서 범했던 제국주의적 오류들의 근본 원인이었던 것이다.

⑤ 양지良知의 궁극적 체현으로서 예수 그리스도

마지막으로 유교적 그리스도인은 신-인간적 성실성의 극치인 예수 그리스도는 인간의 마음속에 있는 내재적 초월성의 역사적, 인격적 육화라고 파악하게 된다. 칸트(Immanuel Kant)는 이미 예수를 "선한 원리의 인격화된 이상"이라고 간파하였다.[20] 인과 아가페가 합일을 이룬 현시요 확증으로서 예수 그리스도는 양지良知의 궁극적 체현이라고 통찰하게 된다. 예수 그리스도는 양지, 곧 선과 악을 스스로 판별하고, 죄악의 특성들을 철저하게 폭로하고, 인간의 조건을 적나라하게 드러내는 순수하고 선한 앎을 완전하게 계시한다.

또한 유교적 그리스도인은 철저한 인간화에 대한 근본-패러다임인 예수 그리스도는 치양지致良知의 역사적 극치, 또는 양지 확대의 '오메가 포인트'로 인지한다. 참 하느님이시고 참 사람이신 예수 그리스도 안에서, 천지만물 간에 신-인간-우주적 연결이 완전히 재확립되었고, 그리고 인간주체성이 존재론적 실재인 천리天理와 완벽하게 일치되었다.

---

19) Robert E. Allison, "The Ethics of Confucianism and Christianity: the Delicate Balance", *Ching Feng* 33:3(1990), 168 참조.

20) I. Kant, *Religion within the Limits of Reason Alone*(New York: Harper, 1960), Bk 2, Sec. I:A, 54-55.

유교적 그리스도론에서, 좀 더 정확하게 '예수 그리스도의 도' 또는 '도-그리스도론'(Christo-dao)에서 철저한 인간화에 대한 두 구체-보편적 이 야기들은 완전히 만나게 된다.[21] 그리하여 동아시아적 현장에서 그리스 도교 신앙은 이 조우된, 철저한 인간화의 도에 대한 유교와 그리스도교 의 거대한 두 이야기들이 대화의 단계를 넘어서 참된 인간에 대한 통전 적인 이야기로 변화되어 새롭게 거듭날 것을 요청한다. 그것은 새로운 시대, 곧 종말론적 신-인간-우주적 비전의 맥락에서, 포괄적 인간성, 개 방적 인간존재, 심원한 인간주체성, 그리고 래디컬 휴머니티의 참신한 새로운 패러다임을 빚어내는 데 중요한 촉매역할을 하게 될 것이다. 그 것은 또한 동아시아적 그리스도교 신학의 범위를 넘어, 포스트-휴머니 즘에 의해 도전을 받고 있는 지구촌적 상황 나아가서 다가오는 우주시 대의 호모사피엔스에게 필요한 새로운 휴머니즘을 제시해 줄 것이다.

4. 후기: 새로운 우주적 인간성의 도道

이러한 그리스도론적 모형들은 전통적으로 유교적 맥락 속에 있는 그리스도인들에게 전수받은 서구적 신학과 신앙공동체(교회)의 경계를 넘어서서 주체적이고 자립적인 신학을 개발할 수 있는 자유를 부여한 다. 유교적 그리스도론은 이 포스트모던적인 지구촌 시대에서 예수 그

---

21) 이후 구성된 '도-그리스도론' 및 '도의 신학'에 대해서는 Heup Young Kim(Hŭp-yŏng Kim), *A Theology of Dao*(Maryknoll, NY: Orbis Books, 2017) 참조. 또한 「김흡영 교수의 주요 출판 목록」 참조.

리스도에 대한 이해에 심오한 공헌을 할 수 있다. 그들은 오히려 전통적인 서양의 것들보다 오히려 더 적절한 패러다임들이 될 수 있다. 칼케돈 신조(Chalcedonian Creed)에 정립되어 있는 양성 그리스도론과 같은 전통적 그리스도론은 비서구적 사회에서 살았던 사람들에게는 부적합할 뿐만 아니라, 오늘날 글로벌 시대의 현대인들에게는 "너무도 편협"하다.[22] 서구 신학자들도 현시대에 전통적 그리스도론들은 너무나 많은 문제들을 가지고 있고, 곤경에 처해 있다는 점을 시인한다.[23]

더욱이 이러한 새로운 유교적 패러다임들은 세 가지 사유양식, 즉 그리스도론의 도道-모형, 인仁-모형, 신神-인간-우주적 모형과 부응하며, 그들은 세 가지 중요한 포스트모던적 특성들을 지니고 있다. 첫째, 그것은 도道-모형의 그리스도론이다. 예수 그리스도의 도는 그리스도론보다 더 적절한 용어이고, 그것이 도상에 있는 그리스도론임을 명백히 드러낸다. 몰트만은 "나는 더 이상 그리스도를 두 본성(양성)을 가진 한 인간 혹은 역사적 인격성과 같은 정체적 방법으로 생각하려는 시도를 하지 않는다. 나는 그를 세계와 함께하시는 하느님 역사의 전진 운동의 맥락에서 역동적으로 파악하려고 시도한다"고 말했다. 또한 그는 "그리스도에 대한 모든 고백은 그 길로 인도하며, 그 길 도상에 있게 하지만, 그 길 자체로서는 아직 (최종의) 목표가 될 수 없다"라고 하였다.[24]

예수 그리스도의 '도'로서의 유교적 그리스도론은 또한 현대 과학기술 문명이 초래한 모순과 역기능들(제3세계의 인구과잉과 빈곤의 문제, 전지구

---

22) Moltmann, *The Way of Jesus Christ*, 69.
23) 양성 그리스도론의 곤경에 대해서는 Moltmann, *The Trinity*, 51-55를 보라. 그는 이러한 유형을 "고대 우주론적 그리스도론"이라 불렀다.
24) Moltmann, *The Way of Jesus Christ*, xv; 33.

촌을 위협하고 있는 핵무기열광주의, 그리고 생태학적 재앙 등)을 극복하는 패러다임을 제공할 수 있는 큰 잠재력을 가지고 있다.[25] 균형(中)과 조화(和)를 우선적으로 추구하는 패러다임인 그것은 지배(domination)와 확장(expansion) 중심의 제국주의적 잔재를 청산하지 못한 현대적 패러다임들의 좋은 수정안이 될 수 있다.('안과 아가페의 합일로서의 예수 그리스도 참조) 도-모형의 그리스도론은 결코 비역사적인 신비주의가 아니라 오히려 해방적이고 근본적이다. 왜냐하면 그것은 예수 그리스도를 철저한 인간화의 도, 말하자면 공동적이고 우주적인 관계성 안에 있는 인간주체성에 대한 근본-패러다임, 정행(orthopraxis), 그리고 혁신적인 프락시스로 이해하기 때문이다. 도-그리스도론은 그리스도적 프락시스와 제자도를 강조하며, 메시아적 도전을 긍정적으로 받아 드린다. 그러므로 그것은 정치신학과 해방신학의 그리스도론들과의 상호 효과적인 대화를 발전시킬 수 있다.

둘째, 이 새로운 패러다임은 본질적으로 대화적인 인(仁)-모형의 그리스도론이다. 그것은 유교와 대화하는 그리스도론이고, 인(두 사람)이란 개념 자체가 강한 대화의 관계성을 내포한다. 대화적 본질은 그리스도론의 역사에서 결코 낯설지 않다. 사실 그리스도론은 항상 대화를 통해서 발전되어 왔다. "그리스도론은 언제나 종결된 적이 없고, 항상 대화의 도중에 있다."[26]

---

25) 같은 책, 63-69 참조.

26) Robert F. Berkeley and Sarah A. Edwards, *Christology in Dialogue*(Cleveland: Pilgrim Press, 1993), 24-25. 버클리는 다음과 같이 말했다. "대화가 핵심이며, 그것은 그리스도론은 대화가 고착되면 그 생명력을 상실한다는 것에 대한 확신을 분명히 한다. 1세기, 칼케돈 신조, 또는 계몽주의 등 그것이 어떤 의복을 입었다 할지라도, 그리스

유교는 포괄적 휴머니즘이기 때문에 유교적 그리스도론은 근대에 출현했던 인간학적 신학과 유사성이 있다. 칸트와 그 영향을 받은 라너(Karl Rahner)는 그리스도를 "참된 인간성의 원형" 또는 "일반적 인간 본성의 실현에 대한 유일한 최상의 실례"라고 표현한다.27) 그러나 "인간학에로의 전환"(Martin Buber) 또는 "근대인의 주체성에로의 항거"(Martin Heidegger)로 불리는 근대적 맥락에서 출발한 이러한 인간학적 그리스도론은 단점을 가지고 있었다. 이 전환은 그리스도의 실재와 의미를 예수학(Jesusology)으로 축소시켰고, 그것을 "인간의 마음" 그리고 개별적 자아에 대한 실존적 경험으로 국지화시켰다. 그리고 그것은 다른 사회, 제3세계, 그리고 자연에 대한 외적인 사회경제적 상황을 망각하였다.28)

그러나 인-모형의 그리스도론은 이러한 단점들을 극복한다. 왜냐하면 그것은 인간을 고립된 자아로 보는 근대적 인간학에 기초한 것이 아니라, 인간을 관계성의 중심으로 이해하는 유교적 인간학에 기반을 두고 있기 때문이다. 그것은 자아의 원형에 대한 형이상학적 이해를 표출하는 하나의 '이론'(logy)이 아니라, 한 인간이 참된 인간(仁), 공동적 인간, 공존적 존재, 조우적 존재, 이타적 존재, 그리고 동반자적 삶을 살아가는 혁신적 프락시스로서 도를 추구한다.(인간성의 패러다임으로서의 예수 그리스도 참조) 그것은 그야말로 관계성과 공동성의 사유양식에 기반을

도론 신조는 항상 최종적인 해답을 주지 못했다.…… 그리스도론은 언제나 결코 끝이 아니라, 항상 대화의 도중에 있다. 즉 초대 교회와 더불어, 유대와 희랍 세계의 종교적, 신화적 전제들과 결단들과 더불어, 그리고 아마도 가장 중요한, 우리 시대의 세계관과 더불어…… 고대이건 현대이건 그리스도론들은 항상 우선적으로 대화에 의해서 환기된다."

27) Moltmann, *The Way of Jesus Christ*, 59, 61.
28) 근대 인간학적 그리스도론에 대한 평가와 비판에 관해서는, 같은 책, 55-63 참조.

두고 있다. 서구신학들은 역사에 대한 인간중심적 해석에 치중하는 버릇을 아직 벗어나지 못하고 있다. 인-그리스도론은 인식론적 겸손과 윤리적 겸허를 되찾을 수 있다.(인간성의 패러다임으로서의 예수 그리스도 참조) 그리고 그것은 유교-그리스도교의 신-인간-우주적 비전에 대한 생태학적이고, 우주적인 차원을 활용함으로써, 이른바 "역사의 위기"를 극복할 수 있게 한다.29) 인간성에 대한 근본-패러다임(□)인 그리스도를 우주적이고 화해되어진 공존적 존재로 성찰함으로써, 그것은 호혜성과 상호성의 유교적 원리를 신-인간-우주적 차원으로 확장하고 확충시켜 간다. 그러므로 그것은 인간과 자연을 현시대의 지배와 착취의 원리로부터 해방시키는 하나의 적절한 대안으로 일조를 할 수 있을 것이다.30)

셋째, 이 새로운 패러다임은 신神-인간-우주적 모형의 그리스도론을 수반한다. 아시아 신학의 하나로서 신-인간-우주적 그리스도론은 물론 생태학적이다. 이러한 그리스도론 안에서 유교의 인간-우주적 비전과 그리스도교의 신-역사적 비전은 서로 완전히 조우하고 충돌하고 융합한다. 이제 두 비전들은 대화를 넘어서서 신-인간-우주적 비전으로 상호적으로 새롭게 변화되어 거듭난다. 그것은 예수 그리스도를 신-인간-우주적 성실성(誠)의 궁극적 역사로서 인지한다. 그러므로 그것은 또한 앎과 행함, 신학과 윤리, 로고스와 에토스, 정론과 정행 등 모든 이원론을 초월하는 성誠-모형의 그리스도론에 해당한다. 이러한 성-모형의 그리스도론은 나아가 예수 그리스도를 십자가에 못 박히시고 부활하신 우주적

---

29) 그것에 대한 간결한 분석에 관해서는 Panikkar, *Cosmotheandric*, 특히 108-19 참조.
30) Tu Wei-ming, *Centrality and Commonality: An Essay on Confucian Religiousness*, rev. ed(Albany, NY: State University of New York press, 1989), 102-107 참조.

성인으로 이해하게 한다. 그분은 종말론적인 신-인간-우주적 균형과 조화를 위한 메시아적 도를 완전히 실현하셨다. 십자가에 못 박히고 부활하신 성인은 또한 창조적 지혜(良知)이다. 즉 그는 전통적으로 새 하늘과 새 땅, 새 인간이라는 개념으로 표현되어 온, 바로 그 새로운 신-인간-우주적 교제의 해석학적 원칙이다. 다시 말하자면 그것은 예수 그리스도를 새로운 우주적 인간성의 도라고 고백한다.

이러한 도道, 인仁, 신-인간-우주적 모형들과 같이 새로운 우주적 인간성의 도로서 예수 그리스도를 표현하는 것은 아직도 진행 중에 있고, 대화의 과정 중에 있는 포스트모던 신학의 구성적 패러다임을 언표한다.[31] 몰트만이 간명하게 비판했듯이, 대화의 과정을 통해 발전해 온 고대 우주론적, 근대 인간학적, 그리고 현대 과학-기술적 그리스도론, 곧 모든 종류의 서구적 그리스도론들은 21세기의 호연한 우주시대를 담기에는 지나치게 편협하고 문제가 많다.[32] 새로운 우주적 인간성의 도로서 예수 그리스도를 인식하는 유교적 그리스도론은 삼천 년대를 위한 가장 적절한 새로운 패러다임의 하나가 될 것이다.

결론적으로, '어떻게 참된 인간이 될 수 있는가'라는 유교-그리스도교의 대화의 공동적이고 카이로스적인 논제는 '우리가 예수 그리스도는 누구라고 말해야 하느냐'라는 질문에 도달한다. 이제 유교적 그리스도

---

31) 호지슨은 포스트모던 구성신학이 갖추어야 할 성격을 세 가지로 규정지었다. 즉 ① 대화적, ② 해방적, ③ 생태학적이라는 것이다. Peter C. Hodgson, *Winds of the Spirit: A Constructive Christian Theology*(Louisville, KY: Westminster/John Knox Press, 1994), 53-118 참조. 유교적 그리스도론은 이러한 모든 성격들을 갖추고 있다. 간단한 예를 들면, '仁-그리스도론'은 문자 그대로 대화적이고, '道-그리스도론'은 해방적 차원을 지니고 있으며, 또한 '신-인간-우주적 그리스도론'은 우선적으로 생태학적이다.

32) Moltmann, *The Way of Jesus Christ*, 46-72 참조.

인들은 '예수 그리스도는 근본적 인간화의 도道'라고 말해도 될 것이다. 그분은 완전한 인간성의 패러다임인 인仁이시다. 그분은 유교의 인간-우주적 수신과 그리스도교의 신-역사적 성화 모두를 넘어선, 신-인간-우주적 성誠이시다. 그분은 십자가에 못 박히시고 부활하신 성인聖人이시다. 그분은 창조적 지혜(sophia, 良知)이시며, 신-인간-우주적 친교의 해석학적 원칙이시다.(눅7:35, 11:49)[33] 결론적으로 예수 그리스도는 신新 우주적 인간의 도道, 곧 모든 인간이 추종해야 할 신神-인간-우주적인 혁신적 프락시스라고 할 수 있을 것이다.[34]

---

33) 흥미롭게도, 도마복음서에서는 지혜의 스승으로서의 예수 그리스도를 강조한다. Marcus J. Borg, *Anchor Bible Dictionary*, Ⅲ, 803-812; John Dominic Crossan, *Jesus: A Revolutionary Biography*(San Francisco: Harper San Francisco, 1989); Leo G. Perdue, "The Wisdom Saying of Jesus", *Forum* 2:3(1986), 3-35 참조.

34) John Berverley Butcher ed., *The Tao of Jesus*(San Francisco: Harper San Francisco, 1994) 참조.

왕양명[1]

왕양명王陽明(1472~1528)의 이름은 수인守仁이고, 자는 백안伯安이다. 그러나 그는 양명이라는 호로 가장 잘 알려져 있다. 중국 유교사상사에서 양명은 공자孔子(BC 551~479), 맹자孟子(BC 372~289?), 주자朱子(1130~1200)에 이은 독창적인 사상가이다. 그는 또한 그리스도교 역사에서 마르틴 루터(Martin Luther, 1483~1546)와 유비적으로 유교 역사에서 가장 급진적인 개혁가였다.[2] 그의 정신적 여정은 루터의 그것과 놀라울 정도로 유사성을 보여준다. 양명은 "진정한 위대함에 대한 단일의 열망으로 불타오르는 성격"인 광기狂氣를 지닌 사람이었다.[3] 이것은 또한 루터의 성격에 대해서도 훌륭한 묘사라고 할 수 있다

양명은 유명한 명필가인 왕희지王羲之(321~379)의 자손으로 유명한 학자 집안에서 태어났다. 그는 어려서부터 도道를 열심히 탐구했다. 그의 자서전에 따르면 그는 자신의 결혼식 날에조차도 도사道士들과 장수하기 위한 기氣의 육성에 대한 토의에 너무 열중한 나머지 그 다음 날까지 집

---

1) 이 부록은 그리스도인 독자들을 비롯하여 유학 및 양명학에 대해 친숙하지 못한 사람들을 위해 추가했다. 양명의 생애와 사상에 대한 간결한 설명은 Tu We-ming, "Wang Yang-ming", Mircea Eliade, ed., *Encyclopedia of Religions* vol. 15(1987), 335-337 참조.
2) 두웨이밍은 양명의 청년시절에 대한 정신분석학적 일대기를 저술하였는데, 여기서 그는 양명을 마르틴 루터와 비교하였다. Tu Wei-ming, *Neo-Confucian Thought in Action: Wang Yang-ming's Youth (1472-1509)*(Berkeley, CA: University of California Press, 1976). 또한 Erik H. Erikson, *Young Man Luther*(New York: W. W. Norton & Co., 1958) 참조.
3) Julia Ching, *To Acquire Wisdom: The Way of Wang Yang-ming*(New York: Columbia University Press, 1976), xxiii.

에 돌아오지 않았다고 한다. 젊은 시절의 루터와 비슷하게, 양명은 그 시절 이용할 수 있었던 모든 종교적 가르침들을 섭렵하면서 정신적 위기와 지적 시련들로 질풍노도의 젊은 시절을 보냈다. 양명의 비문에서 그의 친한 친구였던 담약수湛若水는 양명이 최종적으로 유교의 도를 깨닫기 전에 "다섯 가지에 몰입했다"고 기록하고 있다.

> 첫째는 그는 무사도에 몰입했고, 둘째는 승마와 궁술에 몰입했다. 셋째 몰입은 문학이었고, 넷째는 도교, 그리고 다섯째는 불교였다. 1506년에 가서야 그는 성현의 올바른 가르침으로 되돌아왔다.[4]

양명과 선불교의 관계는 논쟁의 여지가 있는 문제이다. 중국 선불교의 발전에 중요한 공헌을 한 양명의 가르침이 "유교와 선불교를 종합한 탁월한 실례"를 보여 준다고 종종 주장되어 왔다.[5] 천룽졔(陳榮捷)는 「왕양명은 얼마나 불교적인가?」라는 논문에서 이 문제를 다루었다.[6] 그러나 두웨이밍은 양명의 사상에 "선적인 지혜"가 들어 있기는 하지만, 그가 도교와 더 가까운 관계가 있다고 주장했다.[7] 양명의 도교적 성향은 증점曾點의 권위에 의해 더욱 쉽게 타당성이 입증된다. 증점의 도가적 무심함은 『논어』에서 공자에 의해 수신의 진정한 표현으로 받아들여진 바 있다.[8] 양명은 도교와 불교에 대해 거칠고 무차별적으로 공격하는 것을 꺼렸다. 그에게 있어서 실제적인 문제는 다른 종교에 대한 작위적인 공격이 아니

---

4) Tu, *Neo-Confucian Thought in Action*, 43.
5) 같은 책, 64.
6) Chan Wing-tsit, *Neo-Confucianism, Etc.*(Hanover, NH: Oriental Society, 1969), 227-47.
7) Tu Wei-ming, "An Inquiry into Wang Yang-ming's Four-Sentence Teaching", *Humanity and Self-Cultivation: Essays in Confucian Thought*(Berkeley, CA: Asian Humanities Press, 1979), 162-78 참조.
8) Tu, *Neo-Confucian Thought in Action*, 74.

라, 자신의 전통에 대한 그리고 "이상적인 유교와 저속화된 유교"에 대한 자기비판이었다.[9] 그의 격렬한 비판의 표적은 조정에서 탐욕적이고 아첨적인 짓거리들을 위해 유교적 윤리를 악용하던 유교사회 내부의 동료들이었다. 양명의 신유교적 사고는 열정적이고, 경험적이고, 실천적이고, 역동적이고, 상황적이었다. 천룽제는 그 특징들을 이렇게 표현하였다.

> 왕양명의 철학은 진지한 탐색과 쓴 경험을 통해 태어난 열정적인 철학이다. 그것은 단지 지적 호기심을 위해 전개된 사변이나 추상적 이론이 아니다. 오히려 그의 철학은 근본적인 도덕적 및 사회적 문제에 대해 근본적인 해결책을 제공하기 위한 것이었다. 이것은 확고한 목적과 진지한 노력, 그리고 가치에 대한 실제적인 실천과 구체적인 실증을 요구하는 것이었다. 그의 시대의 지적 정치적 상황은 바로 그러한 체계를 요구하고 있었다.[10]

정치적인 면에서, 양명이 살았던 명대 후기사회는 "중국사상사에 있어서 가장 창조적이고 자극적인 시기 중의 하나"로서 "그때까지 중국에 알려졌던 정치 및 사회적 제도에 대해 가장 비판적인 비판"을 낳았던 시기였다.[11] 16세기 중국의 급진적 지식인들 가운데 양명은 "유교 행동주의자들 중에 가장 깊고 헌신적이고 개인적으로 영향을 끼친 사람"이었다.[12] 명明의 공식적 역사에서 그는 학자라기보다는 "명대의 그 어떤 공직자보다도 위대한 업적을 낳은 정치가"로 불려진다.[13]

---

9) 같은 책, 84.
10) Chan, *Instructions*, xix.
11) Wm. T. De Bary, *Introduction to Self and Society in Ming Thought*(New York: Columbia University Press, 1970), 3, 6, 11.
12) 같은 책.
13) 같은 책, 11에서 재인용.

지적인 면에서, 양명은 정주학程朱學을 공격하였다.14) 정주학은 이미 그 본래적인 도덕적인 힘을 잃어 버렸으며 "순수한 사변적 철학"으로 전락해 버렸다.15) 양명이 고군분투했던 대상은 특별히 주자학 전통이었다. 마침내 그의 개인적인 득도의 경험은 주자학의 정통적 해석으로부터 철저히 탈피하게 하였다. 주자와 양명의 논쟁은 중요한 문제이다. 전통적으로 이 논쟁은 신유교의 경쟁적인 두 학파, 즉 합리주의적인 정주程朱학파와 이상주의적인 육왕陸王학파의 틀에 따라 이해되어 왔다.16) 그러나 몇몇 학자들은 양명의 경우에 이러한 이분화는 "지나치게 단순화"하는 "잘못된" 이해라고 주장하였다. 왜냐하면 양명이 비록 후에 육상산陸象山의 전통에 합류하기는 했지만, 그는 그와 무관하게 '마음이 곧 리'라는 심즉리心卽理론을 전개하였기 때문이다.17)

두웨이밍에 따르면, 양명의 생애는 세 시기로 나누어진다.18) 그의 생애를 나누는 두 핵심적 지점은 용장龍場에서의 "갑작스런 깨달음"(頓悟)과 "치양지致良知"를 선포한 것이다. 치양지론으로 인해 양명은 유교 전통 안에서 "가장 독창적인 사상가 중 하나"라고 칭송받게 되었다.19) 첫째 시기는 그가 태어난 1472년부터 용장으로 유배당한 1509년까지이다. 그곳에서 그는 지행합일론을 주장하였다. 그는 1510년에 노릉廬陵의 수령이 되었다.

---

14) 정이(1033~1107)와 주자(1130~1200)의 가르침을 전수한 학파. 程朱學派는 "12세기 이래로 중국의 지적인 세계를 지배하였다."(Chan, *Instructions*, xix) 그리고 한국의 신유교(성리학)에 절대적인 영향을 끼쳤다.

15) Chan, *Instructions*, xx.

16) '육-왕학파'라는 명칭은 주자의 학술적 적수였던 육상산(1139~1193)과 왕양명의 성을 따라 지어진 것이다. 이 구분에 대해서는 Fung Yu-lan, *A History of Chinese Philosophy*, vol. 2. trans. D. Bodde(Princeton: Princeton University Press, 1953), 585-92 참조.

17) Tu, *Neo-Confucian Thought in Action*, 157. 두웨이밍은 시마다 겐지(島田虔次), 아라키 겐고(荒木見悟), 첸무(錢穆) 같은 현대 유학자들의 연구 업적에 힘입었다.

18) Tu, *Neo-Confucian Thought in Action*, 10-11 참조.

19) 같은 책, 11.

그의 생애의 둘째 시기는 이 해부터 그가 영왕寧王의 반란을 성공적으로 평정한 다음 해인 1520년까지이다. 1521년에 그는 그의 정신적 발전의 정점에 도달했음을 보여 주었다. 셋째 시기는 1521년부터 1529년 그의 사망까지이다.

양명은 사망한 후에 신건新建이라는 관직을 받았으며(1567), 문성文成(문화의 완성자)이란 칭호를 얻었다. 1584년 그의 신주는 가장 영예롭게 유교 서원에 포함되었다. 천룽제에 의하면, "그는 분명히 주자를 제외하고 15세기 이후 중국의 가장 영향력 있는 철학자였다."[20] 양명학은 명대 후기의 중국, 17세기의 한국, 도쿠가와 막부시대 후기의 일본을 포함하여 동아시아 역사에 전체적으로 깊은 영향력을 끼쳤다.[21] 특히 근대화시기에 양명의 유산은 서구 문명의 근본적인 도전에 대응하고 낡은 가치와 에토스를 상대화함으로써 동아시아를 개혁하고 혁명하는 끊임없는 역동적 기반을 제공했다. 그의 사상은 19세기 한국에서의 급진적 개혁과 근대화의 움직임에 정신적 기초가 되었다.[22] 근대 일본과 중국에서의 양명학파의 영향은 더더욱 현저했다.[23]

---

20) Chan, *Instructions*, xxix.

21) Ching, *To Acquire Wisdom*, xxiii 참조.

22) 김길환, 『한국의 양명학파에 대한 연구』(서울: 일지사, 1981), 277-83 참조.

23) 두웨이밍은 이렇게 말했다. "확고한 목적, 자기 절제, 충성을 강조하는 사무라이 정신과 1868년 메이지유신의 역동적인 리더십은 부분적으로 왕양명이 일본에 선사한 선물이었다. 중국에서 량치차오(梁啓超, 1873~1929), 탄쓰퉁(譚嗣同, 1865~1898) 등과 같은 개혁자들, 쑨이셴(孫逸仙, 1866~1925) 같은 혁명가들, 그리고 숭스리(熊十力, 1885~1968)나 량수밍(梁漱溟, 1893~1988) 같은 철학자들은 모두 왕양명의 유산인 『傳習錄』에서 영감을 받았다."(Tu, "Wang Yang-ming", 337)

참고문헌

Ⅰ. 왕양명과 유학에 대한 자료

【1차 자료】

『傳習錄』 Ⅰ/Ⅱ, 정인재 · 한정길 역주, 서울: 청계, 2001.
『荀子』, 김학주 역주, 서울: 을유문화사, 2001.
『孟子』, 이기동 역해, 서울: 성균관대학교출판부, 2004.
『論語』, 이기동 역해, 서울: 성균관대학교출판부, 2005.
『大學』, 김학주 역주, 서울: 서울대학교출판부, 2006.
『中庸』, 김학주 역주, 서울: 서울대학교출판부, 2006.

Chan, Wing-tsit, trans., *Instructions for Practical Living and Other Neo-Confucian Writings*, New York, NY: Colombia University Press, 1963.

_____, trans. and comp., *A Source Book in Chinese Philosophy*, Princeton, NJ: Princeton University Press, 1963.

_____, trans. and ed., *Neo-Confucian Terms Explained*(The Pei-hsi tzu-i) by *Ch'en Ch'un*, 1159-1223, New York, NY: Colombia University Press, 1986.

Kaloton, Michael C., trans., *To Become a Sage: the Ten Diagrams on Sage Learning by Yi T'oegye*, New York, NY: Colombia University Press, 1988.

Lau, D. C., trans., *Mencius*, Harmondaworth, Middlesex: Penguin Book, 1970.

Legge, James., trans., *The Chinese Classics* 5 vols, Hong Kong: Legge; London: Trubner, 1861-1972.

O Yomei zenshu(Japanese translation of *Wang Wen-ch'eng kung ch'uanshu*(The Complete Works of Wang Yang-ming)) 10 vols, Tokyo, 1982ff.

Wang Yang-ming Ch'uan Hsi Lu Hsing Chu Chi P'ing, Ed., Chan Wing-tsit, Taipei, 1983.

【2차 자료】

Chan, Wing-tsit, *Neo-Confucianism, Etc.: Eassys by Wing-tsit Chan*, Honover, NH: Oriental Society, 1969.

Cheng Chung-ying, *New Dimension of Confucian and Neo-Confucian Philosophy*, Albany, NY: State University of New York Press, 1991.

Ching Julia, *To Acquire Wisdom: The Way of Wang Yang-ming*, New York, NY: Columbia

University Press, 1976.

De Bary, Wm. Theodore, Ed., *Self and Society in Ming Thought*, New York, NY: Columbia University Press, 1970.

_____, *Neo-Confucian Orthodoxy and the Learning of Mind-and-Heart*, New York, NY: Columbia University Press, 1981.

_____, *East Asian Civilizations: A Dialogue in Five Stages*, The Edwin O. Reischauer Lectures, 1986, Cambridge, MA: Harvard University Press, 1988.

Fingarette, Herbert, *Confucius-the Secular as Sacred*, New York, NY: Harper & Row Publishers, 1972.

Fung Yu-lan, *A History of Chinese Philosophy* vol.2, Trans. Derk Bodde, Princeton, NJ: Princeton University Press, 1952-1953.

Graham, A. C., *Tow Chinese Philosophers-Ch'en Ming-tao and Ch'eng Yi-Ch'uan*, London: Lund Humphries, 1958.

_____, *Disputers of the Tao: Philosophical Argument in Ancient China*, La Salle, IL: Open Court Publishing Co., 1989.

Grayson, James H., *Korea: the Religious History*, Oxford: Clarendon Press, 1989.

Ivanhoe, Philip, *Ethics in the Confucian Tradition: The Thought of Mencius and Wang Yang-ming*, Atlanta, GA: Scholars Press, 1990.

Mou Tsung-san, *Chung-kuo che-hüseh te t'e-chih*[The Uniqueness of Chinese Philosophy], Taipei: Student Book Co., 1974.

Ro Young-chan, *The Korean Neo-Confucianism of Yi Yulgok*, Albany, New York, NY: State University of New York Press, 1989.

Rozman, Gilbert, Ed., *The East Asian Religion: Confucian Heritage and Its Modern Adaptation*, Princeton, NJ: Princeton University Press, 1991.

Schwartz, Benjamin I, *The World of Thought in Ancient China*, Cambridge, MA: Harvard University Press, 1985.

Taylor, Rodney L., *The Religious Dimensions of Confucianism*, Albany, NY: State University of New York Press, 1990.

Tu Wei-ming, *Neo-Confucian Thought in Action: Wang Yang-ming's Youth(1472-1509)*, Berkeley, CA: University of California Press, 1976.

_____, *Humanity and Self-Cultivation: Essays in Confucian Thought*, Berkeley, CA: Asian Humanities Press, 1979.

_____, *Confucian Thought: Selfhood As Creative Transformation*, Albany, NY: State University of New York Press, 1985.

_____, *Centrality and Commonality: An Essay on Confucian Religiousness*, Revised and enlarged ed, Albany, NY: State University of New York Press, 1989.

_____, *Confucianism in an Historical Perspective*, Singapore: The Institute of East Asian

Philosophies, 1989.

Tu Wei-ming et al., *The Confucian World Observed: A Contemporary Discussion of Confucian Humanism in East Asia*, Honolulu, HI: The East-West Center, 1992.

김길한, 『한국 양명학과 연구』, 서울: 일지사, 1981.

윤남한, 『조선시대의 양명학과 연구』, 서울: 집문당, 1982.

II. 칼 바르트에 대한 자료

【1차 자료】

The Epistle to the Romans, 6th. ed., trans. Edwyn C. Hoskyns, London: Oxford University Press, 1933.

Community, State and Church, Garden City, New York, NY: Doubleday, 1960.

The Humanity of God, trans. John Newton Thomas and Thomas Wieser, Atlanta, GA: John Knox Press, 1960.

Karl Barth's Table Talks, ed. John D. Godsey, Richmond, VA: John Knox Press, 1962.

The Church Dogmatics 4 Vols., 2nd ed., trans. G. W. Bromiley and T. F. Torrance, Edinburgh: T. & T. Clark, 1975-1981.

"No! Answer to Emil Brunner", *Natural Theology*, trans. Peter Fraenkel, London: The Centenary Press, 1946.

"No Boring Theology! A Letter from Karl Barth", *The South East Asian Journal of Theology* (Autumn, 1969), 4-5.

【2차 자료】

Balthasar, Hans Urs von, *The Theology of Karl Barth*, trans. John Drury, New York, NY: Holt, Rinehart & Winston, 1971.

Busch, Eberhard, *Karl Barth: His Life from Letters and Autobiographical Texts*, trans. John Bowden, Philadelphia, PA: Fortress Press, 1976.

Come, Arnold B., *An Introduction to Barth's "Dogmatics" for Preachers*, Philadelphia, PA: Westminster Press, 1963.

Jüngel, Eberhard, *The Doctrine of the Trinity: God's Being is In Becoming*, Grand Rapids, MI: Wm. B. Eerdmans Publishing Co., 1976.

_____, *Karl Barth, a Theological Legacy*, trans. Garrett E. Paul, Philadelphia, PA: Westminster

Press, 1986.

Küng, Hans, *Justification: the Doctrine of Karl Barth and a Catholic Reflection*, trans. Thomas Collins et al., Philadelphia, PA: Westminster Press or New York, NY: Nelson & Sons, 1964.

Macken, John, "The Autonomy Theme in Karl Barth's Church Dogmatics and in Current Barth Criticism", Dissert, Universität Tübingen. 1984.

Matheny, Paul D., *Dogmatics And Ethics: The Theological Realism and Ethics of Karl Barth's Church Dogmatics*, Frankfurt am Main, New York, NY: Peter Lang, 1990.

McLean, Stuart D., *Humanity in the Thought of Karl Barth*, Edinburgh: T. & T. Clark Ltd. 1981.

Palma, Robert J., *Karl Barth's Theology of Culture*, Allison Park, PA: Pickwick Publications, 1983.

Welch, Claude, *In This Name: The Doctrine of the Trinity in Contemporary Theology*, New York, NY: Scribner's, 1952.

III. 일반자료

Barbour Ian G., *Myths, Models, and Paradigms: A Comparative Study in Science and Religion*, New York, NY: Harper & Row Publishers, 1974.

Berthrong, John, *All Under Heaven: Transforming Paradigms in Confucian-Christian Dialogue*, Albany, NY: State University of New York Press, 1994.

Bonhoeffer, Dietrich, *The Cost of Discipleship*, Trans. R. H. Fuller, New York, NY: Macmillan Publishing Co., 1949.

Brown, Robert McAfee, *Gustavo Gutierrez: An Introduction to Liberation Theology*, MaryKnoll, NY: Orbis Books, 1990.

Bultmann, Rudolf K., *Jesus Christ and Mythology*, New York, NY: Charles Scribner's Son, 1958.

Butcher, John Berverley, ed., *The Tao of Jesus*, San Francisco, CA: Harper San Francisco, 1994.

Calvin, John, *Institutes of the Christian Religions* 2 Vol., ed., John T. McNeil, Trans. Ford Lewis Battles, Philadelphia, PA: Westminster Press, 1960.

Ching, Julia, *Confucianism and Christianity: a Comparative Study*, Tokyo: Kodansha, 1977. (이낙선 역, 『한국종교와 기독교』, 왜관: 분도출판사, 1994)

_____, *Chinese Religions*, MaryKnoll, NY: Orbis Books, 1988.

Clark, Donald N., *Christianity in Modern Korea*, Lanham, MD: University Press of America, 1986.

Cobb, John B. Jr., *Beyond Dialogue: Toward a Mutual Transformation of Christianity and Buddhism*, Philadelphia, PA: Fortress Press, 1982.

Crossan, John Dominic, *Jesus: A Revolutionary Biography*, San Francisco, CA: Harper San Francisco, 1989.

D'Costa, Gavin, *Theology and Religious Pluralism: The Challenge of Other Religions*, Oxford, New York: Basil Blackwell, 1986.

Diaz, Hector, *A Korean Theology: Chu-Gyo Yo-ji, Essentials of the Lord's Teaching by Chong Yak-jong Augustine(1760-1801)*, Immense: Neue Zeitschrift für Missionwissenschaft, 1986.

Erickson, Erik H., *Young Man Luther: A Study in Psychoanalysis and History*, New York, London: W. W. Norton & Co., 1958.

Heidegger, Martin, *Being and Time*, trans. John Maquarrie & Edward Robinson, New York, NY: Harper & Row Publishers, 1962.

Heyward, Carter, *The Redemption of God: A Theology of Mutual Relation*, Washington, D. C.: University Press of America, 1982.

Hick, John and Brian Hebblethwaite, eds., *Christianity and Other Religions*, Philadelphia, PA: Fortress Press, 1980.

Hillman, Eugene, *The Wider Ecumenism*, New York: Herder and Herder, 1986.

_____, *Many Paths: A Catholic Approach to Religious Pluralism*, MaryKnoll, NY: Orbis Books, 1989.

Hodgson, Peter C., *Winds of the Spirit: A Constructive Christian Theology*, Louisville, KY: Westminster/John Knox Press, 1994.

Kant, I., *Religion Within the Limits of Reason Alone*, New York, NY: Harper & Row, 1960.

Knitter, Paul F., *No Other Name?: A Critical Survey of Christian Attitudes toward the World Religions*, MaryKnoll, NY: Orbis Books, 1984.

Kraemer, Hendrik, *The Christian Message in a Non-Christian World*, London: Edinburgh House Press, 1938.

Kuhn, Thomas S., *The Structure of Scientific Revolutions*, 2nd ed., Chicago, IL: University of Chicago Press, 1970.

Küng, Hans, *On Being a Christian*, Trans. Edward Quinn, Garden City, NY: Doubleday & Co., 1974.

_____, *Theology for the Third Millennium*, trans. Peter Heinegg, New York, NY: Doubleday & Co., 1988.

Küng, Hans and Julia Ching, *Christianity and Chinese Religions*, trans. Peter Beyer, New York, NY: Doubleday & Co., 1989.

Lindbeck, George A, *The Nature of Doctrine: Religion and Theology in a Postliberal Age*, Philadelphia, PA: Westminster Press, 1984.

Lochhead, David, *The Dialogical Imperative: A Christian Reflection on Interfaith Encounter*, Maryknoll, NY: Orbis Books, 1988.

Metz, Johann Baptist, *Faith in History and Society: Toward a Practical Fundamental Theology*, trans. Daivd Smith, New York, NY: Seabury Press, 1980.

Moltmann, Jürgen, *The Crucified God: The Cross of Christ as the Foundation and Criticism of Christian Theology*, trans. R. A. Wilson and John Bowden, New York, NY: Harper & Row, 1974.(김균진 역,『십자가에 달리신 하나님』, 서울: 한국신학연구소, 1987)

_____, *The Trinity and the Kingdom of God: the Doctrine of God*, trans. Margaret Kohl, San Francisco, CA: Harper San Francisco, 1991.(김균진 역,『삼위일체와 하나님의 나라』, 서울: 대한기독교서회, 1989)

_____, *The Way of Jesus Christ: Christology in Messianic Dimensions*, San Francisco, CA: Harper San Francisco, 1990.(김균진, 김명용 공역,『예수 그리스도의 길』, 서울: 대한기독교서회, 1990)

Niebuhr, H. Richard, *Christ and Culture*, New York, NY: Harper & Row, 1951.(김재준 역,『그리스도와 문화』, 서울: 대한기독교서회, 1983)

_____, *The Meaning of Revelation*, New York: Macmillan, 1962.

Nygren, Anders, *Agape and Eros*, trans. Philp S. Watson, London: SPCK, 1953.

Panikkar, Raimundo, *The Intrareligious Dialogue*, New York, NY: Paulist Press, 1978.

_____, *Myth, Faith and Hermeneutics: Cross-cultural Stusies*, New York, NY: Paulist Press, 1979.

_____, *The Cosmotheoandric Experience: Emerging Religious Consciousness*, Maryknoll, NY: Orbis Books, 1993.

Pieris, Aloysius, *Love Meets Wisdom: A Christian Experience of Buddhism*, Maryknoll, NY: Orbis Books, 1988.

Race, Alan, *Christianity and Religious Pluralism*, Lodon: SCM Press, 1983.

Rahner, Karl, *Theological Investigations* Ⅰ, trans. C. Ernst, Baltimore, MD: Helicon Press; London: Darton, Longman & Todd, 1961.

_____, *Foundations of Christian Faith: An Introduction to the Idea of Christianity*, trans. Willam V. Dych, New York, NY: Crossroad, 1978.

Ri, Jean Sangbae, *Confucius et Jesus Christi: La Premiere Theologie Christienne en Coree D'apres L'oeuvre de Yi Piek lettre Confuceen 1754-1786*, Paris: Editions Beauchesne, 1979.(이성배,『유교와 그리스도교』, 왜관: 분도출판사, 1990)

Smith, Wilfred Cantwell, *Faith and Belief*, Princeton, NJ: Princeton University Press, 1979.

_____, *The Meaning and End of Religion*, Renewed, Minneapolis, MN: Fortress Press, 1991.

Thomas, M. M., *Risking Christ For Christ's Sake: Towards an Ecumenical Theology of*

Pluralism, Geneva: WCC Publications, 1987.

Tillich, Paul, *Systematic Theology* 3Vols., Chicago, IL: University of Chicago Press, 1951-1963.

Vogel, Ezra F., *The Four Little Dragons: The Spread of Industrialization in East Asia*, Cambridge, MA: Harvard University Press, 1991.

Weber, Max, *The Protestant Ethic and the Spirit of Capitalism*, trans. Talcott Parsons, New York, NY: Charles Scribner's Sons, 1930.

_____, *The Religion of China: Confucianism and Taoism*, trans. Hans H. Gerth, Grencoe, IL: Free Press, 1951.

Weber, Otto, *Foundations of Dogmatics* 2Vols., trans. Darrell L. Guder, Grand Rapids, MI: Wm. B. Eerdmans Publishing Co., 1981-1983.

Yearly, Lee H., *Mencius and Aquinas: Theories of Virtue and Conceptions of Courage*, Albany, NY: State University of New York Press, 1990.

윤성범, 『韓國的 神學: 誠의 解釋學』, 서울: 선명문화사, 1972.

IV. 논문

Allinson, Robert E., "The Ethics of Confucianism & Christianity: the Delicate Balance", *Ching Feng* 33:3, 1990, 158-175.

Boodberg, A., "The Semasiology of Some Primary Confucian Concepts", *Philosophy East and West* 2:4, 1953, 317-332.

Borg, Marcus, "The Teaching of Jesus", In *The Anchor Bible Dictionary* Vol.3: 804-812, Ed. D. N. Freedman, New York: Doubleday, 1992.

Chung Chai-sik, "Confucian-Christian Encounter in Korea: Two Cases of Westernization and De-westernization", *Ching-Feng* 34:1, 1991, 51-81.

Grayson, James H., "The Study of Korean Religions & Their Role in Inter-Religious Dialogue", *Inculturation* 3:4, 1988, 2-10.

Iki, Hiroyuki, "Wnag Yang-ming's Doctrine of Innate Knowledge of the Good", *Philosophy East and West* 11, 1961, 27-44.

Kim, Illsoo, "Organizational patterns of Korean-American Methodist Churches denomi-nationalism and personal community", In *Rethinking Methodist history*, eds. Russell Richey and Kenneth Rowe, Nashville: Kingswood Books, 1985, 228-37.

Kim, Stephan, Cardinal, "Position Paper", in *Mission Trend No.2: vangelization*, Ed. Gerald H. Anderson and Thomas F. Stransky, New York: Pualist; Grand Rapids, MI: Wm. B. Eerdmans, 1975, 190-192.

Lee, Peter K. H., "Personal Observation on Religion and Culture in the four Little Dragons of Asia", *Ching Feng* 30:3, 1987, 154-169.

Liu, Shu-hsien, "The Confucian approach to the problem of transcendence and immanence", *Philosophy East and West* 22:1, 1972, 45-52.

Nivison, Davis S., "The Problem of 'Knowledge' and 'Action' in Chinese Thought", In *Studies in Chinese Thought*, Ed. Arthur F. Wright, Chicago, IL: University of Chicago Press, 1953, 112-145.

Oh, Kang-Nam, "The Encounter of Confucianism and Christianity in Korea: Past and Future", *Journal of the Academy of Religion* 61:2, 1993, 303-320.

Perdue, Leo G., "The Wisdom Saying of Jesus", *Forum* 2:3, 1986, 3-35.

Tu, Wei-ming, "Wang Yang-ming", in Mircea Eliade. Ed., *Encyclopedia of Religions* Vol.15, 1987, 334-337.

Yun, Yee-heum, "The Comtemporary Religious Situation in Korea", presented in the Conference on Religion and Contemporary Society in Korea, The Center of East Asian Studies, University of California at Berkely, November 11-12, 1988.

김흡영 교수의 주요 출판 목록

I. 단독 저서

『도의 신학』, 서울: 다산글방, 2001.
『현대과학과 그리스도교』, 서울: 기독교서회, 2006.
『도의 신학 II』, 서울: 동연, 2012.
『가온찍기: 다석 유영모의 글로벌 한국신학 서설』, 서울: 동연, 2013.

Wang Yang-ming and Karl Barth: A Confucian-Christian Dialogue, Lanham, MD: University
    Press of America, 1996.
Christ and the Tao, Hong Kong: Christian Conference of Asia, 2003; reprinted Eugene, OR:
    Wipf & Stock Publishers, 2010.
A Theology of Dao, Maryknoll, NY: Orbis Books, 2017.

II. 공동 저서

『과학과 종교』, 서울: 동연, 2002.(공동번역 Peters, Ted, ed., *Science and Theology, The
    New Consonance*, Boulder, CO: Westview, 1998.)

「평신도 신학의 과제」, 『한국교회의 미래와 평신도』, 서울: 대한기독교서회, 1994, 277-306.
「기독교 사상 이해」, 『기독교와 현대사회』, 서울: 강남대학교출판부, 1998, 165-80.
「종교와 자연과학 간의 대화를 통해 본 인간」, 『진화론과 철학』, 서울: 철학과 현실사,
    2003, 368-412.
「한국 조직신학 50년: 간문화적 고찰」, 『신학연구 50년』, 서울: 이화여자대학교 한국문
    화연구원, 2003, 139-188.
「도의 신학에서 본 생명과 생태」, 『현대생태신학자의 신학과 윤리』, 서울: 대한기독교
    서회, 2006, 269-298.
「생명의 존엄성: 인간배아줄기세포 논쟁과 경의 신학」, 『21세기 신학의 과제』, 서울:
    대한기독교서회, 2006, 67-84.
「도의 신학: 유교-그리스도교적 시각」, 『우리 학문과 학문 방법론』, 서울: 지식산업사,
    2008, 403-428.
「통섭을 반대한다!」, 『배움과 한국인의 삶』, 서울: 나남신서, 2008, 332-346.
「신학자가 보는 삶과 죽음」, 『삶과 죽음의 인간학』, 서울: 석탑출판, 2012, 150-191.

"The Central Issue of Community: An Example of Asian North American Theology on the Way", With David Ng, in *People on the Way: Asian North Americans Discovering Christ, Culture, and Community*, King of Prussia, PA: Judson Press, 1996, 25-41.

"Response to Peter Lee, 'A Christian-Chinese View of Goodness, Beauty, and Holiness'", in *Christianity and Ecology: Seeking the Well-being of Earth and Humans*, Cambridge, MA: Harvard University Press, 2000, 357-363.

"Owning up to One's Own Metaphors: A Christian Journey in the Neo-Confucian Wilderness", in *Visioning New Life Together Among Asian Religions*, Hong Kong: Christian Conference of Asia, 2002, 243-253.

"The Word made Flesh: Ryu Young-mo's Christotao, A Korean Perspective", in *One Gospel and Many Cultures: Case Studies and Reflections on Cross-Cultural Theology*, Amsterdam: Rodopi, 2003, 129-148.

"Life, Ecology, and Theo-tao: Towards an Ecumenism of the Theanthropocosmic Tao", in *Windows into Ecumenism: Essays in Honor of Ahn Jae Woong*, Hong Kong: Christian Conference of Asia, 2005, 140-156.

"Asian Christianity: Toward a Trilogue of Humility: Sciences, Theologies, and Asian Religions", in *Why the Science and Religion Dialogue Matters: Voices from the International Society for Science and Religion*, Philadelphia: Templeton Press, 2006, 121-133.

"Christianity's View of Confucianism: An East Asian Theology of Religions", in *Religions View Religions: Explorations in Pursuit of Understanding*, Amsterdam: Rodopi, 2006, 265-282.

"The Sciences and the Religions: Some Preliminary East Asian Reflections on Christian Theology of Nature", in *God's Action in Nature's World: Essays in Honor of Robert John Russell*, Hampshire: Ashgate, 2006, 77-90.

"Toward a Christotao: Christ as the Theanthropocosmic Tao", in *The Chinese Face of Jesus Christ* Vol.Ⅲ, Monumenta Serica Monograph Series, Sankt Augustin: Institut Monumenta Serica and China-Zentrum, 2007, 1457-1479.

"Sanctity of Life from: A Reflection on Human Embryonic Stem Cell Debates from an East Asian Perspective", in *Global Perspectives on Science & Spirituality*, West Conshohocken, PA: Templeton Press, 2009, 107-124.

"Ancestor Veneration in Asia", in *The Cambridge Dictionary of Christianity*, Cambridge: Cambridge University Press, 2010, 32.

"Daoism and Christianity in Neo-Confucian Korea", in *The Cambridge Dictionary of Christianity*, Cambridge: Cambridge University Press, 2010, 304.

"An Asian Journey Seeking Christian Wholeness: Owning Up to Our Own Metaphors (Theotao)", in *Asian and Oceanic Christianities in Conversation: Exploring Theological Identities at Home and in Diaspora*, Co-Edited, Amsterdam and New York: Rodopi, 2011, 25-38.

"The Tao in Confucianism and Taoism: the Trinity in East Asian Perspective", in *The Cambridge Companion to the Trinity*, Cambridge: Cambridge University Press, 2011, 293-308.

"Cyborg, Sage, and Saint: Transhumanism as Seen from an East Asian Theological Setting", in *Religion and Transhumanism: The Unknown Future of Human Enhancement*, Santa Barbara, CA: Praeger, 2014, 97-114.

"The Word Made Flesh: Ryu Young-mo's Christo-dao: a Korean Perspective", in *Word and Spirit: Renewing Christology and Pneumatology in a Globalizing World*, Berlin: De Gruyter, 2014, 113-130.

"Multiple Religious Belonging as Hospitality: a Korean Confucian-Christian Perspective", in *Many Yet One? Multiple Religious Belonging*, Geneva: World Council of Churches, 2016, 75-88.

"Theodao: Integrating Ecological Consciousness in Daoism, Confucianism, and Christian Theology", in *The Wiley Blackwell Companion to Religion and Ecology*, Oxford: Wiley Blackwell, 2017, 104-114.

"Eco-Dao: an Ecological Theology of Dao", in *The Bloomsbury Handbook of Religion and Nature*, London: Bloomsbury Academic, 2018, 99-108.

"Perfecting Humanity in Confucianism and Transhumanism", in *Religious Transhumanism and Its Critics*, Lanham, MD: Lexington Books, forthcoming.

"Bible and Theo-dao (a Theology of Do)", in *The Oxford Handbook of the Bible in Korea*, Oxford: Oxford University Press, forthcoming.

"Artificial Intelligence and the Crisis of Theo-logos", in *Ex Machina: Theologies for a Technocentric World*, Eugene, OR: Wipf & Stock, forthcoming.

"Creation and Dao", in *The T&T Clark Handbook of the Doctrine of Creation*, London: T&T Clark, forthcoming.

「ユダヤ教?キリスト教?イスラームは共存できるか」, 『一神教世界の現在』, 明石書店, 2009.(일어)

III. 논문

「양지와 그리스도의 인성(I)」, 『기독교사상』 431, 1994, 78-90.
「양지와 그리스도의 인성(II)」, 『기독교사상』 432, 1994, 127-146.
「인과 아가페: 유교적 그리스도론의 탐구」, 『신학사상』 22:1, 1994, 137-176.

「칼 바르트의 성화론」, 『한국조직신학논총』, 1995, 181-216.

「우원의 현대신학적 조명」, 『우원사상논총』 1, 1996, 61-87.

「최근 미국 포스트모던 신학의 한국신학적 평가」, 『종교연구』 13, 1997, 175-212.

「생명의 사화우주전기와 아시아 신학」, 『인문과학논총』 5, 1998, 99-118.

「신-인간-우주(天-人-地): 신학, 유학, 그리고 생태학」, 『한국그리스도사상』, 1998, 218-260.

「존 칼빈과 이퇴계의 인간론에 관한 비교연구」, 『한국조직신학논총』 4, 1999, 80-128.

「유학과 신학을 통해 본 새로운 인간이해」, 『한국기독교신학논총』 19/1, 2000, 439-463.

「한국 기독교 신학에 대한 소고」, 『조직신학 논총』, 2000, 121-139.

「기독교의 孝사상」, 『대학과 선교』 4, 2002, 218-240.

「사이버공간의 본질과 영성, 그 종교적 대안」, 『한국조직신학논총』 9, 2003, 197-223.

「생명, 생태, 신학: 신-인간-우주(삼태극)의 묘합(도의 신학)」, 『한국기독교신학논총』 31, 2004, 181-211.

「인간배아복제 시대의 기독교 신학」, 『기독교사상』 559, 2005, 22-33.

「생명의 존엄성: 인간배아 줄기세포 연구 논쟁에 관한 신학적 고찰」, 『신학논단』 43, 2006, 439-458.

「아시아 기독교적 시각에서 본 종교와 과학 간의 대화: 신학, 동양종교, 자연과학의 삼중적 대화에 대한 제안」, 『신학사상』 135, 2006, 125-150.

「'여러 밤 '그이'의 '하늘놀이': 다석 유영모의 기도와 영성」, 『기독교사상』 596, 2008, 78-90.

「道 그리스도론(Christotao) 서설」, 『종교연구』 54, 2009, 103-130.

「陽明學을 통해 본 神學 : 왕양명과 칼 바르트의 유교-그리스도교 대화」, 『양명학』 22, 2009, 99-131.

「[제6차 아시아신학자협의회] 아시아적 관점에서 본 선교신학」, 『기독교사상』 606, 2009, 202-207.

「동아시아적 삼위일체론 서설」, 『종교연구』 65, 2011, 247-270.

「그리스도교의 중심이동과 道의 신학」, 『아시아리뷰』, 서울대학교 아시아연구소 4, 2012, 15-42.

「동아시아신학의 미래와 한국신학의 과제」, 『기독교사상』 696(2016.12), 38-50.

「미국종교학회 2016년 연차대회 참관기 후배 신학자들에게 당부할 한국신학의 미래를 그려보다」, 『기독교사상』 697, 2017, 217-223.

「우리에게 제사를 허락해다오: 제1차 WCC 기독교-유교 대화 참관기」, 『기독교사상』 709(2018.01), 70-79.

「미국종교학회 2017년 연차대회 참관기」, 『기독교사상』 710(2018.02), 114-119.

"How to be Human: Toward a Genuine Confucian-Christian Dialogue", *The CAAM Nexus* 4, 1991, 15-33.

"Two Concrete-Universal Ways: Their Convergence and Divergence", *Ching Feng* 35:1, 1992, 4-12.

"*Jen* and *Agape*: Toward a Confucian Christology", *Asia Journal of Theology* 8:2, 1994, 335-364.

"The Study of Confucianism as a Theological Task", *Korea Journal of Theology* 1, 1995, 257-274.

"*Imago Dei* and *T'ien-ming*: John Calvin and Yi T'oegye on Humanity", *Ching Feng* 41:3-4, 1998, 275-308.

"A Tao of Asian Theology in the Twenty First Century", *Asia Journal of Theology* 13:2, 1999, 276-293.

"Toward a Christotao: Christ as the Theanthropocosmic Tao", *Studies in Interreligious Dialogue* 10:1, 2000, 5-29.

"*Liang-chi* and *Humanitas Christi*: An Encounter of Wang Yang-ming and Karl Barth", *Korea Journal of Systematic Theology* 4, 2001, 130-188.

"Owning up to One's Own Metaphors: A Christian Journey in the Neo-Confucian Wilderness", *Third Millennium (Indian Journal of Evangelization* 4:1, 2001, 31-40.

"A Tao of Interreligious Dialogue in the Age of Globalization", *Political Theology* 6:4, 2005, 487-499.

"Sanctity of Life from a Confucian-Christian Perspective: A Preliminary Reflection on Stem Cell Debates", *Omega: Indian Journal of Science and Religion* 4:2, 2005, 28-42. *KIATS Theological Journal* 2:1, 2006, 40-53.

"Life, Ecology, and Theo-tao: Towards an Ecumenism of the Theanthropocosmic Tao", *Madang: Journal of Contextual Theology* 11, 2009, 75-94.

"Embracing and Embodying God's Hospitality Today in Asia", *Madang: Journal of Contextual Theology* 23, 2015, 87-110.

"Death and Immortality: Biological and East Asian Religious Reflections on Transhumanism", *Madang: Journal of Contextual Theology* 28, 2017, 3-29.

「上帝形象與天命」, 『宗教與中國社會研究叢書』, 2001, 127-153. (중국어)

찾아보기

공자孔子 71, 91~92, 275

그레이슨(J. H. Grayson) 24~25

니그렌(A. Nygren) 236

니버(H. Richard Niebuhr) 326

니비션(D. S. Nivision) 77

니터(Paul Knitter) 131~132

두웨이밍(杜維明) 20, 24, 35, 37, 48~49, 58,
65, 70~71, 73, 78, 80~81, 83, 85, 90,
97, 113, 123~124, 256, 306

드 베리(Wm. Theodore de Bary) 21

로즈몬트(Henry Rosemont Jr.) 263

록헤드(Lochhead) 135, 138

루터(Martin Luther) 65, 67, 139~143, 146, 149~
151, 195, 221, 251, 260, 262, 270~272,
277, 279, 318

린드백(George Lindbeck) 258

맹자孟子 59~60, 62~64, 67, 71, 73, 80, 87,
90, 106, 119, 126, 267, 272, 274~275,
295~296, 300, 306

머우쫑싼(牟宗三) 34

몰트만(Jürgen Moltmann) 209, 328~329, 335,
339

묵자墨子 79

뮌처(Thomas Münzer) 140

발타자르(Hans Urs von Balthasar) 136

본회퍼(D. Bonhoeffer) 73, 212, 217

부버(Martin Buber) 337

불트만(Rudolf Bultmann) 91

순자荀子 71, 106

아우구스티누스(Augustinus) 67

알렌 레이스(Alan Race) 131

에밀 브루너(Emil Brunner) 132

예수 그리스도 38, 43, 141, 144~145, 147~
148, 156~157, 159~165, 170, 172~173,
176, 183, 188, 192, 197~204, 206, 208~
210, 213~214, 228, 233~234, 238~241,
243, 258, 268, 277, 281, 283, 286, 289~
290, 292, 294~296, 304, 307, 318, 324,
327~330, 332~340

오토 베버(Otto Weber) 149

왕양명王陽明 32~43, 50, 55~80, 87, 89~95,
98, 100, 102~113, 115~121, 124, 126,
255, 257~258, 260, 266~267, 269~282,
285~286, 288, 290~301, 304~308, 315~
320, 322~323, 325~327

육상산陸象山 60, 91, 270

윤성범尹聖範 27

윤이흠尹以欽 27

융엘(Eberhard Jüngel) 35, 143, 146, 149, 151

이벽李蘗 26

이황李滉 52

장 칼뱅(John Calvin) 67, 156

장재張載 54, 99~100

정약용丁若鏞 26

정약종丁若鐘 26

정이程頤 54~55, 62, 94

존 캅(John Cobb) 132, 326

주자朱子 42, 51, 55~64, 66~67, 69~70, 74,
77~78, 87, 94, 113, 117, 119, 121, 126,
269, 272, 275~276, 279, 300

줄리아 칭(Julia Ching)   35, 117, 261, 286
증점曾點   65
천룽제(陳榮捷)   66, 82
청중잉(成中英)   64
최병헌崔炳憲   27
츠빙글리(Ulrich Zwingli)   217
칸트(Immanuel Kant)   333, 337
칼 라너(Karl Rahner)   245, 324, 337
칼 바르트(Karl Barth)   32~33, 35~36, 38~43,
    131~139, 142~166, 170, 174~187, 190,
    192~193, 195, 197~198, 206, 208~212,
    214~215, 217, 220, 222~223, 227~229,
    231~238, 240, 242, 244~245, 248~249,
    251, 255, 257~260, 262, 266~279, 281,

283, 285~286, 288~292, 294~297, 299,
    302, 304~309, 311~312, 315~320, 322~
    329
캔트웰 스미스(W. C. Smith)   48
키르케고르(Soren Kierkegaard)   70, 257
토마스 쿤(Thomas Kuhn)   66, 260
파니카(R. Panikkar)   264, 326
핑가레트(H. Fingarette)   79, 329
하이데거(Martin Heidegger)   94, 282, 337
한스 큉(Hans Küng)   22~23, 48, 66, 137~138,
    260
한스 프레이(Hans Frei)   138
헨드릭 크레머(Hendrik Kraemer)   131, 134

『교회교의학』   35, 132, 137, 144, 152, 154,
    176, 278, 311
『기독교 강요』   220
『논어論語』   71
『대학大學』   51~52, 55~56, 60~61, 79, 101~103,
    113, 115, 118~119, 123, 269, 299~300
『맹자孟子』   62

『비그리스도교 세계에서의 그리스도교
    메시지』   131
『서명西銘』   99~100
『성교요지聖敎要旨』   26
『전습록傳習錄』   33~34, 61, 89~91, 95, 105,
    116, 118, 120
『주교요지主敎要旨』   26
『중용中庸』   80, 82~85, 93, 113, 117~118, 308
『탁상대화』(Table Talk)   179

감사(eucharistia)   176~177, 194, 209, 238, 303
값싼 은총   157, 212, 219
개혁신학   29, 153, 259
거인욕去人欲   115, 127, 299
격格   61~62, 270
격물格物   56~59, 61~63, 67, 74, 77~78, 89,

112~113, 115~116, 120, 269~270, 272,
    275~276, 299, 306
겸애兼愛   79
경敬   87
계시실증주의   248
고백교회   133

공동적 인간성(*Mitmenschlichkeit*) 177, 180, 288, 317, 319

과정(becoming) 83

관계적 유비(*analogia relationis*) 177~178

광의의 에큐메니즘 37, 131, 138

교란된 죄인(disturbed sinner) 197, 215, 252, 303, 307~308, 317

구성신학(constructive theology) 36, 43, 321

구약성서 220, 243

구원 37, 50, 63, 65, 71, 108, 132, 140~141, 145, 149, 151, 164, 168, 171~172, 181, 203~204, 218, 238, 240, 245, 248, 257, 262, 316

구체-보편적 방법(concrete-universal approach) 31, 42, 53, 79~80, 121, 123, 126, 170, 284, 289, 311, 319, 330

군자君子 81, 121~122, 268, 307~308, 317

규범-구성적(normative-constructive) 단계 263

그리스도론 38, 42~43, 144, 154, 159, 161, 163, 165, 168, 176, 216, 271, 324~325, 327~328, 334

그리스도의 인성(*humanitas Christi*) 40, 42~43, 98, 159~161, 164~165, 174, 177~178, 181, 183~185, 188, 190~191, 194, 197, 251~252, 281, 283~286, 288, 290, 292, 294~295, 299, 316, 318, 324, 329, 331~332

그리스도인의 사랑 227~229, 232~243, 245, 248~249, 252

근본-메타포(root-metaphor) 39~43, 52~53, 61, 85, 101, 126, 266, 308, 312~313

근본-모형(root-paradigm) 168

근본적 인간성(radical humanity) 97~99, 101~102, 107, 111, 123, 126~127, 165, 173~

174, 261, 281~283, 285, 289, 292~295, 299, 301, 310, 312

근본적 인간화(radical humanization) 38~40, 123, 126~127, 232, 251, 255~257, 261~262, 265, 274, 277, 279, 281, 285, 296, 301, 304, 308, 315, 318, 322, 326~329

근원적 인간성 284

기氣 55, 77, 96, 103, 111, 282, 293

남침례교신학교(Southern Baptist Theological Seminary) 19

내재적 삼위일체 165, 178, 251

내적경전성(intratextuality) 41, 263~264, 321

다원종교적 맥락(plurireligious context) 31

다원주의(pluralism) 131

대인大人 62, 80, 98~100

대체大體 71~72, 275

도道 34, 38, 43, 53, 73, 81~82, 126, 210~211, 213, 228, 252, 257, 261, 269, 303, 305~306, 311, 315, 319, 321~323, 328~329, 339~340

도-그리스도론(Christo-dao) 334

도-메타포 328

도교道敎 23, 26, 57, 67, 89, 109, 293

도심道心 110, 293, 296, 311

독행篤行 77

로마가톨릭교회 65, 137, 140, 270

리理 53, 60, 69, 105, 119, 126, 260, 268~269

리일분수론理一分殊論 54

만물일체론萬物一體論 98, 100, 319

명덕明德 52, 101, 289

무無 95, 108, 121, 125

무로부터의 창조(*creatio ex nihilo*) 31

문화신학 134, 138

문화언어적 바탕(cultural-linguistic matrix) 31, 259, 265, 316

문화언어적 바탕구조 263

바르멘 선언 133

배타주의(exclusivism) 131, 287

버클리연합신학교
(Graduate Theological Union) 19

복음과 율법 42~43, 139~151, 153~154, 232, 235, 251, 260, 262, 269~272, 274, 276~279, 318

부활 160, 163~164, 171~172, 174, 201, 203~204, 208, 224, 238, 251, 283~285, 303, 331~332

비참함(misery) 174, 190~192, 194~195, 295

사람의 아들(人子) 159, 165, 172, 197~198, 204, 208~209, 214

사랑 40, 43, 52, 76, 79, 102, 146~147, 154, 164, 172, 174, 184, 187, 201, 207, 227~252, 276, 283, 288, 308~313, 317, 331~333

사욕私慾 75, 107~108, 110~111, 116, 118~119, 123, 276, 292

삼위일체 54, 154, 161, 164, 174, 177, 206, 208~209, 232~233, 235, 237, 283~284, 286, 290, 302~303, 310, 330~332

새사람 183, 192, 194, 220~222, 303

서술-비교적 단계(descriptive-comparative stage) 263, 325

서술-비교적 연구의 단계 265

선善 82, 87, 111, 281, 316

선포(kerygma) 140, 166, 168~169, 173, 199, 215, 223, 247, 268

선험적 판단유보(a priori bracketing) 139

성性 64, 94

성誠 40~41, 43, 80, 82~85, 126, 308~309, 312, 322~323, 327~328, 331~332

성도 213~215, 243, 303

성도들의 공동체(communio sanctorum) 221

성령 150, 163, 178, 181, 194, 197, 205~213, 215, 219, 222, 227, 231, 233, 236, 238, 241, 252, 277, 302~307, 317, 329

성령의 인도 183, 197, 210~212, 215, 227, 231, 299, 305~306, 317, 329

성리학性理學 29

성육신(assumptio carnis) 145, 148, 160~164, 173, 187, 213, 251, 281, 283~284, 286

성의誠意 83, 113, 115, 120, 299, 306

성인聖人 43, 58~59, 69~71, 74, 78~79, 82~83, 85, 89, 91~93, 96, 108, 113, 115~120, 123, 222, 268, 275, 282, 300, 309, 327~330

성자 161~162, 213~214, 233, 281, 302

성화聖化(sanctification) 33, 35~38, 41~43, 146~147, 153~157, 159, 165, 185, 189~190, 194~195, 197~198, 204, 212~214, 219, 221~228, 234, 251~252, 255~257, 261~262, 273~274, 277~278, 281, 283, 285, 292, 294~297, 299, 302~308, 315~319, 323, 330

세계교회협의회(World Council of Churches) 22, 132

소명(vocation) 42, 154, 185, 219

소체小體 71~72, 275

속죄 284

수신修身(self-cultivation) 33, 36~38, 42~43, 50~51, 53, 55~56, 60, 69~70, 72, 78~79, 86~87, 89, 91, 106~107, 113, 115~116, 119~121, 126~127, 255~256, 261~262, 267, 269, 274~276, 278, 281, 285, 290, 293, 296~297, 299~300, 304~306, 308, 315~319, 323, 330

수치(shaming) 184, 190, 249, 294~295

순종 156, 177, 192, 194, 212, 215~218, 222, 240, 268, 303, 310

승천 160, 163~164, 251, 283

신神-역사적 비전(theo-historical vision) 316

신-인간-우주적 비전(theo-anthropo-cosmic vision) 43, 334, 338

신앙-유비(analogia fidei) 137

신약성서 160, 167, 192, 198~199, 201, 205, 216, 238, 246, 249, 302

신유교(Neo-Confucianism) 21~23, 25, 29~30, 33, 35, 51, 53~54, 56, 64~66, 72, 77, 80, 87, 95, 109, 126, 127, 282, 308, 320

신칼뱅주의(Neo-Calvinism) 27, 29~30

신학(theology) 38, 203

신학과 윤리 42~43, 139, 153, 173, 251, 276~ 278, 284~285, 318, 331

신형상(하느님의 형상, imago Dei) 43, 178~ 179, 251, 288, 290, 308, 315, 317, 319, 327, 332

신획일주의(theomonism) 155

심心 57, 64, 69, 88, 94, 260, 267, 275, 281

심신지학心身之學 73, 290

심즉리론心卽理論 42, 60, 65, 87, 126, 281, 318

심지본체心之本體 61, 94~95, 108

십자가의 신학(theologia crusis) 157, 160, 208~209, 283

십자가의 위엄 42

아가페(agape) 41, 43, 227~232, 252, 308~ 313, 327~328, 332~333, 336

아들의 인도하심 198, 302

양지良知 40, 42~43, 63, 87~98, 103, 107~108, 110~112, 114, 117~118, 120~124, 126, 278, 281~282, 285~286, 288~289, 292~

293, 297, 299~304, 306, 316, 318, 328, 333, 339~340

언약의 동반자 147, 190, 200, 276, 284

에로스 229~231, 237, 309~312

에큐메니칼 136, 153

영광의 신학(theologia gloriae) 160, 208~209, 283, 303

영지주의(Gnosticism) 159

예수 그리스도의 도 38, 328, 334

예禮 97, 103, 306, 329

옛사람 122, 183, 192, 194, 220~222, 304

왕적 인간 42, 165~168, 171~174, 183, 185, 189, 198, 201, 206~208, 213, 223, 248, 251, 284, 302, 330

원죄(peccatum originale) 192

위격적 연합(hypostatic union) 162

위험한 기억(dangerous memory) 171, 174, 285, 331

유교-그리스도교의 대화 36, 43, 255~256, 261, 315, 320~322, 324

유교-그리스도교적 맥락(Confucian-Christian Context) 23~24, 28

유학(confuciology) 35, 38, 255, 259

육(flesh) 192

육경六經 91

은혜(charis) 145~147, 152, 160~161, 164~165, 177, 187, 189, 214, 238, 247, 278, 311

의인 195, 221

이원론 55, 64, 77, 105, 139, 143, 149, 154, 157, 182, 187, 269~272, 276, 279, 282, 295, 318

이중 은총(duplex gratia) 156

이중적 종교정체성(dual religious identity) 28

익명의 그리스도인(anonymous Christian)
　　245

인仁　40, 43, 99, 111, 126, 288, 290, 308, 317,
　　319, 322, 328, 332, 337~340

인간-우주적 비전　83, 126, 312, 317, 330

인간본성　49~50, 111, 174, 177, 180, 182,
　　188~189, 191, 220, 229~231, 234, 252,
　　274, 278, 294~296, 309, 311, 322

인간성　37~40, 43, 49, 51, 69, 80, 82~85, 90,
　　97, 100, 103, 111, 124, 126, 146, 150~
　　151, 159~162, 164, 173~178, 180, 183~
　　185, 191~192, 198, 200~201, 205, 208,
　　214, 220~221, 229~230, 243, 251, 255,
　　257, 260, 265, 273~275, 278, 281~284,
　　286, 288~292, 294~296, 299, 301, 308~
　　309, 312, 317~319, 322, 324, 327~328,
　　330, 332, 334

인간성 패러다임　39~40, 43, 177, 308, 328

인간화(humanization)　33, 37~40, 42~43, 72,
　　81, 85, 98, 100, 123, 147, 260, 262,
　　265~266, 275, 297, 309, 317~319, 321~
　　324, 327, 333~334

인간획일주의(anthropomonism)　155

인도(Weisung)　183, 197~198, 204, 206~207,
　　210~215, 221, 224, 227, 231, 252, 294,
　　299, 302~303, 305, 307, 317~318, 329

인심人心　110, 293, 296, 311

인욕人慾　60, 110, 114, 118, 299~300

일원주의(monism)　157

입지立志　43, 70~74, 80, 85, 257, 273~275, 278

자연신학　132~133

자유　134~136, 160, 166, 170~171, 175, 177,
　　180~182, 189~190, 193~195, 201~202,
　　209, 211~212, 215, 217, 219, 222, 227,
　　229, 231, 233, 235~236, 238~240, 261,

295~297, 302, 310, 329~330

전이능력　197, 204

정론正論(orthodoxy)　29, 256, 323

정심正心　115, 120, 299, 306

정주학程朱學　29~30, 65

정치신학　153

정행正行(orthopraxis)　256~257, 261, 306, 323,
　　329

제자도(discipleship)　42, 70, 73, 156, 197,
　　215~219, 223, 249, 252, 274~275, 303,
　　306, 323, 329

조직신학　255, 321

조직유학　255, 321

존재론적 연결　187, 199~201, 258, 277, 303

존재유비(analogia entis)　136~137

존천리存天理　115, 127, 299

종교 간의 대화　36, 132

종교내적 대화(intra-religious dialogue)　24,
　　26, 264, 326

종교문화신학　31, 36

종교신학　260

종말론　37, 166, 224~225, 322, 334

죄인　141, 144~145, 184, 190~192, 194~195,
　　197, 215, 221~223, 227, 252, 303, 307~
　　308, 317

주제화(thematization)　31~32, 263, 265, 278,
　　281, 286, 320~321, 326~327

주체성(subjectivity)　65, 97~98, 123~126, 257,
　　281~282, 290, 293, 301~302, 304~307,
　　317~318, 330

중中　93~94, 282

지선至善　52, 61

지행합일知行合一　33, 41~43, 73~74, 77~78,
　　85, 113, 126, 168, 275~276, 278, 285,
　　299, 308, 318~319, 323

창조   31, 50, 53, 65, 83~85, 96, 103, 116,
        124~127, 138, 159, 178~179, 187, 189,
        194, 205, 211, 214, 233~234, 236, 238~
        239, 241, 251, 261, 282, 289~290, 308,
        310, 315
천리天理   60~62, 87~89, 95, 97~98, 104~105,
        110, 114~116, 118, 124~125, 270, 278,
        281~282, 286, 293, 299~301, 306, 333
체용體用   52, 101
치양지致良知   42, 116~117, 119~121, 123~
        124, 126, 283, 293, 299~302, 305~306,
        317, 329, 333
치지致知   115, 299, 306
친민親民   52, 101~102, 289
칭의(Justification)   65, 137, 140, 146, 153~
        157, 185, 198, 204, 228, 257, 262, 273,
        278
칼뱅주의   29~30, 157, 214, 220, 262, 271
칼케돈 신조   163, 335
타락(corruptionis)   30, 167, 183, 190~191, 234,
        293
태만   144, 174, 185~190, 193~194, 219, 251~
        252, 292, 294, 296
태허太虛   95, 108, 282
패러다임 전환   39, 42~43, 66~67, 78, 139,
        153, 251, 260, 265, 269~271, 274, 276,

        317~318
포괄적 휴머니즘(inclusive humanism)   316
포괄주의(inclusivism)   131
포스트모던   38, 137, 334~335, 339
프린스턴신학교
        (Princeton Theological Seminary)   19
피조물   150, 159, 180, 184, 186, 190~191,
        223, 231, 233, 240, 290
하느님   20, 133~135, 139~149, 151~153, 155~
        167, 170~181, 183~193, 198~199, 201~
        223, 227, 229~244, 246~252, 255, 258,
        267~272, 276, 278, 283~284, 286, 288~
        290, 302~303, 309~311, 316~319, 327,
        329~333
하느님의 아들   145, 162~163, 165, 204, 208,
        210, 214
하이델베르크 교리문답
        (Heidelberg Catechism)   198
해방   38, 108, 173, 191~192, 194, 202, 215,
        234, 236, 239, 246, 293, 302, 304
현존재(Dasein)   73, 94, 282
협화신조(Formula of Concord)   150
화해론(reconciliation)   153~155
회개(metanoia)   42, 201, 273~274
회심(conversio)   150, 194, 197, 201~202, 215,
        219~223, 252, 302~304, 306

김흡영金洽榮(Heup Young Kim, Kim Hŭb-yŏng)은 한국과학생명포럼의 대표이
자 영국 케임브리지대학교에 본부를 둔 '세계과학종교학술원'의 창립 정회원
이며, 미국 버클리연합신학대학원(GTU)의 아시아신학 석학교수였다. 강남대
학교에서 조직신학 교수로 재직했고, 한신대학교, 연세대학교, 중국 복단대학
교의 초빙교수였으며, '아시아신학자협의회' 공동의장과 '한국조직신학회' 회
장을 역임했다.

경기고등학교와 서울대학교 공과대학 항공공학과를 졸업했다. 대한항공에 입
사 후 (주)대우를 거쳐 종합무역상사였던 (주)삼화의 해외지사 주재원으로 뉴
욕에 파견되었는데, 그곳에서 오랜 집안 전통이던 유교에서 그리스도교로 회
심하는 극적인 종교체험을 하고, 전격적으로 신학공부에 입문했다. 그 후 미
국 프린스턴신학대학원에서 교역학석사(M.Div)와 신학석사(Th.M), 그리고 캘
리포니아주 버클리 시에 소재한 GTU에서 조직신학·종교철학 분야에서 철학
박사(Ph.D) 학위를 취득했다. 미국 하버드대학교 '세계종교연구소'와 일본 도
시샤대학 '유일신종교학제간연구소'의 선임연구원, 영국 케임브리지대학교
'종교와신학고등연구센터'와 옥스퍼드대학교의 객원연구원 등을 역임했다.

그간의 조직신학, 아시아신학, 종교 간의 대화, 종교와 과학의 대화, 생태신학
등 분야에 연구업적을 인정받아 존 템플턴 재단 및 강남대학교 등으로부터
여러 학술상을 받게 된다. 특히 박사과정 모교인 GTU로부터 한국인 최초로
'2009년 가장 자랑스러운 동문'으로 선정되어 '올해의 동문상'을 수상했다.

한글 저서로는 『도의 신학』, 『현대과학과 그리스도교』, 『도의 신학 Ⅱ』, 『가
온찍기: 다석 유영모의 글로벌 한국신학 서설』 등 단독 저서 4권과 공동 저서
9권이 있으며, 영문 저서로는 본서의 원작인 *Wang Yang-ming and Karl Barth:
A Confucian-Christian Dialogue*, *Christ and the Tao*, *A Theology of Dao* 등 단독
저서 3권, 공동 저서 17권이 있다. 이 외 30개 이상의 논문이 한글과 영문 학술
지에 게재되었다.